赛迪回眸2012

——中国特色新型工业化道路的探索与思考

中国电子信息产业发展研究院　编　著

主　编/罗　文

副主编/宋显珠

人民出版社

图书在版编目（CIP）数据

赛迪回眸2012：中国特色新型工业化道路的探索与思考

中国电子信息产业发展研究院 编著 罗文 主编

—北京：人民出版社，2013.4

ISBN 978－7－01－011961－8

Ⅰ.①赛… Ⅱ.①中…②罗… Ⅲ.①工业化—中国—文集

Ⅳ.① F424-53

中国版本图书馆 CIP 数据核字（2013）第 071816 号

赛迪回眸 2012：中国特色新型工业化道路的探索与思考
SAIDI HUIMOU 2012 : ZHONGGUO TESE XINXING GONGYEHUA DAOLU DE TANSUO YU SIKAO

中国电子信息产业发展研究院 编著
罗 文 主编

人民出版社 出版发行
（100706 北京市东城区隆福寺街99号）

九洲财鑫印刷有限公司印刷 新华书店经销

2013年4月第1版 2013年4月第1次印刷
开本：787毫米×1092毫米 16开 印张：25.5
字数：426千字

ISBN 978－7－01－011961－8 定价：100.00元

邮购地址 100706 北京市东城区隆福寺街99号
人民东方图书销售中心 电话（010）65250042 65289539

序

2012年以来，我们坚持"稳中求进"的工作总基调，着力稳增长、调结构、促转型。坚持走新型工业化道路，稳步推进工业转型升级，深入推进两化融合和通信业转型发展。党的十八大胜利召开，极大地鼓舞和坚定了全党全国人民建设中国特色社会主义的信心和决心。加快走中国特色新型工业化道路，促进工业化、信息化、城镇化、农业现代化同步发展，保持经济平稳较快发展，全面提高工业发展质量和效益，努力从工业大国向工业强国转变。

我们也应该看到，目前国内外经济形势依然复杂，不确定性不稳定性因素增加，经济将由高速增长向适度平稳增长过渡，总体处于阶段性调整之中。到二〇二〇年基本实现工业化、信息化水平大幅提升，全面建成小康社会，还要付出巨大努力。

从国际看，世界经济形势依然错综复杂、充满变数。世界经济低速增长态势仍将延续，各种形式的保护主义明显抬头，潜在通胀和资产泡沫的压力加大，世界经济已由危机前的快速发展期进入深度转型调整期。风云变幻的国际环境形成倒逼机制，使我们进入了只有通过扩大内需、提高创新能力、加快经济发展方式才能实现持续健康发展的阶段。我们必须抓住时机、科学谋划、因势利导、顺势而为，努力谋求更大的国家利益。

从国内看，经济发展仍面临不少风险和挑战。外需持续萎缩与内需增势放缓相互交织，有效需求不足与产能相对过剩矛盾相互作用，企业生产经营成本上升与创新能力不足的问题相互叠加，经济发展和资源环境的矛盾仍然突出，形势仍不容乐观。我们必须以更大的勇气和智慧，不失时机深化重要领域改革。

纷繁复杂的国内外形势对工业和信息化系统提出了新任务新要求。令人欣慰的是，工业和信息化部赛迪智库及时跟踪、深入分析工业和信息化发展的重点、难点、热点问题，在支撑工业和信息化研究决策方面发挥了积极作用。《赛迪回眸2012》是他们年度研究成果的汇集，该书深度剖析了传统产业转型升级、两化融合等方面的核心问题，前瞻性地研判了能源互联网、智能制造等新工业革命的发展趋势，其中提出的分析思路和政策措施建议，有助于我们透过现象看本质，对各级工业和信息化部门推进新型工业化、促进"四化"同步发展具有重要的参考借鉴价值。

工业和信息化部　副部长　苏波

目 录

国际竞争篇

"美国制造业复兴计划"要复兴什么？

【内容提要】前不久，美国制造商协会（NAM）发布了"美国制造业复兴计划"的研究报告（译文详见《赛迪译丛》2012年第1期）。该报告从投资、贸易、劳动力和创新等方面提出促进美国制造业复兴的四大目标及相应的对策措施。赛迪智库装备工业研究所分析认为，该计划主要目的是为了落实美国政府的"再工业化"战略、全面提升美国制造业的国际竞争力、实现和保障美国制造商的根本利益。它对我国的启示在于：一要高度重视制造业在国家经济社会发展中的基础性、战略性地位；二要加强顶层设计，制定我国制造业中长期发展战略；三要积极应对美国制造业复兴给我国带来的冲击；四要运用财政、金融与贸易政策等综合手段提升我国制造业的国际竞争力；五要充分发挥行业协会等社会中介组织的作用。

【关键词】美国制造业　复兴计划

2011年10月底，美国制造商协会发布了"美国制造业复兴计划——促进增长的四大目标"的研究报告。该报告从投资、贸易、劳动力和创新等方面提出了促进美国制造业复兴的四大目标及相应的对策措施。这是继美国政府先后发布《重振美国制造业政策框架》、《先进制造业（AMP）计划》后，民间行业机构从行业发展角度提出的美国制造业复兴的具体建议和措施。美国近年来为重振制造业而出台的若干举措已取得成效。在此背景下，中国作为制造业产值居全球首位的国家，如何看待美国制造业复兴计划的真实意图并从中获得启示，以提升我国制造业的国际竞争力，是一个值得研究的重要课题。

一、复兴计划

（一）出台背景

近年来，制造业复兴已成为美国政府推进经济发展的重要战略。美国民间机构纷纷出台研究报告和对策措施响应和支持美国政府的这一战略，如2010年8月美国波士顿咨询顾问公司（BCG）发布了《美国制造回归》的研究报告，艾睿铂咨询公司（Alix Partners）发布了《2011年美国制造业外包成本指数》的研究报告。

在此背景下，美国制造商协会（NAM）这一由美国80%的制造业厂商组成的美国最重要的行业协会发布了《美国制造业复兴——促进增长的四大目标》，从制造企业发展的角度提出推动美国制造业复兴的政策建议。

（二）复兴内容

该报告制定了促进制造业增长和就业的计划，并确定了美国保持制造业全球竞争力的路径。它着眼于投资、贸易、劳动力和创新，设定了四个目标，并提出了实现这些目标的一揽子政策建议。

第一个目标：抢占制造业和吸引外资的世界制高点。美国必须创建支持就业和促进经济增长的动态环境，采取的政策包括：用所有可能采取的方法促进能源生产，保障能源供应；加强管理，推动创新并重视全球环境问题；确保法规的合理性，使之带来的益处大于给制造商增加的成本；创造有利于美国制造商提高全球竞争力的国家税收环境；加大基础设施投资力度，帮助美国制造商更有效地吸引劳动力和生产产品；推进合理公正的法律改革，改变直接侵权行为成本总额约占美国GDP 2%的局面；为患者和社会降低医疗费用。

第二个目标：大力开拓全球市场，为海外95%的消费者提供产品。美国必须采取措施，加强开发新市场并扩大现有市场，采取的政策包括：推动全球贸易政策改革，开放国际市场、减少监管和非关税壁垒，通过有效的知识产权保护法来捍卫美国的创新；改进为加强国家安全设定的出口管制制度，提高美国产品竞争力，解除约束美国高科技产品发展和出口的限制；完善出口促进计划，为制造商提供出口信贷援助，通过各种宣传方式促进出口，如展销会、营销援助和进出口银行担保、保险及贷款等。

第三个目标：提供满足21世纪美国制造业发展需要的劳动力。美国必须培育和开发包括来自国内外最优秀人才在内的熟练劳动力，采取的政策包括：修订削弱雇主灵活性、阻碍雇佣新员工的法规。职业安全和健康管理局（OSHA）及其它机构应协助雇主为使工作场所更安全而继续努力；通过教育和培训鼓励创新，投资STEM教育，以使21世纪的劳动力具备掌握新技术以及快速变化的制造工艺的能力；通过增加签证数量及发放绿卡，吸引最优秀、最聪明的人才到美国就业。

第四个目标：着力促进美国制造商成为创新引领者。美国必须采取政策来吸引和维持研发（R&D）活动，并促进和保护制造商的知识产权（IP），采取的政策包括：加强和巩固研发税收信贷，增加目前较少的研发信贷至20%，并使其成为税务的永久部分；支持联邦研究机构、公共与私人部门的研究，持续关注和加强基础研发，促进私营部门的研发及其商业发展；将维护知识产权作为美国创新经济的基础，加强知识产权执法办公，使美国制造商能直接与海关和边境保护局、美国贸易议员、司法部和商务部等合作，以打击假冒行为。

二、主要目的

一是为了落实美国政府的"再工业化"战略。自2009年11月起，奥巴马强调"再工业化"战略，以摆脱美国对金融业和服务业的依赖，重振制造业，并以此重整美国经济，扭转美国经济面临的"财政赤字"和"贸易赤字"问题。白宫制造业政策办公室称，美国需要强大的制造业，需要生产更多"美国制造"的商品，白宫制造业政策办公室将"努力重振美国制造业，为美国工人和就业而战"。

在此背景下，美国民间机构纷纷出台研究报告和政策建议支持和推动美国的这一战略。美国制造商协会（NAM）作为美国重要的民间行业机构之一，发布《美国制造业复兴——促进增长的四大目标》报告的出发点正是响应美国政府"再工业化"战略的号召，从行业发展角度提出未来美国制造业复兴的目标及相应的政策建议。

二是为了全面提升美国制造业的国际竞争力。尽管美国制造商协会所提出的制造业振兴计划在很大程度上代表了行业自身利益，但所提出的一揽子政策建议大都着眼于提升美国制造业的国际竞争力。无论是规范和简化法规保障能源供应、修改法规以降低企业经营成本、企业税率和员工的医疗费用，还是改革贸易政策，减少出口管制和非关税壁垒及鼓励研发、保护知识产权，目的都是提高美国制造业在国际市场上的竞争力。该报告反复强调，中国、日本等国家正在取代美国制造业在国际上的地位，美国制造商协会促进美国制造业复兴的相关政策旨在引领美国的经济复苏，确保美国制造业的世界领先地位。

三是为了实现和保障美国制造商的根本利益。美国制造商协会（NAM）发布《美国制造业复兴——促进增长的四大目标》报告，旨在游说美国国会和政府制订实施有利于制造业发展、符合美国制造商利益的政策。

美国制造商协会认为，美国在税收、能源、侵权和贸易方面的政策威胁着美国的全球竞争力，使在美制造企业的成本比九大贸易伙伴国高出20%。因此，必须修改部分现行法律法规以降低企业税率、保障能源供应及减少出口管制和非关税壁垒等，并敦促国会和政府采纳相关政策并付诸实施，这也是该报告的真正落脚点。

三、几点启示

美国制造商协会制造业复兴计划对于巩固和提升我国制造业的国际竞争力具有诸多启示，概括有以下：

一要高度重视制造业在国家经济社会发展中的基础性、战略性地位。实体经济是经济发展的坚实基础，是一国经济的立身之本。制造业是实体经济的核心，大力发展实体经济首先要巩固和强化制造业的基础性地位。国际金融危机使美国重新认识到实体经济的重要性，正如美国制造商协会主席 Jay Timmons 在该报告中所指出的，一个蓬勃发展的制造业对于国家很有益，并有利于推动就业和拉动经济增长。

日前中央经济工作会议明确指出要牢牢把握发展实体经济这一坚实基础。制造业是我国实体经济的主要组成部分，在国民经济中具有基础性、战略性地位，我们必须高度重视制造业的健康发展。

二要加强顶层设计，制定我国制造业中长期发展战略。制造业是实现大国崛起的支柱，要积极引导社会资源向制造业倾斜，奠定未来中国现代化的物质基础。首先是加强制造业立法，以法规的形式确立制造业在我国经济发展中的基础性和战略性地位；其次是制定促进制造业发展的支持计划，总结 2008 年以来为应对国际金融危机出台的"十大产业振兴规划"的实施经验与教训，建立促进制造业发展的长效机制；最后是加快出台并贯彻落实制造业领域的战略性新兴产业"十二五"规划如高端装备制造业"十二五"规划、节能与新能源汽车"十二五"规划等，使之引领制造业的发展。

三要积极应对美国制造业复兴给我国带来的冲击。美国推进制造业复兴，推动美国制造业的回流是其重要的政策着力点。美国的跨国公司可能将在我国的制造业产能重新迁回美国，这必然会对我国的制造业发展带来冲击。美国还制定了一些增强出口竞争力的举措，势必给我国制造业出口带来严峻挑战，我国必须积极应对。

首先是尽快建立美国在华跨国公司的监测预警机制，关注美国在华跨国公司动向，对有转移苗头的跨国公司进行及时沟通协调，改善其在华的经营环境。其

次是加快劳动密集型制造业的转型升级，利用国家财政力量支持大企业，扶植具
有独立知识产权的战略性产业如汽车产业、机床产业等。最后是以产业技术创新
为重点，提升中国制造在新一轮国际竞争中的地位，尽快走出以往制造业发展"产
业先进、环节低端"的老路，攻克一批关键技术，培育一批新兴高技术产业，带
动中国制造业向高端跃升。

四要运用财政、金融与贸易政策等综合手段提升我国制造业的国际竞争力。
充分借鉴美国制造商协会提出的提升美国制造业国际竞争力的一揽子政策，制定
科学合理的财政、金融和贸易政策，提升我国制造业的国际竞争力。首先是切实
减轻制造企业的税收负担，尤其是对产品有国际竞争力的小微企业要在税收方面
提供政策支持，为企业的发展注入更大动力；其次是加大资金投入，引导社会资
本投入制造业，加速推动贷款对制造业的定向投放和渗透；再次是借鉴美国推动
制造业创新的研发信贷政策，制定我国制造业税收信贷政策，激励制造业企业增
加研发投入，提高自主创新能力；最后是运用关税、汇率手段扩大产品出口，切
实保证人民币汇率的相对稳定，并在不违反 WTO 相关规定的前提下，适当降低
相关制造产品的出口关税。

五要充分发挥行业协会等社会中介组织的作用。美国在长期的市场经济运行
中，已经确立了行业协会在国内和国际的地位与使命，美国制造商协会就是其优
秀代表之一。我国行业协会的发展远不能适应行业的需要，尚不能完全承担起许
多社会需要而不宜由政府或企业直接承担的事务。建议加快推进我国制造业相关
领域行业协会的市场化改革，赋予其更多职权和义务，从以下方面强化其在政府
和企业之间的中介作用：首先是指导企业积极开拓国际市场，引导企业利用欧债
危机带来的机遇积极并购欧洲优质企业；其次是研究制定攻破国外尤其是美国技
术壁垒的对策措施，加大技术引进的力度；最后是积极利用 WTO 争端解决机制，
应对可能出现的中美制造业贸易摩擦，积极组织我国制造企业应诉。

本文作者：赛迪智库装备工业研究所　左世全

美国重振制造业，我们怎么办?

【内容提要】2008 年金融危机以来，奥巴马政府提出"再工业化战略"，出台一系列举措以重振制造业，美国行业协会、咨询机构、学者也纷纷发布报告或在媒体撰文，为美国制造业回归造势。可以说，美国已将中国作为制造业的主要竞争对手或假想敌，对中国制造业发起挑战。对此，赛迪智库装备工业研究所进行了持续关注，认真研究了美国重振制造业系列举措的基本内容、主要意图及其成效，客观分析了美国重振制造业给我国带来的挑战，提出了我国制造业的战略选择:通过制造业"八化"，即市场化、自主化、高端化、绿色化、智能化、本土化、服务化与国际化，重塑我国制造业新优势。

【关键词】中国制造业　重振制造业

2008 年金融危机以来，美国重振制造业动作频繁。2009 年制定《重振美国制造业框架》，通过了《制造业促进法案》;2011 年 6 月，正式启动了"先进制造伙伴计划"，同年 12 月，宣布成立制造业政策办公室;今年 2 月，又制定了《美国先进制造业国家战略计划》。与此同时，美国民间包括制造商协会、咨询公司、学者与媒体也纷纷发布报告或撰文，为美国制造业回归提供理论支撑，营造舆论环境。

值得关注的是，无论是美国政府出台的战略举措，还是美国民间的研究报告和媒体文章，都将中国作为其制造业发展的竞争对手或假想敌，客观上给我国制造业的可持续发展带来了不可忽视的挑战。目前，我国虽已成为制造业第一大国，但总体上大而不强，面临着多重压力:工业发达国家重振制造业制约着我国制造业向高端发展，越南等发展中国家以更低成本成为产业转移新阵地，以及国内少量资本"抽逃"实体经济。在此背景下，如何直面美国重振制造业的挑战，打造新的竞争优势，加快建设制造业强国，就成为我国必须研究的重要课题。

一、美国采取系列举措，加紧重振制造业

近年来，为应对国内产业空心化、失业率居高不下等问题，美国发布了制造业强势回归的信号。纵观美国政府、民间机构和知名学者关于重振制造业的系列举措（见文后附表）及意图，主要集中在五个方面：

（一）通过颁布系列法案和制定计划，积极抢占先进制造业制高点

美国重振制造业的系列举措是有层次、有步骤的，并随着认识的深入，不断加以丰富和完善，最终将发展先进制造业作为其战略核心。2009年4月，奥巴马在乔治敦大学的演讲中，首次提出重振制造业战略构想，并于同年12月公布《重振美国制造业框架》，论述重振制造业的必要性与紧迫性。之后，在2009年2月公布《复兴与再投资法案》的基础上，颁布了《清洁能源与安全法案》、《制造业促进法案》等系列法案，搭建起重振制造业的法律框架。2011年6月和2012年2月，又相继启动《"先进制造业伙伴"计划》与《先进制造业国家战略计划》，将智能电网、清洁能源、先进汽车、航空与太空能力、生物和纳米技术、新一代机器人、先进材料等作为重点发展领域，抢占21世纪先进制造业制高点。

（二）通过完善创新政策，着力提高创新竞争力

美国智库分析认为，美国的创新竞争力和创新能力与其它发达国家相比正在下降，先进制造业制造能力更是不断衰退。为此，在2009年12月公布的《重振美国制造业框架》中提出，要通过制定国家创新战略、法律框架等举措，促进制造业创新、研发和劳动力技能提升。在《先进制造业国家战略计划》中，又将完善创新政策作为发展先进制造业的首要目标。

（三）通过税收优惠等政策手段，扶持制造业本土化

2012年1月，奥巴马在白宫举行的企业高层论坛上，提出要给在国内投资的美国企业提供新的税收优惠政策，鼓励美国企业在国内投资，以扭转就业岗位"外包"的趋势，将就业岗位"内包"。此后，在2012年国情咨文中又再次强调，将通过税收优惠"夺回制造业"，并为高科技制造商加倍减税。不难看出，通过税收优惠等政策手段推动制造业回归，已成为美国朝野的共识。美国制造商协会则在其发布的《美国制造业复兴计划》中，提出了更详细的政策建议。

（四）通过改善国际贸易环境，扩大制造业产品出口

奥巴马政府在2010年3月出台的《出口倍增计划》中提出，要以制造业为导向，

在五年内实现出口翻番。在其颁布的《制造业促进法案》中，提出降低制造企业所得税至 25% 及以下来扩大出口；美国制造商协会也细述了提升美国制造业出口、促进制造业复兴的战略举措。此外，美国政府还成立了"白宫制造业政策办公室"，以加强研究针对中国等国制造业产品出口的贸易壁垒。

（五）通过制造舆论环境，呼吁美国制造商本土生产

美国民间机构和学者千方百计渲染中国低成本制造业优势即将丧失，美国艾睿铂咨询公司（Alix Partners）发布的《2011 年美国制造业外包成本指数》称，到 2015 年左右，中国制造业成本将赶上美国，而墨西哥、越南、俄罗斯和印度的制造业成本优势已经超越中国。美国波士顿公司（BCG）也多次发表《美国制造回归》的研究报告，不断宣称美国制造业成本优势已经显现，"美国制造"时代即将来临，在计算机和电子产品、家电和电气设备、机械设备、家具、金属制品、塑料和橡胶及运输工具等七大产业面临重要拐点。美国奇点大学 Vivek Wadhwa 教授 2012 年 1 月撰文称，将人工智能、机器人和数字制造技术相结合，会引发一场制造业的革命。美国将在未来二十年重新获得制造业的领导权，很快就该轮到中国去担忧制造业空心化了。这些民间机构发布的报告以及学者在重要媒体的撰文，都是旨在呼吁美国重新制定制造业发展战略，评估美国制造企业在中国生产所面临的风险，建议其由制造"外包"回归"内包"，即在美国进行本土化生产。

二、理性看待美国重振制造业取得的初步成效

（一）美国重振制造业成效初显

毋庸讳言，从近期美国制造业的运行态势看，美国重振制造业已经取得初步成效，表现在两个方面：

一是美国制造业呈现复苏态势。美国制造业已连续 31 个月保持增长，2012 年第一季度的 PMI 一直保持在 52 以上。从 2010 年到 2011 年底，美国制造业新增了 40 万个工作岗位，其制造业净增工作岗位的数量，要多于七国集团（G7）其余六国之和。一些美国制造行业如汽车行业，已明显走出危机，在全球竞争中重新获得了优势。美国的商品出口也出现大幅增长，2011 年的出口总额相比 2009 年增长了 40%。

二是一些美国制造企业出现回归之势。福特汽车、科尔曼、NCR、ET 水系统、AmFor 等制造企业，已开始将生产线或工厂从中国转移到美国劳动力成本相对较

低的南部地区。这些从中国回归的制造企业带动了美国制造业的就业扩大和产值增长，增强了美国制造业的复兴势头。

美国重振制造业取得成效，一方面得益于美国通过减税、扩大出口，以及制造业结构再调整等重振制造业的政策措施，另一方面也得益于美国制造业生产率不断提高、工资上涨缓慢、美元贬值等诸多因素引发的美国制造业回归。

（二）美国重振制造业前景尚待观察

尽管美国制造业开始呈现复苏，但复苏动力仍不够强劲。从长期来看，美国重振制造业仍面临诸多挑战：

一是制造业全球分工格局难以根本逆转。长期以来，美国靠从中国等国家进口廉价消费品，并依靠对整个产业链的控制，从流通领域与品牌经营中获取利益。尽管美国在以武器装备为代表的高端制造领域仍有很强的竞争优势，但其劳动密集型制造业大多已转移到国外，加之金融危机致使美国需求萎缩，美国制造企业为了接近国际需求市场，寻找制造成本洼地，仍将实行制造业外包。

二是中低端制造业将继续向印度、越南、墨西哥等制造业生产成本更低的国家转移。尽管随着土地、劳动力等要素成本的上升，中国的低成本制造业优势将会削弱甚至消失，但并不代表在中国投资的美国制造企业会自动回迁美国，它们可能会转移至越南、印度、墨西哥等制造成本更低的国家。

三是制造业技术突破具有不确定性。如果实现高技术及工业机器人的更多应用，将导致同等产出条件下就业机会更少，加之美国与发展中国家制造业生产效率的差异本来就较大，这就使美国难以实现大规模的就业增加。

四是美国民众长期以来依靠金融投机及制造服务业获取收益，逐渐丧失了对制造业相关职业的兴趣。远离制造工厂、远离工科的文化氛围已开始在美国形成，这种价值观念难以在短期内实现根本扭转。加之美国民众崇尚自由市场，美国政府出台的重振制造业的财税政策也招致多方批评，难以及时贯彻落实。

三、美国重振制造业给我国带来严峻挑战

美国重振制造业，尽管对就业增加作用有限，同时也面临着全球化分工不可逆、劳动力成本并无绝对优势的问题，但其频出的系列举措，将中国作为"假想敌"，这对处于工业转型升级关键期的中国制造业构成了严峻挑战，我们必须高度重视，保持警惕。

（一）提高了我国制造业高端化难度

我国制造业附加值不高，仍处于世界制造业产业链的中下游，出口的产品大多数是技术含量较低、单价较低、附加值较低的"三低"产品。亟需发展节能环保、新一代信息技术、生物、高端装备制造、新能源、新材料和新能源汽车等先进制造业，并以此改造提升传统产业，实现制造业的转型升级。

美国将我国视为其制造业的竞争对手。它一方面凭借领先的基础研究能力、强大的高新技术和创新优势，率先抢占制造业制高点，加紧从技术、标准、规则和市场等方面设置门槛，使我国制造业向价值链高端升级的难度增大。另一方面，通过加大研发投入、加强投资及税收优惠政策，吸引在华高端制造企业回归，使对外直接投资实现"逆转移"，减少了高科技跨国公司在中国技术溢出的机会，使得我国与美国高端制造技术的差距进一步扩大。

（二）加剧了我国制造业传统优势地位的削弱

我国凭借土地、劳动力等要素成本的比较优势，在2010年超越美国成为制造业第一大国，但随着我国低成本制造优势的不断削弱，我国制造业开始面临来自发达国家与发展中国家的"双向挤压"：一方面，美、英、法等发达国家重振制造业给我国制造业在承接产业转移、技术进步与产品出口等方面带来新挑战。另一方面，印度、越南、墨西哥等发展中国家开始以更低成本优势成为接纳发达工业国家产业转移的新阵地。与此同时，我国少量资本"抽逃"实体经济的迹象开始初步显现，加剧了这一态势。

美国此番重振制造业的系列举措，不仅要在高端领域抢占优势地位，还要在中端领域夺回被以我国为代表的新兴经济体占据的市场份额。如美国总统奥巴马在2010年的国情咨文中提出，5年内要实现出口翻一番的目标，将通过对出口企业给予援助、大幅提高中小出口企业贸易融资水平、有条件放松高技术产品出口管制、迫使贸易伙伴扩大市场开放等手段，增强美国企业在中高端产品方面的出口竞争力，占领更多的国际市场。此外，美国还试图通过迫使人民币快速升值、加大出口贸易制裁等因素进一步推高中国制造业成本，弱化中国制造业的传统成本优势。

（三）加大了我国制造业的竞争及出口压力

国际金融危机以来，我国制造业的外部需求持续萎缩，制造业的竞争及出口压力进一步加大。自2012年起，采购经理人指数（PMI）连续环比放缓，央企三年来首次利润下滑，规模以上工业企业利润下降 5.2%，近三成制造业上市公司裁员，第一季度 GDP 同比增长降为 8.1%。

美国在重振制造业的过程中，通过采取各种显性或隐性的贸易保护主义措施，加强进口控制，并在一些关键领域加大技术输出控制，希望把"美国制造"的竞争者彻底挡在国门之外。如美国总统奥巴马宣称，要创建一个"贸易执法单位"，专门负责调查中国等国的不公平贸易做法，加剧了我国制造业出口的贸易摩擦，这无疑会进一步加大我国制造业的竞争及出口压力。

四、以制造业"八化"重塑中国制造业新优势

在警惕美国重振制造业对我国形成严峻挑战的同时，应清醒认识到，虽然我国低成本制造业竞争优势在逐渐削弱，但我国制造业综合成本优势仍将保持 5—10 年，而且要素成本的上升也给我国制造业升级形成"倒逼效应"，我国制造业依然具备强大的产业基础和技术基础，有着巨大的内需市场、强有力的政策支持等优势。为此，我国制造业应该从以下几方面着手，打造新的竞争优势。

（一）加快推进经济体制改革，加速制造业市场化

为破除我国制造业发展的体制机制障碍，解决制约我国制造业转型升级的深层次矛盾，激发制造业市场活力，要着力做好以下工作：一是深化国有大型企业改革，推进企业的公众化、市场化，通过资本市场把现在的国有企业改造成为上市公司，使之成为市场竞争主体。二是允许和鼓励主要制造业企业尤其是民营企业跨地区、跨行业、跨所有制兼并重组，鼓励支持优质民营资本通过持股参股的方式参与上市公司重组，加快培育具有国际竞争力的制造业大型企业集团。三是按照"平等准入、公平待遇"要求，继续稳步有序地扩大市场准入，鼓励符合条件的各类社会资本进入垄断行业和领域。四是地方政府要切实转变制造业发展的惯性思维，从依靠铺摊子、上项目的要素消耗，向健全市场机制、创造良好市场环境转变。

（二）着力提高自主创新能力，促进制造业自主化

为改变制造业核心技术和关键零部件受制于人的局面，必须大力提高自主创新能力，实现制造业自主化发展。要着力做好以下工作：一是加快实施高档数控机床与基础制造装备、核高基、大型飞机等国家重大科技专项，切实构建企业主导的产业技术研发体系，着力促进产学研等各创新主体的协同创新，提高企业原

始创新能力。二是研究设立专门的产业创新基金，推动具有核心自主知识产权的成果应用和产业化，推进企业之间尤其是中小企业之间共享信息资源和研发平台建设。三是依托国家重大科技专项、重点工程、重点项目和国际合作交流，培养一批具有自主创新能力、处于国内乃至世界前沿水平的领军人才，在汽车、机械、航空航天等重点领域，以培育自主创新能力和竞争能力为重点，形成一批具有国际先进水平的创新人才队伍。

（三）加快发展先进制造业，促进制造业高端化

发展先进制造业是美国重振制造业的战略核心，我国也应该在继续推进战略性新兴产业发展的基础上加紧部署：一是研究通过立法的方式，确立先进制造业在我国经济发展中的战略性地位和作用，建立促进先进制造业发展的长效机制。二是研究制定"先进制造业发展战略"，加大对精密仪器、精细化工、电子产品等高技术先进制造业发展的支持力度。三是以贯彻落实《工业转型升级规划（2011—2015）》为纲，健全完善战略性新兴产业扶持政策，着力发展节能环保、新一代信息技术、生物、高端装备制造、新能源、新材料和新能源汽车等行业领域。四是借鉴美国促进先进制造业发展的经验，加大研发投入力度，建立健全研究和试验（R&E）税收减免政策，并使之成为永久性措施。

（四）推动制造业"两化"深度融合，促进制造业智能化

未来二十年内，人工智能、机器人和数字化制造将引发制造业革命，重塑制造业的未来。为此，我国需要以制造智能化为导向，推进"两化"深度融合，做好以下工作：一是全面实施信息化与工业化、信息技术与制造技术的深度融合，不断加强智能技术在制造过程中的广泛应用，大力推进智能制造装备的自主创新和产业化。二是以"智能制造装备发展专项"为契机，确立制造业智能化发展战略方向，并通过研发和应用智能制造装备，提升制造业的数字化、智能化水平。三是加快应用电子产品的开发和产业化，加快发展研发设计及工程分析软件、工业控制系统、大型管理软件等应用软件和行业解决方案，为数字化、网络化、智能化制造提供产品和技术支撑。四是借鉴"美国先进制造业国家战略计划"的经验，通过对重点制造领域的深入调研和系统分析研究，组织制定确保我国制造业竞争优势的《智能制造中长期发展技术路线图》。

（五）发掘大国大市场优势，加强制造业本土化

美国重振制造业的战略举措之一就是推动制造业"本土化"，由制造业"外包"转向"内包"。我国是一个消费大国，具有明显的大市场优势，跨国公司投资中国的考量之一就是接近中国消费市场。我国应基于这一优势，着重做到如下几点：一是吸收美国"产业空心化"教训，积极引导和鼓励劳动密集型制造业外包企业由制造业成本高的沿海地区向国内中西部制造业成本较低的地区转移。二是积极发展高端制造业，提高制造业附加值，提高工业就业人员工资水平和收入总量，提升居民消费能力，以此留住外资企业继续在中国生产。三是研究出台制造业消费促进政策，积极建立完善节能与新能源汽车、家电下乡等制造业消费促进政策，把我国制造业发展建立在内需基础上。

（六）积极推进节能减排，促进制造业绿色化

为破解我国制造业面临的能源资源紧张和环境污染程度较重等难题，需要加快推进制造业绿色化发展。一是继续大力推进工业节能降耗，促进工业清洁生产和污染治理，发展循环经济和再制造产业，积极推广低碳技术，争取早日建立节能减排的技术支撑体系。二是鼓励企业利用信息化提升能源管控水平，通过各种碳排放监控软件以及太阳能与常规能源的一体化结合，使企业能够实时有效地进行能源管控。

（七）拓展制造业价值链，推进制造业服务化

当前，我国制造业主要停留在全球价值链的低端环节，设计和销售环节较为薄弱，亟需加快拓展制造业价值链，推进制造业服务化。一是研究制定制造服务业扶持政策，将制造服务业作为新时期重点发展的产业方向，纳入先进制造业发展规划纲要和现代服务业发展规划纲要。二是鼓励制造企业与服务企业合作与重组，有条件的厂商之间可以通过合资、重组等方式，共同提供信息服务。三是鼓励和支持企业充分利用银行低息贷款和资本市场进行融资，支持金融机构创新金融手段和金融信贷产品，从而为制造企业向服务化转型提供金融支持。

（八）鼓励支持企业"走出去"，推进制造业国际化

一是鼓励和支持企业充分利用各种渠道和平台，积极探索合作新模式，融入全球制造业产业链。二是继续加强制造业走出去信息服务，及时发布国外产品需求、投资合作信息，扩大我国制造业产品出口，提高对外投资的成功率。三是鼓励境外制造企业和科研机构在我国设立研发机构，支持国外企业和国内企业开展

制造业重大技术的联合研发和创新。四是支持国内企业"走出去"，并购或参股国外制造企业和研发机构，支持国内企业培育国际化品牌，开展国际化经营，多层次参与国际合作。

另外，为继续保持我国制造业的传统优势地位，我国也应注意防范产业空心化。一是及时跟踪美国制造业的最新技术动态和产业运行动态，及时采取应对措施。二是研究分析跨国公司产业转移可能给我国制造业带来的负面影响，及时部署并出台相应的政策措施，以维护我国制造业的产业安全。三是建立健全运行监测机制，选择计算机和电子产品、家电和电气设备、机械设备、家具、金属制品、塑料和橡胶及运输工具等行业领域进行重点监测。

附表：

层面	发布日期	名称	发布机构或人员	主要举措及内容
政府	2009.2	复兴与再投资法案	奥巴马政府	推出总额为 7870 亿美元的经济刺激方案，重点在基建和科研、智能电网、清洁能源和低碳技术等制造业方面
	2009.9	美国创新战略——推动可持续增长和高质量就业	美国总统执行办公室、国家经济委员会和科技政策办公室	提出了美国发展创新型经济的完整框架，包括： • 加大在基础研究、下一代劳动力、先进物质基础设施、先进信息技术生态系统方面的投资 • 通过促进出口、支持开放性金融市场、鼓励创新等促进竞争性市场发展 • 促进国家在清洁能源、先进汽车、健康信息、先进材料技术等领域取得突破
	2009.12	重振美国制造业政策框架	美国总统执行办公室	以技术创新和出口为重点，从七个方面设计重振制造业的政策框架： • 为工人提供获取劳动力技能的机会 • 为新技术研发进行大规模投资，创造利于技术扩散的商业环境 • 建立稳定而有效的资本市场，促进制造业投资 • 促进社区创新，激发工人创新 • 投资于先进交通基础设施，改善电力、网络和通信设施 • 确保出口商在国外的市场准入 • 改善制造业所处商业环境

（续表）

层面	发布日期	名称	发布机构或人员	主要举措及内容
	2010.2	出口倍增计划	美国总统奥巴马	成立由总统直接管理的"出口促进内阁"，五年内使出口翻番，包括： • 提升制造业的出口能力 • 帮助美国中小企业扩大对外出口，增强其国际竞争力 • 政府将通过金融和宣传等措施，帮助美国企业锁定、建立和赢得新兴市场 • 扩大双边与多边贸易谈判，减少贸易壁垒
	2010.8	制造业促进法案	奥巴马政府	对本土制造企业所需的原材料进口削减关税，对投资在本土的美国企业实施税收优惠，以降低制造业成本，扩大出口并创造就业机会
	2011.2	美国创新战略——确保经济增长与繁荣	国家经济委员会、经济顾问理事会和科技政策办公室	2011年创新战略是对2009年创新战略的深化与升级，主要措施有： • 夯实教育、基础研究、基础设施等创新基础 • 培育创新市场环境 • 在清洁能源、生物和纳米技术、太空能力、医疗保健和教育等关键领域获得突破
	2011.6	确保美国在先进制造业的领先地位	美国总统科技顾问委员会和创新与技术顾问委员会	美国的制造业正在迅速衰退并蔓延到了高端制造领域，其原因已不仅是低工资竞争所致，而是竞争优势在削弱。因此要发展先进制造业，为创新创造良好环境，并确保新技术和新方法得以应用
	2011.6	先进制造伙伴计划（AMP）	美国总统奥巴马	通过政府、高校及企业的合作来强化美国制造业，重点在关系国家安全的关键制造产业、新一代机器人、创新型的节能制造工艺及先进材料等方面
	2011.12	–	美国白宫	宣布建立"白宫制造业政策办公室"，制定和整合重振制造业的政策和资源，以更好地实现再工业化
	2012.1	国情咨文2012	美国总统奥巴马	• 构建以美国制造业、能源、劳动力技能及美国价值为支柱的国家永续经济蓝图 • 通过税收优惠"夺回制造业" • 为高科制造商加倍减税
	2012.2	美国先进制造业国家战略计划	美国总统执行办公室国家科技委员会	提出五大目标和具体政策建议： • 增加中小企业投资 • 加快提高劳动力技能 • 建立健全伙伴关系 • 调整优化联邦投资 • 加大研发投资力度

（续表）

层面	发布日期	名称	发布机构或人员	主要举措及内容
协会	2010.6	制造业发展战略：创造就业机会，提升竞争力	美国制造商协会	细述了提升出口、推动制造业发展的综合规划，以此应对全球竞争。该战略还在税收、贸易、能源和基础设施等各项政策方面提出了较高目标
	2011.11	美国制造业复兴计划——促进经济增长的四大目标	美国制造商协会	提出了制造业复兴的四大目标： • 通过创造优惠税收环境、加大基础设施投资，并确保 • 按照公平合理的法规，使美国成为世界上最优越的制造投资中心 • 通过降低监管和非关税壁垒、提供信贷等手段促使美国制造业覆盖占 95% 消费人口的海外市场 • 通过修订雇佣法规、加强教育培训并吸引海外人才等，使美国制造业拥有所需的优秀劳动力 • 通过加强研发税收减免、支持公共和私营研究、保护知识产权，促使美国制造商成为创新引领者
民间机构和学者	2011.8	美国制造回归：为何制造业回流美国？	波士顿咨询公司	随着劳动力和能源等综合成本的不断提升，中国将不再是制造业投资者的默认选择，而美国在劳动生产率、物流、本币贬值，以及土地资源等方面的优势，将不可避免地牵动全球制造业投资的回归
	2012.3	美国制造回归：制造业或临拐点	波士顿咨询公司	指出全球成本结构的变化使美国在计算机和电子产品、家电和电气设备、机械设备、家具、金属制品、塑料和橡胶及运输工具等七大产业面临重要拐点
	2010 年春	美国再工业化：复兴制造业和创造数百万个好工作	美国纽约城市大学 Robert Pollin & Dean Baker	美国能够建立一个由其它动力而不是金融泡沫驱动的增长发动机，能够重振汽车工业并进而重新建立一个健康的制造业，能够依靠清洁能源而不是矿石能源完成这些艰巨任务；并强调加强在工厂、机器和信息技术领域的投资
	2011.1	适应中国：美国制造业的挑战	马丁·尼尔·贝利	美国的问题是企业开发出新产品但其绝大部分零部件和组装等制造环节却不在国内完成。因此，应通过平衡预算和减少边际税率，使美国经济在创造和制造新产品方面更具吸引力
	2012.1	为什么说现在轮到中国担心制造业了？	美国奇点大学 Vivek Wadhwa 教授发表于《华盛顿邮报》	将人工智能、机器人和数字制造技术相结合，会发生一场制造业的革命。新技术的出现，很可能导致中国在未来二十年中出现美国在过去二十年所经历过的同样的空心化。美国注定要重新获得制造业的领导权，而很快就该轮到中国去担忧了

本文作者：赛迪智库装备工业研究所　左世全　金伟

美国"先进制造业国家战略计划"评析

【内容提要】近期，美国总统执行办公室国家科技委员会发布了《先进制造业国家战略计划》。该计划提出了加快美国先进制造业发展的三大原则，明确了五大目标：加快中小企业投资、提高劳动力技能、建立健全伙伴关系、调整优化政府投资和加大研发投资力度。赛迪智库装备工业研究所分析认为，该计划的主要意图在于贯彻落实美国"再工业化"战略，应对先进制造业发展新挑战，抢占先进制造业发展制高点。它给我国发展先进制造业带来五点启示：一是加强顶层设计，制定先进制造业国家战略计划；二是完善先进制造业创新政策，提升企业创新能力；三是借鉴美国"产业公地"建设经验，完善产业集群创新政策；四是统筹推进政府和社会各方的投资；五是壮大先进制造业人才队伍。

【关键词】美国　先进制造业　启示

2012年2月，美国总统执行办公室国家科技委员会发布了"先进制造业国家战略计划"的研究报告。该报告从投资、劳动力和创新等方面提出了促进美国先进制造业发展的五大目标及相应的对策措施。这是美国政府在先后发布《重振美国制造业政策框架》、《先进制造伙伴（AMP）计划》后，从国家战略层面提出的加快创新、促进美国先进制造业发展的具体建议和措施。在此背景下，中国作为制造业产值居全球首位的国家，如何看待美国先进制造业国家战略计划的真实意图并从中获得启示，以加快我国制造业升级，提升我国制造业的国际竞争力，就成为一个值得研究的重要课题。

一、基本内容

美国先进制造业国家战略计划明确了三大原则，从投资、劳动力和创新等方面提出了五大目标以及实现这些目标的具体措施。

（一）三大原则

一是完善先进制造业创新政策。美国传统的创新方式，特别强调联邦政府在基础研究方面的投资，这种投资能够有效应对严重的和持续的市场失灵。然而，联邦政府在基础研究领域的投资回报却未能由美国先进制造企业获得。因此，对先进制造业而言，先进制造业创新政策是国家战略的核心原则，需要采取一系列措施促进研究、开发和应用。

二是加强"产业公地"建设。"产业公地"是指许多制造商，尤其是中小企业所共享的知识资产和有形设施。这些共同的资源有助于加速创新，加快后续市场的渗透。同时，又是某一个公司无法独自完成的。公共部门特别是联邦机构，可以在"产业公地"中扮演先进制造商合作投资者的重要角色。

三是优化政府投资。目前，美国政府在先进制造业相关研究、开发和应用方面的投资主要由以完成具体任务目标为重点的机构提供，并没有充分考虑到投资如何有利于多个部门和行业，以及如何更普遍地提高经济竞争力。这需要政府创新政策加以统筹协调。

（二）五大目标

一是加快中小企业投资。加强公共和私营部门联合投资，确保所有部门参与标准制定并加快应用，鼓励企业对应用研究和示范设施进行投资；扩大对制造业早期产品的政府采购，加强总务管理局和国防部在重点行业领域的采购，以帮助企业获取规模经济和生产经验；加强国家安全相关领域的投资。

二是提高劳动力技能。及时更新制造业劳动力，在短期内提高他们的技能；强化先进制造业工人培训，为先进制造业提供具有竞争力的劳动力；为未来工人提供教育和培训的机会，通过国家与地方的由联邦政府提供支持的职业教育和学徒培训计划来增强工人的技能；加强对下一代的教育，转变对制造业的传统认知。

三是建立健全伙伴关系。鼓励中小企业参与合作伙伴建设，通过较大力度支持学术机构、制造商、行业协会及中介组织等手段增强跨部门的合作伙伴关系，推进广大企业的商业化和规模化；强化基于集群的伙伴关系，通过区域集群包括战略规划的协调、互补性资产采购，提高集群内共用供应链的协同水平。

四是调整优化政府投资。加强先进制造业投资组合，重点在先进材料、生产技术平台、先进制造工艺及设计与数据基础设施等四个领域创建协调联邦政府的投资组合，以增强美国制造业的全球竞争力；超越任何一个机构或私营部门，协调和管理跨领域的机构投资，缩短市场创新的时间。

五是加大研发投资力度。加强研究和试验（R & E）税收减免，使之成为永久性措施；扩大制造流程创新和先进工业材料的研发活动，促使美国公司削减生产成本，提高产品质量，加快产品开发。

二、主要意图

（一）贯彻落实"再工业化"战略

国际金融危机后，欧美等发达国家重新认识到发展实体经济特别是制造业的重要性，纷纷提出"再工业化"战略，以抢占世界经济和科技发展的制高点。为此，美国动作频繁，先后制定了《重振美国制造业框架》，通过了《制造业促进法案》，启动了"先进制造伙伴计划"，并宣布成立制造业政策办公室。美国"先进制造业国家战略计划"是对美国"再工业化"战略的贯彻落实，该计划是依据上述政策从国家战略层面提出的促进先进制造业发展的政策措施。

（二）应对先进制造业发展新挑战

全球先进制造业技术生命周期不断缩短，而美国的研发投入及创新竞争力开始下滑，先进制造业的制造能力也持续下降，这为美国制造业的发展带来新的挑战。先进制造业技术生命周期起始于以基础研究创造的科学知识，通过应用得以验证，在经历验证之后，技术不断成熟，并催生出最初的产品。最后，由商业化和规模化活动促使产品实现规模化生产。当前，这一过程在不断加快，企业必须及时抓住机遇进行规模化生产。

然而，美国先进制造业的制造能力持续下降。以工业机器人为例，美国研究人员发明了工业机器人，并于 1961 年首次安装在通用汽车厂，但现在工业机器人的生产绝大部分在亚洲和欧洲完成。与此同时，近年来美国的研发投入及创新竞争力开始下滑。2009 年美国的研发强度（R & D 投入占 GDP 的比重）虽然在工业化国家中排名第八，全球创新基础的竞争力在 44 个工业化国家和地区中排名第四，但以 2000 年以来创新竞争力和创新能力的进步来衡量，美国排名倒数第二。所以，美国应对先进制造业发展面临的新挑战，必须加快创新能力及制造能力建设。

（三）抢占先进制造业发展制高点

国际金融危机后，工业发达国家及新兴国家纷纷将先进制造业作为发展重点，以抢占世界经济和科技发展的制高点。欧洲 2009 年在《欧洲 2020 智慧、可持续、包容增长战略》中提出，欧洲要以信息、节能、新能源和先进制造为发展重点。日本则提出通过技术创新加快发展高附加值的先进制造业。我国也出台了《国务院关于加快培育和发展战略性新兴产业的决定》，推动高端装备制造业、新能源汽车等先进制造业的发展。美国推出"先进制造业国家战略计划"，为的是在各国新一轮先进制造业竞争中抢占优势地位，是美国抢占先进制造业制高点的行动纲领。

三、几点启示

我国正处于制造业加速转型升级的关键时期，面临着来自发达国家对技术、市场的封锁和发展中国家以更低生产成本承接国际产业转移的"双向挤压"。美国"先进制造业国家战略计划"对我国加快发展先进制造业、促进制造业升级，具有诸多启示，概括如下：

（一）加强顶层设计，制定先进制造业国家战略计划

一是加强先进制造业立法，以法规的形式确立先进制造业在我国经济发展中的战略性地位和作用。二是在国家层面成立先进制造业发展委员会，制定我国先进制造业国家战略计划，建立促进先进制造业发展的长效机制。三是加快出台并贯彻落实战略性新兴产业"十二五"规划，比如高端装备制造业"十二五"规划、节能与新能源汽车"十二五"规划等，使之引领先进制造业的发展。

（二）完善先进制造业创新政策，提升企业创新能力

一是借鉴美国先进制造业国家战略计划，加大研发投入力度，建立健全研究和试验（R & E）税收减免，并使之成为永久性措施。二是加快实施高档数控机床与基础制造装备、核高基、大型飞机等国家重大科技专项，切实构建企业主导的产业技术研发体系，着力促进产学研等各创新主体的协同创新，提高企业原始创新能力。三是推动具有核心自主知识产权的成果应用和产业化，培育发展战略性新兴产业，提升制造业的总体创新水平。

（三）借鉴美国"产业公地"建设经验，完善产业集群创新政策

长期以来，我国虽然重视产业集群的发展，但却缺乏行之有效的促进产业集群创新的政策。建议我国借鉴美国的"产业公地"建设经验，一是设立专门的产业创新基金，推进企业之间尤其是中小企业之间共享的信息资源和研发平台建设，

以加速推进产业集群创新。二是通过行业协会或中介机构，组织先进制造企业进行联合投资，共同建设并分享共性技术成果和基础设施。

（四）统筹推进政府和社会各方的投资

一是着力加强中小企业投资，鼓励中小企业对应用研究和示范设施进行投资，参与标准制定并加快应用。二是加快在先进材料、生产技术平台、先进制造工艺及设计与数据基础设施等四个领域的投资。三是扩大对重点行业领域中小企业产品的政府采购，以帮助企业实现产业化。

（五）壮大先进制造业人才队伍

一是积极推动"创新人才推进计划"在装备制造、航空航天、电子信息等重点领域的组织实施，着力造就一批产业技术创新领军人才和高水平团队。二是依托国家科技重大专项和重大工程，加强战略性新兴产业等领域紧缺人才的引进和培养。三是加强高等院校、企业、科研院所之间的合作，培育一批年富力强、具有创造性的中青年科技人才、管理人才和高级技工，特别要培养重大装备研制和系统设计的带头人。

本文作者：赛迪智库装备工业研究所　左世全

主动应对日益加剧的全球贸易保护主义

——从美国对华"双反"调查案说起

【内容提要】美国时间 2011 年 12 月 19 日，美国联邦巡回上诉法院对我国河北兴茂轮胎"双反"调查案作出历史性裁决，认为美国反补贴法不适用于来自"非市场经济国家"的产品。由此，美国自 2006 年至今对中国发起的 30 起反倾销、反补贴联合调查将告一段落。在世界经济增长持续放缓的背景下，贸易保护主义日益加剧，这将对我国劳动密集型产业、新兴产业产生不利影响，我国要积极主动应对：建立政府、协会与企业三方统一战线，合理运用 WTO 规则维护自身合法权益，从加快产业升级、加强产业政策与贸易政策协调、促进出口市场多元化等方面完善对策措施。

【关键词】"双反" 贸易保护主义

2011 年 12 月 19 日，美国联邦巡回上诉法院对我国河北兴茂轮胎"双反"调查案作出了一个历史性裁决，认定美国反补贴法不适用于"非市场经济"国家。这意味着，美国商务部自启动对华反补贴调查以来，所作出的几十宗反补贴决定，均不符合美国现行法律。对于饱受美国商务部"双反"调查的中国工业企业而言，这是一个划时代的制度性的重要胜利。那么，美国对华"双反"的战火是否会就此熄灭？在贸易摩擦日益加剧的背景下，如何稳定我国工业出口？这些问题值得我们深入研究。

一、美国对华"双反"调查案评析及趋势判断

（一）河北兴茂轮胎"双反"案件评析

"双反"措施即反倾销、反补贴措施，是将反倾销措施与反补贴措施合并起来一起实施的一种新型贸易救济手段。尽管美国反补贴税法规定反补贴措施仅限

于对市场经济国家，并且美国将中国视为"非市场经济国家"，但是自2006年11月美国试探性地对我国铜版纸发起首宗反补贴、反倾销联合调查以来，迄今美国已对我国圆形焊接钢管、薄壁矩形钢管、工程轮胎和黏合编织袋等30种产品进行了"双反"立案调查，对裁定倾销和补贴成立的涉案产品加征反倾销和反补贴两个税率，对部分产品的反补贴税率甚至高达600%。美国对华实施"双反"措施也起到了"示范"效应，加拿大、澳大利亚等国家纷纷效仿，对我国出口产品实施"双反"措施。

表1　部分国家（地区）对华发起的"双反"调查

（统计期间：2004年—2011年11月）

发起国家	案件数量	主要涉案产品
美国	30	铜版纸、环状焊接碳素钢管、复合编织袋、非公路用轮胎、薄壁矩形钢管、未加工橡胶磁、低克重热敏纸、亚硝酸钠、不锈钢焊接压力管、环形碳素管线管、柠檬酸及柠檬酸盐、后拖式草地维护设备、厨房用金属架（筐）、石油管材产品、预应力混凝土结构用钢绞线、钢格板、金属丝网托盘、带织边窄幅织带、镁碳砖、无缝碳钢和合金钢标准管、管线管和压力管、标准钢紧固件、钾磷酸盐和钠磷酸盐、钻管产品、铝型材、多层实木地板、钢制轮毂、镀锌钢丝、高压钢瓶、晶体硅光伏电池
加拿大	12	室外烧烤架、碳钢和不锈钢紧固件案、复合木地板、铜管件、无缝石油钢管、碳钢焊接管、半导体冷热箱、铝挤压材、石油管材、钢格板、不锈钢水槽
澳大利亚	5	碳钢焊管、焊缝管、卫生纸、铝挤压材、铝制车轮
欧盟	2	铜版纸、数据卡
南非	1	不锈钢水槽
墨西哥	1	三水阿莫西林

资料来源：根据中国贸易救济信息网信息整理。

此次河北兴茂轮胎"双反"案件，涉及的当事主体河北兴茂轮胎有限公司是美国GPX国际轮胎公司在华设立的第一家独资工厂。2007年8月，美国商务部应美国TitanTire公司等的申请，开始对原产于我国的非公路用轮胎展开反倾销和反补贴合并调查，并于2008年7月做出反倾销、反补贴肯定性终裁。GPX公司和河北兴茂公司就终裁结果提起诉讼。经过两轮判决，2011年12月，美国联邦巡回上诉法院裁定，认为在非市场经济条件下的政府财政援助不能被认定为补贴，美国商务部对华轮胎采取"双反"措施"不合法"。

美国商务部的再次败诉，表明了长期以来美国对华反倾销、反补贴措施自身存在着矛盾。一方面，在反倾销案件中美国坚持视中国为"非市场经济国家"，在核算倾销幅度时采用歧视性的"替代国"做法；另一方面，又认为中国经济不同于非市场经济，可以确定和计算补贴。美国采用双重标准来实现其保护国内产业的目的，已经构成了对中国产品的双重歧视。美国的做法不符合世贸组织和美国国内法律的相关规定，构成了对中国企业的不公平待遇，损害了我国出口企业的正当利益。我国企业一直通过多种途径就美国涉华"双反"案件进行抗争，直到今年 12 月美国联邦巡回上诉法院裁决"反补贴法不适用于'非市场经济'国家"，才使"双反"案件有望出现新的转折。

（二）"双反"案件未来发展趋势

美国联邦巡回上诉法院的裁决否定了美国商务部认为中国出口产品适用于反补贴措施的观点，对美国商务部的行为有着重要影响，对"双反"案件的未来发展或许能带来重大转折。

短期来看，"双反"调查案件将会减少，反倾销措施的使用将有所增加。联邦巡回上诉法院作出裁定后，美国商务部还有上诉或美国国会迫于压力修改反补贴法的可能，但短期内美国商务部难以完全清除反补贴措施适用的法律障碍。一是"双反"措施的使用存在较大争议。美国法律界对"非市场经济国家"适用反补贴措施存在两方面的争议。一方面是精确计算一种商品的同一低价行为中的倾销幅度和补贴幅度较为困难；另一方面，美国国会针对"非市场经济国家"政府对企业的补助被界定为补贴存在异议。二是修改美国国内法律短期内难以完成。美国法律的修改需经过一系列复杂程序，耗时较长，美国商务部想要在短时间内修改法律困难较大。随着近期欧美经济动荡，市场需求疲软，美国国内就业压力进一步加大，美国很可能会通过进一步加大反倾销、技术性贸易壁垒等措施的使用力度来保护国内市场。

长期来看，随着我国市场经济地位的进一步确立，"双反"措施仍可能成为外国对华实施贸易救济的重要手段。自加入 WTO 以来，我国市场经济体制进一步完善，并得到越来越多国家的认可，新西兰、新加坡、澳大利亚等国相继承认我国"完全市场经济地位"。另外，入世议定书将中国有条件地定义为非市场经济国家的过渡期为 15 年，随着我国加入 WTO 时间的推进，我国"市场经济地位"将进一步确立。同时，WTO 规则中对"双反"措施的适用没有明确规定，预计将来"双反"措施仍可能成为外国对华实施贸易救济的重要手段。

二、日益加剧的全球贸易保护主义对我国工业发展的影响

迄今为止，国际金融危机爆发历时三年，其深层次影响还在世界范围内不断蔓延。国际货币基金组织（IMF）在最新发布的《世界经济展望》中指出，全球经济活动正在减弱并进一步失衡，市场信心近期大幅下降，下行风险逐渐增大。欧元区主权债务危机影响的不确定性、某些石油生产国社会动荡升级，也将为全球实体经济的复苏蒙上一层阴影，2012 年全球经济增长预期仅为 4%。

在全球经济增速放缓的背景下，一些国家将不得不面对较大的就业压力，贸易保护动机日趋增强。可以预见，2012 年全球贸易保护主义将进入高发期。对我国而言，有可能进入改革开放以来遭受贸易保护主义影响最严重的时期。贸易保护方式、涉及的主体及其产业和领域都将出现新的变化，对我国稳定工业出口、产业结构调整升级将带来较大的负面影响。

（一）劳动密集型产业生存环境更加恶化

目前，在我国的工业出口产品结构中，几乎全部加工贸易都属于劳动密集型产业。2010 年我国加工贸易出口额为 7403 亿美元，占到我国出口产品总额的 46.9%。随着国际原材料价格及我国国内生产资料价格的不断提高，生产成本不断上升，我国劳动密集型产业的优势也在逐渐降低。一旦遭到外国限制性贸易政策的阻碍，企业进入该国的难度就将大大提高，进而直接影响到企业产品的销售状况，使劳动密集型产业的生存环境进一步恶化。以纺织品工业为例，2007、2008 年两年我国共遭受国外各类贸易救济调查案件 155 起，其中纺织工业是涉案最多的行业之一；2009 年我国出口产品共遭受贸易救济调查 116 起，其中涉及纺织工业产品的案件占到 16%。同时，国外针对我国纺织工业产品采取的如技术壁垒、劳工壁垒等贸易救济措施层出不穷，加之国际金融危机的影响，我国纺织工业产品出口增长率明显下降，甚至出现负增长。

（二）新兴产业有可能沦为贸易保护主义的"重灾区"

国际金融危机爆发后，世界各国特别是主要经济体正在掀起占领新兴产业制高点的竞赛，为本国未来的可持续发展创造战略性条件保障。新兴产业国际竞争的加剧，也引发了一系列的贸易摩擦。以美国为例，2010 年 10 月，美国对华提出的贸易调查达 20 多起，频率之高实属罕见，其中影响最大的是美国对中国清洁能源产业政策和措施的调查。美国经济政策研究所发布了一系列数据，用以证明中国清洁能源补贴导致美国对华贸易逆差激增，并称清洁能源领域可以为美国

提供大量高薪职业，而该行业在全球化和对华贸易逆差增加的背景下受到很大打击。2011 年 5 月，美国国际贸易委员会发布了一份知识产权报告。这份报告内容涵盖了对我国知识产权侵权现状的所谓调查结果，以及中国知识产权侵权和促进本土创新政策对美国经济的影响，并将矛头直指风能、电信设备（移动电话）、软件、汽车、民用飞机及其组件等新兴产业。国外对我国新兴产业同类产品的反倾销调查围堵，使我国新兴产业发展举步维艰。

（三）贸易摩擦向高科技领域升级

近年来，随着中国经济发展水平的提高及产业结构的调整，高技术产品出口成为中国贸易顺差的主要来源之一。2010 年我国高新技术产品出口达 4924 亿美元，占到我国出口产品总额的 31.2%。然而，我国与发达国家间的贸易摩擦已开始向高科技领域升级，发达国家贸易保护中涉及我国高新技术产业的案件日益增多。近年来，美国对华 337 调查呈上升趋势，主要针对我国中高端电子信息产品。在高新技术产品贸易保护中，技术性贸易壁垒是常用的手段之一。特别是国际金融危机爆发后，美国、欧盟等常常通过技术性贸易壁垒阻碍我国产品的出口，并且以保护知识产权为借口对我国出口产品展开调查。这在客观上严重阻碍了我国高新技术产品的出口，阻碍了我国高新技术产业的健康发展。

（四）贸易摩擦范围由发达国家扩展至新兴经济体

目前我国传统优势出口产品领域已呈现出摩擦国别扩大和救济措施叠加的势头，与我国发生贸易顺差的国家正从以欧美为代表的发达国家逐渐转向产业结构、贸易结构相近且比较优势趋同的发展中国家。根据商务部公开的信息初步统计，2011 年 1—8 月，来自阿根廷、墨西哥、巴西、土耳其、印度等发展中国家涉华贸易救济案件多达约 40 起，其中新发起的案件 14 起，反倾销 12 起，反补贴 1 起，保障措施 1 起，涉及电扇、电加热器、不锈钢餐具、无缝钢管、钢钉、草甘膦等产品。发展中国家近期对华贸易救济措施的增加，主要是因为国际金融危机之后，欧美市场需求不振且短期内复苏不太可能，国内很多产品转而出口至新兴经济体国家，中国与新兴经济体国家由于经济发展程度相似而呈现出更多竞争，贸易摩擦也将逐步增多。

三、应对全球贸易保护主义的对策思考

面对日益增多的国际贸易摩擦，我国应立足于本国产业发展，及时拿起 WTO

规定的反倾销、贸易救济等武器，建立政府、协会与企业的三方统一战线，保护我国产业和贸易的健康发展。

（一）加大企业自主创新力度

加强国外先进技术的引进、消化吸收和集成创新，缩小与国际先进技术水平的差距。大力发展以信息产业为核心的高新技术产业，围绕品种、质量、效益加大工业企业技术改造力度，以先进技术改造提升传统产业，淘汰落后的生产工艺和设备。提高传统劳动密集型产品的技术含量和附加值，实现出口产品从完全价格优势到质量品牌优势的转变。

（二）适时规范国内补贴政策

我国各级政府部门产业政策的制定应考虑与 WTO 规则《补贴与反补贴措施协定》的一致性。建立规范性文件备案审查制度，对现有的各种补贴措施进行全面梳理，确保新出台的规章、规范性文件与 WTO 原则规则以及我国加入世贸组织的承诺相符合，充分体现政策法规的统一性原则、非歧视原则和透明度原则。逐步取消禁止性补贴，加大科研与开发补贴、落后地区补贴和环保补贴等不可诉补贴的范围和力度。

（三）充分利用 WTO 规则维护自身合法权益

运用我国在 WTO 中的发展中国家定位，合理利用优惠政策来维护自身权益；组织开展对企业经营管理人员、专业技术人员进行 WTO 规则及相关知识的培训。面对对华贸易救济调查，我国在充分利用 WTO 规则保护自身贸易利益的同时，要重视建设非正式渠道，通过院外游说等方式影响进口国政府的政策。同时，我国还要积极主动地参与 WTO 规则的制定，更加灵活地运用贸易救济措施，特别是反倾销、反补贴等措施主动出击，维护国内产业发展。

（四）继续推行市场多元化战略

我国在稳定对传统市场出口的同时，必须大力开拓非洲市场、拉丁美洲市场、俄罗斯市场、东欧市场等。完善政策性出口信用体系，鼓励中国出口信用保险等公司加强对企业开拓新兴市场的支持。继续加大实施"走出去"战略的力度，以投资带动贸易增长。同时，面对与新兴经济体的贸易摩擦，无论政府、协会还是企业，从一开始就要重视并注意积累经验。我国企业必须提高自身产品的竞争力，实施差异化产品竞争策略。

（五）积极发挥行业协会作用

引导行业协会组成产品出口国际维权小组，吸收相关部门和行业有关重点企业参加，加强对外交涉力度，为应诉企业提供熟悉 WTO 法律规定及美国反倾销规定的法律人才，帮助企业在反倾销案件中取胜。鼓励涉案企业团结在行业协会周围，积极应诉，集合抗辩，由行业协会制定共同对策，统一口径，寻求公正的裁决，维护应诉企业的合法权益。政府部门与行业协会应建立定期联系机制，及时解决企业经营存在的问题与困难，确定我国对外贸易政策的方向。

本文作者：赛迪智库产业政策研究所　刘萍　张波

美国"双反"对我国光伏产业的影响

【内容提要】2011 年下半年以来，全球太阳能电池产能呈爆发式增长，光伏产品价格大跌，导致我国绝大部分光伏企业亏损，部分企业停产甚至破产。就在此时，美国对我国光伏产品发起了"双反"调查，并于 2012 年 3 月 20 日作出征收 2.9%—4.73% 反补贴税的初裁。对此，赛迪智库光伏产业研究所在深入调研和参与应对美国"双反"的基础上，从 2011 年产业发展情况出发，梳理了我国光伏产业发展面临的问题，介绍了美国双反的相关情况，对美国"双反"判罚可能产生的影响进行了分析，并提出我国应采取的五条对策，即练好内功，积极突破国际贸易壁垒；加强宏观调控，引导产业有序整合；制定重点企业认定制度，拓宽光伏企业融资渠道；设立专项研发基金，鼓励自主创新；统筹规划，扩大国内光伏应用规模。

【关键词】美国　光伏产业　"双反"

近期，由于受全球经济振荡、欧债危机恶化及多数国家调整光伏补贴政策等因素影响，全球光伏市场增速放缓，市场供需失衡较为严重，产品价格快速下跌，部分企业减产、停产甚至倒闭，产业发展形势严峻。调查显示，我国半数以上的中小电池组件企业已经停产，30% 大幅减产，10%—20% 小幅减产或努力维持，并已开始不同程度裁员。在此种情况下，美国商务部对我国进口的晶硅电池产品发起"反补贴、反倾销"（下简称"双反"）调查，并于 2012 年 3 月 20 日做出反补贴初裁，更是使得我国光伏产业雪上加霜。本文从我国光伏产业基本情况出发，介绍美国"双反"的相关情况，探讨美国"双反"可能带来的影响，并提出相应的对策建议。

一、我国光伏产业发展情况

产业规模持续增大，国际影响力进一步提高。2011 年我国光伏产业保持快速发展势头，多晶硅产量约为 8.4 万吨，同比增长 87%，约占全球总产量的 35%，跃居全球首位；太阳能电池组件产量达到 23GW，同比增长 119%，约占据全球总产量的 60%，连续 5 年位居全球首位；国内光伏装机达 2.7GW，同比增长 419%，位居全球第三。行业总产值达 3000 亿元，就业人口超过 50 万人。2011 年全球前十大多晶硅、硅片、电池片和组件企业中，中国大陆分别占据 4 席、6 席、6 席和 6 席。但即便如此，我国光伏产业依然面临严峻挑战。

（一）光伏补贴不断下调，国际贸易壁垒增加

2011 年以来，主要光伏市场——欧盟国家受主权债务危机影响，相继采取减赤或紧缩信贷政策，使光伏项目融资难度增大。出于促进"制造业"回流和保护本地制造业的需要，各国纷纷设置贸易壁垒，比如美国对我国光伏产品发起"双反"调查，欧盟和印度也在加紧行动。一些新兴光伏国家如加拿大、印度和南非等为了扶持本国产业发展，通过设置"本地化需求"门槛，阻止外国产品进入。新技术可能遭遇专利壁垒，比如作为当前技术主流的"准单晶"专利已被国外某公司在全球布局，且较难规避，一旦其在国外市场发起相关专利诉讼，对我国光伏产业的影响无疑是巨大的。

（二）市场供需阶段性失衡，产业整合不可避免

光伏产业作为朝阳产业，未来市场将会呈现指数增长。但短期内产业仍将承受较大的供需压力。在供给方面，据赛迪智库统计，我国 2011 年光伏产能已超过 40GW，欧盟能源研究所统计 2011 年全球光伏产能为 63GW，且产能仍在持续增加中。在需求方面，多家机构预测 2012—2015 年全球光伏市场年需求在 30—50GW 之间，仅当前我国的产能已可满足未来 2—3 年全球光伏市场需求，光伏市场的增速远不能跟上产能扩张步伐。但即使如此，"十二五"期间，全国几乎每个省市都有光伏产业发展规划，有 20 多个地区规划建设光伏千亿产业园。在供需压力下，产业整合将不可避免。下图为 2010—2015 年欧洲能源研究中心和欧洲光伏工业协会对全球产能和装机预测情况。

图 1 2011—2015 年全球光伏产能和装机预测情况

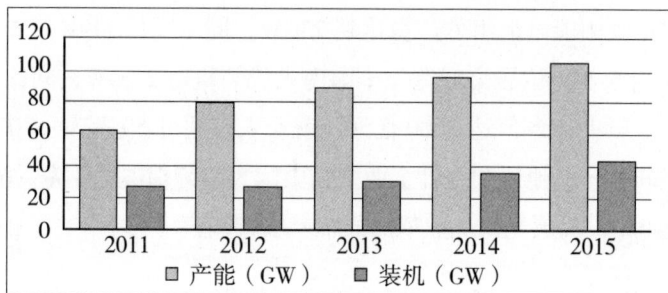

数据来源：产能数据来自欧盟能源研究中心 (JRC)，2011.9。
需求数据来自欧洲光伏工业协会 (EPIA)，2011.6。

（三）产品价格大幅下滑，企业经营压力增大

2011 年初，光伏产品供应量大幅提高，但光伏市场需求萎靡，产品供应增速远大于光伏市场增速，产品库存积压严重。至 2011 年底，光伏产品价格较年初下降 60%，达到部分企业的成本线。常州天合财报披露的数据显示，其四季度组件生产成本约为 0.94 美元 / 瓦，而目前光伏产品报价已低于 0.9 美元 / 瓦，极大挤压光伏企业利润空间，企业经营压力持续增大。据悉，目前约一半以上企业处于停产或半停产状态，30% 的企业大幅减产，仅部分骨干企业在努力维持或小幅减产。此外，受整体行情影响，银行基本上不再向光伏企业新增贷款，中概股在美国资本市场被严重低估，企业融资困难重重。下图为尚德、英利、天合、阿特斯和韩华等 5 家企业在 2011 年每季度的净利润情况（单位：百万美元）。

图 2 2011 年 1—4 季度我国主要企业净利润情况

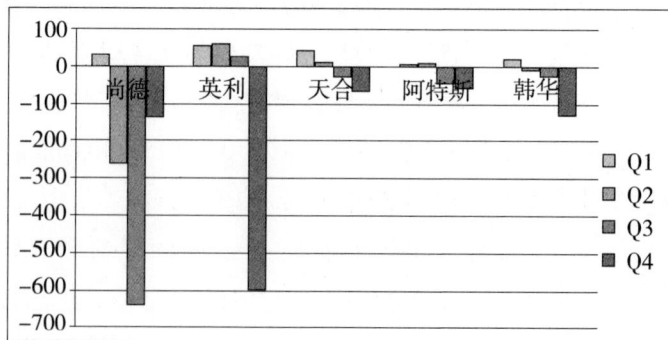

数据来源：上市公司财报。

二、美国"双反"调查情况介绍

（一）美国"双反"发起的背景

在上述情况下，贸易保护主义开始抬头。SolarWorld 美国分公司及其它六家匿名的美国企业于 2011 年 10 月 19 号向美国商务部和美国国际贸易委员会提交反倾销、反补贴（下简称"双反"）申诉，要求美国联邦政府对从我国进口的太阳能电池征收"超过 100%"的进口关税，以抵消不公平定价和大量补贴带来的不良影响。

此次"双反"调查申请启动时间巧妙利用了美国政治中的几个要点：一是美国总统大选的需要。一切为选举服务、为国内政治服务是美国政治的基本规律。2011 年 11 月离美国明年大选仅为一年时间，为迎合部分选民，此类贸易保护主义题材总是会被少数国会议员热炒。二是美国发展转型衍生的问题。奥巴马"新政"内容之一就是鼓吹美国要加强出口导向，以此刺激经济、增加就业、调整结构。近期由于光伏市场增速放缓，部分反华势力选择性失明，将一些产品不具竞争力的美国光伏企业倒闭归结为来自中国光伏产品的冲击也就不足为奇。三是国内矛盾转移。奥巴马为其"绿色就业机会"新政而力推的光伏企业 Solyndra，在接受美国政府 5.7 亿美元贷款担保后，仍于近期宣布破产，此举被部分党派借题炒作，不排除其为了国内政治需要而将矛盾转移到国外。奥巴马近期也公开表示，"我不想看到风力涡轮机、太阳能电池板和高科技电池来自其它国家。希望这些产品由美国自己生产"。

（二）此次"双反"调查主要内容和相关程序

此次"双反"调查的目标产品主要是中国大陆地区生产的晶体硅电池片，不管这些电池片是部分还是完全组装成组件，只要产自中国大陆地区，不管在哪里被组装成组件，只要出口至美国，都将列为调查目标。但一些面积小于 100CM2 的电池片并已集成到货物中的不在此列。

此次美国"双反"的调查将由美国商务部和美国国际贸易委员会并列进行，在收到 SolarWorld 等企业提交的调查申请后，已于 2011 年 11 月 8 日开始启动立案调查，美国国际贸易委员会于 2011 年 12 月 3 日作出了来自中国晶硅电池产品对美国光伏产业造成实质性损害的裁定后，美国商务部也启动调查，并于今年 3 月 20 日作出反补贴的初步裁定：对来自中国的产品征收 2.93%—4.73% 不等的反补贴税，反倾销初裁将于 5 月 16 日裁定。在商务部出具初步裁定结果后，还将对案件进行进一步核实，并于 2012 年 6 月 3 日出具反补贴的最终裁定，于 2012 年 7 月 30 日出具反倾销的最终裁定。同时，美国贸易委员会也将在 2012 年 7 月 18 日和 2012 年 9 月 13 日分别出具反补贴和反倾销的最终产业损害裁定。如果这一裁定是肯定的，海关将在裁定 7 天后，即 2012 年 7 月 25 日和 2012 年 9 月 20 日分别征收反补贴和反倾销税。

值得注意的是，美国联邦巡回上诉法院在 2011 年 12 月 19 日的一起轮胎"双反"判决中，判定美国商务部不能在视中国为"非市场经济国家"的情况下，对相关中国商品进行反补贴调查。但美国很快对此进行修复，于 2012 年 3 月 6 日，通过一项新修改的税法，授权美国商务部继续对中国和越南等所谓"非市场经济国家"征收反补贴税。而美国商务部也在 2012 年 1 月 30 日对华光伏"双反"案中作出紧急情况裁定，决定追溯征收反补贴税，即在初步裁定反补贴税率后，向前追溯 90 天开始征税，即从 2011 年 12 月 19 日起征收反补贴税。

（三）我国针对此次"双反"已开展的工作

一是积极对外。对于此次美国针对我国光伏产业发起的贸易保护主义措施，我国光伏行业组织及时行动，中国光伏产业联盟、中国可再生能源学会等四家行业协会于 11 月 1 日发布关于《中国光伏产业关于美国少数企业对我国太阳能电池（板）进行双反申请的声明》。行业组织也积极与美国相关协会沟通，与政府相关主管部门、尚德等国内主要光伏企业协调沟通，共同做好应对工作。

二是积极抗辩。在行业协会的组织下，由中国光伏产业联盟主席单位尚德、英利、天合和阿特斯等四家企业牵头，晶澳、昱辉等 14 家中国光伏企业参与的团队委托美国盛德律师事务所为代理，抗辩美国"双反"。同时，我国光伏企业也在美国组建平价上网联盟（CASE），通过各种途径表达反对此次双反调查的立场。目前 CASE 成员已由最初的 25 家扩充至 160 多家，成员包括 MEMC、REC、GT Solar 等企业，影响力正在进一步扩大。

三是主动出击。近几年来，在政府补贴下，美国等国家的企业不惜压低价格对中国进行大量倾销多晶硅产品。2009—2011 年多晶硅进口量分别为 2 万、4.75 万和 6.46 万吨，在国外低价多晶硅产品冲击下，我国 80% 以上的多晶硅企业停产或破产。对此，在中国光伏产业联盟的协调下，我国部分多晶硅企业已开始针对国外多晶硅企业对我国市场进行倾销与享受不合理政府补贴的事件开展调查，目前已经取得实质性进展，如果条件成熟，有望呈交商务部。

三、美国"双反"反补贴初裁影响分析

2012 年 3 月 20 日，美国商务部反补贴初裁判决，针对中国出口美国的光伏产品征收反补贴税 2.9%—4.73%。其中，针对无锡尚德征收反补贴税率为 2.9%，针对天合光能的反补贴税为 4.73%，其它光伏企业为 3.61%。最终关税需要等美国国际贸易委员会（ITC）完成调查后才能确定。

（一）初裁税率公布后的正面影响

一是初裁税率对我国光伏产业影响甚微。美国商务部对来自中国的太阳能电池产品反补贴税的初裁结果，最高 4.73%、平均 3.61% 的税率，远低于 SolarWorld 等原诉企业提出超过 100%，也低于之前市场预期的 20—30% 的税率，在初裁结果发布的当天，我国在美上市的光伏企业股票大涨。初裁税率体现在价格上约为 3 美分 / 瓦（合人民币 0.2 元），相对于太阳能电池的成本十分微小，甚至汇率的波动都有可能影响到此价格，因此对于中国企业在美国的发展几乎不会构成影响。

二是可有效阻击欧洲可能发起的类似调查。虽然美国的初裁判定"中国光伏企业接受不公平的政府补贴"，但 2.9%—4.73% 的初裁税率也足以让资本市场大跌眼镜，美国极少在其"双反"调查的初裁中有如此低的税率，这也从另一个侧面说明，中国光伏产品并不存在所谓的补贴。对于其它原本想效仿美国对华"双反"的国家，这无疑是一个打击。鉴于针对中国光伏企业的"反倾销、反补贴"调查对于原诉方目前仍未表现出可能存在巨大利益，这对欧洲原计划在近期发起"反垄断、反倾销、反补贴"调查已起到了一定的阻击作用。

三是可有效提助国内光伏企业渡难关。美国作为一个新兴的光伏市场，发展潜力巨大，已成为我国光伏企业的重要目标市场之一。据统计，2011 年我国光伏产品对美出口额达到 25 亿美元，绝大多数发生在四季度，且美国商务部在 2012 年 1 月 30 日做出了向前 90 天（即从 2011 年 12 月 19 日起）追缴反补贴税的判决，但 2.9%—4.73% 的税率也使得我国光伏企业如释重负。此外，美国 2011 年光伏装机容量达到 1855MW，同比增长 111%，预计 2012 年其光伏装机量将在 2.5—3.5GW 之间，根据我国主要上市企业电话会议披露的数据，尚德、英利和天合等主要光伏企业 2012 年美国市场出货量将占到总出货量的 20%—30%，较低的反补贴税预期将使这些企业能够在美国市场有所作为，极大减缓其市场压力。

（二）"双反"调查后续的负面影响

虽然此次初裁的税率较低，但我们不可掉以轻心。考虑到"反补贴税"初裁的当天，美国还对中国的其它商品作出了"双反"裁决，比如对钢丝做出反补贴高于25%，反倾销高于46%的终裁判决，不排除美国对光伏产品的反补贴轻判是一种迂回策略，因为后续还有反补贴终判和反倾销裁决。据悉，美国商务部仍在跟进反补贴调查，继续调查几个被控的中国补贴计划，比如对玻璃和铝合金型材的补贴，这些在初步裁决中均未涉及，并且表示"我们对反倾销案的裁决也会如期进行，通常反倾销税都会比反补贴税要高，而且是要高出很多。"奥巴马总统3月21日在视察一家光伏企业时也表示，"我们也会拿起贸易法律武器，以确保像中国这样的国家不会给他们的太阳能企业提供不公平的竞争优势"。在这些报道出来后，中概股的股价第二天应声大跌。因此，美国政策仍然存在很大的不确定性，市场预期反补贴和反倾销税率在20—30%之间，主要是基于当前我国主要光伏企业组件生产成本约为0.75美元/瓦和美国组件价格约为0.9美元/瓦而做出的预估。一旦美国商务部按照市场预期做出20%—30%的关税裁决，对我国光伏产业的影响将是巨大的。

一是加剧我国光伏企业寒冬期，迫使我国光伏产业转移。长期投资过热导致光伏产业目前产能严重过剩，产业逐渐薄利化，2011年我国光伏产业有超过70%的企业停产或倒闭，产业进入"寒冬"。如果美国"双反"最终税率定在20%—30%的水平甚至更高，那将极大降低我国光伏产品的竞争力，阻碍我国光伏产品进入美国光伏市场。此举将迫使我国光伏产业加速向国外转移，实现原产地的多元化布局，以规避国际贸易风险和更好地靠近终端市场。目前我国部分光伏企业已经做好高税率风险准备，正计划采取到国外设厂等手段，迂回进军美国光伏市场。

二是欧洲可能效仿美国，跟进对华"双反"。SolarWorld以及拥有800多个会员单位的德国太阳能经济联合会也准备在3月底向欧盟提出对中国光伏产品启动反垄断、反倾销和反补贴的"三反"调查，此次美国"双反"初裁的结果虽然远低于预期，但此次象征性的惩罚性反补贴关税在事实上已承认了"中国产品接受不公平政府补贴"的行为。这个初裁结果可能会极大地影响稍后就要发生的欧盟对中国进口光伏产品的"三反"调查。目前来看，欧洲市场还是中国光伏产业在全球的最主要市场。

三是潜在的 337 调查风险。美国《1930 年关税法》第 337 条规定，禁止一切向美国出口产品中的侵犯专利行为和不公平贸易行为。不排除美国在"双反"上抓不到把柄后在 337 调查上做文章。目前市场主流的准单晶技术，主要专利基本上都被 BP Solar 公司（该公司的相关专利已全部转让给德国 AMG 公司）在全球布局，很难合法规避，且部分专利 2011 年已在美国授权，该领域产品出口美国很容易被认为存在专利侵权而随时可能遭受 337 调查。

四、如何应对美国的"双反"调查

（一）练好内功，积极突破国际贸易壁垒

一是练好"内功"，加强行业自律，提高产品质量和产品附加值，避免我国光伏企业在国际市场上贸然挑起价格战；同时启动国内光伏市场，提高对国内光伏产能的消化能力，避免由于贸易纠纷给产业带来重大影响。二是积极"对外"。多方施压，继续引导和支持企业做好对美"双反"的申诉和抗辩工作，必要时主动出击，实施对美战略性的多晶硅贸易壁垒调查。三是鼓励企业"走出去"，通过合营、并购等方式，充分利用全球各种资源，优化产能的全球布局，使产品靠近终端消费市场，以规避国际贸易风险。

（二）加强宏观调控，引导产业有序整合

一是根据国家相关规定，实行新的出口退税政策，将太阳能电池产品出口退税率由原来的 17% 降低到 13%，向业界传递调控信号，引导企业修炼"内功"，提升核心竞争力，改变单纯比拼价格的竞争方式，减缓国际贸易压力。二是加快建立健全光伏产业组织，以中国光伏产业联盟为基础筹建中国光伏产业协会，促进专利、标准和认证体系建设，倡导行业内部抱团发展，骨干企业互信互助，加强合作，促进行业自律，共同应对国外贸易纠纷。三是优化存量，防止太阳能制造能力盲目扩张，鼓励优势企业兼并，优化资源配置，引导产业有序整合。

（三）制定重点企业认定制度，拓宽光伏企业融资渠道

支持骨干光伏企业加快发展，会同国家发改委、财政部等有关部门制定在国家规划布局内对重点光伏企业的认定管理办法，对重点光伏企业加强行业管理和监督，组织协调并管理重点光伏企业认定工作。通过认定的光伏企业，在金融信贷、资金扶持、承担国家项目等方面享受国家有关鼓励政策。同时建立包括政府财政、产业资本、风险资本、金融资本、民营资本的多元化投融资渠道，引导社会资金

投资光伏产业。积极支持符合条件的光伏企业采取发行股票、债券等多种方式筹集资金，拓宽直接融资渠道。积极创新适合光伏产业发展的信贷品种，为符合条件的企业提供融资支持。

（四）设立专项研发基金，鼓励自主创新

利用出口退税节余资金并充分利用多种资金渠道，比照集成电路专项，设立国家光伏产业研发专项，重视产品底层的基础科学研究，强调技术革新，以新技术的领先优势获得未来产业发展的优先权。重点支持高效硅光伏电池、新型高效薄膜光伏电池、独立光伏应用系统、直流光伏应用系统研发以及重要技术标准的制订，开发多样化光伏产品。鼓励光伏企业设立技术实验室，在国家重点项目方面给予扶持，支持光伏产业加强产业资源整合，鼓励企业为实现做优做强而跨地区重组并购。提升企业研发能力，提高产品质量，加强品牌建设，增强产品竞争力。

（五）统筹规划，扩大国内光伏应用规模

一是国家各相关部门以及电网公司之间加强协调，统筹规划全国太阳能发电项目建设，组织力量研究制定全国太阳能资源的开发目标和方案，优先开发太阳能资源丰富、当地消纳容量大、电网输送能力强的区域的太阳能资源。二是规划光伏发电上网网点，落实上网电价实施细则，针对分布式能源和与之相互依存的智能微网发展特点，组织修订《电力法》及《可再生能源法》。三是快速推进新能源配额制和探索基于合同能源管理的"自建自发就近使用"光伏发电全新模式，寻求"用户、电网、投资方"等相关利益方的共同解。四是解放思想，突破"电力专营"的格局，在政府支持下，形成千家万户开发应用太阳能光伏发电的崭新局面。

本文作者：赛迪智库光伏产业研究所　王世江

美国力推"反假冒贸易协议"意欲何为?

【内容提要】近期,以美国为首的发达国家正在积极推动《反假冒贸易协议》(简称 ACTA），以建立更高的知识产权侵权执法标准，强化贸易执法力度。赛迪智库知识产权研究所在分析了《反假冒贸易协议》的主要内容、特点、实质及其战略意图后认为，该协议是以美国为首的工业技术强国在保护知识产权的"合法"名义下，针对正在崛起的发展中国家设置的一道新的非关税壁垒；其生效与实施将极大冲击我国知识产权密集型产业，使我国工业出口环境更趋复杂和严峻。鉴于此，我国应采取以下对策：提高认识，加强研究；联合其它主要发展中国家，与该协议的成员国或组织机构展开积极磋商；鼓励企业实施知识产权战略，大力提升企业自主知识产权能力和自主品牌建设；规范行业管理，促进产业健康发展。

【关键词】反假冒贸易协议　工业发展　对策

2012 年 4 月 11 日，美国商务部发布了"知识产权和美国经济：聚焦产业"（Intellectual Property and the U.S. Economy: Industries in Focus）的报告，指出知识产权密集型产业在 2010 年至少为美国提供了 4000 万个工作岗位，并为美国 GDP 贡献了 5 万多亿美元，占 GDP 的 34.8%。美国政府也一再强调知识产权保护，不断提高知识产权侵权执法标准，加大贸易执法力度，并通过各种手段频频施压于以我国为代表的知识产权输入国家。近期，以美国为首的发达国家正在积极推动《反假冒贸易协议》(Anti-Counterfeiting Trade Agreement, 简称 ACTA）[1]，参加谈判的主要国家和地区均为我国的主要贸易伙伴[2]。长期以来，我国一直被视为盗版和假冒产品的主要来源地，而美国极力推动 ACTA，其指向我国的意图非常明显，该协

---

[1] 2012 年 1 月 26 日，欧盟及其 22 个成员国在日本东京正式签署了 ACTA。该协议签署国至此已达到 30 个，涵盖了所有西方发达国家。根据协议第 40 条，只要其中 6 个以上的签署国交存了批准书、接受书或赞同书 30 天后，协议即对这些签署国生效。
[2] 据统计，2010 年我国从 ACTA 主要谈判国的进口贸易在进口总额中的占比超过了 50%，而我国向 ACTA 主要谈判国出口贸易占出口总额的比重更是达到了近 60%。

议将对我国工业出口和产业发展带来不容忽视的冲击。因此，我国必须高度重视ACTA 带来的影响，研究应对之策。

一、ACTA 的主要内容与特点

ACTA 是由美国着力推动，日本、欧盟等发达国家和地区主导，于 2010 年 11 月达成的知识产权国际公约，旨在对假冒和盗版货品提出知识产权执法新标准。ACTA 宗旨明确，通过严厉的处罚措施加强知识产权领域的侵权执法，而不是传统意义上的知识产权保护，其主要特点如下：

（一）ACTA 在 TRIPs 协议的基础上扩大了适用范围和侵权行为打击对象

TRIPs（"与贸易有关的知识产权协议"）是 WTO 框架下涉及世界贸易有关知识产权保护的重要协议，是迄今为止知识产权保护水平最高的一项国际协定。ACTA 则针对知识产权侵权行为，从多个方面提出更严格的执法要求。就适用范围和打击对象而言，它将禁令和临时措施的适用范围从针对当事方扩展到"司法管辖权范围内的第三方"；将协助犯和教唆犯都纳入刑事犯罪主体；还将知识产权执法延伸适用于数字环境。

值得注意的是，在 ACTA 重点规范和执法的商标侵权领域，它不仅直接打击加工贸易中的主动侵权假冒行为，还对在不知情情况下产生的被动侵权行为予以严惩。例如，美国企业委托我国企业贴牌生产假冒其它企业商标的商品，尽管我国企业对美国企业侵犯他人商标权的行为并不知情，但按照 ACTA 规定，仍应以同等侵权受到处罚，而这一点无疑将给我国大量贴牌生产企业带来潜在风险。

（二）与 TRIPs 协议相比，ACTA 加强了对知识产权权利人的保护

在边境措施方面，ACTA 取消了有关听取被告陈述的规定，以及对临时措施的时间限制，完善了权利持有人的申请程序，提高了取回涉嫌侵权货品的门槛；规定"只有在例外的情况下或依据司法命令"才能够适用。在刑事执法方面，通过进一步明确刑事犯罪中"商业规模"的定义，大大降低了刑事责任的数量门槛，规定只要具有"明显故意"的侵权，以及"为了商业利益或个人获利"的侵权，不受商业规模限制，一律都要追究刑事责任。这一条款内容明显超出 TRIPs 中的规定，可能会给竞争对手破坏正常贸易提供借口，从而阻碍合法贸易。

（三）在执法方式方面，ACTA 赋予海关更广泛、自由度更大的执法权力

美国近年来频频对我国具有一定竞争优势的机电、电子、光伏等产业展开

337 条款、特别 301 条款调查 [1]，影响了相关产业的发展，而 ACTA 将使得知识产权执法权的行使更为"简单"、"便捷"，从而给这些产业的发展带来更大威胁。ACTA 规定，海关官员在没有接到被侵权方请求或法院命令的情况下，也有权扣留假冒和盗版商品；赋予海关主动中止侵权货物放行的权力。同时，它并未提供海关认定货物侵权的标准、指控不成立时指控侵权方应承担的赔偿责任、对扣押或销毁措施的限制等。海关由此获得了较之以往更为宽泛的自由裁量权，可作为新武器用于打击本国相关产业的竞争对手，在实际操作中形成进出口贸易中的新壁垒。

（四）从谈判过程看，ACTA 由美国为首的主要发达国家主导，广大发展中国家被排除在外

自 2007 年起，在美国的积极游说下，美国、欧盟、澳大利亚、加拿大、日本、韩国等知识产权主要生产国和输出国就 ACTA 进行了多轮磋商并最终达成一致意见。为了减少谈判障碍、加速谈判进程，被美欧宣称是假冒与盗版产品主要来源地的中国、印度等发展中国家始终被排除在谈判过程之外。而且，谈判方对于协议的谈判进程和文本内容一直高度保密，直到 2010 年 4 月才第一次官方公开协议草案文本。

二、美国推动 ACTA 的意图及其实质

对于美国充当急先锋积极推动 ACTA，既要看到其加强知识产权国际执法合作、加大对与贸易有关的知识产权侵权行为执法力度的表象，更要结合美国当前经济局势、中美竞争格局的变化，深入认识其真实意图和实质。

美国着力推动 ACTA，其实是基于自身知识产权优势和先进技术水平，在保护知识产权的"合法"名义下，试图遏制发展中国家尤其是我国的发展势头，从而保护其国内产业竞争力的"不正当"措施和策略，以此达到继续保持其知识产权竞争优势并占据未来科技发展制高点的目标。简言之，ACTA 实质上是以美国为首的包括日本、德国在内的工业技术强国针对正在崛起的发展中国家，有意设置的一道新的非关税壁垒。

（一）推动 ACTA 是美国当前复兴制造业一系列举措中的重要一环

2007 年美国次贷危机爆发以来，美国经济陷入严重萧条，至今经济增长缓慢，

---

[1] 数据显示，自 2002 年以来，我国连续多年成为美国 337 调查的最大目标国和最大受害国。

失业率居高不下 [1]，这使美国政府重新认识到了以制造业为主的实体经济对于国家经济社会无可替代的作用。为了振兴制造业，美国政府从产业支持、技术创新、出口等多方面出台了一系列强有力的政策措施，而 ACTA 一方面可为防止美国企业出口产品被国外竞争者仿冒和侵权、促进本国产品出口提供"可靠"保障，另一方面也相应地为来自外国的进口产品设置了一道难以逾越的门槛，可防止国外同类产品对本国产品市场和相关产业形成冲击。

（二）推动 ACTA 是美国继续保持未来科技竞争优势的中长期发展规划

美国政府深知，强劲的知识产权保护对维持美国竞争优势和驱动美国全面繁荣至关重要 [2]，因此它历来都十分重视充分利用强大的知识产权优势和发达的知识产权制度维护其经济、科技领域的竞争优势。通过推动 ACTA，提高知识产权执法标准，将迫使处于知识产权劣势的广大发展中国家不得不接受这些标准的约束。由此，以美国为代表的各发达国家将能够保持其既有的知识产权优势，并继续在未来的高科技领域占据优势；而发展中国家在发展以知识产权密集为特征的新兴产业的过程中，难免受制于人，在未来的科技竞争中就可能难以有所作为。

（三）推动 ACTA 是美国企业遏制我国经济发展的深远战略考量

美国当前依然是世界第一大经济体，但在 2011 年全球竞争力排名中，美国排名连年下降至第 5 名，而我国近年来已持续上升至第 26 位 [3]。以世界霸主自居的美国，长期以来将我国的崛起视为严重威胁，中美之间在全球竞争力发展趋势上的鲜明对比，进一步强化了美国政府利用一切可能的手段压制我国的战略意图。由于我国经济发展在很大程度上仍然依靠出口拉动，对外贸依存度高 [4]，美国等国在保护知识产权的合法名义下，设置非关税壁垒，将直接打击和遏制我国经济的发展。基于此，美国着力推动的 ACTA，与现有的 337 条款、特别 301 条款知识产权调查以及中美知识产权争端一样，经济因素固然是直接原因，但并不是唯一动因，出于国家利益和地位等因素的考量打压我国，才是其最终目的。因而，推动 ACTA 不能不视为美国在战略意义上的深远谋划。

---

[1] 据 OECD 数据，美国失业率已连续三年保持在 9% 以上。据美国劳工部 2012 年 4 月公布的最新数据显示，2012 年 3 月美国非农业部门失业率有所下降，但仍保持在 8.2% 的高位，且一定程度上是因为求职人数下降，并不完全是因为受聘人数增加。

[2] US Commerce Department Releases New Report Showing Intellectual Property–Intensive Industries Contribute $5 Trillion, 40 Million Jobs to US Economy，来源：http://www.uspto.gov/news/pr/2012/12—25.jsp。

[3] 数据来源：世界经济论坛网站。

[4] 目前仍然达到 60% 以上，而发达国家如美国仅为 10% 不到。

三、ACTA 对我国的影响

（一）直接危及我国大量贴牌生产企业的生存和发展

与现有的 337 条款、特别 301 条款知识产权调查，以及传统的"两反一保"措施相比，ACTA 执法方式更为"简单"、"便捷"，它赋予了海关更广泛、自由度更大的执法权力，是否构成假冒商品几乎完全根据进口国海关人员的判断，主观随意性很大，不确定性增加。我国出口企业中拥有自主品牌的不到 20%，自主品牌出口占出口总额的比重低于 10%[1]。大量贴牌生产的出口产品将面临被视为假冒产品的危险。根据 ACTA 有关条文，一旦被视为有假冒产品的嫌疑，生产企业的出口货物就将被海关采取相应措施处理，出口企业将因此面临打国际官司的可能。一方面这种诉讼成本高昂，另一方面诉讼过程过于漫长，即使能够胜诉，也会因时过境迁使商机延误，造成巨大损失，以至于丧失市场份额，被迫退出国际市场，甚至破产倒闭。

（二）极大冲击知识产权密集型产业的发展

ACTA 为软件产业、数字视听等新技术条件下的知识产权密集型产业提供了严密的知识产权保护措施和高度的保护标准，这一方面有利于维护美国等发达国家相关产业的既有知识产权优势地位，另一方面也严格限制了包括我国在内的发展中国家在当前技术基础上的再创新活动，这种双向作用会对我国知识产权密集型产业的发展造成巨大冲击。

ACTA 不仅将保护范围延伸至数字环境下的知识产权侵权行为，而且在不少方面设定了超出《世界知识产权组织版权条约》等规定的执法标准。例如，它要求各缔约方"提供充分法律保护和有效法律救济"，严格制止规避有效技术措施的行为。这种规定的影响显而易见。以软件产业为例，ACTA 的上述规定无疑有利于软件研发能力先进、产业竞争优势明显的发达国家，而对软件研发能力较为滞后、需要通过反向工程合理利用，以及借鉴国外先进软件设计思想实现创新发展的我国软件产业则是一种严格限制，稍不留神，就会触及"雷区"。同时，我国企业即便生产了具有竞争力的软件产品，在出口到国际市场时，也难以逾越 ACTA 门槛。因为，ACTA 对申请启动或主动执法行为的条件没有严格规定，只要本国

---

[1] 上海 WTO 事务咨询中心："应对后危机时代国际竞争 我国需加快经济结构调整步伐"，网址：http://www.sccwto.net/webpages/WebMessageAction_viewIndex1.action?menuid=DA9E75061C4342689D090BF5A072ED8A&id=d35557e6-2762-4dc2-8a72-259e584d0906。

相关企业申请或贸易执法部门采取主动执法行为，就可以采取扣押、销毁等执法措施，借助于不断推迟裁决等策略行为，将导致我国自主知识产权不能顺利实施，以致丧失宝贵发展时机。

（三）加剧我国工业出口环境的复杂性和严峻性

由于 ACTA 为美国等知识产权强国对我国出口产品采取相应措施提供了新武器，可以预见，未来中国与美国及其它 ACTA 成员国之间的经贸领域，除传统的"两反一保"贸易救济措施外，围绕与贸易有关的知识产权所产生的争端也将愈发频繁和尖锐。尤其是中美之间的竞争很大程度上将体现在知识产权的竞争方面，中美知识产权争端将趋于常态化和激烈化。实际上，它将直接影响争端所涉及的相关企业和产业，同时，也将在国际上给我国带来负面影响，恶化国内的外国直接投资环境和未来我国经济发展的外部环境。对于以出口为主的大量外资企业，由于其产品往往以贴牌产品为主，ACTA 的实施无形中会使此类产品面临被指控假冒的风险，从而使企业遭受经济和商誉损失，而这必将影响到外资在中国投资设厂的决策，甚至可能使其对于在中国投资望而却步。

四、对策建议

对于国际知识产权领域的这一重大动向，我们不能因为我国未被列入成员国参加谈判，就想当然地认为，ACTA 与我国无关。相反，如上所述，ACTA 的针对对象正是未被列入其中参与谈判的我国等广大发展中国家。因此，我国必须慎重以对，积极采取对策：

（一）提高认识，加强研究

与目前丹麦、波兰等 ACTA 成员国国内声势浩大的反 ACTA 抗议行动相比，除极少数学者提出警示外，我国各界反应平平。目前 38 个成员国／地区中，已有 30 个签署了 ACTA，按照其生效条件，ACTA 的生效实施已为时不远。我国的当务之急是相关政府部门、企业和有关行业协会尽快行动起来，加强学习和研究，并建立合作机制，共商积极应对之策，以免陷入被动局面。

（二）联合其它主要发展中国家，与 ACTA 成员国或组织机构展开积极磋商

我国应主动联合其它主要发展中国家，就 ACTA 有关条款有违 WTO 相关协定提出质疑，必要时考虑提交 WTO 争端解决机构裁决；积极与 ACTA 成员国就

此类案件发生时执法协调机制的建立提前进行协商。另外，要建立基于 ACTA 的知识产权预警机制，采取防范措施，以防患于未然。

（三）鼓励企业实施知识产权战略，大力提升企业自主知识产权能力和自主品牌建设

拥有自主知识产权虽然不能完全避免基于"侵权嫌疑"的不合理指控，但却是减少知识产权纠纷、提升自身产品竞争力的根本之策。政府部门应引导企业从长远的角度出发，制定和实施企业知识产权战略，着眼于关键核心技术的突破，获得自主知识产权，并进行自己的知识产权布局，为企业自身发展打造安全屏障。

（四）规范行业管理，促进产业健康发展

加强知识产权立法工作，完善知识产权法律法规体系。强化执法职能，提高执法能力，严格执法措施的落实；严厉打击国内制假、贩假行为，鼓励正确的消费观念，自觉抵制消费假冒货物；消除假冒商品的市场；通过商品正品化、软件正版化等行动，促进我国富含知识产权的产业健康发展，避免在对外贸易中授人以柄。

本文作者：赛迪智库工业科技研究所　王磊

由 A123 破产看美国支持新兴产业政策的失灵

【内容提要】美国政府大力支持的锂电池生产企业 A123 系统公司于 2012 年 10 月申请破产保护，给美国先进电池业乃至新能源产业的未来发展蒙上了一层阴影。那么，在政府各类优惠政策和各种形式的资金支持下企业为什么会破产？美国政府在推进新能源等新兴产业发展方面出了什么问题？对我国有哪些警示？对此，赛迪智库产业政策研究所进行了深入研究，从 A123 系统公司破产的背后，总结出对我国的四点启示：新兴产业的发展成熟要经历较长时间的积累；新产品能否被消费者广泛接纳最终不是由政府决定；新兴产业发展不能急于求成，必须做好打持久战的准备；遵循产业发展规律，坚持以企业为主体选择发展路线。

【关键词】A123　破产　政策失灵

2008 年国际金融危机之后，世界各国都将带动经济复苏寄望于新兴产业，扶持力度明显加大，美国尤为突出。但是，美国政府扶持新兴产业的政策无意中却给企业以错误引导，致使企业盲目或被迫扩大产能。由于市场空间不足，产品销路不畅，资不抵债，最终致使企业不得不走向破产。A123 系统公司（以下简称 A123）的兴衰是一个明显例证。这对他国无疑有着不容忽视的警示作用。

一、A123 从辉煌走向衰落

（一）辉煌没能长久

A123 是美国专业开发和生产锂电池及能量存储系统的高科技型企业。该公司仅用十年左右的时间，就由成立之初仅有 5 人、科研经费仅 10 万美元的小型科技公司迅速成长为一家一流的锂电池生产企业，员工数超过 2000 人，企业在纳斯达克上市。2011 年，A123 营业收入近 1.6 亿美元，比 2006 年增长近四倍（见图 1）。

但是，A123 的辉煌却没能长久。由于缺乏充足的营运资金，不能如期偿还即将到期的债务和利息，为避免遭到破产清算，2012 年 10 月 16 日，A123 向法院申请破产保护。至此，美国政府先进电池产业的"宠儿"走向衰落。

图 1 A123 系统公司 2006—2011 年的营业收入情况

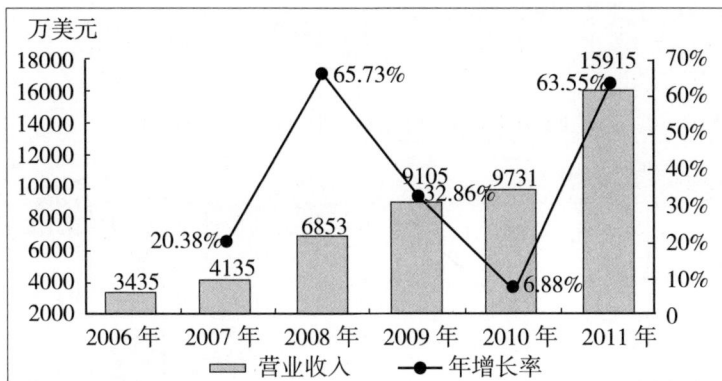

（二）破产结局的成因

作为美国电池行业的一匹黑马，A123 拥有全球领先的磷酸铁锂电池技术，客户名单中有通用、宝马、菲斯克等世界知名汽车企业。更重要的是，作为美国新兴产业中的标杆企业，A123 背后拥有最强劲的支撑力量——美国政府。在美国政府新能源法案等政策措施的支持下，A123 获得了来自联邦政府的直接补助 2.49 亿美元、密歇根等州政府的间接补贴 1.4 亿美元，以及来自美国能源部和先进电池联盟超过 1500 万美元的研发项目贷款和其它减免税方面的政策优惠。可是，这样一个备受政府青睐和鼎力支持的企业却申请破产保护，原因何在？

第一，在政策引导下，A123 盲目扩大产能，导致产能过剩且企业超负荷运营，最终资金周转出现问题。A123 获得政府近 4 亿美元的补助资金是有附加条件的。新能源法案在通过资金扶持与电动汽车相关企业的同时，明确规定了资金的用途，即补贴资金必须用于扩张车用电池产能、建造生产设施以提高就业。在法案的约束下，A123 不得不将资金用于动力电池生产线的增建及职工人数的增加。同时，为满足美国政府扩大车用电池产能的要求，A123 只能拿出大量自有资金进行扩建，从而造成了生机勃勃的假象。可是，巨额的投入并未带来同等收益。A123 没有能够在产能扩张的同时获得足够的车用电池订单，导致了产能大量闲置，运营成本却不断增加，最终出现巨额亏损。2006 年亏损额为 1580 万美元，2011 年猛增到近 2.6 亿美元，年均增速接近 75%（见图 2）。近五年来漂亮的营收数字背后隐藏的是基本未赚过钱的尴尬。

上述现象表明，支撑A123扩张的动力其实主要来自政府补助和大量借款，缺乏市场支持的企业扩张模式不仅难以持续，更易使企业背上沉重负担；而一旦失去外部资金支持，企业生存就会出现困难。

图2 A123系统公司2006—2011年的净亏损情况

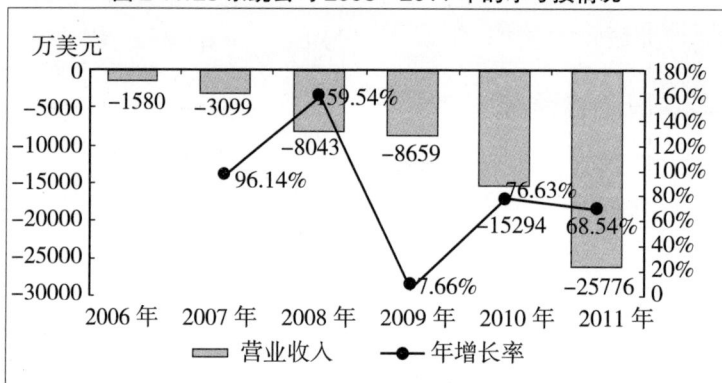

数据来源：A123系统公司年报。

第二，在电动汽车消费市场难以启动的情况下，A123受政策误导，错过了战略转型良机。在扶持以电动汽车为主的新兴产业发展方面，美国政府一反常态，采取积极政策引导企业发展。实际上，电动汽车的市场规模并没有如美国政府预期的那样快速增长。在世界范围内，真正热衷于电动汽车的只有中国、美国等少数国家，传统汽车仍是当前汽车市场的主导，电动汽车市场难以养活数量众多的车用电池企业。A123本拥有多元化的锂电产品生产能力，如果在2008年企业亏损明显增加时能及早进行战略转型，就很有可能会避免破产。但受美国政府政策影响，A123在亏损额度猛增的情况下，产能扩张仍采取以配套电动汽车为主的策略。美国政府的扶持政策间接阻碍了A123的战略转型。2006年与A123毛利率相差无几的另一家美国锂电池生产企业Valence，2008年之后及时将业务重心移向电动客货车等大型电动车市场，则健康地"活了下来"。

第三，缺乏时间检验的新兴技术并不安全。A123锂电池的安全性在业内首屈一指。但锂电技术毕竟属于新兴技术，其安全性本身还有待时间的检验，而压倒A123的最后一根稻草正是其引以为豪的技术。2012年3月，菲斯克卡玛电动车在测试中突然熄火使A123不得不承认，其安装在菲斯克卡玛电动车上的动力电池在制作上存在可能导致这些电池组提前失效的缺陷，并召回相关电池组。这不仅使 A123 付出了 5500 万美元的赔偿金，而菲斯克也削减了对 A123 电池的订单。在连年亏损的情况下，这次事件致使 A123 在 2012 年的经营局面更加恶化，以至于最终未能逃脱申请破产保护的厄运。

可见，A123 在市场环境和技术实力支撑能力不足的情况下，受美国政府相关政策影响，长期困于一条呈现出虚假辉煌的道路，没有能够及时进行战略转型，最终难以承受巨额债务压迫而只能轰然倒塌。

二、A123 破产的启示

A123 的遭遇告诉我们，新兴产业的发展不能只是"政府热"，必须有打持久战的准备与战略。

（一）新兴产业的发展成熟要经历较长时间的积累

一个产业的发展一般要经历初创期、成长期、成熟期和衰退期四个阶段，而每一阶段的演进都要求相关市场、技术、企业整体实力、必要的基础设施建设等均满足一定条件，这需要较长时间的积累。电动汽车等新兴产业虽然有相关联的传统产业做积淀，但由于生产技术、工艺等要求更高，产品开发、生产线的建设等需要付出更大成本，加之市场需求不稳，必要的基础设施不完善，在产业初创期，进入企业必然会面临高风险低收益的局面。在缺乏稳定市场和技术支持的情况下，单纯依靠政府提供资金扩大产能来实现"大跃进"的计划目标，无疑会增大企业的经营负担，同时会造成尾大不掉，增大企业转型的难度。统计数据表明，2011 年美国锂电池产品的市场占有率不到 3%，与奥巴马政府 20% 的希望目标相距甚远。

（二）新产品能否被消费者广泛接纳，最终不是由政府决定

受长期以来形成的消费意识、消费习惯及实际购买力、产品舆论环境等影响，消费者在接纳新产品之前会对其进行较长时间的考察，特别在同类旧产品还可以满足正常需求且价格合理的情况下，"厌恶损失"的消费心理会使消费者从安全、稳定的角度选择旧产品。新产品则必须在质量、安全性、价格上带给消费者的满足感比旧产品更具竞争力。在旧产品竞争依然优势明显，消费者对新产品、新技术的需求摇摆不定的情况下，仅从政府选择、依靠政策导向支持产业发展，最终效果很可能与政府的发展目标相悖，并可能浪费大量的财政资金。

（三）新兴产业发展不能急于求成，必须做好打持久战的准备

国家《节能和新能源汽车"十二五"规划》提出了2015年50万产能的以纯电动汽车为主的新能源汽车发展目标，各省区市电动汽车发展目标的总和更远高于这个数字。但是，在传统汽车的稳定性、安全性、基础设施的完备度、消费者的使用习惯等方面依然具有竞争优势的情况下，对电动汽车市场规模扩大有决定性作用的普通消费者似乎并未普遍看好电动汽车。因此，从当前电动汽车的市场行情看，2015年电动汽车市场规模不太可能有明显改观。然而，一旦各地新能源汽车产能的目标全部实现，在2—3年内，无疑会造成严重的产能过剩，这期间企业会因销售收入难以中和运营成本而承受巨大负担，破产风险将增加。这种局面一旦形成，无疑会严重损害致力于新能源汽车发展的企业的信心，影响新能源汽车的发展。

（四）遵循产业发展规律，坚持以企业为主体选择发展路线

支持新能源汽车这种新兴产业的发展，不能光在产能扩张上下功夫，不能将主要资源较早集中于少数几个领域，更不能要求其在3—5年的中短期内就有明显成效。应遵循产业发展规律，以长远发展为目标，为新兴产业发展提供必要条件。同时，还要引导企业根据市场发展情况独立自主选择发展路线。

以推动新能源汽车产业发展为例。我们不能将注意力过度集中在产能目标的完成上，而应为新能源汽车产业的长远发展营造良好环境。要坚持以企业选择为主体，政府目标为指导，不强求企业扩张产能。坚持通过引导社会形成绿色节能消费意识和习惯、以财税政策倒逼旧产品退出、有序完善相关基础设施建设等措施，促进汽车的消费结构优化调整，加速新能源汽车市场的培育。坚持发挥重大科技专项引领作用，综合运用质量控制及信贷、补贴等政策，引导企业加大产品的研发和成果转化力度，力求在提升新产品技术水平的同时确保产品的安全性。坚持在大力推进新能源汽车产业的同时，同步推进传统汽车产业发展，提升我国汽车产业的国际整体竞争力。

本文作者：赛迪智库产业政策研究所　程楠

华为中兴"封杀门"背后的产业博弈

【内容提要】日前，美国众议院发表有关我国 IT 骨干企业华为和中兴威胁美国国家安全的调查报告，要求"封杀"这两家公司在美的经济活动。这实际上是以国家安全为借口的行业保护和市场封锁，隐含着压制我国高新技术产业发展的潜在目的。赛迪智库电子信息产业研究所认为，虽然此举在短期内未必会对我国相关企业经营造成严重影响，但从长期来看将不利于我国抢抓 4G 网络发展机遇和在全球布局新一代信息技术产业。针对于此，本文提出了在一定范围内发起对美 IT 企业安全调查、进一步引导和支持骨干企业提升全产业链竞争力、依托第三方机构加快健全完善产业预警机制的对策建议。

【关键词】华为 中兴 国家安全 封杀

2012 年 10 月 8 日，美国国会众议院情报委员会发表调查报告，认定中国华为技术有限公司和中兴通讯股份有限公司对美国国家安全构成威胁，建议阻止这两家企业在美开展投资贸易活动。事实上，自 2011 年 11 月起，美国就针对华为和中兴启动了第一轮安全调查，但一直未能拿出确凿证据，威胁之论可谓"莫须有"。这只是美国政府"封杀"华为和中兴的一个借口，其真正目的是将发展势头迅猛的我国通信设备企业挡在美国之外，以保护其本土行业，并隐含有压制我国新一代信息技术产业发展的潜在意图。

一、"封杀"是以国家安全为借口的行业保护和市场封锁

华为和中兴遭遇美国"封杀"的直接原因，在于他们的国际竞争力日渐提升，已成为美国企业的强劲竞争对手，进而使美国在移动通信设备领域面临有力挑战。而更进一步来看，华为和中兴的遭遇并非个案，隐含着美国对我国高新技术产业发展的刻意压制。

（一）华为和中兴已具备与美国企业竞争的实力

以华为和中兴为代表的我国通信设备制造企业已经在技术、服务、品牌等方面具备很强的国际竞争力。2011年华为销售收入达2039亿元，继续保持全球第二大电信设备厂商的地位，且与第一位的爱立信之间的年收入差距由2010年的293亿元缩小至2011年的不足百亿元。海外市场方面，2011年华为在欧美市场持续高速增长，其中美国消费者终端业务连续两年增长超过100%。中兴通讯光网络业务增势突出，2011年全球市场占有率达到10.9%，连续两年增速全球第一。反观以朗讯科技、摩托罗拉为代表的美国通信设备制造企业，近年来经营则是每况愈下。

同时，自2011年华为启动战略转型，将企业IT服务作为重要业务方向之后，美国思科就已将华为作为最大的竞争对手。虽然目前华为在企业业务领域销售收入不足思科的10%，但思科受困于全球经济衰退和生产成本上升，竞争力有所下滑，对潜在的强大竞争对手可谓充满戒心。据《华盛顿邮报》报道，近日一些美国电信公司已经收到了思科发送的一份名为"华为与国家安全"的文件，其内容与美国国会之前公布的调查报告有很多相似之处，但日期却是2011年9月。加之据了解美国国会有73位议员拥有思科的投资股份，几乎可以认定，对思科等美国本土通信设备企业的保护，消解华为和中兴带来的竞争挑战，是此次"封杀"的最直接目的。

（二）中国将是美国在移动通信领域的有力竞争对手

我国通信设备企业国际竞争力和市场份额的快速提升使美国感受到强大压力，同时欧洲已出现日渐衰退的趋势，促使美国将未来移动通信领域的主要竞争对象由欧洲向中国转移。2G时代，我国通信设备厂商比国外厂商晚了9年推出商用设备；3G时代，我国厂商晚了将近3~4年；进入4G时代，我国自主知识产权的TD-LTE技术被确定为两大4G国际标准之一，华为也成为全球首家部署4G商用网络的设备厂商。截至2012年4月，在全球已开通的64个LTE商用网络中，华为参与了其中31个网络的部署。全球前50强的移动运营商，有37家正在与华为开展LTE合作，其中华为已经协助德国电信、沃达丰、西班牙电信、Telenor、TeliaSonera等顶级运营商开通了LTE商用业务。

未来三到五年，围绕LTE网络布局的通信基础设施建设，将成为各国通信设备企业竞争逐利的焦点。根据美国通信市场和技术调查公司Mind Commerce的报告显示，全球 2G/3G/4G 移动网络基础设施收入预计在 2015 年将达 510 亿美元，其年复合增长率为 5%，其中 LTE 业务将达到 130 亿美元，年复合增长率超过 45%。随着 LTE 网络投入的提速，LTE 通信设备行业即将迎来一段发展的黄金时期，而其间必将伴随着中美之间的技术和市场竞争。

（三）美国政府有意压制我国高新技术产业发展

华为、中兴等骨干企业作为技术创新和商业模式创新的主体，在推动我国电子信息产业由大变强的进程中发挥着重要作用。美国对华为和中兴的"封杀"，存在着以点带面，进而阻碍我国电子信息产业转型升级的潜在用意。过去几年间，华为和中兴在美国的商业活动处处受限。2008 年，华为收购美国 3Com 公司以失败告终；2010 年，华为以高于竞争对手 1 亿美元的价格竞购美国互联网软件提供商 2Wire，但被一家英国公司以低价击败；2010 年，在美国第三大移动运营商 Sprint 升级 4G 网络的竞标中，中兴与华为由于"国家安全"问题被排除在外。2011 年，华为欲以 200 万美元收购美国服务器技术研发公司三叶系统公司部分资产，但再次因威胁美国"国家安全风险"而失败。

美国以"国家安全"为借口的行业保护与市场封锁不只针对我国电子信息产业，其他高新技术产业也遭遇过同样问题：2005 年，中海油并购优尼科公司就因"美国战略安全"等原因受阻；今年 9 月，奥巴马签发行政命令，以所谓"威胁美国国家安全"为由，阻止中资三一重工在美国俄勒冈州兴建风电场，这也是 22 年来美国总统首次以行政命令禁止外国企业在美投资。

二、"封杀"对我国造成的损害短期有限但长期堪忧

从短期来看，由于华为和中兴在美市场份额并不高，"封杀"对我国造成的损害极为有限；但从长期来看，将会对我国抢抓 4G 网络发展机遇和新一代信息技术产业的全球布局造成较为深远的不利影响。

（一）我国企业经营在短期内不会受到明显冲击

目前，华为和中兴的美国市场份额有限，而且美国的起诉没有确凿证据，短时间内这种影响不会波及到其它市场份额较高的地区。2011 年，华为在美国市场的收入为 13 亿美元，其中 9 亿美元是来自移动终端销售收入，运营商设备占比不多，而中兴通信 2011 年在美国市场的通信设备销售收入不到 3000 万美元。况且美国的调查报告缺乏有力证据，美国媒体《环球邮报》也指出起诉的"大部分的

担忧缺乏事实根据"，很难得到其他国家支持。

虽然美国以"国家安全"为由对中兴和华为提起诉讼，但欧盟委员会并没有响应，而且决定暂缓今年5月份提出的对华为和中兴的反倾销、反补贴调查。欧盟这样做的直接原因是目前没有一家欧洲电信设备生产商对华为和中兴提起诉讼，但根本原因是在经济全球化的大背景下，这种贸易保护行为既损人同时也不利己。爱立信、诺基亚西门子和阿尔卡特朗讯是欧洲电信设备领域的领军企业，均表示没有投诉华为和中兴的意愿，因为中国的电信设备需求也在快速增长，他们不愿切断自己与中国市场的联系。

（二）一定程度上拖慢我国抢抓4G网络发展机遇的步伐

移动通信产业具有明显的网络换代周期性，华为、中兴多年来持续投入下一代移动通信技术研发及产业化，初步建立了全球行业地位。华为早在2009年底就成为北欧运营商TeliaSonera建设的全球第一个4G网络的主要设备供应商之一，已经走在全球LTE网络设备制造行业的前列。据权威咨询公司ABI发布的2011年全球LTE标准专利报告显示，华为和爱立信组成的第一集团正引领着LTE标准专利的发展，其在核心标准专利拥有量和市场分布方面都具有领先优势。据全球移动供应商协会(GSA)统计，截至2012年6月，全球已有89张商用LTE网络，分布在45个国家和地区，而目前仍有338家公司正在投资LTE网络建设，4G网络即将步入市场爆发阶段。在此关键时刻，华为和中兴遭遇美国"封杀"，将在一定程度上影响抢抓4G网络发展机遇的步伐。

这一影响在美国市场表现得格外明显，AT＆T、Sprint、T-mibile和Verizon等美国运营商前期开展的4G网络招标已被爱立信、诺基亚西门子、阿尔卡特朗讯及韩国三星瓜分，华为、中兴被排斥在外。目前以美国为代表的北美地区仍是全球最主要的4G市场，2011年第四季度LTE基础设施投资总额占全球的42%，具有较强的示范和带动效应。"封杀"不仅将会给华为和中兴开拓北美4G网络设备市场带来不利影响，还将对两家公司未来在全球4G市场的影响力有所削弱。

（三）我国新一代信息技术产业全球布局面临潜在阻力

虽然世界经济发展较为疲软，但从长远来看，我国电子信息产业依然不能放松对全球市场的开拓。尤其是在新一代信息技术领域,移动智能终端、太阳能光伏、LED等新兴产品的全球市场还未饱和，其需求正处于快速增长阶段。同时，以多种形式加快"走出去"步伐，是我国培育新一代信息技术领域龙头企业、推动电子信息产业转型升级的客观要求，以华为、中兴等为代表的我国 IT 骨干企业，将会越来越频繁地以产品销售、渠道建设、对外并购、技术合作和设立海外研发中心等方式与全球各个国家和地区发生联系。

金融危机之后，世界各主要经济体均将发展信息产业作为拉动本国和地区经济增长的重要引擎，国际竞争愈发激烈，美国、欧盟与我国在信息领域的贸易摩擦时有发生，而且有着明显的日益向新一代信息技术领域延伸的趋势，例如日前我国太阳能光伏产业遭遇的"双反"诉讼和锂离子动力电池领域潜在的知识产权纠纷。美国此次"封杀"华为和中兴的行为虽短期内暂无较为实质性的影响，但在长期有着非常消极的示范效应，使其他国家和地区意识到除了"两反一保"、知识产权、低碳环保、产品质量等贸易壁垒之外，"国家安全"也可以拿来作为一个冠冕堂皇的抵制我国企业的借口，而且因为性质较为特殊，无需确凿证据即可发起"封杀"。2012 年 10 月 9 日，加拿大政府紧随美国政府之后表示，出于国家安全的考虑，可能会把华为排除在本国通讯网络的建设项目之外。目前欧盟虽未正式表态，但在长期潜移默化之下，我国新一代信息技术产业全球布局必会受到潜在影响。

三、我国应对"封杀"的对策建议

（一）考虑在一定范围内发起对美 IT 企业安全调查

美国的思科、IBM、惠普、戴尔等 IT 企业近十年来在我国得到了近乎无阻碍的快速扩张，其业务领域延伸到了装备、能源、交通、金融等国民经济重点行业，在某种程度上还享有着"超国民待遇"。作为针对美国"封杀"华为和中兴的反制措施，可考虑以产品质量的安全可靠性和企业商业行为的合法合规性为重点，在一定程度上和一定范围内对此类 IT 企业展开安全调查。

（二）进一步引导和支持骨干企业提升全产业链竞争力

全球信息产业已进入"全产业链"竞争时代，三星电子即为其中的典型代表，业务板块覆盖从芯片到终端的各个环节，即使是苹果、HTC 等竞争对手也不得不向其购买关键零部件。要通过支持骨干企业沿产业链上下游并购、依托各类国家科技重大专项完善产业链环节等方式，加快提升骨干企业的全产业链竞争力，使国外在抵制我国 IT 企业时，考虑到供应环节的断裂威胁而有所收敛。

（三）依托第三方机构加快健全完善产业预警机制

要积极发挥行业协会及各类研究机构在产业预警方面的作用，动态监测国外政策动态和行业信息，在针对我国企业的各类危机爆发前要有警示，在爆发后要能够协助政府组织企业展开积极应对。目前有关电子信息领域的产业预警监测机制已初步建立，但缺少一个可覆盖电子信息产业全行业的协会居中组织协调，且行业主管部门的投入和支持不够，尚需加快健全完善。

本文作者：赛迪智库电子信息产业研究所　李颋　张伟

ITA 扩容挑战我国信息技术产业

【内容提要】 随着信息技术的日新月异，在发达国家的积极推动下，WTO 的诸边协议之一——《信息技术协议》（ITA）扩容正在进行中。我国作为信息技术产品贸易大国，ITA 的未来发展对我国信息技术产业必将产生重大影响。基于此，赛迪智库工业经济研究所对 ITA 的发展动向进行了跟踪分析。在整合美国政府机构和各大智库观点的基础上，预测了 ITA 的未来走向，即成员国的扩大、新产品的扩容、非关税壁垒和服务的加入，分析了发达国家重启 ITA 谈判的意图，评估了给我国信息技术产业带来的挑战，并提出我国应对 ITA 扩容的两点建议：制定恰当的 ITA 谈判策略，为信息技术产业争取更多产业利益；建立产业发展长效机制，加快产业升级步伐。

【关键词】 ITA　未来走向　影响

1997 年 3 月 26 日，WTO 通过《信息技术协议》（ITA），有关国家和地区承诺在 2000 年 1 月 1 日前取消包括计算机、软件、通讯设备、半导体及其制造设备、科学仪器等六大类约 270 多种信息技术产品的关税。为换取美国对我加入 WTO 的支持，我国于 2003 年加入 ITA，并在 2005 年之前取消了 ITA 产品的关税。然而，随着信息技术的日新月异以及世界经济格局的变化，发达国家正积极推动 ITA 的扩容。我国是信息技术产品进出口大国，认真研究 ITA 的未来走向及其对我国信息技术产业的影响，对于我国参与 ITA 谈判和信息技术产业未来的发展具有重要意义。

一、ITA 的未来走向

（一）ITA 未来的扩容方向

目前发达国家积极推动 ITA 的扩容，从美国、欧盟等国家的政府机构和各大著名智库所发布的文章和观点来看，ITA 未来的扩容包括：新成员的扩大、新产品的扩容、非关税壁垒和服务贸易的加入。

一是ITA成员国的扩大。目前，已有73个国家加入ITA，占信息技术产品全球贸易的97%。然而，一些主要的信息技术产品贸易大国并没有加入，这是ITA的一大缺失。欧洲国际政治经济中心认为，ITA成员国的扩容应该包括：阿根廷，巴西、智利、墨西哥和南非。这些非成员国与ITA成员国之间的信息技术产品的贸易额较大（见图1），它们的加入可以使信息技术产品的全球贸易增加10.6%。但目前来看，这些国家加入ITA的意愿并不高。积极争取这些国家的加入可能是未来ITA的努力方向之一。

图1 主要非成员国与ITA成员国之间的信息技术产品贸易（单位：亿美元）

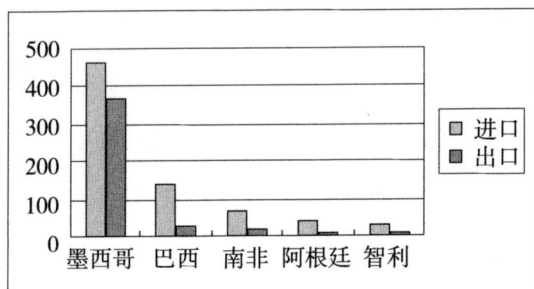

二是ITA产品的扩容。在ITA产品扩容的范围方面，消费类电子产品是目前最主要的扩容产品。多芯片集成电路协议[1]（Multi-Chip Integrated Circuits，MCP）和多元件集成电路（Multi-Component Integrated Circuit，MCO）可能也会列入ITA谈判中。在欧盟最近提出的ITA产品扩容清单中，信息技术原材料所占比例较高，一些非信息技术产品也列入其中。因此，未来ITA产品的扩容方向仍然需要通过协商进一步确定。

在ITA产品扩容的形式上，1996年的ITA产品清单是以HS-6位产品的形式提出的，但HS-6位产品的形式因不能及时包含新的信息技术产品而饱受诟病。未来产品清单的形式可能向两个方向发展：一种形式仍是基于《商品编码和协调制度》（HS）为基础列出产品清单，可能在HS-2位、HS-4位或HS-6位产品的基础上提出。美国和日本的清单仍然延续了HS-6位产品的形式，而欧盟提出的扩容清单则以HS-4位产品为主要形式。另一种形式是仅列出排除产品清单，其它产品及新出现的产品自动进入协议清单。从发展趋势上看，未来的ITA产品清

---

[1] 欧盟、中国台北、韩国、日本和美国在2006年达成的免税协议，共同提供多芯片集成电路产品零关税待遇。

单范围将更具有包含性，不仅新出现的产品将自动加入其中，多用途产品也会被限定在协议内。

三是 ITA 服务的加入。目前美国已经明确提出要将 IT 服务加入 ITA 谈判中。具体来看，欧盟可能会提出将计算机及相关领域的服务和电信服务纳入到 ITA 范围内，而美国可能会提出应该将所有的数字产品和服务纳入到 ITA 清单中。随着服务的加入，美欧可能会建议将《信息技术协议》（ITA）转变为《国际数字经济协定》（IDEA），以突出 IT 服务自由化的重要性。此外，美国国际贸易委员会还建议，由于政府采购市场的随意性，应该将政府采购相关条款纳入到 ITA 协议中。

四是 ITA 非关税壁垒的加入。虽然在 ITA 的推动下，信息技术产品关税大幅降低，但这不意味着信息技术产品贸易障碍的消除，因为 1996 年 ITA 并没有将非关税壁垒纳入其中，而非关税壁垒对信息技术产品的影响正日益突出。因此，在进一步降低 ITA 产品关税的同时，未来 ITA 的主要方向将转向信息技术领域非关税壁垒（见表 1）的消除。

表 1　WTO 识别的 IT 领域的非关税壁垒

1、合格评定＋检验／认证：不接受国家间合格评定报告；不适用或者偏离国际标准的合格评定；不合理的评定审查要求；工业标准认证的缺乏。
2、标准／环境规则：重复检验；分散／过度的国家标准；不采用国际标准；多边机构和监管机构之间缺乏协调；自愿的、但事实上强制的标准。
3、通关程序／原产地证书：繁琐，非透明，过于官僚程序的清关手续；不必要的免税货物的原产地证书、合规文件、质量证书、合法文件、装运前预检验。
4、进口许可：分类模糊，过多的行政机构，缺乏透明度，过长的处理／审批时间。
5、原产地规则：优惠贸易协定中严格的原产地规则。
6、透明度及信息的可获取性：无现成的法规和标准格式的法规。
7、政府采购：缺乏透明度，当地成本要求，购买本国货物规定。
8、专业人士的限制：签证领域的限制，签证期限短，只允许单向进入签证。

资料来源：WTO 秘书处技术性贸易壁垒委员会编撰。

（二）各国在 ITA 扩容问题上的争议焦点

虽然 ITA 的未来发展方向逐渐明朗，然而主要国家在这些方向上仍然持不同观点。目前各国争议的焦点如下：

一是消费类电子产品是否纳入减税清单。目前美国、日本、韩国等国家主张应该将全部的消费类电子产品纳入到 ITA 产品清单中，实现消费类电子产品零关税。而欧盟对此则持较为谨慎的态度，对消费类电子产品给欧盟带来的冲击较为担忧。

二是非关税壁垒是否应加入到 ITA 中。欧盟一直大力提倡应将 ITA 产品的非关税壁垒纳入到 ITA 谈判中。而美国则认为，信息技术协定"本质上是一项关税协定"，反对将非关税壁垒问题纳入即将开始的 ITA 谈判当中，并且认为 ITA 产品的非关税壁垒谈判难度较大，可能会影响协议的最终达成。

表 2   主要国家在 ITA 消费类电子产品和非关税壁垒扩容方面的立场

国家	消费类电子产品	非关税壁垒
美国	一般敏感	一般支持
欧盟	高度敏感	非常支持
日本	一般支持	一般敏感
韩国	非常支持	非常敏感
中国	一般支持	非常敏感
新加坡	非常支持	一般敏感
马来西亚	非常支持	非常敏感
菲律宾	非常支持	非常敏感

资料来源：ECIPE Working Paper No. 06/2008。

三是 ITA 服务贸易的优惠范围。美国不希望基于最惠国待遇将利益扩大到其它成员国，认为由于巴西、印度和中国对加入服务贸易谈判兴趣不大，因此这些国家不应从中获益。美国彼得森国际经济研究所也建议，今后 WTO 的方向是应在有条件的最惠国待遇基础上达成诸边协定，而不是在无条件的最惠国待遇基础上将自由化利益扩展到所有成员国。欧盟等其他国家则持不同的观点。

此外，其它发展中国家——萨尔瓦多，同时代表危地马拉、洪都拉斯和多米尼加，则强调了 ITA 的透明度、涵盖范围以及向发展中成员授予灵活性的要求。该主张也得到了印度和埃及的支持。

二、发达国家重启 ITA 谈判的意图

在签订 ITA 时，各方就已决定定期审查 ITA 的产品范围。1997 年 WTO 曾经邀请各国提交附加产品清单，但由于各方意见分歧较大，ITA 扩容一度被搁置。此次，发达国家之所以积极重启 ITA 谈判，其意图大致如下：

（一）在多哈谈判停滞之下寻求局部降税模式

美国在二战后试图通过 WTO 来管理和制衡世界各国的贸易。然而，随着发展中国家的崛起，发达国家的权力逐渐受到制衡，致使多哈谈判举步维艰，WTO 的多边谈判机制已无法继续推动发达国家所倡导的自由化。在这种情况下，美国等国开始寻求局部降税模式。一方面通过区域贸易协定来推动地区贸易自由化，另一方面，则积极推动诸边协议（如《政府采购协定》和《信息技术协定》）的实施。从这一角度看，ITA 的扩容是发达国家寻求局部降税模式的一种必然选择。

（二）在经济低迷之时寻求新的经济增长点

1998 年以来的金融危机将世界拖入了经济低迷的深渊。目前各国正在积极寻求刺激经济和就业的增长点，信息技术产品自然成为发达国家关注的焦点。一方面，发达国家占据着信息技术产业链的高端，可以通过控制上游产业来制约发展中大国的产业升级；另一方面，各国政府机构和著名智库也力挺 ITA 扩容。例如，美国国际贸易委员会的报告认为，ITA 扩容对发达国家和发展中国家的发展均有好处。美国信息技术和创新基金会的研究称，ITA 的扩容将使美国高技术产品的出口增加 28 亿美元，就业岗位增加 6 万个，全球的 GDP 每年将增加 1990 亿美元。欧盟国际政治经济中心认为，要适应 21 世纪的技术变化，ITA 有必要进行扩容，主要国家将从 ITA 的扩容中获得利益（见图 2）。在这种情况下，ITA 的扩容已经成为发达国家走出经济危机的希望之一。

图 2 主要国家从 ITA 产品和服务扩容中增加的利益

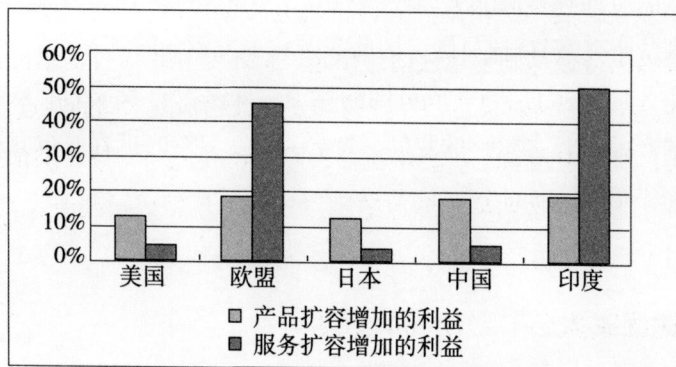

资料来源：ECIPE WORKING PAPER No. 04/2011。

（三）利用 ITA 争夺信息技术产业的制高点

从 ITA 的未来走向看，各国对于 ITA 的扩容持不同观点，这折射出各国信息技术产业发展现状和未来走向的不同。美国意图通过 WTO 来推行服务贸易自由化的愿望落空，因此希望通过局部降税模式来推动服务贸易自由化，为其发达的服务贸易铺平道路。日本和韩国是消费类电子产品强国，消费类电子产品能够纳入 ITA 对它们来说已经是最大的收获。欧盟的信息技术产品并没有明显的竞争优势，不过其信息技术标准处于世界领先地位，因此欧盟希望能通过非关税壁垒的取消来贯彻其严格的信息技术标准。以上种种，决定了 ITA 的扩容谈判实际上是一场发达国家的利益博弈，而我国只能是利用发达国家的博弈将 ITA 扩容带来的不利影响降至最低，为我国信息技术产业赢得更长的过渡期。

三、ITA 的未来走向给我国信息技术产业带来挑战

（一）我国信息技术产品将受到零关税冲击

随着 ITA 零关税政策的推进，我国竞争力较强的产品将会获得更广阔的发展空间。不过，信息技术产品生命周期较短，更新换代速度较快。由于低端产品的市场进入门槛低，随着巴西、菲律宾和印度尼西亚信息技术产业的崛起，我国竞争力较强的产品将面临更为激烈的竞争。能否获得零关税的利益，要取决于这些产品价格优势持续的时间以及我国产品更新换代的速度。因此，我国竞争力较强的产品从 ITA 扩容中究竟能获得多少利益，目前仍是未知数。相比之下，我国竞争力较弱的产品所面临的挑战更加严峻。由于 ITA 的零关税会通过无条件的最惠国待遇原则惠及所有 WTO 成员国，因此我国竞争力较弱的产品面临的不仅是 ITA 成员国的竞争，而是所有 WTO 成员国的竞争。如果没有政策的有效保护，我国竞争力较弱的产品将失去生存的空间。综合来看，ITA 的扩容使得我国信息技术产业未来的发展充满较大的不确定性。

表3　我国主要信息技术产品的贸易竞争力情况

贸易竞争力较强的产品	贸易竞争力较弱的产品
电视发射设备微型计算器，不间断供电电源，家用型射频摄录一体机，激光视盘放像机，激光唱机，汽车用收音及收录放组合机，彩色投影机，彩色电视机零件，电声器件，CTP 版，数字印刷设备用热敏打印头、无加热或制冷装置的其它机器，引线键合装置用零件及附件，放电灯或放电管用电子镇流器，镍镉蓄电池，镍氢电池，单喇叭音箱，车载音频转播器或发射器等	其它电视摄像机等，数字照相机零件，等离子显像组件，锂离子电池，非特定用途的取像模块，智能电视，LED 芯片、用于液晶或 OLED 的玻璃基板、液晶显示器、光导纤维预制棒、有打复印及传真两种及以上功能静电感光机器、装有记录装置的电感及电容测试仪、电阻测试仪、无记录装置、其它无线电导航设备、偏振材料制的片及板、X 射线管、将原件通过中间体转印的静电感光复印设备等

注：以上结果根据《2010 年中国电子信息产业统计年鉴》数据通过贸易竞争力指数的计算得出。

（二）发达国家高端产品的进入将阻碍我国产业升级的步伐

在全球科技革命的推动下，目前全球信息技术产业国际分工格局逐步显现：主导产业的核心技术和标准被欧美、日本等发达国家所掌握；韩国、中国等国家的企业拥有部分关键技术，在产品设计和制造上有一定优势；中国是全球重要的信息技术产品生产基地。在我国信息技术产业中，加工贸易企业占 70% 以上，外商投资企业占据 80% 的出口份额。可以看出，我国信息技术产品的快速发展主要是信息技术产业供应链中低端产能释放的结果，并不代表我国在信息技术产业上具有明显优势。因此，我国信息技术产业正处于产业升级的关键阶段。未来 ITA 扩容的产品主要是消费类电子产品和高新技术产品，零关税将更有利于最新的消费类电子产品和高新技术产品的进入，并逐渐占领我国的高端消费类产品市场和高新技术产品市场。在这些产品强大的竞争优势下，我国高端产品的发展空间将被大大压缩，从而严重阻碍我国信息技术产品更新换代的步伐。在关键技术掌握在外国企业手中、关键原材料和零部件严重依赖进口的情况下，如果我国企业不能发挥后发优势，就只能被动地绑定在信息技术产业的中低端，获取微薄的加工利润。

（三）新成员的加入将使我国信息技术产业面临贸易和投资的转移

在发达国家的积极推动下，ITA 未来很可能会吸引巴西、墨西哥、南非等新兴发展中国家加入其中。虽然这些国家的信息技术产业发展刚刚起步，但随着市场的进一步开放，这些国家更为廉价的劳动力优势和日益扩大的国内市场，可能会使跨国公司考虑重新安排信息技术产品和服务的全球生产网络，将部分低端加工产业和服务链转移到这些发展中国家。我国信息技术产业已有或者潜在的投资将会逐渐转移到这些国家,整个世界信息技术产品的贸易流向也会因此而发生变化。我国信息技术产品生产基地和出口大国的地位可能因此受到冲击。

（四）非关税壁垒的取消将给我国信息技术产业带来隐蔽的挑战

在贸易自由化的推动下,非关税壁垒已经取代关税,成为各国政府主要的保护手段。ITA将非关税壁垒纳入进来,对我国来说,可以借此突破发达国家的技术壁垒,为我国信息技术产品的出口创造一个更为透明的环境。但我国政府的产业保护和扶持政策也会因ITA非关税壁垒的取消而受到一定的制约。目前,信息技术产业的非关税壁垒主要体现在技术标准上。在规范和统一技术标准上,发达国家的标准必将成为参考标准,这将会给我国企业出口带来一定的技术障碍。在技术性贸易壁垒日益增多的情况下,不排除发达国家利用这些合理的壁垒来围堵我国优势产品的出口。此外,出于产业政策的考虑,我国的非关税壁垒也会长期存在（见表4）,如何在产业保护和贸易自由化之间找到合适的均衡点,是我国在制定产业政策时必须考虑的难题。

表4　各国IT产品的非关税壁垒状况

	欧盟	美国	日本	中国	韩国	汇总
非关税壁垒等同关税的程度	6.5%—66%	6.5%—22.9%	11.6%	26.9%	71%	
非关税壁垒带来的贸易成本（单位：亿美元）	>144	>125	>75	>470	>427	>1241

资料来源：ECIPE WORKING PAPER No. 04/2011。

四、我国应对ITA扩容的政策建议

（一）制定恰当的ITA谈判策略,为信息技术产业争取更多产业利益

随着经济的发展,我国已成为ITA谈判中不可忽视的力量,如何利用这种谈判优势为我国信息技术产业发展争取更多的利益,值得我们高度重视。

一是应提议进一步明确信息技术产品的定义,抵制信息技术产品无限制的扩容,防止其它国家利用ITA零关税机制将非信息技术产品加入ITA谈判清单中。由于新出现的产品可能会自动进入到降税清单中,因此应该坚持HS-6位产品形式,并建议ITA允许各国保留例外产品。

二是以发展中国家身份为我国弱势产品争取更长的过渡期，将敏感产品或国家重点发展产品列为降税的例外产品；对于信息技术服务的扩容应该持较为谨慎的态度，主张 ITA 应重点关注关税的减让，之后再推广到信息技术服务领域。

三是在认真研究产业发展现状和未来趋势的基础上，结合我国产业规划和具体产品的竞争力，确定我国降税产品清单，为我国的优势产品争取更大的出口空间。

四是要借助 ITA 非关税壁垒谈判的机会，要求美国等西方国家放宽对高新技术产品出口的限制，突破发达国家的关键技术壁垒。同时，呼吁信息技术标准的确定应考虑发展中国家的利益，避免发达国家利用严格的技术标准阻碍发展中国家产品进入。

（二）建立产业发展的长效机制，加快产业升级步伐

不管 ITA 未来的走向如何，ITA 框架下的降税模式都将逐渐扩展到所有的信息技术产品上。因此，从长期来看，要应对 ITA 的挑战，关键仍是加快信息技术产业的转型升级，使我国尽早占据信息技术产业链的中高端。

一是建立技术发展和自主创新的机制。ITA 虽然给我国带来了较大的贸易利益，但却没能使我国具备较强的技术吸收能力和自主创新能力。因此，应该利用ITA 所形成的竞争机制，在政府的引导下通过自身努力构建技术发展和自主创新机制。一方面要推进原始创新、集成创新和引进消化吸收再创新；另一方面要加强创新型人才的培养，为工业转型升级提供重要支撑。

二是建立产业转型的体制机制。推动信息技术产业的优胜劣汰和产业整合，培养我国的优势企业；通过完善金融、财税制度和政府优先采购制度来扶持企业的发展；要积极参与国际技术标准制定，通过贯彻国际标准提高产品的质量和品牌，为产业升级打造良好的发展空间。

三是建立内外资引导机制。一方面要利用我国完备的基础设施和熟练的劳动力优势继续吸引外资进入，另一方面，各级政府应利用政策支持，引导外资进入到电子信息上游产业、软件和信息技术服务业，争取使我国尽早介入到信息技术产业国际化生产链条中附加值较大、科技含量较高的环节。此外，还要引导我国企业投资发达国家的信息技术产业，紧跟发达国家信息技术产业发展的趋势，通过产业的技术扩散效应和学习效应来促进我国企业的发展。

本文作者：赛迪智库工业经济研究所　关兵

如何促进我国与金砖国家工业共同发展？

【内容提要】在当前世界经济形势复杂多变，发达国家制造业回流，全球需求结构深刻变化等背景下，以金砖国家为代表的新兴市场国家和发展中国家工业发展面临严峻挑战。赛迪智库世界工业研究所认为，合作共赢才是金砖国家应对世界竞争格局新变化的根本要求，金砖国家工业领域合作已经具备一定的基础和条件，建议我国从四方面入手积极应对：一是探索建立常态化的工业领域合作新机制，二是进一步拓展工业领域合作的广度和深度，三是积极创新工业领域合作的方式和手段，四是建立完善工业企业"走出去"的支撑服务体系。

【关键词】金砖国家　工业领域合作　共同发展

在当前世界经济形势复杂多变，发达国家制造业回流，全球需求结构深刻变化等背景下，以金砖国家为代表的新兴市场国家和发展中国家工业发展面临严峻挑战。金砖国家不仅需要努力拉动内需，促进本国工业发展，同时工业发展阶段的相似性和战略方向的趋同性，又使得各国应更加深化相互间工业领域的政府对话与交流，在工业领域开展多层次、宽领域合作，促进五国工业共同发展，为加强全球经济治理提供动力，为促进全球共同发展贡献力量。

一、合作共赢是金砖国家应对世界竞争格局新变化的根本要求

（一）发达国家重振制造业促进产业回归，金砖国家面临的国际竞争压力加大

一段时间以来，发达国家提出再工业化战略，尤其是美欧等出台了一系列战略计划和具体措施。发达国家的"再工业化"，不是简单回归传统制造业，而是要在新的技术平台上提升制造业和发展新兴产业，巩固其在技术和知识密集型领域的竞争优势，抢占世界制造业的制高点，并通过贸易壁垒等形式压制后发国家的崛起。金砖国家作为新兴经济体中最具代表性的阵营，其强劲的制造业发展态

势将受到来自发达国家的牵制和冲击。这种掣肘不仅来自这些战略措施中高端制造业环节的本土化回流，在中低端制造出口业方面也带来了巨大挑战。这成为金砖国家经济发展面临的共同难题。

（二）全球需求结构发生深刻变化，金砖国家工业发展方式转型的挑战增多

随着欧美主权债务危机的深化，发达国家经济政策陷入两难境地，短期内难现复苏势头，其高消费、高负债模式已难以为继，这使得全球需求结构发生深刻变化，对金砖国家工业发展的市场空间、出口模式、技术能力等方面提出严峻挑战，金砖国家工业要在相当长的一个时期内适应发达国家进口需求减弱的局面。与此同时，金砖国家工业进出口还遭受来自各种形式的贸易保护主义的压力，并且这种国际贸易保护的目的更加多样化，手段更加隐蔽。对金砖国家而言，全球需求结构的调整变化，既提供了增强话语权、扩大合作的机遇，也将面临更多工业发展方式转型的挑战。

（三）全球化生产方式变革加快，金砖国家工业被"低端锁定"的风险加大

随着经济全球化的深入发展，各国之间的经济联系更加紧密，新的跨境投资、跨国并购和技术合作势头不断上升。发达国家的大公司逐步在全球成为寡头垄断的"系统集成者"，它们把业务扩展到供应链的各个环节，牢牢把持着产业价值链的高端，形成了控制力强大的全球化公司，并使企业自身的政策演变成国家产业政策。跨国公司这种利用全球化的生产和组织模式，以核心技术和专业服务牢牢掌控全球价值链高端环节的生产方式，把国际化水平还不高、竞争力还不够强的金砖国家工业"低端锁定"，从而削弱了金砖国家产业成长与结构调整的自主性，增加了其向产业链高端迁移的难度。

二、金砖国家工业领域合作发展已具备一定的基础和条件

（一）工业所处发展阶段相近

从现代工业发展历程看，金砖国家大都处在工业发展的中后期，作为重要的发展中国家和新兴市场国家代表，金砖国家的社会经济发展有着相似的奋斗目标，并且工业发展战略一致。从发展工业化与城市化的战略角度看，中国的工业化、城市化水平较高；巴西与俄罗斯的城市化水平高，但工业化则显得滞后；印度、

南非的工业化与城市化都相对落后，但最终目标都是提高本国的工业化与城市化进程。另外，在目前主要由发达工业国家制定的经济规则下，金砖国家更应代表新兴经济体捍卫自身利益，组织并协调立场，推动国际经济组织朝着有利于金砖国家共同利益的方向改革。

（二）各国资源市场互补性强

金砖国家的资源互补性，拓宽了国家间的合作空间，为共同发展提供了保障。中国拥有丰富的劳动力资源，工业制造能力强，是能源和矿产资源的主要需求国。印度则拥有较为发达的计算机、软件产业，但工业制成品竞争力相对不足。巴西农牧业发达，拥有丰富的铁矿石、铝、铜及锌等矿产资源，是世界主要的原料生产国，号称"世界原料基地"。俄罗斯拥有强大的航天产业和军事工业，拥有极为丰沛的石油和天然气资源，被称为"世界加油站"。南非是世界公认的非洲代表性国家，资源丰富，是世界最大的黄金、铂金和钯金生产国，为非洲的门户和桥头堡。金砖国家的资源禀赋优势和极强的资源互补性，为建立经济合作机制，形成深入合作与多边共赢提供了发展保障。

（三）彼此间工业品贸易诉求强烈

随着发展中国家工业发展步伐加快，开放程度越来越高，金砖国家内部在工业领域的贸易来往越发紧密，贸易需求十分旺盛。从贸易产品来看，其它金砖国家对中国的工业制成品、尤其是机电产品、进口原材料和高端零部件的进口需求强烈。具体来看，中国对印度的出口，主要以机电产品、化工产品、金属制品和纺织服装产品为主，进口则以铁矿石、有色金属矿石（铬矿砂）、纺织原材料（棉花）、化学原材料和非金属矿产品为主。中国对俄罗斯的出口，除了机电产品以及最近十多年兴起的汽车等产品外，主要以纺织服装、鞋帽、金属制品等轻纺产品为主；进口则主要以石油、天然气、木材、活动物以及化学原材料等为主。中国与巴西的贸易，以出口技术水平较高的机电产品、化学产品以及精密仪器和劳动密集型的纺织品服装、金属制品为主，并主要进口铁矿石、大豆、木材、烟草和贱金属为主。中国对南非的出口贸易以劳动密集型产品的纺织服装、鞋帽、金属制品以及初级化工产品为主，同时机电产品的出口比例也很高，在进口中，特殊交易产品、矿产品、珍珠宝石、贱金属、木浆等产品集中了几乎所有的贸易活动。

（四）多层次、宽领域的合作机制初步形成

金砖国家合作六年以来，逐步形成了多层次、宽领域的合作架构。目前已经建立了领导人会晤、安全事务高级代表会晤、联大外长会晤、常驻多边机构使节非正式会晤等对话机制，就重大国际问题保持着密切沟通与协调。同时，金砖国家在 G20 框架下进行内部协调和合作，努力争取在国际货币体系改革、降低对美元的依赖度、加强全球金融监管、克服贸易保护主义、碳减排和发展援助等问题上的共同利益，以相同或相似的声音表达发展中国家的集体诉求。

三、促进我国与金砖国家工业共同发展的建议

（一）探索建立常态化的工业领域合作新机制

金砖国家需要在坚定维护共同利益的基础上，在领导人会晤的合作机制下，建立常态化、制度化的工业合作机制。不仅要把当前的合作内容抓好抓实，打造品牌项目，更需要根据各国工业发展需求探索新的合作领域，挖掘合作潜力。一是以工业主管部门之间的政府对话与交流为前导，通过定期互访和开展部长级工业对话，加大对金砖国家间企业合作和行业商会合作的引导和政策支持。二是与其它金砖国家建立沟通互动平台，在产业政策、标准制定、区域布局、人才与技术培训、学习交流等方面进行年度部署和规划。三是引导和鼓励企业遵守所在国法律，尊重所在国习俗，坚持诚信经营，保证产品和服务质量。

（二）进一步拓展工业领域合作的广度和深度

金砖国家的资源禀赋各异，比较优势各不相同，为互补式合作发展提供了条件。我国提供大量工业制成品，印度提供信息软件和服务产品以及矿石原料，俄罗斯、巴西和南非提供中国发展所需要的大量能源和矿产资源。一方面，我国在工业转型升级阶段需要将劳动密集型和资源消耗型产业转移出去，引导轻工、纺织、家电等技术成熟行业，以及钢铁、有色、建材、石化等重化工业企业在境外投资合作。另一方面，在新一代信息技术、新能源、高端装备等新兴行业进行交流、培训等合作。比如在新能源方面，我国可联合其它金砖国家，发出加强能源需求管理的倡议，并对清洁煤炭技术、深海技术和新能源技术等加强开发与应用。

（三）积极创新工业领域合作的方式和手段

金砖国家应以双边、多边经贸合作为基础，利用工程承包、境外工业园建设投资等形式，循序推进，以不断累积互信，扩大共识。一是针对各个国家产业发展和市场需求的差异，采取有针对性的合作方式。比如，在南非、俄罗斯等资源大国进行投资开发自然资源，在农业较发达的巴西建立农产品加工厂，在军事实

力比较雄厚的俄罗斯投资发展航空和军事产品。二是鼓励实力强、资本雄厚的大型企业开展成套工程项目承包、跨国并购、建立境外营销网络和区域营销中心。比如，引导国内生产能力过剩、具有竞争优势的工业制成品企业去印度投资建厂，鼓励企业到南非以合资建厂的形式开展能源合作等。

（四）建立完善工业企业"走出去"的支撑服务体系

我国和金砖国家工业共同发展，构建深入合作机制时，还要注意建立配套的支撑体系。一是加强相关服务机制的建立，包括重要项目投融资合作服务、延伸资本市场合作和信息交流、鼓励民间中介组织积极参与、完善统计体系和专业型人才培养。二是积极搭建促进工业企业"走出去"的公共服务平台，帮助企业分析国际市场前景、投资机会和可能存在的风险，为企业提供海外市场动态、投资国国情等信息。三是大力培育发展专业中介服务机构，为工业企业"走出去"提供法律、财会、评估、知识产权等专业化服务。

本文作者：赛迪智库世界工业研究所　吕萍　任宇

转型升级篇

谨防中国制造业掉入"三明治陷阱"

——兼评"中国低成本制造业周期的终结"

【内容提要】近期，罗兰·贝格公司发布的"中国低成本制造业周期的终结"报告指出，中国制造业的低成本优势正在削弱，一些跨国公司正重新考虑在中国的发展战略。无独有偶。全球商业咨询机构 Alix Partners 也发布报告称，到 2015 年，中国制造业的成本将赶上美国、印度、越南、墨西哥和俄罗斯等国的制造业成本将比中国更具竞争力。可以说，中国制造业面临着来自发达国家和发展中国家的"双向挤压"，有落入"三明治陷阱"的危险。对此，赛迪智库装备工业研究所进行了深入分析，并就如何保持我国制造业的现有优势，加快转型升级，提高国际竞争力提出了六条对策建议。

【关键词】中国制造业　低成本优势

2012 年 1 月，罗兰·贝格战略咨询公司发布的"中国低成本制造业周期的终结"报告指出，中国制造业的低成本优势正在削弱，一些产业已开始出现滑坡，许多跨国公司正重新考虑在中国的发展战略。早些时候，全球商业咨询机构 Alix Partners 发布的报告也指出，到 2015 年，中国制造业的成本将赶上美国，印度、越南、墨西哥和俄罗斯等国的制造业成本将比中国更具竞争力。与此同时，国际金融危机后，美、英、法等发达国家也正加紧重振制造业。

中国制造业面临着来自发达国家和发展中国家的"双向挤压"，有落入"三明治陷阱"的危险。在此背景下，我国作为全球制造业大国，如何客观认识挑战，发挥制造业现有优势，把握发展机遇，如何转变我国制造业的发展战略，加快制造业转型升级就成为值得研究的重要课题。

一、中国制造业正面临"双向挤压"

无论是罗兰·贝格公司发布的"中国低成本制造业周期的终结"报告，还是

Alix Partners 发布的《2011年美国制造业外包成本指数》报告，所传达出的核心信息都是我国制造业的低成本优势正在削弱。虽然2010年我国制造业产值占到全球制造业产值的19.8%，超过美国的19.4%成为全球制造业第一大国。然而，我国制造业大而不强的问题依然突出，正面临着落入"三明治陷阱"的风险。

（一）美、英、法等发达国家正加速重振制造业

罗兰·贝格在报告中建议，跨国公司应考虑将企业迁出中国，这与以美国为首的发达国家重振制造业的思路不谋而合。国际金融危机爆发以来，美、英、法等发达国家反思金融危机的教训，采取了一系列政策措施重振制造业。2011年6月，美国正式启动"先进制造伙伴计划"，旨在加快抢占21世纪先进制造业的制高点。同年12月，白宫宣布成立制造业政策办公室，推动美国制造业复苏和出口。奥巴马在2012年《国情咨文》中再次强调，美国正面临把制造业从中国等地迁回来的大好机会。英国政府2011年发布了《英国发展先进制造业的主要策略和行动计划》，对制造业进行了重新认识和定位，并强调重新重视制造业的发展。法国政府也在2010年3月宣布五年内要将制造业产出增加25%。

美、英、法等发达国家重振制造业，将给我国制造业在承接产业转移、技术进步与产品出口等方面带来新的挑战，主要体现在：一是吸引部分高端制造企业回流，可能使我国的高端制造业出现"逆转移"，加剧我国产业结构失衡。二是发达国家加紧从技术、规则和市场等方面设置新的门槛，使我国制造业向价值链高端提升的难度加大，将给我国制造业的赶超发展带来压力。三是国际贸易摩擦升级，如美国建立贸易执法机构，专门负责调查中国等国家的"不公平贸易"，将加大我国制造业产品出口压力。

（二）广大发展中国家成为国际产业转移的新阵地

Alix Partners 的研究报告指出，到2015年，中国制造业成本将赶上美国，竞争优势不再。同时，越南、印度、墨西哥与东欧等国家和地区以比中国更低的成本优势，成为接纳工业发达国家产业转移的新阵地。罗兰·贝格公司的研究也表明，中国一些产业正发生着转移，从"中国制造"转向"越南制造"，包括石油化工、照相机、钟表、服装、笔记本、玩具等产业。近两年，英特尔公司在越南建立了一个组装与测试工厂，香港利丰公司则将产品生产转移到越南，越南取代中国成为耐克鞋最大的生产基地。

随着中国低成本优势的逐步削弱，发展中国家以更低成本优势承接国际产业

转移的趋势还将继续，它们将充分利用发达国家和新兴经济体调整产业分工的机遇，发挥本国的低成本优势，在中低档产品市场承接产业转移。在此背景下，如果我国制造业不能快速实现转型升级，在高端制造业产品尚未具备竞争力的条件下，中低端制造业产品的竞争力也将被削弱，制造业"产业空心化"的风险将不断增加，我国全球制造业大国的地位将受到严重威胁。

二、中国制造业的优势与机遇

当然，在清醒认识我国制造业发展面临"双向挤压"严峻挑战的同时，也要客观分析过去几十年来我国制造业形成的战略优势及全球制造业调整带来的发展机遇。

（一）雄厚的制造业产业基础和技术基础

我国已经建立起了完整的制造业产业体系，制造业的产业规模居世界第一位，建立了一批国家工程（技术）研究中心、国家重点实验室、国家工程实验室，以及一大批企业技术中心，基本形成了以企业为主体的技术创新体系，并取得了一批具有自主知识产权、国际先进的创新成果。我国制造业所具有的产业基础和技术基础是长期积累的结果，越南、印度等发展中国家不可能在短时间内建立。

（二）巨大的国内外市场需求潜力

我国具有大国大市场的突出优势，这是中小国家难以比拟的，一些跨国公司主要是基于贴近我国市场的考虑而选择在中国境内生产。随着我国工业化和城镇化进程的加快以及人民生活水平的提高，我国制造业的发展依然有着巨大的市场空间。与此同时，巴西、印度等新兴经济体高于全球平均增速的市场需求，也将拉动我国制造业中低端产品的出口增长。

（三）强有力的政府政策支持

中央提出了信息化与工业化融合战略，并相继颁布实施了工业转型升级规划、高端装备制造业"十二五"规划、智能制造发展专项等，为制造业的转型升级提供了强大动力。这些举措将为推进制造业的自主创新，实现数字化和智能化发展，加速制造业的转型升级注入新的强大动力。

（四）面临制造业国际化的良好机遇

"走出去"已经成为我国经济发展的国家战略，欧债危机尽管给我国制造业产品的出口带来一定的压力，但也给我国制造业的发展带来了新的机遇。在欧债危机背景下，欧洲制造业企业正展开新一轮的产业转移，"把新产品、新技术带到中国"逐渐成为一些欧洲制造业企业的自主选择。与此同时，欧债危机也给中国制造业企业提供了一次"走出去"的难得机遇，中国制造企业因此拥有了更多购买和投资欧洲资产的机会。

三、中国制造业的应对之策

基于当前我国制造业面临的形势和我国制造业的发展阶段与战略优势，在未来十年或更长一段时间，我国制造业应继续保持和扩大现有优势，加快从要素驱动向创新驱动转变。建议采取以下六个方面的应对策略：

（一）加强顶层设计，研究制定中长期发展战略

一是要以法规的形式确立制造业在我国经济发展中的基础性和战略性地位。二是要在国家层面设立制造业发展协调办公室，统筹国家的各类资源，扩大和提升我国制造业的优势地位。三是要成立制造业发展专家组，研究制定我国制造业中长期战略规划。四是总结世界金融危机以来我国"十大产业振兴规划"的实施经验，建立促进制造业发展的长效机制。

（二）加快落实国家相关政策，推进制造业转型升级

一是全面贯彻落实国务院发布的《"十二五"工业转型升级规划》，将《规划》作为指导未来5—10年我国制造业发展的行动纲领，有力推进、有序实施。二是地方政府要切实转变制造业发展的惯性思维，从依靠铺摊子、上项目的要素消耗向依靠技术创新、提高劳动力素质和管理水平转变，从依靠要素驱动向创新驱动转变。三是要研究制定"制造业转型升级行动计划"，出台相应的政策措施，加快推进制造业的转型升级。

（三）大力推进自主创新，促进高端制造业发展

一是加快出台并实施制造业领域的战略性新兴产业"十二五"规划，如高端装备制造业"十二五"规划、节能与新能源汽车"十二五"规划等。二是统筹利用相关科技资源，做好与国家重大科技专项《高档数控机床与基础制造装备》、国家科技支撑计划《"数控一代"机械产品创新工程》等的衔接。三是抓好"智能制造装备发展专项"，通过研发和应用智能制造装备，提升国内制造业生产过程的智能化水平。四是以产业技术创新为重点，扶持具有独立知识产权的航空、汽车、机床等战略性产业。

（四）建立健全在华跨国公司监测预警机制

一是加快建立在华跨国公司的监测预警机制，密切关注美、日、德等国家在华跨国公司的动向及战略调整方向，对有转移苗头的跨国公司进行及时沟通协调，改善其在华经营环境。二是研究分析跨国公司转移可能对我国制造业发展带来的负面影响，及时部署，出台相应的政策措施维护我国制造业的产业安全。三是加强中西部地区与跨国公司在国内进行产业转移的对接，鼓励跨国公司向我国欠发达地区转移产能。

（五）运用综合政策手段提升我国制造业竞争力

一是要加大资金投入，引导社会资本投入制造业，加速推动贷款对制造业的定向投放和渗透。二是要切实减轻制造企业的税收负担，尤其是对产品有国际竞争力的小微企业，要在税收方面提供政策支持，为企业的发展注入更大动力。三是要研究制定我国制造业研发信贷政策，运用金融手段激励制造业企业增加研发投入，提高自主创新能力。四是要运用关税、汇率手段扩大产品出口，切实保证人民币汇率的相对稳定，并在不违反 WTO 相关规定的前提下，适当降低相关制造产品的出口关税。五是要研究制定我国制造业人才发展战略，出台《我国中长期制造业发展人才规划》，加强人才引进和教育培训，壮大我国制造业人才队伍。

（六）引导企业走出去，推进制造业国际化

一是要继续加强制造业走出去信息服务，及时发布国外产品需求、投资合作信息，扩大我国制造业产品出口，提高对外投资的成功率。二是健全完善投资平台，引导中小制造企业"抱团"走出去，降低投资风险。三是利用欧债危机契机，引导制造企业更多地通过多种渠道，如 IMF、G20 购买和投资欧洲资产，以减少风险确保投资回报率。

本文作者：赛迪智库装备工业研究所　左世全

提升中国制造业研发创新能力的战略思考

【内容提要】近期，美国独立研发机构——Battelle 研究院发布的《2012 年全球研发投入展望》提出，中国在全球研发格局中的地位迅速上升，已成为全球研发投入第二大国。但同时，研发创新能力总体偏弱，依然是制约我国制造业转型升级的重要瓶颈。那么，该如何认识这看似矛盾的客观事实？如何突破以往跟随模仿创新的路径依赖，加快实现制造业研发创新能力的新跨越？对此，赛迪智库规划研究所在对我国制造业研发创新能力进行客观评价的的基础上，分析了制约我国制造业研发创新能力提升的深层次原因，并提出了五条对策建议。

【关键词】制造业 研发投入 自主创新

研发投入是企业开展技术创新活动的物质基础和源泉。伴随着经济实力的迅速崛起，中国制造业研发创新能力明显增强，并引起了全球的广泛关注。美国独立研发机构——Battelle 研究院发布的《2012 年全球研发投入展望》称，中国在全球研发格局中的地位迅速上升，已成为全球研发投入第二大国。但与此同时，我国制造业总体上仍处于全球价值链中低端。加快提升研发创新能力，推动制造业由大到强，已成为现阶段制造业发展的核心任务。如何客观看待我国制造业的研发创新能力，如何突破以往跟随模仿创新的路径依赖，加快实现制造业研发创新能力的新跨越，已成为亟待解决的现实难题。

一、对我国制造业研发创新能力的客观评价

近年来，我国制造业企业研发投入迅猛增长，逐渐成为带动全球研发投入的重要引擎。然而，研发创新能力总体偏弱仍是制约我国制造业发展的重要瓶颈。

（一）我国制造业研发创新能力跃上一个新台阶

从研发投入看，我国一举超越日本成为仅次于美国的世界第二大研发投入国。2010 年，我国大中型工业企业研发支出达 4015 亿元，是 2000 年的 4.9 倍。根据

Battelle 研究院《2012 年全球研发投入展望》的数据，2011 年中国研发投入规模约为 1749 亿美元,占全球研发投入比重从 1993 年的 2.2% 上升至 13.1%（见图 1）。从创新成果看，我国国际专利申请数量已上升至全球第四，仅次于美国、日本和德国（见图 2）。世界知识产权组织发布的数据显示，2011 年中国 PCT 专利申请量达 16406 件。过去十年间，我国 PCT 专利数量在全球的占比增长了 5.6 倍；每年发表的科技文章超过 12 万篇，仅次于美国位列世界第二；中兴、华为分别申请全球 PCT 专利 2826 项和 2463 项，位居全球第一和第三位。从重大技术突破看，我国在载人航天、高性能计算机、核电技术、通信技术等尖端领域，先后取得一大批重大自主创新成果，为制造业转型发展奠定了坚实基础。

图 1　近年我国研发投入占全球比重变化情况

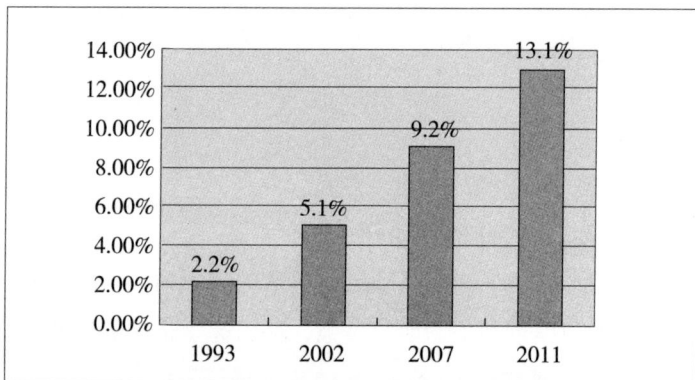

图 2　2008—2011 年主要国家 PCT 专利申请量占全球比重情况

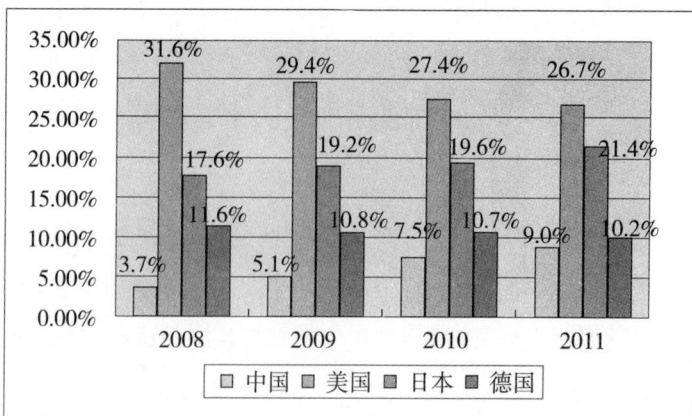

数据来源：世界知识产权组织（WIPO）。

（二）我国制造业研发创新能力与工业强国仍有较大差距

从研发投入强度[1]看,我国与发达国家和跨国公司仍有较大差距。根据欧盟统计局的抽样调查,2010 年我国工业企业研发投入占销售收入比重为 1.2%,分别低于美国、德国和日本 3.5、2.6 和 1.7 个百分点;人均研发投入为 2900 欧元,分别相当于美国、德国和日本的 18%、22% 和 36%（见表 1）。2011 年,我国华为公司研发投入高达 24.5 亿美元,但仅相当于微软公司的 27.1%,诺基亚的 32.3%,思科的 46.5%。在汽车等其它制造业领域,我国骨干企业研发投入规模与跨国公司的差距更大（见图 3）。

表 1 中、美、德、日工业企业研发投入情况对比（2010 年）

国家	研发投入（亿欧元）	销售收入（亿欧元）	员工数（万人）	研发投入占销售收入比重（%）	人均研发投入（欧元）
中国	76.3（19 家企业）	6563.6	261.5	1.2	2900
美国	1601.2（487 家企业）	33913	990.5	4.7	16000
日本	990.8（267 家企业）	25864.1	711.6	3.8	13300
德国	475.7（260 家企业）	16330.9	585.5	2.9	8100

资料来源：欧盟统计局数据库,2010 年。

图 3 2010 年我国骨干企业研发投入占比与跨国公司对比

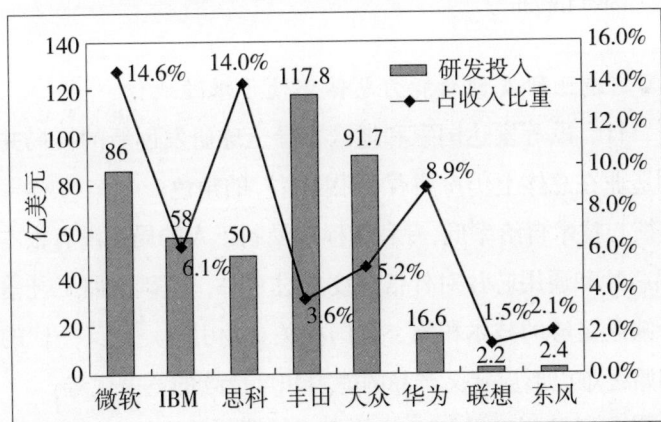

数据来源：各企业年报。

从申请专利看,尽管华为、中兴近几年 PCT 专利申请量增长很快,但累计专

---

[1] 是指研发投入占销售收入比重,下同。

利授权量却比较少。据统计，2010 年我国 ICT 领域在美国专利与商标局累计专利授权占比仅为 1.4%，远低于美国、欧盟、日本和韩国（见图 4）。去年《华尔街期刊》的一篇报道称，"中国超过 95% 的专利申请都在国家知识产权局登记，很多创新仅仅是在现有设计的基础上做了微小的改变。"在学术论文水平方面也不容乐观，在著名出版商 Elsevier 对 20 个国家文章引用情况的调查中，中国排在末尾，平均一篇文章被引用 1.5 次。

图 4   2010 年主要国家和地区在美国 USPTO 累计专利授权量

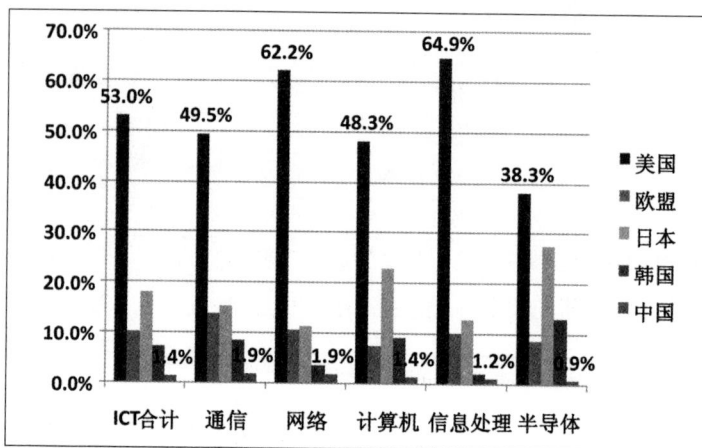

数据来源：IHS Global Insight 。

（三）我国制造业研发创新能力总体仍处于跟随地位

目前，美、日、欧等发达国家和地区主导全球研发创新的格局并未有根本的改变，中国制造业在总体上仍扮演着"跟随者"的角色。

一是关键核心技术自给率低，专利和标准受制于人的局面没有根本改变。比如，目前我国高端芯片和通用芯片对外依存度超过 95%，基础电路工艺落后发达国家约 5 年。由于缺乏足够的技术积累，我国相关企业引进一代又一代的生产设备和关键工艺，却始终难以形成定义产品的能力和可持续的竞争优势。

二是重点行业研发创新受制于美、日、德等制造强国的局面没有根本改变。根据 Batelle 研究院的调查，在汽车、航空航天、新材料、新能源、信息和通信技术等领域，美国、日本、德国仍保持着全球研发创新领导者地位（见表 2）。即使在我国创新能力相对较强的 ICT 领域，也仅有中兴、华为等少数企业拥有世界一流的研发创新能力，绝大多数企业处于跟随模仿阶段。

表 2　重点行业领域研发创新的领头国家

农业和粮食生产	汽车和其它机动车	商用航空航天、火车和其它非汽车交通工具	军用航空航天，国防，安全	复合材料、纳米技术和其它新材料	再生能源和高效利用	环境和可持续发展	卫生健康、医药、生命科学和生物技术	信息和通讯技术（包括集成电路）	仪器设备和其它非集成电路元器件
美国	日本	美国	美国	美国	美国	德国	美国	美国	美国
中国	德国	中国	中国	日本	德国	美国	英国	日本	日本
德国	美国	法国	俄罗斯	德国	中国	日本	德国	中国	德国
巴西	中国	德国	英国	中国	日本	英国	日本	印度	中国
日本	韩国	日本	法国	英国	英国	中国	中国	德国	英国

资料来源：Batelle 研究院《2012 年全球研发投入展望》。

　　三是基础研究能力薄弱、顶尖人才不足的局面没有根本改变。2011 年，我国基础研究经费仅为 396 亿元，占总投入的比重不足 0.05%；而美国大约有 18% 的研发支出放在基础研究项目上[1]。我国拥有的世界顶级科研人员也十分稀少。根据汤森路透集团的世界顶尖材料科学家排名，美国研究人员占前 25 名中的 18 名，而中国研究人员在前 50 名中仅有两人。

二、制约我国研发创新能力提升的深层次问题

　　我国制造业创新能力薄弱既有长期以来技术积累不足等方面的问题，也有思想认识和制度环境等方面的原因。具体来看，主要有以下几个方面：

（一）企业尚未真正成为研发创新的主体

　　积极开展科技研发和技术创新活动是企业能够持续发展的基础和动力。与发达国家相比，我国工业企业开展技术创新活动不够活跃，尚未真正成为研发创新的主体。一方面，多数企业没有研发机构和研发活动。2010 年，全国大中型工业企业开展研发活动的仅占 28.3%，拥有研发机构的仅占 27.6%，研发人员仅占从业人员的 3.3%。另一方面，企业加大研发投入的内在动力不足，研发投入强度明显偏低。近年来，虽然我国企业的研发投入经费在提高，但占销售收入的比重明显低于国外的同行业企业。2010 年，装备制造企业研发投入占销售收入的比重平均为 2%，而国外企业基本超过 10%，有的甚至达到 30%；医药企业对药品研发的平均投入不足销售额的 5%，而国外医药企业一般能达到 10%—20%。

[1]　数据来自于 Batelle 研究院《2012 年全球研发投入展望》。

（二）速度规模导向的制度安排不利于激发企业创新活力

决定一个国家经济发展速度、质量和效益的最重要条件是制度安排。在现行体制和政策框架下，企业缺乏技术创新和转变发展方式的内在动力。一方面，资源性产品价格长期扭曲、环保准入门槛过低、现行政绩考核体系不合理，不利于引导企业走创新驱动型发展道路。比如，世界上多数国家石油、天然气等能源类矿产资源税税率都在 10%—16%，我国还不到 2%。在生产要素价格低廉的情况下，谁多消耗了资源，谁就能多分享经济利益；在环保成本可以"外部化"的情况下，谁严格治理污染谁就会增加自己的成本。这就使得政府往往更加注重速度规模而忽视发展的质量效益，企业往往更注重维持基于低要素价格的比较优势，而忽视培育基于科技创新和人力资本的新竞争优势。另外，对外资企业和引进技术的过度依赖，使得企业往往忽视了技术引进后的消化吸收再创新。有关资料表明，日本在引进技术时期，平均花 1 美元引进技术，就要花约 7 美元进行消化吸收和创新 [1]；欧洲国家每花 1 美元引进新技术，往往花 3 美元进行消化吸收；而我国大中型企业在技术引进与消化吸收上的投资关系大约是 22:1 [2]。不难看出，日本、欧洲等把主要投入用于培育自己的技术能力；而我们更注重的是技术引进本身。

（三）科技研发与市场应用脱节

科研与市场脱节是制约我国制造企业研发创新能力的重要体制性因素。一方面，专家主导的科研项目评定机制导致科研与市场严重脱节。我国的科研力量主要集中在科研院所，长期以来设立科研项目的"裁判权"主要掌握在专家手中。事实上，某一个应用技术项目应不应该立项、立项时机是否恰当、应该投入多少经费等等问题，企业往往比专家更清楚。另一方面，片面追求量化论文、奖项和科研经费的评价体系，也加剧了科研与应用的脱节。"重奖励轻实效、重数量轻质量"导致科技人员和科研机构关心获奖胜于关心应用。大批研究成果往往在完成论文发表、专家评审、成果鉴定、奖项申报之后就被束之高阁，导致国家投入大量科技资源研发出来的科技成果没有用武之地。有资料表明，目前我国的科技成果转化率大约在 25% 左右，真正实现产业化的尚不足 5%，与发达国家 80% 的转化率差距甚远。

[1]　陈清泰：《自主创新和产业升级》，中信出版社 2011 年版。
[2]　薛彦平：《欧洲工业创新体制与政策分析》，中国社会科学出版社 2009 年版，第 251 页。

（四）现有政策体系对研发创新支持不足

为鼓励自主创新，国家陆续出台了多项政策措施，但部分政策措施在有些地方还没有真正落实，一些重要政策还没有用好、用足、用到位，这在很大程度上阻碍了研发创新能力的提升。一是对高科技企业的税收优惠政策没有落实到位。目前，我国对高科技企业实行 15% 的优惠所得税税率（其它企业 25%），但实施过程中却只针对高科技行业中被认定的企业，不仅受惠面小，还会导致大企业因得到制度性保护而增加惰性，最具创新锐气的新进入者则会被拒之门外。二是实际享受研发费用加计扣除优惠政策的企业数量很少。目前对研发费用的认定过于狭窄，不能准确合理地分开计算各项研发费用支出的，一律不予加计扣除。三是对自主产品的支持不足。目前，在一些部门的政府采购中，仍然存在一定的"国民歧视"现象，即往往通过或明或暗的方式，将本国企业和产品排除在外。以中兴为例，其产品"能在国际市场击败竞争对手，在国内市场反而力不从心、举步维艰"。

（五）跨国公司为后发国家企业的技术赶超设置层层障碍

在经济全球化背景下，企业所需的技术并非都需自己研发，重要的是能掌控标准和技术集成能力；企业所需的生产能力并非都需自己建设，重要的是要有自主知识产权的产品和具有竞争力的品牌。在全球化生产模式下，跨国公司通过对技术进步和技术更新换代的掌控，始终掌握着国际产业竞争的主导权，迫使发展中国家的企业只能通过技术与知识的引进参与竞争。比如，在平板显示产业发展方面，我国 6 代线投产后，三星、夏普很快推出更高的 8 代线；我国京东方的 8 代线建成后，夏普 10 代线早已投产。由于缺乏核心技术和标准，发展中国家企业只能依靠低成本、低价格的比较优势参与国际竞争，只能被动地"锁定"于低附加值、低创新能力的微利化生产制造环节。

三、提升我国制造业研发创新能力的对策建议

要真正解决制约我国研发创新能力提升的深层次矛盾，就需从战略、政策、体制、人才等方面着手，着力营造能够有效激励创新的制度安排和政策体系。

（一）着力营造能够有效激励创新的体制环境

制度安排是激励企业加强研发创新的重要因素。要加快资源性产品价格形成机制改革步伐，资源价格能够由市场决定的，要尽可能地交给市场；不能或不能

完全由市场决定其价格的某些垄断性、基础性的资源产品，政府的价格管制要反映各相关方的利益，尽可能地反映资源稀缺程度，减少或防止资源价格的扭曲。同时，不断完善有利于企业自主创新的法制环境，特别是强化知识产权保护。知识产权保护缺乏有效性，将会极大地挫伤企业创新的激情。如果盗用他人的技术可以连连得逞、复制他人产品可以通行无阻，那么，谁也不愿意再去创新技术，而宁愿在同一水平大打"价格战"。

（二）支持企业真正成为技术创新的主体

企业是市场活动最直接的参与者，对市场信息反应最灵敏，能够从市场需求变化中产生创新灵感和创新意愿。建立健全由企业牵头实施应用性重大科技项目的机制，重点支持和引导创新要素向企业集聚。鼓励和支持企业把创造和拥有自主知识产权作为战略导向，对于符合国家战略方向的企业技术创新活动，在政策和投入上给予支持。建立有利于自主创新的政绩评价体系和科研项目评审体系，在政绩考评和科研项目评审中，加大对创新、质量和效益等方面的权重，改变政绩和项目考核的价值导向。

（三）着力促进全产业链整体升级和创新

现代产业竞争已经转化为产业链之间的竞争。要从基础研究、技术标准、知识产权等方面入手，提升产业设计、生产制造、系统集成、市场营销等环节的能力和水平，增强全产业链的竞争优势。鼓励企业通过研发创新打通一批产业链的关键环节，加快形成一批技术先进、管理科学的规模化生产能力。鼓励企业、大学、科研机构或其它组织，以企业的发展需求和各方的共同利益为基础，签订有法律约束力的同盟契约，形成联合开发、优势互补、利益共享、风险共担的技术创新合作组织，提升产业技术创新能力。

（四）推进形成有利于企业研发创新的多元化投融资机制

只有建立起鼓励创新、分散风险的风险投资制度，才能真正推动创新的实现。建议采取支持风险投资、推动建立多层次资本市场的政策，技术创新过程的风险由企业和参与的风险投资机构承担。要充分发挥创业投资引导基金的重要作用，扩大科技型中小企业创业投资引导基金规模，综合运用阶段参股、风险补助和投资保障等方式，引导创业投资机构向初创期科技型中小企业投资，促进科技型中小企业创新发展。

（五）大力加强创新型人才队伍建设

没有一支强大的创新型科技人才队伍作支撑，要实现中国制造向中国创造转变的目标是不可能的。要建立以政府奖励为导向、社会奖励和用人单位奖励为主体的激励机制，对有重大科技创新成果和有重大突出贡献的创新型人才给予奖励。要着力改变人才评价只注重考试成绩、论文发表数量、职称高低和奖项数量等不良现象。积极营造开放、合作的创新氛围，营造宽容创新失败的工作氛围，为创新人才充分发挥聪明才智提供用武之地，保证他们有足够的空间施展拳脚。

本文作者：赛迪智库规划研究所 乔标 贺石昊 栾群 程楠

如何进一步提升我国制造业的国际竞争力

——对联合国工发组织全球工业竞争力指数排名的思考

【内容提要】 2012 年 1 月 17 日，联合国工业发展组织发布了《2011 年工业发展报告》（分 A、B 两部分）。报告 B 部分对全球制造业发展趋势及工业绩效基准进行了分析，对 118 个国家的工业绩效进行评估，其中认为中国工业竞争力已位居世界第 5 位。赛迪智库对联合国工发组织关于我国工业竞争力的排名进行了理性解读与深入分析，并对如何进一步提升我国制造业的国际竞争力提出了四点对策建议：构建一个良好的制造业生态体系；着力打造协同竞争的产业链；推进大型企业国际化；支持中小企业开拓国际市场。

【关键词】 中国制造业　国际竞争力

日前，联合国工业发展组织公布的《2011 年工业发展报告》指出，中国工业竞争力已经位居世界第 5 位，成为世界制造业最具影响力的国家之一。

但在我国制造业产出绩效在全球排名大幅提升的同时，尤其是国际金融危机以来，我国制造业发展的需求结构、要素成本、贸易条件等内外部条件正在发生快速变化，不仅给我国的工业化进程带来深刻影响，也给我国制造业国际竞争力的进一步提升带来重大挑战。那么，我国作为制造业大国，应如何看待自身制造业国际竞争力的排名，如何认识我国制造业竞争优势面临的挑战，并寻求未来我国制造业国际竞争力的提升之道，这些课题均值得认真探求。

一、近年来我国制造业国际竞争力迅速提升

联合国工业发展组织在《2011 年工业发展报告》中，采用工业竞争力（CIP）

指数[1]对各国工业绩效进行了评价，其中，我国在 2005 年为 0.461，排名第 6 位，2009 年为 0.557，排名第 5 位。2009 年，排在前 4 位的分别是新加坡、美国、日本和德国[2]。中国工业竞争力已经位居世界前列。

表 1　2005 年和 2009 年全球工业竞争力指数前五位经济体排名

排名		经济体	工业竞争力（CIP）指数	
2005	2009		2005	2009
3	1	新加坡	0.631	0.642
2	2	美国	0.66	0.634
1	3	日本	0.661	0.628
4	4	德国	0.598	0.597
6	5	中国	0.461	0.557

数据来源：联合国工业发展组织《2011 工业发展报告》。

在《2011 年工业发展报告》中，中国制造业国际竞争力的提升主要体现在以下几方面：

（一）中国制造业增加值占全球比重大幅提升

1990—2010 年，全球制造业增加值（MVA）从 4.29 万亿美元增至 7.39 万亿美元，年均增长 2.8%。1990 年，发达国家的 MVA 占全球 MVA 的 79.3%。这一比重在 2000 年降至 76.1%，2005 年降至 71.6%，到 2010 年，已降至 64.4%。中国制造业增加值份额从 2000 年的 6.7% 增加到 2010 年的 15.4%，成为仅次于美国的第二工业大国。同时，全球制造业从发达国家向发展中国家的转移速度日益加快，中国 2010 年在发展中国家制造业增加值中的比重是 1990 年的 3 倍多，占到 43.3%。

（二）以中国为代表的发展中国家工业产品技术升级加速

从工业增加值中的技术构成来看，中国等经济体从先前重视低端、低附加值产品转向技术性更强的高级产品，从而使其工业生产更为多样化。

---

[1]　工业竞争力指数由 6 个方面的 8 项指标构成：1、工业能力，以人均制造业增加值衡量。2、制造业出口能力，以人均制造业出口衡量。3、对全球制造业增加值的影响，以一国占全球制造业增加值的比重衡量。4、对世界制成品贸易的影响，以一国占全球制造业出口的比重衡量。5、工业化强度，以制造业增加值占 GDP 的平均比重和中高端技术活动占制造业增加值的比重衡量。6、出口质量，以制造业出口占出口总量的比重和中高端技术产品占制造业出口的比重衡量。
[2]　CIP 指数计算所依据的制造业增加值和人口数据来自于工发组织的统计数据库，而普查和调查是工发组织的工业统计数据的主要来源，这些来源产生的统计数据一般滞后两年或三年，因而竞争力排名也只排到 2009 年。

表2　世界制造业增加值的技术构成（%）

（1995—2009 年，按区域和收入划分）

分类		2000			2005			2009		
		LT	MLT	MHT	LT	MLT	MHT	LT	MLT	MHT
全世界		29.2	21.4	49.4	26	20.9	53.1	24.2	20	55.8
发达程度	发达国家	27.2	19.6	53.2	23.3	17.7	59	20.7	15.8	63.6
	发展中国家	35.6	27.4	37.1	32	28.2	39.8	30.1	26.9	43
地区	东亚和太平洋地区	32.3	25.5	42.2	29.1	27.6	43.3	27.7	26.2	46
	不包括中国	33.7	25.2	41.2	31	26	43	28.6	20.9	50.5

注：LT 是技术含量低的产品；MLT 是中低技术产品；MHT 是中级和高科技产品。
资料来源：联合国工发组织 2010 年。

从制造业各行业的增长情况来看，在国际标准行业分类的 22 个行业中，中国的产值均排在第一或第二位。2005—2009 年全球制造业增长最快的 5 个行业（办公和计算设备；收音机、电视和通信设备；电子机械和设备；其他交通运输设备；基本金属）中，到 2009 年，中国与美国、日本、德国和韩国一起，成为这些行业的主要生产国。

（三）中国产品改变了世界工业制成品出口格局

随着发展中国家在全球工业制成品出口中的整体份额不断上升，中国的影响力日益增强，并改变着世界工业制成品出口格局。2005—2008 年全球工业制成品出口年均增长 13.2%，达到 12.95 万亿美元。1992—2001 年期间，中国工业制成品出口平均增速为 14.6%。加入世界贸易组织后，在 2002—2008 年期间为 27.9%。1992 年，中国在全球制造业出口中排第 13 位，经过多年的稳步增长，在 2008 年升至世界首位，占全球制造业出口市场份额的 11.3%，出口总额为 1.37 万亿美元。

图 1　1996—2010 年新兴经济体制成品出口增长情况

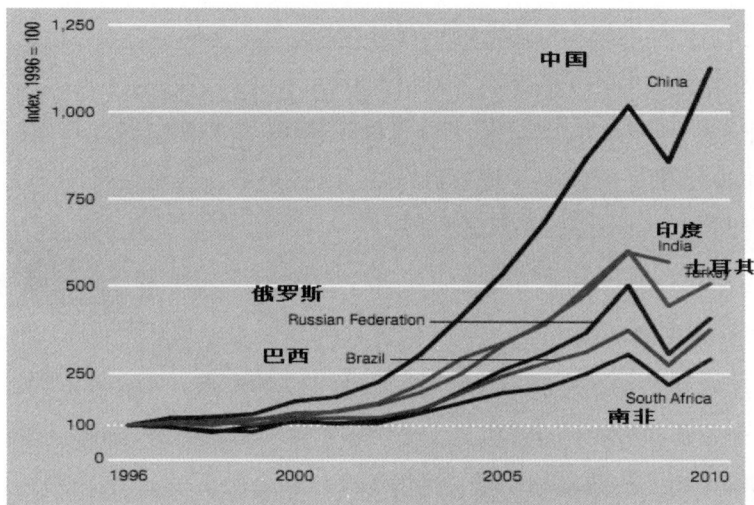

资料来源：联合国工业发展组织《2011 工业发展报告》。

同时，中国制造业出口的产品结构也在不断优化，中高端制成品出口比重不断提高，其市场份额从 1992 年的 28.4% 上升到 2000 年的 45.5%、2009 年的 59.8%。

二、如何全面、客观评价我国制造业的国际竞争力

制造业竞争力对于一个国家的长期经济繁荣与发展起着关键作用。世界制造业大国的政府均致力于为制造业营造一个良好的发展环境，从而提升本国竞争力。目前国际上也有几套不同评价指标体系来反映各国制造业的竞争力指数[1]。对于联合国工发组织依据 CIP 指数对中国制造业的竞争力的排名，我们应从一个更全面的视角来看待：

（一）CIP 指数关于中国制造业竞争力的排名，反映了中国工业（制造业）在产出绩效的提升方面取得了长足进步

联合国工发组织指出，CIP 指数聚焦于工业绩效，是衡量一国工业提升的一个基础指标。无论是从 CIP 指数中的人均制造业增加值、人均制造业出口指标，还是从一国占全球制造业增加值的比重、一国占全球制造业出口的比重等指标来

---

[1]　世界经济论坛、洛桑国际管理发展学院和德勤公司均开发出了各国制造业竞争力指数，这些指数都是基于各国历史数据，就各国整体的竞争力提供了重要的信息。

看，我国工业在改革开放 30 多年中都取得了优异的发展绩效，也表明我国已经拥有创造财富的巨大能力。2009 年我国超过德国，成为全球第一大出口国。2010 年，根据经济咨询机构 HIS 环球透视（IHS Global Insight）的估算，我国占世界制造业产出的 19.8%，略高于美国的 19.4%。同时，2010 年我国 GDP 达到 5.7 万亿美元（以国际汇率计算），超越日本成为世界第二大经济体。这些成果的取得，在很大程度上可归功于我国制造业的快速发展。

（二）CIP 指数中关于我国工业竞争力的排名，仅考察了工业绩效，未反映我国工业的发展潜能

工业绩效和工业潜能都是政府制定政策关注的重点。联合国工发组织指出，工业潜能是指那些可能促进或阻碍一个国家竞争实力的要素，如投入要素（劳动力、资本和土地）的数量和质量，机构（产权和金融市场），国内市场规模和政府的政策。在德勤公司与美国竞争力委员会构建的 2010 全球制造业竞争力指数，将全球制造业竞争力的驱动因素分为 10 大类（见表），其指标体系正是工业潜能角度来构建的。

表 3　全球制造业竞争力的驱动因素

（排名驱动因素分值 10= 高 1= 低）

1	人才驱动的创新	9.22
2	劳动力和材料成本	7.67
3	能源成本和能源政策	7.31
4	经济、贸易、金融和税收体系	7.26
5	基础设施的质量	7.15
6	政府对制造业和创新的投资	6.62
7	法律与监管体系	6.48
8	供应商网络	5.91
9	当地商业活力	4.01
10	医疗服务的质量和供应	1.81

来源：德勤和美国竞争力委员会— 2010 全球制造业竞争力指数；德勤，2010 年。

德勤公司在《2010 全球制造业竞争力指数》报告中将中国排在全球制造业竞争力的第一位。德勤指出，中国在大部分所列举的竞争力十大驱动因素中表现优异，如中国拥有大量的技术工人、科学家、研究员和工程师；为了加速提高中国制造的科技附加值，促进创新，中国政府致力于对科学、技术以及制造业的基础

设施进行投资；除此之外，中国的制造成本相对较低，且在国内不同地域转移生产也较简便。可见，如果以反映工业潜能的指标体系来评估，以目前我国的资源与条件，我国制造业在工业绩效的国际竞争力提升中仍然有不少上升空间。

表4　2010全球制造业竞争力指数

10= 高 1= 低

排名	国家	分值	国家	分值
	当前的竞争力		5 年后的竞争力	
1	中国	10.00	中国	10.00
2	印度	8.15	印度	9.01
3	韩国	6.79	韩国	6.53
4	美国	5.84	巴西	6.32
5	巴西	5.41	美国	5.38
6	日本	5.11	墨西哥	4.84
7	墨西哥	4.84	日本	4.74
8	德国	4.80	德国	4.53
9	新加坡	4.69	波兰	4.52
10	波兰	4.49	泰国	4.35

来源：德勤和美国竞争力委员会— 2010 全球制造业竞争力指数；德勤，2010 年。

（三）CIP 指数关于中国工业竞争力的排名，并不表明我国工业的发展质量跃居世界前列

工业发展质量是指一定时期内一个国家或地区工业发展的优劣状态，综合反映了工业发展中速度、结构、效益、创新、资源、环境及信息化等方面关系的协调程度。尽管 CIP 指数包含有工业化强度与出口质量的指标，其中中高端技术活动占制造业增加值的比重和中高端技术产品占制造业出口的比重是其中重要的衡量因素。但 CIP 指数的指标主要是从增长速度、数量扩张的角度来考察的，并不能全面反映工业发展质量中增长的效益以及结构优化、技术进步、劳动生产率的提高、环境改善等诸多方面。例如，有研究指出，美国在 2010 年的制造业产出仅略低于中国，但美国制造业只有 1150 万工人，而我国制造业雇用了 1 亿人，这表明美国拥有巨大的生产率优势，但 CIP 指数中并没有反映制造业劳动生产率的指标。又如，从增值能力看，我国制造业增加价值率仅为美国和德国的 1/2 左右，日本的 2/3 左右。亚洲开发银行 (Asian Development Bank) 发布的一份报告指出，生产一部苹果手机所需的 178.96 美元成本中，有超过 60 美元流向了日本企业，

30 美元流向了德国企业，23 美元流向了韩国企业，我国所得仅 6.5 美元。因此，从工业发展质量来看，我国制造业应着力于促进结构优化和转型升级，把工业发展建立在创新驱动、环境友好、惠及民生、内生增长的基础上，为建设工业强国打下更加牢固的基础。

目前，充满活力的新兴市场大经济体 (尤其是巴西、俄罗斯、印度和南非) 的工业化非常迅速，均致力于推动结构转型，以进入附加值更高的先进制造业。与其它亚洲国家以及新兴工业体相比，我国拥有更高的生产效率、组织效率和不断提升的劳动者技能，仍然具备明显的竞争优势。一是我国制造业拥有大国大市场的发展空间。我国大规模的城市化进程仍未完成，在未来十年，我国新增城市人口仍将保持每年 1500 万人的规模，预计直到 2025 年左右才开始缓慢减少，不断扩大的内需可以很好地满足制造业发展的需要。二是我国良好的基础设施和经过 30 年发展起来的产业链配套体系，仍然具有很强的竞争力。三是我国拥有能够适应制造业结构变化的劳动力资源。未来十年，我国每年新增具有大学专科及以上教育能力的劳动力人口大概在 600—800 万之间，对劳动力素质有较高要求的 IT、机械设备、化工等制造企业将会享受到充足的劳动力供给与低廉的劳动力价格。此外，我国政府对制造业和创新的投资是我国发展制造业的最重要的政策优势。

三、如何进一步提升我国制造业的国际竞争力

一般而言，制造业的竞争力演进分三个阶段。第一个阶段属于要素驱动的竞争力，其次是规模驱动，最后才是创新驱动。从发展历史看，我国制造业总体上是基于低成本战略发展起来的。但是，随着劳动力成本的上升，人民币对美元的汇率变化，全球资源价格的上涨，我国制造业的成本领先优势正不断降低。在当前的全球供应链体系中，我国制造产品大都处在"微笑曲线"价值最低的"制造—加工—组装"环节。在技术专利和上游资源采购上较多地依赖欧洲、美国和日本等发达国家和其它掌握资源的国家，而在物流、营销和销售渠道方面能力薄弱。我国凭借低成本领先的优势将在创新驱动的竞争中面临挑战。

目前，我国正在大力推进工业转型升级战略的实施。工业转型升级，从本质上说，是向产业链的高价值环节升级，意味着中国制造业要从低成本的要素竞争优势转向创新驱动的竞争优势。而我国制造业要建立创新驱动的竞争优势，意味

着主要国际竞争对手的改变，即从以前主要与亚洲新兴工业国家转向今后与美、日、德等当今的制造业强国展开竞争。我国在从制造大国迈向制造强国的过程中，应从以下几方面着手，进一步提升我国制造业的国际竞争力：

（一）构建一个良好的制造业生态体系

应重视实体经济的发展，尤其是重视制造业在提升国家竞争力中的重要作用。目前，美国制造业在"再工业化"战略的推动下，把"先进制造"作为突破口，向制造业现代化、高级化和清洁化转型，出现了结构性复兴的迹象。根据美国官方统计数据，自金融危机以来，美国制造业就业人数的增长快于其它任何一个主要发达经济体。可以说，中美等制造业大国已进入战略博弈期。我国应重视良好的制造业生态体系的建设，重点制定并实施以减税、降费、让利等为重点的制造业扶持政策，增加企业发展能力；应加快培育和发展战略性新兴产业，坚持以科技创新为纲领的产业战略转型，依靠科技创新走一条新型产业发展之路。通过创新形成竞争优势、建立人才战略，并最终成为高效的全球制造业强国。

（二）着力打造协同竞争的产业链

现代制造业的国际竞争，已经从单一产品的竞争变成价值链的竞争、产业同盟的竞争，演化为供应链乃至产业链之间的竞争。目前我国制造业产业链之间的耦合度松散，在研发体系和创新机制上并没有形成合力，建议政府推动企业实现跨部门、跨行业、跨所有制、跨功能的协同，以参与全球竞争。也就是说，我国制造业不仅要实现单个企业在技术上的创新，同时也需要加强产业链的上下游组织与整合，即实现产业链的创新能力。我国应继续完善基础设施，营造公平的竞争市场环境，促进制造业的集群化发展，形成有竞争力的产业群，提升产业的国际、国内竞争力。

（三）推进大型企业国际化

我国制造业除了积极开拓国内市场，大力推进产业转移外，还应深化改革扩大开放，推动大型企业成为技术创新的主体，并在市场竞争中形成一批研发能力强、把握核心技术、注重市场营销的跨国企业集团。同时，应从战略高度进行海外布局，加强资本利用，鼓励并推动大企业走出去，组建国际级的龙头企业，在全球范围采购技术、品牌和市场渠道，扶持我国企业在机械、船舶、铁路等行业进行跨境投资，以此推动中国经济持续高速发展。

（四）支持中小企业开拓国际市场

在世界经济全球化的背景下，应鼓励支持有条件的中小企业到境外开展并购等投资业务，收购技术和品牌，带动产品和服务出口。应进一步扶持高科技中小企业发展，以建立和完善技术创新支撑体系为切入点，提高全社会技术创新能力，加快科技成果转化。应有效发挥政府的作用，建立由中央政府、地方政府、中介组织等共同组成的中小企业国际化经营支持体系。应为中小企业的发展创造良好的环境，在贷款及市场准入上给予公平的待遇，促进中小企业发展壮大，形成大中小企业优势互补、分工协作的协同发展局面。

本文作者：赛迪智库工业经济研究所　刘春长

我国应将发展智能制造业提升到战略高度

【内容提要】智能制造现已成为世界制造业发展的大趋势。国际金融危机以来，美、欧等工业化发达国家和地区纷纷将发展智能制造作为重振制造业的重要手段，并试图以此挑战中国制造业的传统优势地位。什么是智能制造？其内涵和战略意义何在？我国是否应该大力发展？对于这些问题，赛迪智库装备工业研究所大胆给出了自己的研究答案：智能制造在推动制造业生产方式变革、满足用户对产品的多样化需求、缓解环境和能源对制造业的制约等诸多方面，均具战略意义。基于此，结合我国制造业的发展实际，赛迪智库提出：发展智能制造业是我国制造业升级的内在要求，是重塑我国制造业新优势的现实需要，是拓宽产业施政空间的重要抓手。我国应将发展智能制造业提升到国家战略的高度。

【关键词】智能制造业　制造业升级

国际金融危机以来，美、德、日等国政府和相关专业人士纷纷提出通过发展智能制造重振制造业，并试图以此挑战中国制造业的传统优势地位。美国在2011年6月和2012年2月相继启动的"先进制造伙伴计划"和"美国先进制造业国家战略计划"中，提出要发展包括工业机器人在内的智能制造，建设"智能"制造技术平台，以加快智能制造的技术创新。美国奇点大学 Vivek Wadhwa 教授2012年1月在《华盛顿邮报》撰文指出，将人工智能、机器人和数字制造技术相结合，会引发制造业革命，使中国在未来二十年中出现制造业空心化，而美国将重新获得制造业的领导权。

目前我国虽已成为世界制造业大国，但由于土地、劳动力等要素成本的不断上升，正面临来自发达国家高端压制和发展中国家低端承接的"双向挤压"。为应对传统制造业低成本优势削弱带来的挑战，实现制造业由大到强的转变，我国制造业迫切需要寻求新的突破口。智能制造已成为世界制造业发展的大趋势，它对于降低生产成本、提高生产效率与产品质量、提升制造业国际竞争力具有重要意义。如何看待智能制造及其战略意义，客观分析其对我国制造业升级的重要作用，已成为必须研究的重要课题。

一、智能制造已成为世界制造业发展的重要趋势

（一）智能制造技术引发制造业变革

智能制造技术是研究制造过程中感知、分析、表达、决策与执行的一种综合交叉技术，它贯穿于产品设计、生产、管理和服务的制造活动全过程。20世纪50年代以来的数控技术，以及随后出现的机器人技术和CAD技术，开创了智能制造的先河。20世纪80年代以来，随着传感与控制技术的发展与应用，人工智能技术与制造技术相结合，以及自动化技术、信息技术和互联网技术的飞速发展，制造技术向智能化方向实现了巨大跨越。在发达国家，工业机器人自动化生产线成套装备已成为自动化装备的主流及未来发展方向，汽车、电子电器、工程机械等行业已大量使用工业机器人自动化生产线。在汽车制造业，日本每万名生产工人占有机器人的数量为1710台，法国为1120台，美国为770台。

智能制造已成为下一代制造业发展的重要内容，可以使制造过程具有更完善的判断与适应能力，提高产品质量、生产效率，也将显著减少制造过程中的物耗、能耗和排放。专家预测，21世纪将是智能制造获得大发展和广泛应用的时代，智能制造可能引发制造业的变革。正如《经济学人》杂志刊发的《第三次工业革命》一文所言，"制造业的智能化变革将引发第三次工业革命"。

（二）世界范围内智能制造国家战略空前高涨

一是世界主要工业化发达国家提早布局。自智能制造技术诞生以来，主要工业发达国家相继将其列入国家发展计划，并加以大力推广和应用。日本1989年提出布局智能制造系统，1994年启动先进制造国际合作研究项目，其中就包括公司集成和全球制造、制造知识体系、分布智能系统控制、快速产品实现的分布智能系统技术等。美国1992年执行新技术政策，大力支持包括信息技术、新的制造工艺和智能制造技术在内的关键重大技术。欧盟1994年启动新的研发项目，选择了39项核心技术，其中，在信息技术、分子生物学和先进制造技术中均突出了智能制造技术的地位。

二是智能制造成为世界主要工业化国家重振制造业的重要突破口。金融危机以来，在寻求危机解决方案的过程中，美、德、日等国政府和相关专业人士纷纷

提出通过发展智能制造来重振制造业（见表1）。2011年6月，美国正式启动包括工业机器人在内的"先进制造伙伴计划"，2012年2月又出台"先进制造业国家战略计划"，提出通过加强研究和试验（R＆E）税收减免、扩大和优化政府投资、建设"智能"制造技术平台，以加快智能制造的技术创新。德国大力推动政府、弗劳恩霍夫研究所和各州政府合作投资数控机床、制造和工程自动化行业应用制造研究。日本提出通过加快发展协同式机器人、无人化工厂，提升制造业的国际竞争力。

表1   工业化发达国家发展智能制造的系列举措

国家	机构或人员	名称	发布日期	举措或内容
美国	总统奥巴马	先进制造伙伴计划（AMP）	2011.6	• 在关键制造产业、新一代机器人、创新型的节能制造工艺及先进材料等方面，通过政府、高校及企业的合作来强化美国制造业。
	总统执行办公室国家科技委员会	美国先进制造业国家战略计划	2012.2	• 通过加强研究和试验（R＆E）税收减免、扩大和优化政府投资、建设"智能"制造技术平台，以加快智能制造的技术创新，加快抢占未来先进制造业的制高点。
	奇点大学Vivek Wadhwa教授在《华盛顿邮报》撰文	为什么说现在轮到中国担心制造业了？	2012.1	• 将人工智能、机器人和数字制造技术相结合，会引发制造业革命，美国注定要重新获得制造业的领导权。 • 新技术的出现可能导致中国在未来20年中出现制造业空心化。
英国	经济学人	第三次工业革命	2012.4	• 制造业的智能化变革将引发第三次工业革命。 • 随着制造业数字化，制造业领域将焕然一新。有些制造业务将回归发达国家。
德国	—	—	近年	• 通过政府、弗劳恩霍夫研究所和各州政府合作投资于数控机床、制造和工程自动化行业应用制造研究。
日本	—	—	近年	• 通过加快发展协同式机器人、无人化工厂，提升制造业的国际竞争力。
欧洲	欧盟委员会	欧洲2020战略	2010.6	• 实现智能化的经济增长：在知识和创新基础上发展经济。 • 提出重点发展信息、节能、新能源和以智能为代表的先进制造。

二、智能制造业的内涵及战略意义

（一）智能制造业的内涵

因智能制造技术在产品中的应用和推广而形成的产业可定义为智能制造业，

即用智能制造技术生产智能产品或服务的企业集合，可分为智能制造零部件产业、智能制造装备产业与智能制造服务业。

表2　智能制造业分类及主要产品

行业	子行业	主要产品或服务
智能制造业	• 智能制造零部件产业	• 智能传感器、智能仪器仪表等
	• 智能制造装备产业	• 智能加工成形装配系统、精密智能制造系统、无人化智能制造系统等 • 智能机床、工业机器人、智能成形制造装备、特种智能制造装备等
	• 智能制造服务业	• 测控网络、制造知识库及知识管理系统、综合推理与决策支持系统、智能人机交互系统、图形化建模与仿真系统等 • 产品或生产智能服务平台、智能物流平台、制造与服务智能集成平台等

智能制造业具有以下三个特点：一是新兴性。它是伴随着智能制造技术的应用而产生的，属于新兴产业，具有新兴产业的规模较小、技术有待成熟等一般特点。二是系统性。由于智能制造技术贯穿于研发、生产及管理服务等产品生产全过程，智能制造业不仅包括智能制造装备，还包括软件及系统集成，以及智能管理和服务平台。三是可扩展性。随着智能制造技术的进步及其在更多领域的推广应用，智能制造业的范围还将不断扩展。

（二）智能制造业的战略意义

发展智能制造业对于推动制造业生产方式的变革，加速制造技术进步，满足用户对产品的多样化需求，缓解环境和能源压力等，都具有重要的战略意义。

一是推动制造业生产方式的变革。未来的制造将是由信息主导的，并采用先进生产模式、先进制造系统、先进制造技术和先进组织管理方式的全新的制造业。信息技术将促进设计技术的现代化，加工制造的精密化、快速化，自动化技术的柔性化、智能化。各种先进生产模式也无不以智能信息技术的发展为支撑。智能信息技术将改变制造业的设计方式、生产方式、管理方式和服务方式，进一步提高制造系统的柔性化和自动化水平，使生产系统具有更完善的判断与适应能力。

二是满足用户对产品的多样化需求。当前，制造业用户不仅对产品的质量、功能与性能的要求越来越高，个性化需求也不断提高。一方面，企业未来需要采用计算机技术、网络通信技术集成的先进装备，降低生产过程中的物耗、能耗和劳动力成本，满足用户不断增长的低成本高产品质量需求；另一方面，还需要着眼于消费者定制生产进行敏捷制造和数字化生产，以对消费者的个性化需求做出更快捷的回应。

三是有助于缓解环境和能源对制造业的制约。智能化在提高专业化分工与协作配套，促进生产要素的有效集聚和优化配置，降低成本以及节约社会资源、能源等方面，都具有重要作用。例如，日本的 ICT 创新战略实际上就是利用信息化、智能化提升产品附加值、促进节能、推进绿色制造的一项战略。

三、发展智能制造业是我国制造业升级的必由之路

智能制造技术目前已成为世界制造业发展的客观趋势，世界主要工业发达国家都在大力推广和应用。发展智能制造业既符合我国制造业发展的内在要求，也是重塑我国制造业新优势、实现转型升级的必然选择。我们理应将它提升到国家战略的高度。

（一）实现制造业升级的内在要求

一是实现我国制造业高端化的重要路径。长期以来，我国制造业主要集中在中低端环节，产业附加值低。要改变这一境况，实现我国制造业从低端制造向高端制造转变，发展智能制造业是一条重要途径。我国已经将高端装备制造业作为战略性新兴产业加以大力发展，航空航天、高速铁路、新能源等新兴产业的发展，工程机械、冶金、石化、轨道交通等传统产业的转型升级和发展，都需要大量的新型传感技术、仪器仪表和控制系统。发展智能制造业不仅能为推动战略性新兴产业发展提供必要保障，而且还为制造业的高端化提供了现实路径。

二是加速智能制造技术进步的内在要求。工业制成品从发明研制到进入市场销售，都要经历成长、成熟、饱和与衰退几个不同阶段。智能制造技术作为一项新兴技术，也存在技术生命周期问题。为了形成技术生命周期的良性循环，与产品类似，技术也同样需要尽快弥补研究开发成本。因此，只有将智能制造这一新兴技术快速应用并推广，通过规模化生产，尽快收回技术研究开发投入，才能更好地持续推进新一轮技术创新，推动智能制造技术的进步，实现制造业升级。

（二）重塑制造业新优势的现实需要

一是应对"双向挤压"挑战的必须之选。当前，我国已成为全球制造业第一大国，但依然"大而不强"，面临来自发达国家加速重振制造业与发展中国家以更

低生产成本承接国际产业转移的"双向挤压"。一方面，以美国为代表的工业化发达国家凭借其领先的基础研究能力，强大的高新技术和创新优势，加紧从技术、标准、规则和市场等方面设置门槛，使我国制造业向价值链高端升级的难度增大。另一方面，它们又通过加大对包括智能制造技术在内的新兴技术的研发投入，采取先进的制造模式降低生产成本，同时采取税收优惠政策，吸引在华高端制造企业回归本国，使得其对外直接投资实现"逆转移"。越南、印度、墨西哥等广大发展中国家凭借更低生产成本优势，正积极主动地承接国际产业转移，在客观上压缩了我国承接国际产业转移的空间。在此背景下，我国必须加快推进信息技术与制造技术的深度融合，大力推进智能制造技术研发及其产业化水平，以应对传统低成本优势削弱所带来的挑战。

二是加快我国智能制造技术产业化的客观需要。20世纪80年代末，我国将"智能模拟"列入国家科技发展规划的主要课题，至今已取得一大批智能制造技术的基础研究成果和先进制造技术。以新型传感器、智能控制系统、工业机器人、自动化成套生产线为代表的智能制造装备产业体系初步形成，一批具有自主知识产权的重大智能制造装备实现突破。

尽管我国智能制造技术已取得长足进步，但其产业化水平依然较低，高端智能制造装备及核心零部件仍然严重依赖进口，产业化还主要局限于智能制造装备领域。这种客观现实也要求进一步加大智能制造技术在高端制造装备领域的产业化，并扩展到智能制造服务业。

三是破解能源、资源和环境约束，成为实现节能减排目标的有力手段。为破解制造业发展面临的能源资源紧张及环境失衡这一现实难题，我国迫切需要发展智能制造业，以节约社会资源、能源。2009年，国务院确定了2020年我国控制温室气体排放的行动目标：到2020年，我国单位国内生产总值二氧化碳排放要比2005年下降40%—45%。而要实现这一目标并解决我国制造业当前存在的问题，也迫切需要智能制造技术和装备。另外，发展智能制造业如果应用更节能环保的先进装备和智能优化技术，将有助于从根本上解决我国生产制造过程中存在的节能减排问题。

（三）拓宽产业施政空间的重要抓手

我国已编制完成《智能制造装备产业"十二五"发展规划》，并于2011年设立了"智能制造装备创新发展专项"，今年3月，我国又出台了《智能制造科技发展"十二五"专项规划》。分析我国已出台的促进智能制造业发展的规划和政策，不难发现，目前的重点主要还是放在智能制造技术及智能制造装备产业发展方面，而智能制造业将智能制造技术贯穿于产品设计、生产、管理和服务的制造活动全过程，不仅包括智能制造装备产业，也包括智能制造服务业。因此，要促进智能制造业的发展，就必须在智能制造技术、智能制造装备产业、智能制造服务业等诸多领域，进行科学规划并予以政策扶持。

本文作者：赛迪智库装备工业研究所　左世全

如何健全我国工业经济和金融良性互动发展机制

【内容提要】当前我国工业经济与金融发展不相协调的情况较为突出，已经引起了中央的高度重视。胡锦涛同志指示，需"健全工业经济和金融良性互动发展机制"。经过认真研究，赛迪智库工业经济研究所认为，当前我国工业与金融不相协调的主要表现是：从总量上看，我国金融体系形成的固有发展模式制约着工业转型升级；从结构上看，我国金融结构失衡制约工业转型升级。造成上述现象的体制机制原因是，利率市场化改革仍需稳步推进，汇率形成机制亟待完善。为了健全我国工业经济和金融良性互动发展机制，赛迪智库工业经济研究所提出两点建议，即立足当前，满足工业转型升级提出的金融新需求；放眼长远，营造有利于工业和金融良性互动的政策环境。

【关键词】工业　金融　互动机制

2012 年 5 月 28 日，胡锦涛同志在主持中央政治局第三十三次集体学习时提出，为了实现我国从工业大国向工业强国转变，需"健全工业经济和金融良性互动发展机制"。那么，当前我国工业与金融不相协调的主要表现何在？导致工业与金融不相协调的体制机制原因是什么？如何健全我国工业与金融良性互动发展机制？这些问题值得我们深入研究。

一、当前我国工业与金融不相协调的主要表现

从总体看，当前我国工业经济与金融发展之间，由于各自改革的进度不同，发展的战略方向不完全一致，尚未形成良性互动机制。

（一）从总量看，我国金融体系已经形成的固有发展模式制约着工业转型升级

长期以来，在政府主导、集中力量办大事的发展模式下，形成了大银行主导的间接融资机制，偏好于资本密集型工业经济的发展，形成了以抵押担保物为防

范风险主要手段的银行信贷文化，金融创新不足。在现有金融政策环境下，资金资源过多地流向国有大型企业和基础设施，而新兴产业、高科技产业和生产性服务业由于缺少抵押品则很难获得金融机构的资金支持。

2011 年末，尽管我国商业银行的贷款余额是 1978 年的 290 倍、M2 余额高达 85.16 亿元，为 1978 年的 957 倍，M2/GDP 已经超过 180%，但现有正规金融体系仍不能满足工业企业的正常资金需求，特别是中小企业融资难、融资贵现象尤其突出。另外，目前我国外汇储备虽然已超过 3.3 万亿美元，但我国工业企业及金融机构海外资产运用能力的薄弱使得该问题更加严重。

（二）从结构上看，金融结构失衡制约工业转型升级

我国金融结构失衡最突出的表现是高度依赖间接融资体系，直接融资比重过低。2012 年以来，社会融资总规模中贷款及承兑票据超过 80%，只有不足 20% 来自股票和债券融资。

一是商业银行体系金融创新不足制约工业发展。其一，市场集中度过高。以 2011 年贷款、存款、资产三个方面数据计算银行集中度的指标，分别为 60.6%、66.2% 和 63.96%。这表明我国银行体系属于高集中的寡占型垄断市场，导致金融市场效率不高。其二，商业银行体系将储蓄转化为投资的比率偏低，并且过多资金进入资产市场挤占了工业融资需求。2011 年有 32% 的资金没有贷放出去而游离于实体经济之外，这表明储蓄被转化为投资的比率不足 70%。此外，2000 年后以房地产和证券业为代表的虚拟经济的发展，使商业银行部分贷款流入虚拟经济领域而未进入实体经济领域。其三，国有银行仍然主要面向国有企业，使占工业总产值比重不足 1/3 的国有企业所获得的贷款一直占总贷款的 80% 以上，而非国有经济获得的信贷比重一直很低，金融资源错配现象严重。

二是多层次资本市场尚未建立制约我国工业发展。其一，中小企业上市公司所占比重仍然偏低。中小企业能够通过公司债和外部股权融资等直接融资占比不到 1%。其二，资本市场对新兴产业的支持力度还远远不够。从我国目前资本市场的设置来看，高风险、成长中的企业难以在资本市场上筹集到资金。中小企业板和创业板虽已成为培育和扶持新兴产业的重要平台，但尚无法满足新兴产业巨大的潜在融资需求。其三，退出机制缺失使工业企业不能实现优胜劣汰。我国上市公司实质上处于"有进无退"的状态。

三是债券市场发展滞后制约工业发展。其一，公司债券市场发展滞后。2011

年，我国公司债券市场的规模仅相当于股票市场的27%，远低于发达国家（日本179%、韩国136%），严重制约了债券市场服务工业发展功能的充分发挥。其二，企业债券融资规模偏小。从结构来看，央票的发行规模最大，占比达到49.04%；其次是国债和金融债，两者分别为22.04%和16.58%；与企业信用相关的债券品种（包括企业债、短期融资券、中期票据）总比重仅为10.25%。其三，多头监管、审批繁琐影响融资效率。以企业债券的发行为例，需经历国务院额度审批、国家发改委项目审批和发行审批、央行利率审批、中国证监会承销资格审批、中国证监会和交易所（或中央国债登记公司）上市审批，从申请发行到上市短则一年，长则三到五年。漫长的发债周期无法保证项目本身的投资计划和与之对应的盈利预测。

二、我国工业与金融不相协调的体制机制原因

（一）利率市场化改革仍需稳步推进

目前，我国金融市场的利率市场化改革取得了一定进展，但与成熟国家相比仍差距较远。利率尚未市场化影响了央行对整个利率体系的影响效率，削弱了货币政策对工业的宏观调控效果，客观上扭曲了工业与金融协调的利益机制。

一是工业发展的多样化金融需求得不到满足。大型国有银行分支机构多、基础设施健全，在吸引存款上有很大的优势，又由于贷款利率的管制以及中国直接资本市场不发达，致使银行可以利用大量的存款进行贷款，很容易地赚取存贷款利差收益，对于金融创新、改善服务缺乏热情。

二是社会利润分配极不利于工业企业。保护性利差在给银行体系带来丰厚利润的同时，也增大了工业企业的运行成本，过高的利息成本侵蚀了企业的经营成果。2000—2011年，企业息税前利润中年均有15.49%被财务费用侵蚀。

（二）汇率形成机制亟待完善

汇率政策对一国产业结构有巨大影响。目前我国汇率政策对工业发展的消极作用不可低估。

一是现行汇率政策在一定意义上具有补贴政策的性质，导致我国工业经济粗放型外延式增长，降低了企业自主创新能力。长期以来，我国为了顺利实施出口导向政策，出台了很多倾斜政策，其中包括稳定汇率的强制结售汇制度等，使得出口一直持续强劲增长。在多年保持经常项目和资本项目双顺差的同时，也使得

过多技术含量不高的劳动密集型加工企业生存了下来。

二是现行汇率政策使我国工业形成了对外部经济较强的依赖性，从而降低了我国工业抗击外部经济风险的能力。这种依赖性在我国加入 WTO 并逐步开放金融市场后更加明显。出口企业为了争夺外部市场进行的过度价格战，既是对国家资源和利益是一种浪费，也容易招致出口竞争国家和逆差国家的无端指责。

三、健全我国工业经济和金融良性互动发展机制的思考

（一）立足当前，满足工业转型升级提出的金融新需求

根据《工业转型升级规划（2011—2015 年）》，工业转型升级的金融需求包括"三大方向、八个重点领域"。当前需要对支持上述重点领域的现有金融政策进行全面梳理，并提出这些金融政策具体的改进方向，促进满足工业转型升级的金融需求。其中的重点如下：

一是推动战略性新兴产业发展。为鼓励战略性新兴产业的工业企业实施技术创新，应落实差别化利率政策，对企业给予低利率的信贷支持。对处于成熟期的战略性新兴产业，应制定战略性新兴产业方面的信贷倾斜政策。要设立战略性新兴产业扶持基金，主要用于支持战略性新兴产业载体企业的技术创新。要充分利用资本市场支持战略性新兴产业发展，推动修正与完善现行主板市场的上市标准，建立一套适合处于成熟期的战略性新兴产业规模与收益特征的企业信用评级标准，使满足信用等级标准的企业能够获得发债融资机会。

二是促进技术改造。要充分发挥银行贷款的主渠道作用，尝试建立科学的银企对接模式运作机制。提高财政资金投放的针对性。探索完善创业投资与技术改造相结合的融资模式，引导社会资金包括民间资金参与企业技术改造。探索通过融资租赁方式推动技术改造工作。

三是支持中小企业发展。要增加金融供给为小微企业发展提供更多的资金支持。大力发展城市商业银行；将经营状况良好的小贷公司改制为社区银行；规范民间借贷。继续推动大型商业银行和股份制商业银行改进小企业金融服务。要继续发挥国开行在支持中小企业融资方面的作用，建立国开行与中小型银行的批发—零售机制，将部分资金批发给中小银行和小贷公司，使后者在一定程度上成为专业贷款零售商，充分发挥其熟悉当地情况、经营机制灵活的优势，提高资金的使用效率。

四是推动工业企业"走出去"。要积极、稳妥地推进资本账户开放，深化外汇管理改革。完善人民币境外投资的法规体系，充实和完善《境外投资管理办法》《境内机构境外直接投资外汇管理规定》的相关内容。进一步加快中资金融机构的国际化经营，支持工业企业走出去。

（二）放眼长远，营造有利于工业和金融良性互动的政策环境

健全工业经济和金融良性互动发展机制是一项系统工程，既需要金融部门的积极配合，也需要工业部门的不断努力。目前从我国经济长远和全局的发展角度考虑，有必要进一步完善产业政策，实现由选择性产业政策向功能性产业政策转变，为营造有利于工业和金融良性互动的政策环境做出积极努力。

一是将现有的产业类别优惠转化为功能类别支持政策。修改现行产业政策中有关支持特定行业和企业的规定，要将政策支持的重点转向产业共性的发展需求，如增加对基础研究、基础设施、职业教育的直接投入，为企业的研发、管理、营销、物流业务提供支持等。要对现有各类政策支持手段进行筛选、补充和整合，使之既符合"市场友好"的标准，又能体现扩大政策受益面、保证各类市场主体发展利益平衡的需要。

二是建立健全与功能性支持相配套的公共服务体系。依托现有各类投资促进机构、协会组织和政策性银行的业务渠道，并结合政府的公共信息资源，在全国范围内培育若干个兼具众家之长，能够为企业成长和行业资源整合提供全程配套服务的、类似于台湾工研院的功能性机构。建议由政府与研究机构合作成立应用技术研究中心，为企业提供技术研发服务。

本文作者：赛迪智库工业经济研究所　黄岱

工业企业利润为何持续下滑？

【内容提要】2012 年上半年，我国工业企业利润出现了自 2009 年 11 月份以来的首次负增长。相比企业主营业务收入仍在正增长、整体经济增速放缓并不特别严重的情况，工业企业利润的持续下滑已成为当前经济中值得高度关注的问题。赛迪智库认为，工业企业利润下滑原因不仅可以从财务的角度解析，更应在深层次挖掘：劳动力供给结构变化导致要素成本上升从而侵蚀企业利润；产能过剩导致我国工业利润增长乏力；贸易条件恶化导致企业利润空间受到挤压。因此，赛迪智库提出三点建议，即当前应着力解决工业增长速度、质量和效益之间的平衡问题；高度重视"外资、外需、外汇"三外路线积累的风险；改善金融服务实体经济的总体能力，防止产业空心化。

【关键词】工业企业　利润下降　原因分析

在经济增速放缓的大环境下，今年以来，我国工业企业利润出现连续下降。1—6 月，全国规模以上工业企业实现利润 23117 亿元，同比下降 2.2%，而去年同期实现了 28.7% 的同比增长。6 月份利润同比下降 1.7%，跌幅收窄但仍为负增长。相比企业主营业务收入仍在正增长、整体经济增速放缓并不特别严重的情况，工业企业利润的持续下滑已成为当前经济中值得高度关注的问题。

那么，当前工业企业利润持续下滑究竟呈现出了怎样的特征？到底是什么原因导致我国工业企业利润出现如此大幅度的下滑？工业企业经营绩效是否将继续恶化？我们有无对策来防止工业企业利润持续下滑？关注工业企业盈利能力变化的原因并探究相应对策，对于提升我国工业的整体竞争力、促进我国经济的可持续发展，都具有重要的意义。

一、工业企业利润持续下滑的财务角度解析

如果将规模以上工业企业当作一个企业来看待，那么，我们可以先从财务报

表的视角来解析影响利润的各种因素及其特征。

（一）工业企业利润下滑的成本收入角度解析

一般来讲,企业利润的计算公式为:企业利润＝主营业务收入－主营业务成本－主营业务税金及附加－三项费用。其中, 三项费用包括销售费用、管理费用和财务费用。今年上半年, 影响工业企业利润的各种因素主要呈现如下特点：

一是主营业务收入增速持续下滑。自 2011 年以来, 我国工业企业主营业务收入增速总体呈下滑态势, 今年以来降幅明显扩大。1—6 月工业企业主营业务收入累计同比增速仅为 11.3%, 比 1—5 月下降 0.6 个百分点, 比去年同期下降 18.4 个百分点。与工业增加值和工业用电量的增速相比, 工业企业主营业务收入增速的下降幅度更大。

二是主营业务成本明显上涨。2012 年 1—6 月, 工业企业每百元主营业务收入中的成本为 85.25 元, 比 1—5 月上涨 0.04 元, 比去年同期上涨 0.46 元。拉长周期看, 从 2000 年至今, 工业企业每百元主营业务收入中的成本上升接近 4 元, 上升幅度近 5%。这表明, 近年来生产要素成本的上涨已对我国工业企业的盈利能力构成巨大的挑战, 尤其是在遭遇经济下行、企业收入增速大幅放缓的情况下, 其压力就更加明显。

三是主营业务税金及附加增速高于同期主营业务收入增速。2011 年我国工业企业主营业务税金及附加增速始终维持高位, 年中累计同比增速曾一度高达 33.6%。自进入 2012 年以来, 虽然主营业务税金及附加累计同比增速明显下降, 但仍高于同期主营业务收入增速。2012 年 1—4 月, 同比增长 13.2%, 高于同期主营业务收入增速 0.5 个百分点。主营业务税金及附加增速高于同期主营业务收入增速, 表明税收并未起到稳定器的作用, 反而在经济下行时对企业经营构成压力, 从而影响到了工业企业的利润。

四是三项费用中财务费用增速维持高位。自 2011 年 9 月份以来, 三项费用中财务费用始终保持 30% 以上的高速增长,且无明显下降态势。从图 1 中可以看到, 2012 年 1—5 月, 财务费用同比增长 35.5%, 比 1—4 月上升 1 个百分点, 比去年同期大幅上升 8.5 个百分点, 而销售费用和管理费用自去年 11 月份以来就一直呈下降趋势。我国工业企业财务费用高速上涨, 其背后原因既有借贷成本走高的压力, 也是前几年工业企业借贷规模、杠杆率大幅提升的表现和结果。

图 1　2011—2012 年 6 月规模以上工业企业主要指标

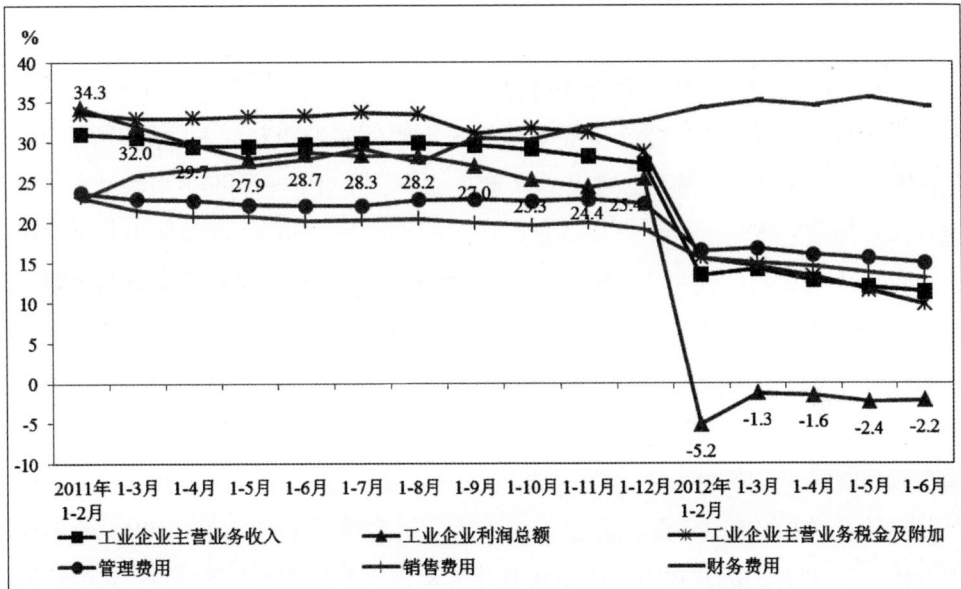

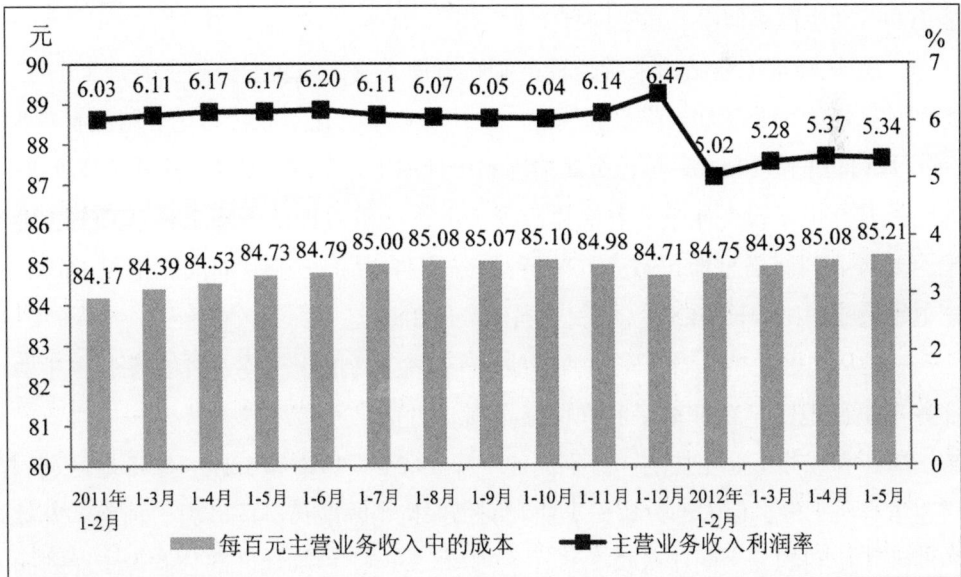

数据来源：国家统计局。

综合来看，如果暂不考虑其它成本费用支出对企业利润的影响，根据我们构建的计量模型得到的分析结果来看，主营业务成本每增加 1%，将导致企业利润下降 17%；管理费用、销售费用、财务费用、主营业务税金及附加每增加 1%，将导致企业利润分别下降0.7%、0.3%、0.8%和0.3%。可见，财务费用对利润的影响处在所有税费之首。

（二）工业企业利润下滑的结构特征

以上是把全国规模以上工业企业作为一个整体来剖析利润下滑的影响因素。从所有制、轻重工业、东中西部地区等角度来看，工业企业利润下滑的结构特征主要体现为：

一是从所有制结构来看，私营企业和集体企业表现好于国有企业和外资企业。规模以上工业企业中国有企业和外资企业利润1—6月分别同比下降10.9%和13.4%，而私营企业和集体企业1—6月利润同比分别增长16.5%和10%，股份制企业利润1—6月下降0.4%。就国有企业而言，按财政部公布的数据，今年前六个月利润同比下降11.6%，这是2008年末全球金融危机爆发以来最疲弱的表现。目前国有及国有控股企业资产占比40%左右，其利润占比为30%；而私营企业资产占比20%左右，但其利润占比却也接近30%。这表明民营企业应对市场变化的能力和劳动生产率似乎要强于国有企业。

二是从轻重工业结构来看，轻工业好于重工业，利润下降的主要是重工业，特别是高耗能行业利润下降最为明显。在重工业中，化学原料和化学制品制造业1—6月利润下降22.5%，黑色金属冶炼和压延加工业下降56.5%。此外，计算机、通信和其它电子设备制造业利润也出现下滑，1—6月同比下降2.8%。而轻工业中主要行业利润仍呈增长态势，1—6月，农副食品加工业利润同比增长16.5%，家电制造业同比增长14.5%，纺织业同比增长2.8%。

三是从地区结构来看，东中西部地区工业企业利润增速分化十分明显，中西部好于东部地区。东部地区利润明显下滑，目前已呈负增长态势。1—5月，广东、浙江和江苏工业企业利润分别同比下降19.2%、19%和5.2%。中部地区利润增速虽有所下滑，但大部分省份工业利润仍保持小幅增长。1—5月，河南、安徽和湖南工业利润分别同比增长7.3%、1.7%和3.9%。西部地区部分省份工业利润保持增长。1—5月，四川和陕西工业利润分别同比增长17.7%和8.7%。与此同时，大部分西部地区工业利润出现下降，其中青海、甘肃、宁夏、西藏、云南、重庆和广西工业利润均出现大幅下降，降幅均超过20%，1—5月分别同比下降33.8%、27.8%、27.7%、25.4%、22.4%、20.5%和20.3%。

从2012年6月末规模以上工业企业应收账款和产成品资金的同比增速（分别

为 16.4% 和 12.9%）仍处于向上趋势来看，未来一段时间工业企业利润仍将延续下滑趋势。

二、导致工业企业利润下滑的深层次原因分析

当前工业企业利润的下滑，是外需和投资增速下降等周期性原因和要素成本上升等结构性因素叠加影响的结果。在外需和投资仍然保持较高的正增长的情况下，工业企业增收不增利，出现利润负增长，其深层次原因主要是要素成本的上升、产能过剩凸显以及贸易条件的恶化等结构性问题。

（一）劳动力成本上升侵蚀企业利润

统计数据显示，2011 年我国劳动人口占比为 74.4%，出现了自 2002 年以来的首次下降，比 2010 年下降 0.1 个百分点。劳动人口占比的下降，对劳动力成本的上行影响显著。2000—2010 年，我国城镇单位就业人员平均工资由 9371 元上涨到 26539 元，名义上涨 2.9 倍，实际上涨 2.2 倍。其中制造业工资由 8750 元上涨到 30916 元，名义上涨 2.5 倍。在实际工资保持较大涨幅的同时，劳动生产率的提高却相对较缓慢。据有关部门测算，在 2006—2010 年间，工业企业职工实际工资平均每年增长 11.9%，而在这期间的劳动生产率平均每年仅增长 6.4%。在用工成本上涨快于劳动生产率增长的压力下，未来一段时间，我国工业企业利润下滑仍将不可避免。

（二）产能过剩导致工业利润增长乏力

目前，我国钢铁业、汽车业、纺织业等传统产业以及风电、太阳能等新兴产业都出现了产能过剩问题。据测算，2011 年汽车行业产能过剩约为 13%，水泥行业约为 27%，不锈钢约为 38.7%，2010 年电解铝产能过剩约为 32.2%。再以钢铁行业为例，2010 年末我国炼钢产能 8 亿吨，2011 年新投产炼钢产能约 8000 万吨，考虑到淘汰落后产能约 3000 万吨，2011 年末粗钢产能在 8.5 亿吨左右，但 2011 年我国粗钢产量为 6.8 亿吨，两者简单相比的话，钢铁行业产能过剩 1.7 亿吨。钢铁行业的产能过剩对我国钢铁业的可持续发展构成严峻挑战。据中国钢铁协会统计，在纳入钢协统计的大中型钢铁企业中，1—6 月，大中型钢铁企业销售收入 17957.5 亿元，同比下降 3.34%；利税 392.58 亿元，同比下降 59.8%；利润 23.85 亿元，同比下降 95.81%。行业亏损面扩大至 33.75%，销售利润率为 0.13%。其中，6 月份利润为—1.18 亿元，月度销售利润率为 –0.04%。产能过剩已经成为导致我

国工业利润增长乏力的关键性因素。

（三）贸易条件恶化挤压企业利润空间

改革开放以来，我国主动承接国际产业转移，并以加工贸易为主的方式参与国际分工与贸易，这种贸易模式也决定了我国的进口以原材料和中间品为主，而出口则以工业制成品为主。在我国对能源以及工业原材料的进口依存度日益加大的情况下，由于大宗商品市场的卖方属于寡头垄断，从而导致国际市场大宗商品价格大幅上涨,也大大增加了我国工业企业的成本。比如,自2000年以来,原油、铜、铁矿石三类产品的国际市场价格涨幅都在500%—700%之间。中国作为原材料价格上涨的主要承担者，贸易福利受损，企业利润空间受到极大挤压。世界银行的相关数据显示，上世纪90年代中后期以来，我国贸易条件指数在波动中呈现显著下降趋势，除2009年外，2001—2010年我国贸易条件指数持续下降，累计降幅23%，年均下降约2个百分点。仅2008年，我国因贸易条件恶化就导致超过3个百分点的国民总收入损失，新世纪的前十年累计损失了近9个百分点的国民总收入。

图2　2000—2011年主要大宗商品进口平均单价和净易货贸易条件指数

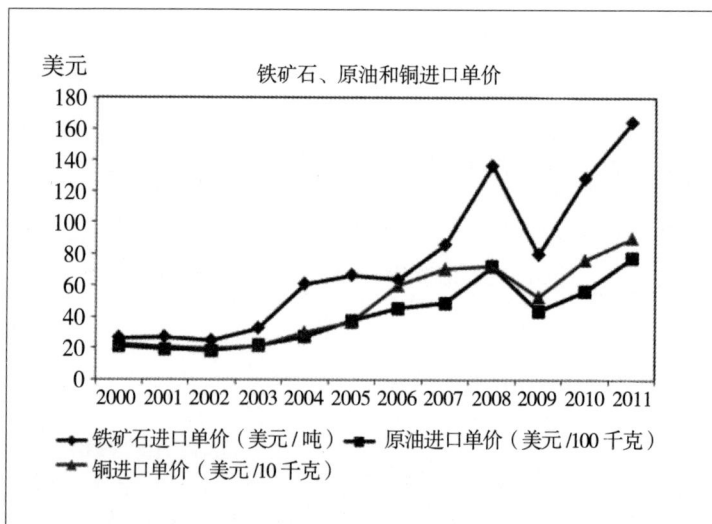

净易货贸易条件指数（2000 年 =100）

数据来源：海关总署、世界银行。

三、对工业企业利润持续下滑的几点思考

工业企业利润与工业发展的质量和效益息息相关，更能够真实反映工业经济运行状况，同时也关系到工业企业未来的可持续发展能力，是企业发展的根基。当前工业企业利润下降，是我国经济发展不平衡、不协调、不可持续的表现和后果。在国内外经济环境趋于复杂的情况下，我国工业企业仍将面临高成本难消化、贸易壁垒加剧、产能过剩严重等问题的严峻挑战。因此，应尽早寻找对策，防止我国工业企业受"成本和收入"两头挤压导致出现无利润增长的状态。

（一）着力解决工业增长速度、质量和效益之间的平衡问题

目前，国有企业利润下降是所有企业类型中最严重的，这与其前期尤其是全球金融危机以来的过度扩张有关。在四万亿刺激计划的带动下，一些国企尤其是央企在这几年快速扩张，但资产质量和效益则出现明显恶化的迹象。目前，央企总资产共 27 万亿元，净资产 10.5 万亿元，但税后的资产回报率仅为 3.2%，低于银行存款利率。今年二季度，国资委监管的 117 家中央企业实现营业收入 5.6 万亿元，同比增长 6%；同期净利润 2056 亿元，同比下降 17.2%，利润下行趋势较一季度加速。2009 年四季度至 2011 年二季度,央企的平均净利润率保持在 4%--6% 的水平，而今年二季度央企的净利润率已下降到 3.7%。在钢铁、电信、汽车等多个行业中，我国企业尤其是央企的利润率普遍低于国外同行业水平。

目前在需求回落、要素成本趋势性上升的大背景下，可以说我国工业企业盈利环境正在发生决定性变化。在产能过剩问题凸显的背景下，未来我国工业企业再继续通过扩规模的方式来保持利润增长已经不可持续。如何改变我国经济增长

速度快、规模大但质量差、效益低的局面，寻求工业增长速度、质量和效益之间的平衡，是当前必须着力解决的重要问题。

（二）对"外资、外需、外汇"三外路线积累的风险要高度重视

改革开放以来，我国采取出口鼓励等各种措施提升本国工业制成品在全球市场上的竞争力，通过吸引外资在中国发展出口加工工业，通过强制结汇将外资本金和出口收入中的绝大多数外汇资产集中到国家手中从而积累了巨大的外汇资产。通过这些政策和制度安排形成的"外资、外需、外汇"三外路线，为中国农村劳动力向城市和工业转移提供了巨大的空间，加速了中国的工业化进程。

但是，在资源环境约束趋紧、国家外汇储备高达3万多亿元的情况下，三外路线带来的副作用日益严重，不仅使我们对外部资本和市场过度依赖，同时对本土工业和资本形成挤压，也加剧了中国经济体内部不同地区、部门和阶层之间的分配失衡，导致我们对全球市场体系中央的实质性纳贡。今年以来，外资企业利润的大幅下滑，既受我国要素成本上升、出口减速的影响，也不排除是前期为博取人民币升值利益的热钱通过关联交易、转移定价而成规模撤出导致的结果。当前外资制造业回归母国和产业外流到我国周边低成本国家的现象日益增多，三外路线积累的风险可能会进入爆发期，我们应尽早做好防范。

（三）改善金融服务实体经济的总体能力，防止产业空心化

近年来，我国银行业依托行业垄断和利差政策赚取了大量利润，但实体经济发展得不到有效的资金支持，融资难、融资贵的问题日益突出。自去年初以来，工业企业财务费用增速几乎呈直线上升趋势，目前累计增速已升至35.5%。与此同时，工业企业主营业务收入利润率在今年初出现了较大幅度的下滑，从去年末的6.47%下降至5.02%，与去年同期相比明显降低。

实体经济是支撑我国经济发展的重要力量，是实现工业转型升级的主战场，虚拟经济过度背离实体经济会产生较大风险。因此，应进一步促进金融体系的市场化改革，建立多层次的金融市场服务体系，加大市场机制配置资金的作用，改善金融配置资源的效率，健全金融监管机制，全面提升金融服务实体经济的能力。应着力解决资金和资源向实体经济、向创新和产业升级、向中小企业流动的问题，防止产业空心化，要加快经济结构、产业结构调整步伐以及技术升级改造速度，为工业企业寻求新的市场需求和利润空间。

本文作者：赛迪智库工业经济研究所　刘春长　徐光瑞

应高度警惕重化工业企业的财务风险问题

【内容提要】近年来，在外需萎缩与内需收缩相互交织的大环境下，我国重化工业产能过剩的压力日益凸显，钢铁、汽车、建材、化工等重化工业企业利润大幅下滑。赛迪智库工业经济研究所对 A 股上市公司中的 816 家重化工业企业的财务数据分析表明，从资产负债率、利润率、现金流等指标来看，我国重化工业企业的财务风险正在加大。因此，提出四条具体的应对策略，为的是对我国重化工业企业的财务风险提高警惕，及早采取措施防范重化工业企业可能出现的破产潮，防止出现一批所谓的"工业废墟"现象。

【关键词】重化工业　财务风险

近期，我国一些大型重化工业企业相继曝出利润大幅下降或巨额亏损问题。纳入我们分析的 A 股市场 816 家上市的重化工业企业的近期财务数据也表明，大部分公司现金流大幅下降，应收账款急剧上升，且利润率快速下降。我们认为，由于自 1999 年开始的我国重化工业加速发展周期已经进入波谷，而且未来一段时间世界经济呈高度不确定性，国内经济下行压力仍然较大，我国重化工业企业潜在的财务风险问题不容忽视，各方面需高度重视，及早采取全面、迅速的防控措施。

一、重化工业企业的财务风险正在加大

我们选取了钢铁、汽车、建材等七类行业 816 家重化工业上市公司作为研究对象，对其 2012 年中报进行了分析[1]。数据表明，作为重化工业企业中经营相对比较优秀、融资相对比较便利的上市公司，其财务状况也出现了明显恶化：

（一）资产负债率过高，且上升趋势明显

2012 年 6 月，816 家上市公司整体资产负债率为 55.75%，较 2011 年底上升 0.69

---

[1]　纳入分析的重化工业上市公司总数为 816 家，各行业家数分别为：钢铁 34 家、石化化工 214 家、建材 64 家、有色 65 家、机械 346 家、煤炭 34 家、汽车 23 家。资料来源为 Wind 数据库。

个百分点；负债总额为 4.33 万亿，同比增长 16.56%。钢铁、有色、机械、建材行业上市公司 2012 年 6 月资产负债率分别为 64.60%、57.82%、55.18% 和 56.41%。

图1　七大重化行业资产负债率趋势图

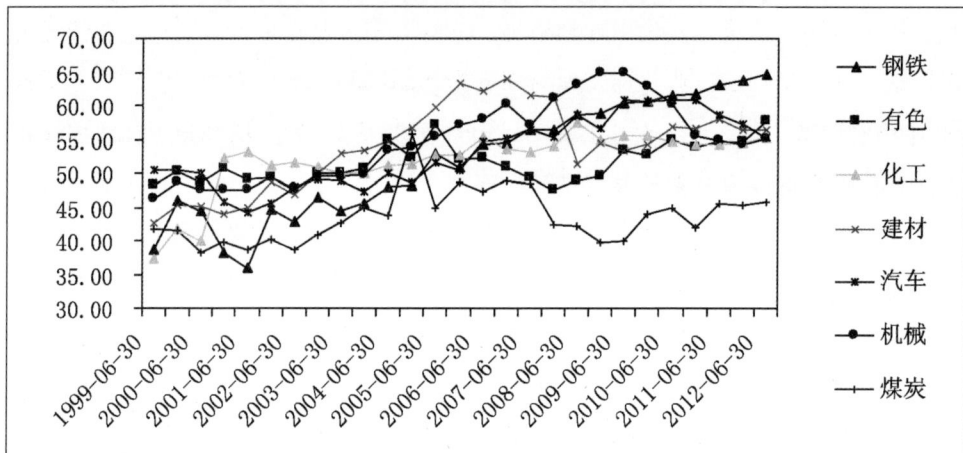

（二）经营绩效滑坡，利润率下降过快

2012 年上半年，重化工业 816 家上市公司共创造营业收入 4.29 万亿，同比增加 6.43%。然而，利润率却比去年同期的 7.71% 下降了 1.5 个百分点，仅为 5.21%。钢铁行业从 2011 年下半年开始进入全行业整体亏损状态，2012 年上半年亏损幅度进一步加大，亏损额达到 44.1 亿元。有色、化工、煤炭行业利润率同比均明显下降，降幅均超过 50%。

（三）现金流大幅减少，偿债能力大幅下降

816 家重化工业上市公司现金流净额总量为 1557 万亿，与去年同期相比减少了 10.03%，偿债能力系数（现金流净额 / 总负债，下同）由 0.043 下降到了 0.034。自 2005 年以来，各行业偿债能力均不断减弱，尤其在近两年各行业的整体偿债能力系数都逼近历史最低点。其中下降最快的是钢铁行业，从 2003 年的 0.358 下降到 2011 年的 0.0872；机械行业在最近一年半内现金流净额一直为负值，2012 年上半年全行业现金流净额为负 181 亿。

（四）亏损额上升，亏损面明显扩大

2012 年上半年，816 家重化工行业上市公司亏损总数达到 160 家，比上年同期增加了 81 家，其中钢铁、化工、机械、建材亏损面扩大较为明显，亏损公司总数均扩大一倍左右。亏损总额达到 297.44 亿，比上年同期增加了 5.8 倍。钢铁、机械、化工、汽车、有色五个行业亏损金额均扩大了四倍以上。

二、重化工业企业财务风险问题的成因

新世纪以来中国经济的新一轮高速增长，是以重化工业为中心而展开的，工业增长明显转向以重工业为主导的格局。一些大型企业在重工业及化工业领域大幅扩张，并享受到了行业快速发展与周期繁荣的红利。但从近两年轻重工业增速对比来看[1]，这一波重化工业红利的周期正走向波谷，高速度发展阶段已经终结。

导致目前重化工业企业财务风险加大的原因，是与重化工业高速度发展阶段的粗放型发展模式息息相关的：

（一）重化工业固定资产投资规模过大、扩张过快，投资效率整体下降

从投资占比看，自 2003 年以来，重工业投资在全部工业投资中占比呈现绝对优势，始终保持在 80% 以上，2011 年高达 80.2%。从增加值占比来看，重化工业所占的比重从 2000 年的 59.9% 跃升至 2010 年的 71.4%。工业增长投资驱动的特征十分明显。

图 2　1952—2010 年工业总产值中轻重工业占比

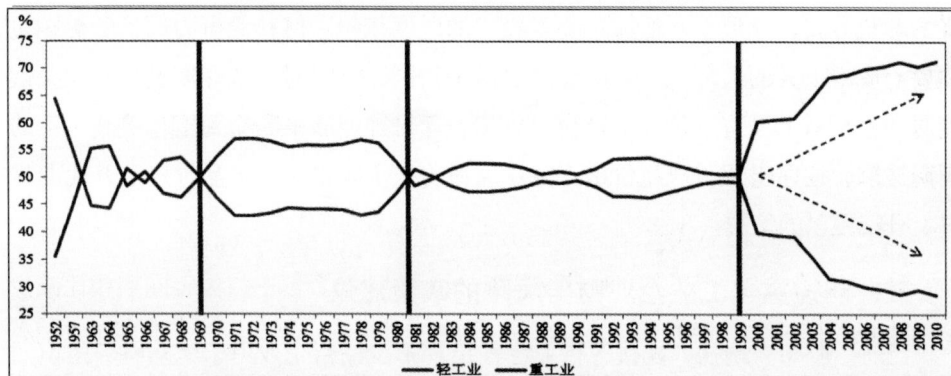

重化工业固定资产投资规模过大、扩张过快的最直接后果是轻重工业结构的失衡，以及工业投资效率的大幅降低。从工业固定资产投资效果系数来看，增量资本产出率（ICOR）由 1997 年 2—3 倍上升到了 2010 年、2011 年的 5—6 倍。2011 年每 1 亿元的工业固定资产投资，工业增加值仅提高了 0.216 亿元。无论是从投资规模还是从投资效率来看，"过度投资"的驱动模式已经难以持续。

---

[1]　2011 年，规模以上重工业增加值同比增长 14.3%，仅高于工业整体和轻工业增速 0.4 个和 1.3 个百分点。2012 年以来，重工业累计同比增速持续下降，且一度出现轻重工业增速倒挂的现象。2012 年 7 月份，重工业累计同比增速已降至 9.9%，低于轻工业 0.9 个百分点。

（二）重化工业企业投资过度依赖负债，财务成本急速攀升

在利润有限的情况下，企业必须依靠外部融资来支撑高速增长的固定资产投资，从而导致上市公司负债杠杆变大，债务风险增加。2012年上半年，重化工业816家上市公司营业成本总计4.10万亿，比去年同期上升9.6%。其中，财务成本为511亿，比去年同期增长55.35%。从行业来看，增长最快的是煤炭和机械行业，财务费用分别同比增长111.35%和93.77%。

（三）产能过剩严重，集中度过低，重化工业企业缺乏定价能力

产能过剩是一些重化行业身陷困境的"症结"所在。目前，不仅钢铁、有色、水泥、船舶等行业陷入产能严重过剩的困难局面，汽车、光伏、风电等行业也面临产能相对于需求扩张过快的巨大挑战。例如，钢铁行业2012年产能可能突破10亿吨，而据估算，今年全年粗钢产量约7.2亿吨，产能利用率仅为70%。产能过剩加上行业集中度过底，必然带来产品价格走低，进而降低企业盈利能力，增大债务到期偿还风险。

（四）过度依赖低成本要素投入，在要素成本攀升的情况下竞争力日益降低

这些年我国重化工业的快速增长，是一种非常依赖低成本要素投入和规模扩张的增长方式，导致了对低成本要素投入的过度依赖。但其竞争力低下的弊端也在要素成本上升的大环境下暴露无遗。由于我国原材料对外依存度过高，在关键能源和原材料上没有定价权，钢材、化工、建材等产品不断受到国际垄断巨头的利润攫取，往往出现"产品价格下降比原料价格下降得快，产品价格上升比原材料上升得慢"的情况。

三、防控重化工业企业财务风险的政策建议

当前，船舶、钢铁、光伏等行业已经出现不少民营企业由于深陷财务困境而纷纷倒闭的情况。从宏观经济形势来看，在我国经济下行压力仍然较大、市场需求难以大幅回升的情况下，由于工业企业盈利能力持续下降，同时负债率持续上升，一些重化行业的大型企业高负债高投资累积的债务风险不容忽视，也很有可能陷入资产负债表危机，导致银行不良资产增加和金融系统风险积累。从工业大国重化工业化的国际经验来看，美国、前苏联、德国等国在重化工业高速发展阶段过后，都出现了重化工业基地走向衰落、大量工厂倒闭的现象，即所谓的"工业废墟"现象。因此，我们应对这一问题保持高度警惕，并及早采取措施，防控

因财务问题恶化而引发重化工业企业大量倒闭的危机。

（一）遵循市场化机制和商业性原则，分类处理重化工业企业的财务风险问题

一是对于债务问题过重、产品竞争力不强的亏损企业，要建立完善的企业退出机制，鼓励申请破产。二是对于产品竞争力一般、财务负担重的企业，鼓励通过兼并重组从而提高产业集中度。三是对于产品市场前景好、由于资本金不足引起财务风险问题的企业，可适当放宽企业发行债券、股票等直接融资方式以弱化其对银行贷款的依赖，鼓励金融产品创新，形成与实体经济融资需求相适应的金融供给结构。

（二）通过政策扶持加快我国重化工业"走出去"步伐

为缓解"产能过剩"压力，要出台鼓励政策，利用产能输出带动我国技术和设备出口，最终建立母国与投资国之间的垂直分工体系。同时通过大规模海外投资带动我国本土逐渐转向生产附加值更高的工业品，推动工业结构转型升级。

（三）坚持工业固定资产重置投资优先的原则，淘汰落后产能与提高技术创新能力并重

为改变我国工业投资中以上项目、铺摊子为特征的粗放型的增长方式，在传统行业尤其是重化行业必须加快淘汰落后产能，加大技术改造力度，促进企业兼并重组，加快集约式发展步伐。同时，要提高资源利用效率和环境保护标准，提高市场准入门槛，推动重化工业的技术革新和技术的进步，鼓励企业大力投入研发和创新来提升产品附加值，增强我国重化工业整体的国际定价能力。

（四）从源头入手，改变地方政府、国有企业预算软约束的现状

一是积极推进税收制度改革，消除地方政府直接上项目、搞投资的基础动因。二是积极推进资源价格改革，完善资源性产品价格形成机制，逐步弱化地方政府动用资源上投资项目的能力，形成合理的工业投资激励机制，构建一个有效的工业投资管理体制。

本文作者：赛迪智库工业经济研究所　刘春长　潘啸松　徐光瑞

工业企业技术创新激励政策应落到实处

【内容提要】要推动企业成为技术创新主体，最重要的是营造一个有利于企业技术创新的政策环境。企业研发费用加计扣除政策和高新技术企业认定及税收优惠政策均能通过减免企业所得税，直接降低企业研发支出，是能够有效激励企业技术创新的政策手段，但在实施过程中还存在着门槛高、受惠范围小等突出问题。对此，赛迪智库工业科技研究所在对上述两项政策的主要特点和实施情况进行客观评价的基础上，分析了存在的主要问题，并从实践的角度分别给出了针对性强、具有可操作性的措施建议。

【关键词】技术创新　研发费用加计扣除　高新技术企业认定

在当前我国工业经济下行压力加大、工业企业经营利润同比下降的情况下，企业研发费用加计扣除政策和高新技术企业认定及税收优惠政策均能通过减免所得税直接降低企业研发支出，备受企业关注。但目前这两项政策在落实过程中均存在着门槛高、受惠面小、落实不力等问题，亟需政府相关部门着力解决。

一、政策的主要特点

（一）是落实国家自主创新战略的政策举措

经过多次调整和完善，现行的两项政策都贯彻了中长期科技发展规划纲要提出的自主创新战略的精神和要求。加计扣除税收优惠政策通过设定研发活动领域和界定研发费用范围，以税收激励引导企业加大自主创新投入。高技术企业认定及税收优惠政策是促进科技发展的一项产业技术政策，通过对企业研发人员、知识产权等方面规定认定门槛，体现了国家鼓励自主创新的政策导向和新税制优化产业结构的引导功能。

（二）是直接抵减企业研发费用的优惠政策

两项政策以不同形式降低了企业需缴纳的所得税金额，直接抵减了企业研发费用，帮助企业分担了研发风险。对于研发费用加计扣除政策，企业可按照当年实际发生技术开发费用的 150% 在应纳税所得额中进行扣除。对于高新技术企业认定政策，凡经认定的企业，其所得税税率均由原来的 25% 降为 15%。

（三）受惠范围限定在部分产业或部分领域

在加计扣除政策中，将企业从事的研究开发活动限定为《国家重点支持的高新技术领域》和《当前优先发展的高技术产业化重点领域指南（2007 年度）》规定项目。在高新技术企业认定政策中，企业必须在《国家重点支持的高新技术领域》的八类技术领域内才能得到认定。两项政策都明确了惠及的产业和领域范围，突出了国家对高新技术产业发展的鼓励扶持，但忽视了对其它领域内企业技术创新活动的支持。

二、完善企业研发费用加计扣除政策

（一）基本情况

加计扣除政策是一项世界各国广泛使用的以税收激励创新的政策。我国自实施以来，该政策在各地工业企业中引起了高度关注。以上海市为例，2010 年上海市规模以上工业企业的数量有 1.6 万家，研发经费为 274 亿元。当年共有 2476 户企业的 11875 个研发项目享受了优惠，研发费用加计扣除额达到了 137 亿元，占当年研发费用总额的 50%。可以看出，一方面，这项政策在很大程度上为企业分担了研发成本，也激发了企业的研发热情；另一方面，规模以上企业中仅有约 15% 的企业享受了优惠，从而限制了对企业技术创新激励作用的发挥。

（二）存在的主要问题

一是研发项目的认定范围较小，部分地方政府制造了新"门槛"。加计扣除政策规定企业从事的研究开发活动必须属于一定的技术领域，相关费用才可以加计扣除。

加计扣除政策所规定的技术领域主要集中在信息、生物、航空航天、新材料、新能源、节能环保、高技术服务和小部分高技术改造传统产业方面。而我国工业行业门类众多，尤其是传统产业仍然占很大比重，这就意味着众多传统产业中企业开展的研发活动无法得到认定。

在政策执行过程中，部分地方税务机关、科技相关部门对企业研发活动设立了新的"门槛"，只对列入中央或地方政府科技计划中的研发项目加以认定。

二是申请和认定流程不明晰，各环节政府主管部门职责有待完善。加计扣除政策规定企业申请研究开发费加计扣除时，应向主管税务机关报送相关资料，但没有明确加计扣除的申请和认定流程，这给政策在各地的落实带来了具体困难。部分地方政府在实施时出现了不予受理、推诿责任等现象，增加了企业的成本和负担。

例如，地方税务主管部门以无法界定企业申请的项目是研发项目还是普通生产项目为由，或拒绝企业提交的研发费用加计扣除申请，或要求企业提供第三方会计事务所的审计材料，或要求企业提供科技主管部门的证明。

三是研发费用的计核方法要求高，企业难以按要求归集研发费用。加计扣除政策要求企业必须对研发费用实行专账管理，准确归集填写年度可加计扣除的各项研究开发费用实际发生金额。这一规定在实践上对企业申请和兑现研发费用加计扣除造成了直接困难。

实际上，设立专门研发机构的企业数量极少，2010年我国仅有5.9%的规模以上工业企业设立了研发机构。大部分企业中承担研发工作的部门和人员，同时也承担着生产经营任务，研发费用和生产经营费用划分和分开核算有实际困难。同时，企业财务管理以满足日常生产经营核算的需要为主，当一个纳税年度开展多个研发项目时，无法按照不同开发项目分别归集可加计扣除的研究开发费用。

（三）建议

一是加大宣传和服务力度。鉴于研发费用加计扣除优惠政策的实施涉及税务、科技管理等多个部门，且大部分企业对认定工作不熟悉，各地工业和信息化主管部门可借鉴上海市经验，进一步做好政策宣传和服务工作。

要组织各部门联合起来，对企业税务人员开展宣贯和操作细则培训，帮助企业熟悉政策要点；编撰并免费发放政策宣传单页、操作手册及典型案例，帮助企业系统了解操作规范；做好研发项目鉴定的服务工作，帮助企业顺利完成认定手续。

二是扩大研发项目认定范围。由于当前研发项目的认定范围局限性过大，使得很多工业企业尤其是中小企业不能享受到税收减免，各地可借鉴广东、陕西等地的经验，在实践中通过多种手段扩大可认定的研发项目的范围。

学习广东做法，出台地方管理办法，明确研究开发活动只要符合国家和本省的技术政策和产业政策，不属于国家和本省限制和淘汰禁止类的产品、技术、工艺项目,即可享受研发费加计扣除。借鉴陕西经验,在实践中与税务部门达成一致,只要企业研发项目列入当地新产品计划项目（门槛较低），就可认定。

三是明确和优化加计扣除认定程序。当前,在研发费用加计扣除的申请和认定没有统一、固定程序的情况下,建议各地区结合当地实际情况,做好各部门沟通工作,以方便企业为出发点形成明确的所得税加计扣除申请和认定流程,并以地方文件形式加以固定。

学习江苏做法,出台企业研究开发费用税前加计扣除操作规程,对项目确认、项目登记和加计扣除这三个主要环节中企业可采用的处理方式、需报送的资料,各环节主管政府部门的职责给出具体、明确规定。借鉴河北经验,针对问题较突出的研发项目确认环节,出台企业研究开发费用税前加计扣除项目鉴定办法,不同类型项目区别处理。

三、扩大高新技术企业认定范围

（一）基本情况

2000 年,我国出台了《国家高新技术产业开发区高新技术企业认定条件和办法》（国科发火字【2000】324 号）,规定必须是高新技术开发区内的企业,同时企业的高新技术产品属于《高新技术产品目录》的范围,才能得以认定。

2008 年,我国又出台了新的认定办法,并配套编制了《国家重点支持的高新技术领域》,用八类技术领域取代了产品目录,认定原则由终端产品转向技术领域;突破了企业必须在高新开发区内的限制,使此项政策转变为产业政策。新的认定办法支持了一大批优质企业,对自主创新的引导和推动作用日益凸显。在全国工商联发布的 2011 年中国民营企业 500 强名单中,有 240 家企业被认定为高新技术企业,占比近 50%。同时,"高新技术企业认定"在培育企业自主知识产权意识方面也发挥了积极作用。

（二）存在的主要问题

近年来,科技与产业融合发展的趋势愈加凸显,即使在服装、钢铁等传统行业中,高新技术也已深度融入企业的生产、经营和管理中,但由于所属行业的限制,无法申请高新技术企业的认定。比如,运动服装制造商李宁 2010 年投入研发费用 2.5 亿元,占当年销售收入的 2.6%,并拥有 1000 多项技术专利。只因为服装企业不在《国家重点支持的高新技术领域》内,便无法申请高新企业。笼统划定企业的行业范围在当前形势下影响了高新技术企业认定的科学性和客观性，制约了科技和产业发展的融合。

此外，对行业领域的限定导致了高新技术企业认定数量偏低，能享受所得税优惠的企业更少。在北京、上海和广东等科技水平较高地区，高新技术企业的数量仅占企业总量的 2%、0.8% 和 0.6%，其它地区更低。在当前的认定办法中，将认定企业局限于《国家重点支持的高新技术领域》，致使众多传统行业中创新能力强的企业无法被认定，不能适应科技与产业融合发展的新形势，也不符合当前鼓励传统行业中的企业向产业链高端环节发展的总体部署。

（三）建议

要解决上述问题，必须进一步完善高新技术企业的认定条件，扩大认定范围。因此，建议将认定范围扩展至各工业行业。对属于《国家重点支持的高新技术领域》的企业，可仍然遵循《高新技术企业认定管理办法》的条件进行认定。对不属于《国家重点支持的高新技术领域》的企业，则按照新的方法进行审核认定，为这部分企业提供新的认定渠道，从而将目前倾斜发展特定部门的产业政策，逐步完善成为长期的、综合性和普惠性的创新激励机制。

对不属于《国家重点支持的高新技术领域》的企业，除沿用现有高新技术企业认定标准中的研发投入和产出考核指标外，建议增加企业生产技术水平、信息化程度和企业品牌影响力指标。其中包括企业数字化设计工具的使用程度、关键工艺流程数控化率、使用国际国内领先的工艺技术程度、企业是否为世界 500 强企业、产品在国际国内市场的占有率等。

本文作者：赛迪智库工业科技研究所　黄林莉　何颖

制造业 R&D 税收激励政策的国际比较与思考

【内容提要】R&D 税收激励是世界各国激励制造企业创新和提升创新能力的重要手段。与国际实践相比，我国制造业 R&D 税收激励政策仍然存在以下问题：激励方式单一，以税收减免为主；优惠覆盖面窄，缺少普惠性政策；激励力度不足，对中小企业和产学研合作支持不够。这些问题致使我国制造业企业创新能力不强，创新成果产业化进展缓慢。基于此，赛迪智库消费品工业研究所提出，要借鉴国际制造业 R&D 税收激励政策，在完善我国 R&D 税收激励政策方面，可以采取优化税收激励方式、扩大税收激励范围、加大税收激励力度等措施和手段。

【关键词】国际制造业　R&D 税收激励

当前，创新正成为各国抢占新一轮科技和产业竞争制高点的关键手段。作为激励创新的重要举措，R&D 税收激励因其对制造业创新的促进作用，已成为各国工业发展战略中不可或缺的组成部分。比较和分析国际制造业 R&D 税收激励政策，有助于为我国制造业激励政策的完善提供借鉴，加速我国制造业转型升级的步伐。

一、制造业 R&D 税收激励政策的国际比较

国际制造业 R&D 税收激励主要表现为所得税优惠。包括两种方式：一是税收抵免、加计扣除、加速折旧等间接方式；二是现金补助、减免税或低税率等直接方式。从实际应用看，多数国家更多采用间接激励方式。

（一）税收抵免

由于税收抵免更加透明且容易操作，发达国家大多选择其作为主要的 R&D 税收激励方式，如美国、法国、日本等。从抵免形式看，主要有总额抵免和增量抵免两种方式（见表1）。从抵免力度看，各国抵免比例普遍较高，其中以澳大利亚和意大利两国最为突出，分别为 40% 和 35%；澳大利亚、加拿大、日本、葡萄牙和韩国等国还对中小企业 R&D 活动给予特殊的抵免优惠比例。并且，为了让暂

时亏损或新设立的企业也能分享税收抵免的优惠，许多国家对未使用的税收抵免予以结转或退税。

表 1　部分发达国家税收抵免政策（%）

国家	支出总量	支出增量	中小企业特殊待遇	结转
澳大利亚	40	–	45	向前结转 / 退税
奥地利	10	–		现金返还
加拿大	20	–	35	向后结转 3 年 / 向前结转 20 年
法国	30	5	–	退税
爱尔兰	–	25		向后结转 1 年 / 向前结转
意大利	35	90	–	–
日本	8—10	5	12	向前结转 1—3 年
葡萄牙	32.5	50	42.5	向前结转 6 个纳税期间
韩国	公式	40	50 或 25	向前结转 5 年
西班牙	25	42	–	向前结转 18 年
美国	–	20 或 14		向后结转 1 年 / 向前结转 20 年

数据来源：德勤全球制造业小组。

（二）加计扣除

加计扣除是对应税所得额的扣除。实践中，发展中国家多选择此激励方式，英国和匈牙利等少数发达国家也采用此种激励方式。从扣除形式看，各国以总额扣除为主，但巴西、印度、新加坡和土耳其等国对增量支出部分也给予扣除优惠（见图 1）。从扣除力度看，各国扣除比例多集中于 125%—200% 之间，新加坡对增量部分扣除力度较大，达到 400%。对未使用的扣除额，部分国家允许结转使用或退税。

图 1　主要国家加计扣除政策

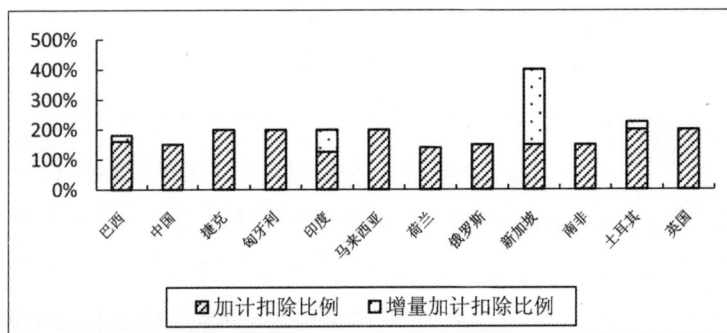

数据来源：德勤全球制造业小组。

（三）加速折旧

除了税收抵免和加计扣除两种方式之外，加速折旧也是国际上用于鼓励企业 R&D 投入的重要方法。加速折旧有两种方法，一是允许企业在设备使用初期提取较多折旧，二是缩短设备的正常折旧年限。实践中，采用加速折旧的代表国家是南非。南非规定自 2012 年 10 月 1 日以后，新设备购入并投入使用当年按 40% 计提折旧，接下来三年每年按 20% 计提；购入的二手设备分五年提取折旧，每年 20%。其它国家中，法国、俄罗斯等国也采用此方式。

不过，虽然加速折旧和直线折旧在总额上相等，但因企业后期提取的折旧大大少于前期，导致企业税负前轻后重，对于实行累进税率的国家而言可能会增加企业所得税支出，故各国对加速折旧方式的采用较为谨慎。

（四）现金补助

现金补助是德国和墨西哥等国采用的一种 R&D 激励方式。与其它方式相比，现金补助的针对性更强，约束条件也更为明确，且补助力度根据 R&D 活动的类型、创新程度、与科研机构合作程度的不同而有所区别（见表 2）。

表 2　主要国家现金补助政策比较

国家	内容
捷克	对资本支出，如 R&D 设备、建筑更新建设等给予现金补贴。
法国	法国现金补助仅针对创新活动。
波兰	欧盟和国家预算拨款，比例可高达 R&D 成本的 100%。
匈牙利	R&D 密集型企业可获得来自匈牙利和欧盟的现金补助。
比利时	地方政府对 R&D 密集型企业给予现金补助，根据项目所在地、R&D 活动类型等的不同，补助额可达项目总支出的 80%。
以色列	提供有条件的研发补助，一般为 R&D 支出的 50%，重点地区为 60%，但是如果项目成功，需以专利使用费的形式返还补助金。
德国	现金补助以项目为基础，侧重于合作研发项目，一般可达项目总成本的 50%，中小企业的补助比例更高。
墨西哥	补助比例为企业 R&D 支出的 22%—80%。最高额度的补助一般给予企业与研究中心或高等院校的合作研发项目。

数据来源：德勤全球制造业小组。

（五）减免税和低税率

减免税和低税率是对 R&D 活动的直接税收激励。该方式主要针对企业的类型和最终的经营结果进行减免，或与其它激励方式共同使用。实践中，各国对减免税和低税率均规定了严格的适用条件（见表3）。例如，俄罗斯对其"斯科尔科沃"创新中心的企业提供相应利得税和增值税豁免时，企业必须为俄罗斯人开设，且从事能源产业、核能工程、空间技术、医药或IT业。

表3　主要国家减免税政策比较

国家	减免税
以色列	符合条件的企业可享受降低所得税税率的优惠。
荷兰	2010年起，符合创新一揽子计划的企业收入可减按5%缴纳所得税。
俄罗斯	（1）符合条件的企业或收入可享受财产税豁免或增值税豁免； （2）符合要求的技术设备进口，可免征进口环节的增值税。

数据来源：德勤全球制造业小组。

二、我国制造业 R&D 税收激励政策及存在问题

作为世界制造业第二大国，自2007年提出建设创新型国家以来，我国始终把提升自主创新能力作为加快制造业发展的重要抓手，并出台了许多激励性措施。党的十八大更是提出要实施创新驱动发展战略，使创新成为我国转变发展方式的动力之源。与发达国家及部分新兴工业国家相比，我国虽然已建立起了一套较为完善的R&D税收激励政策体系，但也存在诸多不足。

（一）激励方式单一，以税收减免为主

目前，我国制造业的R&D激励政策主要采用"税收减免＋加计扣除"的方式，税收抵免、加速折旧等方式应用较少（见表4）。这一简单的激励方式难以满足我国企业创新的需要。一方面，该激励方式偏重利益的直接让渡，强调事后优惠，对企业前期R&D投入的促进作用不大。对量大面广的中小企业而言，前期的R&D促进政策可能更具有意义。另一方面，直接的税收减免与企业利润呈正向等额关系，可能诱发企业的避税行为，造成税收流失。

表 4　我国税收激励政策

激励政策		具体内容
减免税	技术转让所得税	一个纳税年度内，企业技术转让所得不超过 500 万元的部分，免征所得税；超过 500 万元的部分减半征收所得税。
	高新技术企业所得税	国家高新技术产业开发区内新创办的高新技术企业经严格认定后，自获利年度起两年内免征所得税，两年后减按 15% 的税率征收企业所得税。
	进口关税和增值税	对部分符合条件的 R&D 用品、设备等进口免征进口关税和进口环节增值税。
	加计扣除	允许企业按当年实际发生的技术开发费用的 150% 抵扣当年应纳税所得额。实际发生的技术开发费用当年抵扣不足部分，可按税法规定在 5 年内结转抵扣。
	加速折旧	企业 R&D 仪器和设备，单位价值在 30 万元以下的，可一次或分次摊入管理费；单位价值在 30 万元以上的，可采取适当缩短固定资产折旧年限或加速折旧的政策。

数据来源：赛迪智库整理。

（二）优惠覆盖面小，缺少普惠性政策

与国际上采用普遍非专项补贴的税收激励方式相比，我国 R&D 税收激励覆盖面较小，主要体现在两方面：一是我国 R&D 税收激励政策多集中于创新成果的应用阶段，针对创新过程特别是前期基础研究的优惠政策较少。二是我国 R&D 税收激励多针对特定领域或企业，缺少普惠性政策。例如，符合加计扣除条件的研究开发活动仅限于《国家重点支持的高新技术领域》和《当前优先发展的高技术产业化重点领域指南（2007）》所规定的项目。

（三）激励力度不足，对中小企业和产学研合作支持不够

与国际制造业 R&D 激励政策相比，我国税收激励力度略显不足：一是税收激励政策中可用于抵扣的 R&D 费用范围较小，如 R&D 人员培训费用等未列入扣除范围。二是 150% 的加计扣除比例相对较低，与土耳其、英国等国相比存在明显差距，且缺乏对 R&D 投入增量的激励。三是结转年限较短，且不能往前结转，这与加拿大、美国等国相比存在显著不同。四是虽然对中小高新技术企业进行创业风险投资给予了政策优惠，但没有针对中小企业 R&D 活动的特惠激励政策。五是促进产学研联合开发的税收激励政策尚是空白。

三、国际制造业 R&D 税收激励政策带来的思考

为全面提升制造业的创新能力，实现由"中国制造"向"中国创造"转变，

我国应借鉴国际经验，完善 R&D 税收激励政策，充分发挥激励政策对企业创新的导向促进作用。

（一）优化税收激励方式

一是改变现有税收减免为主的单一激励方式。建议增加税收抵免、加速折旧、现金补助等方式的运用，打好税基减免、税额减免和优惠税率相结合的政策"组合拳"。同时，对各类激励方式进行结构性调整，对减免税和现金补助等设定严格的适用标准，扩大税收抵免和加速折旧的适用范围。

二是试点税收抵免替代加计扣除。借鉴日韩等国的经验，科学制定抵免比例，明确抵免的 R&D 费用范围和统计方法，采取总额抵免与增量抵免混合使用的优惠方式。

三是提高加速折旧方式的普惠性。减少对资产价值、更新快慢、损耗大小等的限制条件，尽快出台符合中小企业发展特色的特殊折旧政策。

（二）扩大税收激励范围

一是加强对研发环节的激励。在继续激励创新成果应用的同时，建议补充研究开发环节的税收激励政策，引导和激励企业加大研发环节的 R&D 投入。

二是取消地域和行业限制。建议取消"国家高新技术产业开发区内"的限制，使优惠政策能够惠及所有高新技术企业。同时，将现行的对软件开发企业据实扣除职工工资的优惠政策扩大到所有从事自主创新的企业。

（三）加大税收激励力度

一是加大现有税收激励力度。建议扩大可扣除的研发费用范围，适度提高扣除比例，探索增量扣除，延长向后结转期限，允许部分重点产业或企业向前结转。对用于技术更新的设备投资可按一定比例抵扣当年应缴所得税，对于引进国内设备的企业，可提高其抵扣比例。

二是细化对中小企业的税收激励。建议对民间资本投资于中小企业 R&D 活动的收益给予一定的税收减免，对中小企业自身 R&D 投入给予较高的税收扣除或抵免，提高用于 R&D 活动的固定资产的折旧率。此外，尽快建立中小企业创新准备金制度，允许那些拥有核心技术和产品但目前规模较小的企业按销售收入的一定比例在税前提取创新准备金。

三是提高对产学研联合开发的支持力度。建议对企业与大学、科研机构合作开展 R&D 活动的费用实行特别比例的税收扣除或抵免。对企业委托大学、科研机构开展 R&D 活动所需投入，赋予企业自主研发一样的优惠政策。

本文作者：赛迪智库消费品工业研究所　陈娟　闫逢柱

以质量振兴带动工业发展的国际经验和启示
——德、日、美、韩四国质量战略的实施和效果

【内容提要】从工业发达国家的实践可以看出，当一个国家处于工业化中后期，经济发展和产业转型升级遇到巨大挑战，质量发展面临严峻形势之际，大都会选择质量发展战略，以提高产品质量作为促进工业发展、调整产业结构、提高产品国际竞争力的重要举措。赛迪智库工业科技研究所在广泛研究的基础上，对上世纪50—90年代德国、日本、美国和韩国在特定时期采取"质量振兴"战略的背景、措施，以及取得的效果进行了梳理，最后提出了可供我国借鉴的三点启示。

【关键词】质量　工业发展　国际经验

上世纪50—90年代，德国、日本、美国和韩国分别实施了"质量强国"、"质量振兴"战略，采取了一系列有力的措施，实现和带动了本国经济数十年的良性发展。

一、德国

（一）实施背景

二战后，英国是德国商品的重要出口国，但由于德国产品质量不佳，英国要求德国产品一定要打上"德国制造"的标识。这种做法激发了德国政府下决心大力推进质量和品牌提升，实施了"以质量推动品牌建设，以品牌助推产品出口"的国策。

（二）主要做法

第一，通过商标和品牌表达质量保证。德国产品的高质量与其工业化过程中利用商标来对产品质量做出保证这一独有特征密不可分。在德国，一些家喻户晓的品牌无需检验就能得到消费者认可，也就是说质量铸造了品牌，品牌保证

了质量。

第二，工业化体系中的标准化对提高质量起到了重要作用。德国标准委员会作为发布工业标准的机构，及时把国家颁布的各项行业法规转化为具体的业内标准，成为认证机构开展质量认证工作和企业组织生产的依据。德国工业标准把德国人一丝不苟的专业精神融入到了工业体系之中，成为质量提升的有效手段。

第三，工业体系中特有的行会和学徒制度对质量提升的作用功不可没。行会对会员在商业道德层面有刚性约束，要求会员保证产品品质，一些行会还在产品上打上记号，以标示产品符合行会的质量要求。同时，德国3—4年的学徒制使培养高技能的工人成为可能，这对质量保证发挥了重要作用。

（三）效果

经过数十年的努力，德国政府成功实现了由资本密集型产业取代劳动密集型产业、以出口为导向的外向型经济发展战略，化解了德国马克持续升值对出口带来的压力；在全球确立了"德国品牌、质量一流"的国家形象，打造出奔驰、宝马等一批世界知名品牌；促进了战后经济的快速崛起。工业品销售数据表明，电子、汽车、机械、化学、原材料等产品在这二十年中每年增长率均在10%以上。在对外贸易中，德国的外贸总额在1962年赶上英国，成为仅次于美国的第二贸易大国，进出口贸易总额从1950年的46亿美元猛增到1970年的646亿美元。

二、日本

（一）实施背景

上世纪50年代初，日本产业结构开始了从农业—轻工业到重化工业化的转变，由于国内市场的局限性，其工业发展必须依赖出口贸易。但是，二战后，日本在制造和出口劣质产品方面名声远播，外向型经济迫使日本政府提出了"质量救国"的口号，实施了大规模的质量变革。

（二）主要做法

第一，将质量提升摆在与产业结构调整并重的高度。1949年内阁做出了《关于产业合理化》的决定。这项连续推行了15年的核心产业政策，主要包括产业结构、技术、组织、布局和资金政策。在推行中，加强了企业经营管理的政策指导，制定了各种企业经营管理的法律、规则，以及工业品规格和质量标准，并通过政府严厉监督指导来落实。

第二，强烈的复兴意识使全社会主动参与质量提升。日本政府、民众和企业都有着强烈的复兴意识，形成了科技和质量振兴的巨大动力。主要体现在：日本很多质量改进活动都是非政府性质的，1946 年成立的以振兴科学技术为目的的独立社会团体"日本科学技术联盟"（简称日科联），是实施质量革命的推动者和组织者。日本企业能够自觉自发、自下而上地主动采用新的质量管理模式，例如在质量提升中发挥巨大作用的 QC 小组的自发建立和普及。

第三，设立戴明奖和日本质量管理奖。1950 年，世界著名质量管理专家戴明在日本发表了《关于如何解决日本战后的经济问题》的演讲，提出对质量的追求是提高生产率、获得更多利润和增强综合国力的关键。为了纪念戴明的业绩，1951 年由日科联提议设立了戴明奖。1969 年，为了纪念第一次国际质量管理大会的召开，创立了日本质量管理奖。

第四，开展从最高管理者到基层员工的培训和宣传。日科联在 1949 年设立了由官产学研各界代表组成的质量管理研究小组，致力于建立不同于西方国家的日本质量管理模式，并定期举办培训将成果传达给产业界。随后，又开设了中层、高层经理质量管理课程，以及面向基层管理者和一线工人的广播和电视系列讲座节目。

（三）效果

世界著名管理专家朱兰博士曾评价说："日本的经济振兴是一次成功的质量革命。"1961—1970 年的十年，成功的质量革命帮助日本实现了 9.8% 的 GDP 年均增长率，使日本在短短几十年一跃成为经济大国。

1965—1970 年，日本工业增加值年平均增速达到 14.3%，远高于 GDP 增速。由于质量水平的快速提升，日本的汽车、家电、电子、机械、化工产品凭借品质优势大举进入欧美和全球市场，出口总额从 1960 年的不足 36 亿美元，猛增到 1970 年的 202.5 亿美元，年均增长 16.8%。

三、美国

（一）实施背景

20 世纪 50—70 年代，美国的产业结构开始转向技术密集型产业，重点发展半导体、通讯、计算机等；80 年代制造业的中心逐步向高技术工业转移，进入了工业化高级阶段。但是，自 70 年代早期开始，美国工业部门的生产率开始下降，并集中体现为质量竞争力的下降，产品质量所付出的成本高达销售收入的 20%。到 80 年代中期，美国产品在国际市场所占份额大幅降低，国内市场也因日本产品的打击而萎靡不振，汽车、家用电器、机床、钢铁等许多行业受到了影响。

1980 年，NBC 电台播放了 90 分钟的专题片《日本能，我们为什么不能？》。美国各主要媒体发起了以此为主题的质量大讨论，质量问题开始引起政府、企业和民众的关注。美国政府意识到，提高制造和服务质量对国家长期的经济发展至关重要。制造和服务质量有助于增加生产率、降低成本和提高消费者满意度。

（二）主要做法

第一，1984、1988 年，两次总统公告设立并强调"国家质量月"，传递了强烈的质量振兴信号。公告中强调了"重新确立美国的领导地位将需要对全面质量管理和持续质量改进原则的坚定承诺。美国能够，并且必须在这方面胜出，要设定世界一流质量的新标准，在国际市场竞争中获胜"。"国家质量月"的重点是关注质量的战略重要性以及持续改进，强调在全美各个组织中对质量和卓越绩效的投入。

第二，1987 年颁布了"国家质量振兴法案"，设立鲍德里奇国家质量奖。《1987 年马尔科姆·鲍德里奇国家质量振兴法案》批准设立了国家质量奖，激励美国企业提高产品质量、劳动生产率和市场竞争力。法案中关于设立质量奖的部分，补充到 1980 年的《史蒂文森—怀勒技术创新法》之中。1999 年，克林顿在当年的颁奖大会上指出，"国家质量奖在使美国恢复经济活力以及在提高国家竞争力和生活质量方面起到了主要作用"。

（三）效果

《质量振兴法案》设立的质量奖几乎是政府项目中成本收益率最高的一个。2001 年，与质量奖相关的社会成本支出在 1.19 亿美元左右，成本收益率为 1:207，2010 年更是高达 1:820，也就是说政府 1 美元的投资获得了 820 美元收益。

"质量振兴"极大提升了美国的竞争能力。从上世纪 80 年代开始，美国以占世界人口 5% 的比重，实现了经济比重维持在 20%—25% 高水平的记录，每个州至少拥有一个财富 500 强公司。1987—1997 年十年间，美国工业增加值的年均增长率保持在 2.72%；1987—2010 年，制造业的劳动生产率年均增长 3.4%，几乎比非农业部门 2.3% 的年均增长率高出 50%。

四、韩国

（一）实施背景

1962—1991 年，经过六个五年计划的实施，韩国经济依靠"出口导向型工业化"实现了 GDP 实际年均增长率超过 8% 的飞速增长。在这三十年里，很多韩国企业走"以量取胜"的经营道路，基本上采取低附加价值和低价格的竞争策略。在西方市场，韩国商品是"便宜的价格标签和技术不成熟的产品"。例如，90 年代，三星和 LG 的电视要比同等产品的售价低 20%—30% 。70、80 年代，韩国把产业重心转向资本和技术密集型的重化工业。90 年代以来，韩国进入工业比重的相对下降期，在经济上受到以技术为优势的日本和以价格为优势的中国的冲击。

（二）主要做法

第一，韩国政府将质量强化作为政策重点之一，着眼于通过提升产品质量来提高竞争力。1995 年，韩国政府开始推行"100PPM 质量革新运动"，旨在将不良品率减少到每百万产品中少于 100 个。1997 年经济危机期间，韩国政府不仅没有弱化，而且强化了质量工作，将原有运动升级为"2000 年 S-PPM 质量革新运动"，短期目标是将不良品率降低到每百万产品中少于 10 个，长期目标是实现并维持零缺陷率。那些主导韩国经济的大企业集团摒弃了原有低价、大规模生产的竞争模式，树立了"以质量为核心"的新理念，依靠技术创新、提高产品质量来获得发展。

第二，将质量革新运动推广到韩国各产业中，中小企业厅推行了 S-PPM 质量认证体系。政府发动质量革新运动的重点是占韩国工业企业总数 99.1% 的中小企业。凡是满足 S-PPM 质量标准的企业都可以申请得到证书，成为 S-PPM 质量认证公司，这种认证有助于企业获得市场认可、提高竞争力。2000—2001 年，参与质量革新运动的中小企业质量竞争力提高了 37.8%，等同于平均每个公司转化了 27.8 万美元，获得认证企业的成品缺陷率降低了 82% 。

第三，利用中小企业和母公司或上游公司之间的供货关系，形成组织实施质量革新运动的工作体系。中小企业厅出台相关政策并拨付必要的资金；PPM 质量促进中心代表商界，开发相关质量体系和管理方法，提供培训和信息服务；母公司指导其供应商开展质量革新运动，并保证获得质量认证的供应商可以得到更多订单和更优惠的付款条款；供应商实施 S-PPM 质量体系并付诸持续改进的努力，以生产和供应更高质量的产品。

（三）效果

1995—2000 年，韩国 GDP 和工业增加值的年均增长率分别达到了 5.32% 和 6.21%。可以说，高品质的产品帮助韩国快速从 1998 年的金融危机中恢复，1999 年其 GDP 和工业增加值的增长率迅速回复为 9.49% 和 12.12%。1995—2005 年间，韩国货物和服务出口占 GDP 的比重从 28.83% 提高到 38.27%。

五、启示

尽管各国政府在实施"质量强国"战略时的做法不尽相同，但其中很多经验可供我国借鉴。

（一）"质量强国"是各国在经济转型发展时期的共同战略选择，也是各国实现经济跨越发展的必由之路

当一个国家处于工业化中后期阶段，质量发展面临严峻形势之际，这些国家都选择了质量发展战略。以提高产品质量作为各国应对国际经济或金融危机、促进经济增长、调整产业结构、提高产品国际竞争力和企业管理水平的重要举措。

实践表明，各国在实施"质量强国"战略的 5—10 年间实现了经济的赶超发展。通过提升产品质量，在宏观层面上，以质量竞争力获得了国际市场，促进了产业转型，提高了经济的发展质量。在微观层面上，企业质量意识和能力增强，产品质量水平赶超竞争对手，打造了一批高质量的国际知名品牌，正如 1950 年戴明曾对日本企业预言的那样，"五年之后，你们产品的质量将超过美国"，而实际上日本只用了 4 年。

（二）以创新促进质量提升是实施质量战略的有效途径

"质量强国"必须以"质量强企"为基础。作为"质量强国"战略主体的企业，必须依靠创新和技术进步来保证和提升产品质量、促进新产品开发和品牌创建。各国企业的实践表明，质量提升不仅要依靠质量管理的改进，更重要的是要以技术创新为抓手。通过应用新技术、新工艺、新材料，改善品种质量，提升产品档次和服务水平，研究开发高质量、高附加值的创新性产品和服务，这是实现质量跨越性和根本性提升的最有效途径。

美国将《质量振兴法案》的内容放入到技术创新相关法案中，将国家质量奖的工作安排和经费预算列入创新和竞争相关的法案计划中，充分体现了创新和质量二者密不可分的关系——"质量是生命，创新是灵魂"。

（三）要按照发展的规律和质量内涵的变化，准确把握质量工作的着力点

各国的经验表明，当一个国家经济发展处于较低水平时，往往追求"数量发展"；当经济发展到较高水平，"质量发展"可以为经济发展提供可持续的动力。随着经济和社会发展水平的提高，质量概念已经从最初的"符合性质量"、"适用性质量"和"全面质量管理"演变为当前的"卓越绩效"。可以看出，随着过去半个多世纪质量内涵的演变，各国在全面推进质量工作时所采取的措施也各有侧重，从以质量管理能力和实物质量水平提升为重点，转变为满足"质量发展"所需要的工业制造基础能力、新产品开发能力和品牌创建能力的提升为着力点。

本文作者：赛迪智库工业科技研究所　黄林莉

工业和信息化部科技司　沙南生　何小龙

产业发展篇

从美国页岩气革命看我国原材料工业发展之路

【内容提要】美国页岩气革命改变了世界液化天然气的市场格局，并将进一步改变世界能源格局。美国页岩气革命对其本国和世界相关产业链特别是化工、煤炭、钢铁等产业发展的影响如何？我国原材料工业该如何应对并在这一背景下走好自己的路？对此，赛迪智库原材料工业研究所认为，美国页岩气革命的成功主要源于其独特的资源禀赋优势、先进的技术开发优势、全面的政策支持优势和完备的基础设施建设优势。为了更快更好地适应页岩气革命带来的世界能源结构及未来部分原材料的改变，我国原材料工业需适时作出战略调整：化工行业要抢占高端精细化工市场，钢铁行业要改进生产工艺并大力发展特钢产品，有色金属行业需节能降耗降成本。

【关键词】页岩气革命　原材料工业　工业发展

当前，美国页岩气市场蓬勃发展，在改变美国能源和工业格局的同时，已经或即将对全球相关产业链特别是化工、煤炭、钢铁等产业的发展产生深远影响。我国原材料工业必须适时作出战略调整，以便更快更好地应对能源结构改变以及需求萎缩带来的一系列挑战。

一、美国页岩气革命成功的四大因素

美国是世界上最早进行页岩气勘探开发的国家，开发历史长达百余年，也是迄今为止唯一实现页岩气大规模商业化开发的国家。2000年美国页岩气产量3.2亿立方英尺，2011年达到68.2亿立方英尺，增加了20.3倍，占2011年美国天然气总产量的29.7%（2010年为23%）。美国能源署（EIA）预测，到2035年，该数字将达到49%。2009年美国超越俄罗斯成为世界第一大天然气生产国。

美国页岩气产量的爆发式增长，使美国能源使用成本明显下降，部分原材料行业在全球重获竞争力，这一突破被称为美国页岩气革命。

图1 美国页岩气发展历史

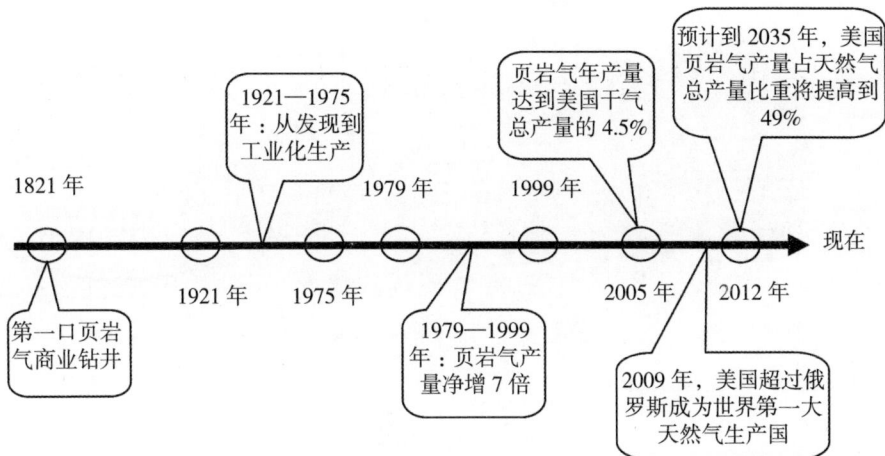

资料来源：赛迪智库原材料工业研究所根据公开信息整理。

美国页岩气革命之所以能获得巨大成功，主要源于以下几大优势：

（一）独特的资源禀赋优势

据EIA数据显示，美国页岩气资源总储量约187.5万亿立方米，技术可开发量超过24万亿立方米。目前，美国已发现落实20多个页岩气区块。

美国页岩气具有埋藏深度适中（大部分在180—2000米）、单层厚度大（30—50米）、总厚度超过500米、基质渗透率高（大于100mD）、成熟度适中（Ro在1.4%—3.5%）、有机碳含量大（大于2%）、页岩脆性好（硅含量大于35%）等特点。而且，美国页岩气丰富区大多分布在中部平原，地广人稀且远离沿海等经济发达及人口聚居地，有利于修建公路等基础设施和机动运输、打钻等系列开采活动的实施及大面积占地，这为商业化开发奠定了良好基础。同时，丰富的水资源使得开采页岩气的技术能够顺利应用。

图 2 美国页岩气资源分布

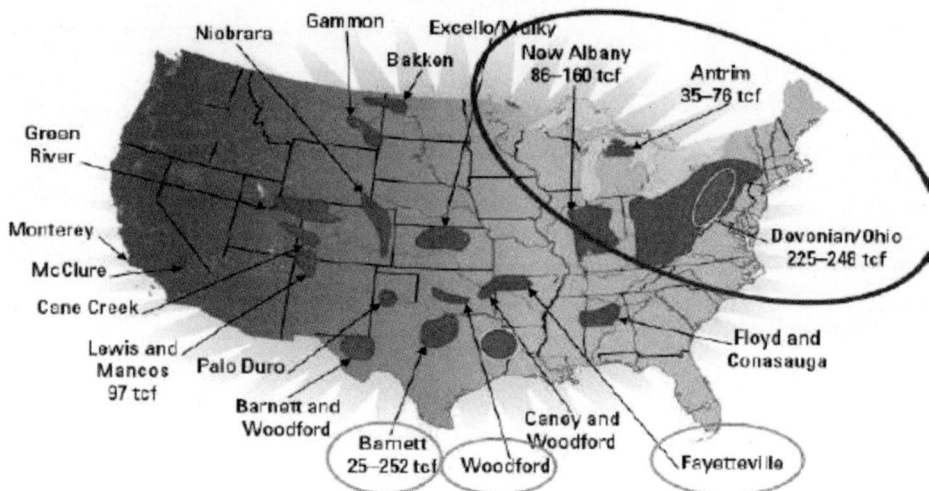

资料来源：Schlumberger。

（二）先进的技术开发优势

开采技术的创新为美国页岩气的发展打开了一扇大门。经过多年探索，美国研发出一套先进的页岩气适用开采技术，主要有水平钻井与压裂技术，其中压裂技术分为清水压裂技术、分段压裂技术、重复压裂技术和同步压裂技术。这些技

图 3 美国页岩气生产井数量

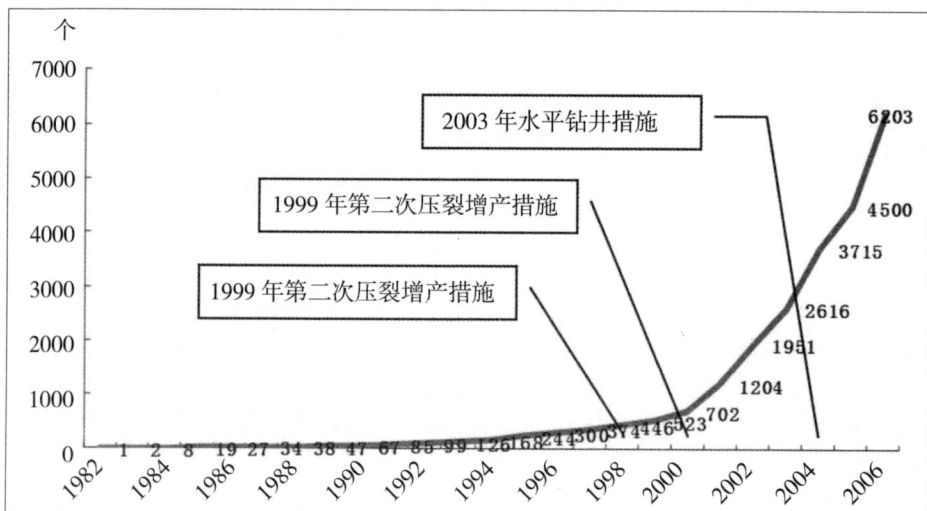

资料来源：EIA，赛迪智库原材料工业研究所整理。

术提高了单井产能，延长了开采期限，从而控制了成本。此外，科学合理的选矿利用提高了页岩气的开采效率，规模化的推广普及最终大幅提升了页岩气产量。

（三）全面的政策支持优势

早在 20 世纪 30 年代末，美国联邦政府就出台了规范天然气行业的法案《天然气法》。上世纪 50 年代到 80 年代初是美国能源战略的保守主义时期，先后颁布一系列法规政策限制石油出口。正是在这一时期，美国页岩气完成了从发现到工业化生产的转变。此后，美国政府又先后出台《能源政策法》、《能源意外获利法》、《气候变化行动计划》等，其中《能源意外获利法》中规定了非常规能源开发税收补贴政策。上世纪 90 年代初，德克萨斯州对页岩气的开发免收生产税。此外，美国还专门设立了非常规油气资源研究基金。可以说，美国政府对国内能源多元化的推进以及对页岩气行业的扶持推动了页岩气的大发展。

表 1 美国能源战略

时间	内容	备注
1938 年	《天然气法》	关于规范天然气行业的第一条法规，设计管辖权、定价等
50 年代	1957 年和 1959 年，先后颁布了《资源限制石油进口计划》和《强迫限制石油进口计划》	石油进口和价格限制，从石油净出口国变为石油进口国
70 年代	尼克松政府、福特政府、卡特政府先后颁布了《独立自主计划》、《能源政策与节约法》、《卡特能源计划》，以对石油进行价格管制	石油危机
1977 年 8 月 4 日	美国能源部成立	——
1978 年 11 月 9 日	《国家能源法案》	5 个单一法案组成，其中一个是天然气政策法案
1980 年 6 月 30 日	《能源安全法》	可再生、新能源
1992 年 10 月 24 日	《1992 年能源政策法案》	布什政府延续了里根政府的能源战略。该法案侧重可再生能源，扩大天然气的使用
2005 年 8 月 8 日	《2005 年能源政策法案》	911 导致石油价格上涨，小布什政府；开源节流，增加储备，能源自主
2007 年 12 月 19 日	《能源独立与安全法》	生物能源战略：要求减少石油进口，大幅增加乙醇等生物燃料的添加比例
2009 年 2 月 15 日	《美国复苏与再投资法案》	奥巴马新能源战略，清洁能源战略的组成部分
2009 年 6 月 26 日	《美国清洁能源安全法案》	奥巴马新能源战略，清洁能源战略的组成部分

资料来源：赛迪智库原材料工业研究所根据公开信息整理。

（四）完善的基础设施建设优势

美国成熟的天然气工业使其拥有了完善的输配一体化天然气管网，可为48个州的任何地区输送和输出天然气，且天然气生产和运输相分离，并实施管网第三方准入。这为美国页岩气的开发利用提供了先天优越的地理优势。同时，美国在页岩气储气、运输、压缩和纯化等各个领域也拥有世界领先的基础设施。

二、美国页岩气发展对全球原材料工业影响深远

美国页岩气革命不仅带来了美国整体能源供需格局的改变，同时，页岩气的巨大成本优势也带来了美国工业再度重生的机会，给全球页岩气下游原材料相关产业和高耗能产业带来了深远的影响。

（一）化工行业：受益于结构性成本优势

化工行业是页岩气下游的重要行业，广泛应用页岩气，特别是作为乙烯的生产原料以及在氯的生产过程中作为发电原料。随着页岩气的充足供应，其价格不断下降，低廉的价格给以页岩气中的乙烷和甲烷为原料的化工行业带来了巨大的成本优势。化工行业中的高耗能产业也会因此而受益。具体来看：

乙烷产业。美国页岩气的主要成分为甲烷、乙烷。随着页岩气的爆发式增长，美国乙烷气的产量也呈爆发式增长。同时，随着墨西哥湾管网的开通，未来输往该地区用于生产乙烯的乙烷气供应也将翻倍增长。未来几年，随着页岩气的开采与生产，美国的乙烷裂解工艺将为本国化工行业带来成本优势，提升该行业在全球的竞争力。

乙烯产业。乙烯的生产，可以传统石脑油为原料，也可采用天然气液料乙烷为原料，后者需要先经过中游企业的加工和运输。以乙烷气为原料生产乙烯，其成本会大大低于传统的石脑油生产方式。对比乙烷裂解和石脑油裂解成本，在美国乙烷脱氢制乙烯约需3972.5元/吨，而在亚洲和欧洲的石脑油裂解制乙烯则需约7639元/吨。因此，美国乙烯产业将持续受益于乙烷脱氢制乙烯的低成本优势，从而会使得美国的乙烷裂解工艺取得巨大竞争优势。

氨肥产业。天然气是生产氨的主要原料，占其生产成本的比重较大。2011年液氨生产过程中约80%的成本取决于天然气价格。随着页岩气的大规模开采，天然气价格下降，美国氨生产商在一段时间内因此获得了高额回报。美国化肥行业也受益于本国较低的天然气成本。因此，美国氨肥产业未来将进入投资增加、产

能扩张的阶段。

氯碱产业。氯碱产业为典型的高耗能产业，生产过程中电力成本占总成本的40%—50%。而美国依托于廉价的天然气发电，其发电成本远低于其它主要工业国，其氯碱行业的成本优势非常明显。

甲醇产业。天然气成本的降低，将会使甲醇的生产成本也明显下降；不少企业纷纷重启早已停滞的甲醇投产项目。加拿大甲醇生产企业 Methanex 计划于 2014 年从南美洲智利到美国 Gulf 海湾投产新的甲醇生产装置。Lyondell Basell 也计划重启其在 Gulf 海湾的 2003 年因天然气价格过高而搁置的甲醇投产项目。

（二）钢铁行业：促使生产工艺改变

钢铁生产工艺分长流程和短流程。其中，长流程包括烧结、造球、炼焦、高炉炼铁、转炉炼钢等环节，该工艺流程长、能耗高、污染大；短流程主要是采用非高炉炼铁生产海绵铁进行电炉炼钢的生产工艺，该工艺流程短、能耗低、污染小。在天然气资源丰富的地区，不仅可以利用天然气作为还原剂进行气基还原生产海绵铁，而且天然气发电也可降低电炉炼钢成本，有利于促进钢铁行业短流程生产工艺的发展。此外，天然气也可代替部分焦炭，作为高炉炼铁的还原剂和燃料剂，从而改进传统的炼铁工艺，降低能耗，减少污染，促进整个钢铁工业生产工艺的发展与改进。

另外，页岩气的普遍开采还将带动相关配套产业的发展。比如，满足钻井作业需求的螺纹管的需求将增大，它对钢材的耐蚀性、耐磨性等提出了更高的质量要求，将促进钢铁产品质量升级，带动整个钢铁工业的转型升级。

综合来看，页岩气的开采和利用，不仅有利于降低钢铁生产成本，促进产品质量提高，还有望改变传统生产工艺，促使钢铁工业向低成本、低能耗、低污染方向发展。

（三）有色金属行业：降低生产成本

根据高盛的分析，每生产 1 吨铝需要消耗 1000 万英国热量单位的天然气（主要指生产氧化铝）。氧化铝生产企业的天然气用量要高于综合钢铁企业。因此，天然气价格的变动对有色金属企业的影响程度要大于对钢铁企业的影响。对于在美国境内生产电解铝和氧化铝的企业而言，通常是提前一年购买天然气，只有剩余的一小部分需求是根据额外需要按月采购的，其成本受天然气价格影响很大。从长期来看，随着天然气价格的持续走低，有色金属行业的生产成本也将进一步降低。

三、页岩气革命下我国原材料工业发展之路

页岩气开发是全球能源领域的一场革命，也是全球原材料工业转型升级的契机。美国页岩气革命的成功给我国相关产业的发展带来了启示：如果我国的页岩气能尽快形成规模化开发利用、走产业化发展道路，一方面，可以在很大程度上化解或局部缓解我国天然气供应不足的局面，避免对外依存度过快增长；另一方面，在满足低碳环保要求的同时，也给我国原材料相关行业的发展带来冲击，我国原材料工业必须适时作出战略调整，积极应对挑战。

（一）化工行业要抢占高端精细化工市场

未来美国在全球氨肥、聚乙烯、PVC、乙二醇等市场的话语权将越来越重，从中长期看，这将影响包括我国在内的全球主要化学品的产销区域的价格变化和供应格局。为此，我国化工行业一方面要通过加快高成本产能的淘汰，促进行业整合，同时要更加注重研发以质量而非成本取胜的精细化工业，在高门槛的精细化工行业占据有利市场地位；另一方面，面对美国页岩气革命所带来的化工行业结构性成本压力，应提前做好防范，尽快转变传统的以石脑油为原料的生产方式，包括改变相关设备与工艺，实现产业升级。以下是对具体产品的分析：

乙烯。乙烯的生产规模和竞争力是衡量一国石化产业发展水平的重要标志之一。美国乙烯企业可从页岩气中获得成本较低的乙烷，因而处于全球乙烯成本曲线的低端；而中国乙烯原料主要是与油价相关的石脑油，因而位于全球成本曲线的高端。所以，未来中国乙烯产业更多的是要解决原料供应和成本价格问题。

PVC。由于从美国进口 PVC 占中国总消费比重较小，2011 年仅为 2.7% 左右，且中国 PVC 富裕产能很大。因此，从中短期看，中国 PVC 市场的进口量不会大幅提升，所受直接冲击较小。但从中长期来看，廉价的乙烷原料使美国 PVC 具有显著的成本优势，将对全球 PVC 价格形成长期压制；而我国 PVC 产能严重过剩，下游需求疲软。因此，未来我国 PVC 行业将面临低成本竞争及市场份额下降威胁。

乙二醇。我国是乙二醇消费量大国，2011 年达 925 万吨，但国内产量仅为 248 万吨，对外依存度高达 73%。由于原料问题，国内石化行业生产乙二醇的成本竞争力较弱，受海外低成本产品冲击较大。未来我国乙二醇行业在进行煤制乙二醇产能扩张的同时，还应关注工艺的稳定度和成品合格率。

（二）钢铁行业需改进生产工艺并大力发展特钢产品

随着我国优质焦煤资源的日益匮乏，加强页岩气的开发利用实质上为未来钢铁工业发展提供了新思路。发展气基直接还原炼铁，可大大缩短生产工艺流程，从而减少炼焦、烧结及冶炼过程的污染问题。因此，必须重视钢铁生产工艺的改进，尤其要关注以天然气为主要还原剂的炼铁工艺的研究与开发工作。另外，由于发展页岩气对我国钢铁工业提出了更高的质量要求，今后还必须加快钢铁产品质量升级，大力发展特殊性能钢铁产品。

（三）有色金属行业需节能降耗降成本

美国的经验表明，页岩气的快速发展可能给有色金属行业带来降低成本、实施技术创新的机会。虽然由于我国自身的工业特点，有色金属行业在短期内受页岩气革命的影响不大，但随着全球页岩气开采和使用技术的逐步提高，以及应用领域的拓展，我国在这方面很有可能落后于其它国家。有色金属行业是高耗能行业，而我国电力成本居高不下，实际上也导致了我国有色金属行业的国际市场竞争力较弱。另外，我国部分有色金属行业还面临着产能过剩的严峻挑战。因此，只有通过不断的技术改造与升级，节能降耗降成本，才能实现整个行业的健康发展。

本文作者：赛迪智库原材料工业研究所　李丹

新时期钢铁行业将何去何从？

【内容提要】受国内外经济形势影响，近两年来我国钢铁企业经营压力不断加大。面对日渐扩大的亏损面和行业拐点的日益凸显，钢铁企业何去何从已成为当前和今后一个时期需要全社会共同关注并予以解决的问题。赛迪智库规划研究所认为，应从利润下滑、价格波动、产能过剩三个迫切需要解决的问题入手，分析我国钢铁行业面临的困境；而我国钢铁行业陷入困境的主要原因在于宏观环境恶化、体制制约、管理不善以及所处发展阶段等因素的共同作用。基于此，提出了钢铁行业脱困的五点建议，即充分发挥市场机制在结构调整中的重要作用，推动产品和生产工艺升级，加强产业链协同，制定科学合理的行业刺激政策，加强行业管理并完善产业政策。

【关键词】钢铁行业　经营困难　应对措施

当前，钢铁工业依然是我国重要的基础性行业之一，对于稳增长、促发展具有重要意义。未来我国下游制造行业转型升级和战略性新兴产业发展依然需要钢铁行业予以支撑。进入 2012 年以来，我国钢铁行业发展形势进一步恶化，部分企业可谓是到了生死攸关的关键时期。分析钢铁行业陷入困境的原因，制定出台具有针对性的政策措施，引导促进钢铁行业持续健康发展，已成为当前迫切需要解决的重大问题。

一、困境中挣扎的钢铁行业

当前，钢铁行业利润持续下滑、产品和原材料价格不稳、产能严重过剩等问题愈加突出，已成为影响钢铁企业生存发展的重要因素。

（一）利润持续下滑危及企业生存

数据显示，2007 年以来，我国钢铁销售利润率连年下滑，从 2007 年的 7.28%下滑至 2011 年的 2.4%。据调查，现在钢铁行业卖一吨钢的利润是 1.68 元，业内人士坦言，该利润甚至不如饭店卖一盘菜的利润。据中钢协统计，2012年上半年钢协会员企业销售利润减幅达到95.81%。亏损企业亏损额142.48亿元，亏损面达到33.75%。以上数据表明，钢铁行业已经进入微利时代，许多钢铁企业已经进入生死存亡的边缘。

（二）价格不稳扰动发展信心

2012年以来，钢材价格一直呈低位波动态势。6月末，国内钢材综合价格指数为115.48点，比去年同期下降14.08%。其中，长材价格下降15.67%，每吨下降700—800元；板材价格下降12.82%，每吨下降500—600元。在钢材价格下降的同时，上游原材料价格也剧烈波动。截至2012年8月底，铁矿石跌到87美元/吨，比2011年的180美元/吨，下降了一半还多。过山车式的价格波动，让钢企对未来价格很难判断，经营信心受到严重打击。

（三）产能过剩挑战行业软着陆

2012年上半年我国高炉炼铁产能利用率80.2%，属于正常水平。但分区域来看，华北、西南和中南地区炼铁产能利用率均低于78%，产能过剩情况有所显现。上半年我国炼钢产能利用率约75%，属于轻度产能过剩的范畴。型材轧机二季度产能利用率仅70%，电工钢产能利用率约65%，中厚板轧机、热轧中宽带钢轧机、热轧宽带钢轧机利用率均在60%左右。上述情况表明，我国钢铁行业存在严重的区域性过剩和结构性过剩，为调整行业结构带来极大困难，不开工亏损，开工可能更加亏损，钢企陷入两难。

二、钢铁行业陷入困境的原因分析

（一）宏观经济环境恶化导致有效需求不足

全球经济疲软诱发总需求不足。钢铁需求受宏观经济环境影响较大。自2008年发生金融危机以来，世界经济除了在2010年出现短暂的触底反弹之外，其余时间均处在持续下行状态。2012年10月份，国际货币基金组织对此前4月份关于2013年增长率的预测做了调整：先进经济体、新兴市场和发展中经济体的增长率分别调低0.5和0.4个百分点。这说明钢铁行业受金融危机影响还在持续。

国内供需长期失衡是其深层次原因。从消费需求看，近年来我国对钢铁的消费需求增长滞后于生产能力的快速扩张。从投资效率看，自本世纪以来，我国单位投资所能产生的GDP保持持续下降态势，说明资本的盈利能力在持续下滑。消费需求不足和投资效率下降加大了国民经济供需失衡。在房地产经济受到政府打压后，因缺乏其它需求的支撑，导致钢产品有效需求不足。

（二）体制机制不完善加剧了产能过剩

投资与税收机制不健全。在2008年4万亿投资刺激下，一些地方政府和企业大上、快上项目，使原本过剩的产能进一步过剩，该淘汰的落后产能没有被淘汰，不存在的市场需求凭空产生。以高铁用钢为例，在4万亿投资过后，市场重回理性，但该方面的产能却已经严重过剩，6月份重轨产能利用率只有43%。同时，我国大部分税收是在企业生产环节征税，因此地方政府往往重视投资和生产而轻视企业盈利能力和长远发展，从而扭曲了市场。

政绩考核制度仍不完善。在现有的政绩考核制度下，地方政府具有很高的热情来加大对重化工项目的投资。据调查，许多投资活动并非企业行为，而是政府行为。有企业抱怨：一些地方政府常常会要求企业扩大生产规模，如果企业扩大规模，政府则会给予优惠，一些政府甚至会通过零地价为企业提供补贴。

企业进入和退出管理机制不健全。进入管理方面，政府以制定行业投资指导目录，建立行业准入制度，发布年度、五年生产规划或计划的方式等来指导行业投资。这种非企业主导的投资进入方式，不但滋生了腐败，也不可能准确预测市场需求。从退出管理来看，钢铁行业生产调节难度较大，存在大量的国有企业，就业人员素质单一，一旦企业因产能过剩而关闭，人员安置比较困难。

（三）工业化加速发展带来行业发展困境

钢铁生产成本上升是工业化加速发展阶段的一个普遍规律。对于一个进行大规模工业化和城市化的大国而言，即便没有体制和管理上的原因，钢铁行业也会遇到经营困难。上世纪七八十年代，日本工业化达到全新水平，然日元升值、石油危机、要素价格上涨等随之而来，日本钢铁企业经营一度极其困难。在现有国际政治经济格局和我国工业化背景下，当前人民币快速升值，铁矿石、焦炭、劳动力等要素价格大幅上涨或波动等，有其必然规律。

普通产品经营困难需要生产转型。普通钢铁产品进入门槛非常低，在全球化背景下，任何一个后发工业化国家或企业都能以更低的成本生产这些产品。因此，一方面经营成本上升，钢铁企业失去了上游成本控制权，另一方面，大量企业进入普通钢铁产品生产，钢铁企业失去了下游价格控制权。处在夹层中的钢铁行业必须快速转型，否则境况会越来越差。自2002年以来，我国粗钢产能几乎每两年就要增长 1 亿吨以上。棒材、线材等产能更是飞速增长。低端产能的迅速扩张必然会形成今天的结果。

三、钢铁行业脱困的思考与建议

近期可进一步健全现有的行业投资及管理模式，旨在解决企业当前的经营困难；远期则要完善市场机制，旨在从根本上解决钢铁发展中存在的顽疾。

（一）充分发挥市场机制在结构调整中的重要作用

市场具有自我调节能力。没有市场经济，钢铁行业大规模产能过剩问题将难以解决，行业转型升级也缺乏内在的持久的动力。为完善竞争市场，首先，政府要让企业成为投资决策和产量决策的主体。其次，政府应集中精力进行生产监管、市场监管，集中治理降耗排污、不公平竞争等。再次，政府应进一步引导企业进行体制改革，特别是国有企业体制改革，进一步完善社会保障制度，减轻企业社会负担。

（二）推动产品和生产工艺升级

未来，耐温、耐压、耐候、耐磨、耐腐蚀等高品质钢铁及制品将成为行业新的增长点；高品质钢铁生产技术、清洁生产技术、低品位矿选采技术等将成为生产工艺改进的方向。未来，一是要打破下游企业采购渠道固化的不利局面（如日系汽车用钢多来自日本钢企）。二是要取消对国内可生产替代产品的进口优惠。三是要加大对高端产品市场需求的刺激。四是要加快原始创新，加快基础研究积累，改变当前技术、设备等"跟随发展"的不利态势。

（三）加强产业链协同

在上世纪七八十年代日本钢铁行业遭遇极寒之后，日本钢企新日铁与日本车企日产首先建立了协作关系，实现了双赢。此后这种模式逐渐被其他钢企所效仿。为解决当前我国钢企的经营困难，一是要延长产业链，提高加工度，提高产品价格。二是要多业经营，降低企业经营风险。三是要与下游产业链协同，加大与建筑、造船、汽车、家电等行业的联系。四是要生产服务化，效仿安塞洛米塔尔等，为别的企业提供解决方案服务。

（四）制定科学合理的行业刺激政策

目前新一轮财政刺激政策正在启动，总结经验和教训，一是要根据我国钢铁工业转型升级要求，对钢铁产能和钢铁品种结构进行刺激调控，防止不计后果的投资行为再次发生。二是要严格控制高、低水平的重复建设。以高铁建设为例，目前高铁用钢和轧制又一次出现了生产高涨的情况，为了防止供需再度大幅波动，建议制定并严格论证我国高铁需求，严格项目准入制度。

（五）加强行业管理并完善产业政策

　　要加快政策更新速度，剔除不合理的因素。第一，钢铁企业的自备电厂是余能发电，属于再生能源利用，应该从可再生能源电价附加征收范围中剔除。第二，淘汰落后标准不应以生产设备大小来设定，应从节能、减排、经济效益等多方考核，否则产能会越淘越多。第三，建议国家以国内几大钢铁企业为核心，建立促进转型升级战略联盟，防止恶性竞争。第四，目前的税则编号较粗，在产品出口中，一个产品遭受"双反"，往往会殃及其他产品。建议国家有关部门对出口高端产品税号进一步细分。第五，鉴于当前钢铁企业经营困难、兼并重组阻碍较多，建议现阶段国家恢复钢铁企业合并纳税政策。

本文作者：赛迪智库规划研究所　孙虎

从印度药品定价政策反思我国国家基本药物定价

【内容提要】2012 年 2 月，印度国会正式通过《国家药品定价政策—2011》，对国家基本药物定价进行了明确规定。其定价目标多元化、方法科学、程序规范，具有较高的透明度和可操作性。赛迪智库消费品工业研究所在总结印度国家药品定价政策的基础上，分析了我国国家基本药物定价以及存在的问题。研究认为，作为一个发展中国家，如何权衡多方利益，建立合理、有效的国家基本药物定价机制，直接关系到新一轮医改的推进及其成败。我国应借鉴印度的经验，重新审视国家基本药物制度的目标；引入第三方机构，保证国家基本药物定价的规范公平和透明度；对国家基本药物实施差别化定价。

【关键词】印度药品定价政策　国家基本药物　启示

为了保障免费医疗体制的健康运行，2012 年 2 月印度国会正式通过了《国家药品定价政策—2011》（以下简称《新政》）。《新政》是对《药品定价政策—1994》的全面修订和完善。它基于药物的"必要性"特征，对国家基本药物以及少量非基本药物的定价作出了全面规定。

一、印度国家基本药品定价特点

（一）定价目标多元化

《新政》的目标呈现出明显的多元化特征。与《药品定价政策—1994》相比，《新政》中国家基本药物制度的目标体现在三个方面：一是确保普通民众基本药物的可及性和可获性，二是促进医药企业的创新和竞争，三是增加就业。其中，可及性和可获性更强调在保障数量和质量的前提下，使药品价格具有可负担性和合理性。

（二）定价方法科学

《新政》规定以市场价值为基础对国家基本药物进行定价。这一方法与《药品定价政策—1994》中规定的成本定价法相比具有三个明显优点：一是可以避免成本定价中因信息不对称产生的药企抵制、暗箱操作以及基础成本数据延迟提交等现象；二是保证药品定价更加透明、公平；三是可以避免成本定价下的竞争停滞问题。

（三）定价程序规范、公平、透明

《新政》的最大亮点在于定价程序规范、公平，具有较高的透明度和可操作性。根据《新政》的规定，首先由第三方机构——艾美仕公司来搜集基础成本数据。然后，由国家药品定价局对数据进行研究评估，并结合相关调研来确定最高限价。为便于操作，《新政》规定了最高限价的定价基础，即依据国家基本药物目录中某一药品的移动年销售值，对该药品的三个最大品牌的该项数值做加权平均，形成最高限价。如果某种药品少于三个品牌，便以所有现存品牌的移动年销售值加权平均价为准。

此外，《新政》还综合考虑了研发、企业规模以及低收入家庭的特殊保障计划等情况。例如，《新政》对国家基本药物目录内的仿制药物、创新药（专利药物）实行差别化定价管理制度。对于专利药物，《新政》规定由政府组建的独立委员会专门讨论其最终定价问题。对于由小规模制药企业通过本土研发生产出来的药品，《新政》规定其享有价格控制豁免权。对低收入家庭的药品需求，《新政》规定通过制定特殊方案，专为低收入家庭、特别是生活在贫困线下的家庭提供药品。

二、我国国家基本药物定价及其问题

为积极推进卫生体制改革，保证人民群众的基本用药权益，我国自2009年开始正式实施国家基本药物制度，其最核心的问题就是国家基本药物的定价问题。该制度实施两年多以来，国家基本药物价格得到控制，但围绕基本药物价格的争论却一直没有停止过。一方面，消费者抱怨药价居高不下和廉价药难觅；另一方面，药企抱怨利润微薄，生产经营困难，有的甚至直接退出国家基本药物生产。究其根源，双方抱怨直接反映出的就是国家基本药物定价机制不完善。同时，由此直接或间接引发的药品质量安全事件也频频发生。

在现行制度下，我国实际上是按照社会平均成本对国家基本药物进行定价。在此基础上，由国家公布零售指导价。在指导价规定的幅度内，省级人民政府根据招标形成的统一采购价格、配送费用及药品加成政策，确定本地区医疗卫生机构基本药物具体零售价格。现行的这一定价机制具有一定的合理性，但也存在诸多问题。

（一）国家药品零售指导价的形成机制尚不完善

按照社会平均成本定价的关键在于获得企业真实的生产成本信息。但在目前，国家主要是依据企业上报的生产数据来获取药品的成本信息。由于价格审批环节存在问题，药品成本被夸大已成为药品生产行业公开的秘密。在缺乏对企业生产经营有效监督的情况下，企业往往将流通成本计入生产成本，上报的成本信息虚高，据此计算出来的社会平均成本是不准确的，依据该成本确定的国家药品指导价自然就会大打折扣，直接后果就是药价居高不下和消费者的抱怨。尽管其后国家发展改革委明确规定，制定医药价格必须经过成本价格调查、专家评审或论证、听取各方意见、集体讨论、集体审议的程序，但是并没有能够从根本上解决问题。

（二）国家基本药物供给受到制约

在国家基本药物制度的实施过程中，降低基本药物价格似乎已成为社会共识，不少地方政府在实际的药品招标采购中也是"唯低价是取"。然而，无论降价还是"唯低价是取"，其结果只有两个：一是基本药物生产企业的利润空间缩小，进而压缩甚至放弃基本药物生产，这会直接导致基本药物供给得不到保障和药企的抱怨。2010年9月《南方都市报》就曾指出，在经国家发展改革委认定的国家基本药物价格比对中，中标价过低的品种占到了全部品种的15%，从而导致柠檬市场形成。指导价的下调和招标价的下压可能导致企业采用违法违规手段来降低成本，廉价的劣质药品就可能会驱逐价高的合格药品而迈入政府的招标大门，柠檬市场因此出现，质量优先原则难以得到保障。以药用胶囊为例，机制胶囊价格为200元/万粒，而小作坊手工生产胶囊价格仅为几十元/万粒[1]。再如，近期暴露出的9家药厂生产的多个批次药品所用胶囊铬超标，主要原因就是使用了廉价的皮革废料明胶作为胶囊的原料。无论是药企退出基本药物生产，还是违法违规降低药品质量，都违背了实施国家基本药物制度的宗旨。

（三）不利于医药产业的可持续发展

其一，低价导向制约医药企业的自主创新。随着国家零售指导价和地方政府招标价的不断下降，企业的利润空间日趋萎缩。在政府创新资金支持有限的情况下，多数企业不得不通过大规模生产仿制药来降低生产成本，对新药研发的创新

---

[1] 价格仅为几十元/万粒。

投入明显不足。

其二，低价导向不利于民族医药产业的发展。由于国家基本药物制度的实施对象是内资企业，因此低价目标驱动下的国家基本药物制度对民族医药产业的发展是明显不利的。

其三，低价导向不利于中小医药企业发展。大、中、小型企业之间的良性竞争有助于提高资源的利用效率，促进医药产业发展。但目前，我国医药产业是一个典型的小型企业占主导地位的格局。与大型企业相比，小型企业难以获得规模经济效益，在面对政府统一招标价时明显处于劣势。因此，国家基本药物制度的低价导向不利于中小医药企业的发展。

表1　2005—2011年我国医药产业的企业规模结构

		2006 年	2007 年	2008 年	2009 年	2010 年	2011 年
企业数量占比（%）	大型	1.21	1.09	1.19	1.07	1.08	1.57
	中型	13.68	13.28	13.33	13.29	13.11	17.68
	小型	85.12	85.63	85.48	85.64	85.82	80.75
销售产值占比（%）	大型	20.45	21.47	18.54	19.76	20.09	17.97
	中型	37.05	36.04	36.82	35.79	34.92	42.62
	小型	42.50	42.50	44.64	44.45	44.99	39.41

数据来源：国家统计局。

三、对我国国家基本药物定价的启示

建立一种合理、有效的国家基本药物定价机制是国家基本药物制度健康运行的关键，它不仅直接关系到国家基本药物制度的实施效率和医改的成败，还会对医药产业的发展产生重要影响。作为一个发展中国家，印度《新政》中国家基本药物的定价目标、方法、程序等相关规定，对我国完善国家基本药物制度、推进新一轮医改具有重要的借鉴意义。

（一）重新审视国家基本药物制度目标

我国国家基本药物制度的基本目标应立足于两个方面：一是通过对药品价格和药品费用增长的控制，保障普通群众对国家基本药物的可及性和可获性；二是促进医药产业发展。但从实际运行来看，上述目标更多体现的是前者，后者未能充分体现。重视前者固然是正确的，但忽视后者，国家基本药物的可及性和可获性就将失去基础。

反观印度《新政》，其目标不仅仅在于通过控制药品价格来确保普通群众对国家基本药物的可及性和可获性，更重要的是明确了促进医药产业发展的具体措施，如研发投入支持、税收优惠、人力资本开发、中小企业扶持等。鉴于此，我国国家基本药物制度应该权衡保障普通群众对国家基本药物的可及性、可获性与促进医药产业健康持续发展的关系。在对国家基本药物实施价格控制的同时，应出台相关措施来促进医药产业发展。此外，保证国家基本药物的可及性和可获性，不仅表现为数量上的满足，在质量方面同样不可忽视。

（二）引入第三方机构，保证国家基本药物定价的规范公平和透明度

目前，我国的国家基本药物定价主要由政府部门来实施。政府主导定价的最大问题就在于它难以保障定价的规范、公平和定价成本信息的透明度。通过成本价格调查等程序，有助于定价机构获得相对真实的药品生产和经营成本方面的信息，但这些程序更多强调的是如何防止在药品价格制定过程中的腐败现象，并没能真正从定价技术层面解决问题。

反观印度《新政》，在国家基本药物定价的过程中就引入第三方机构，由它来获取医药企业的成本信息。第三方机构的引入，可保证国家基本药物定价的规范公平和成本信息的公开透明，有效避免药企单方面提供信息的局限性。

（三）对国家基本药物实施差别化定价

目前，我国在国家基本药物零售指导价方面存在一定的差别化，但仅体现在同种药品不同剂型、规格或包装上。对于创新药与仿制药以及不同规模企业生产的需要差别化定价的药品，在国家零售指导价和地方国家基本药物招标采购价中并没有得到体现。

反观印度《新政》，在国家基本药物的定价中，不仅考虑了创新药与仿制药的差异，还对不同规模药企产品的最高限价进行了区分。鉴于此，我国应进一步完善国家基本药物的差别定价。一是对国家基本药物目录下的创新药和仿制药实施差别定价。对于创新药，要遵循药品前期成本较高、后期快速下降的规律，在确定国家基本药物全国零售指导价格时考虑其研发成本，以激励企业创新。二是对不同规模企业的药品定价有所区分，以营造竞争环境，促进中小医药企业的发展。根据中小药企规模偏小和成本偏高的实际，建议对中小药企生产的国家基本药物实施差别定价，或规定国家基本药物招标中面向中小药企的比例。

本文作者：赛迪智库消费品工业研究所　姚霞　闫逢柱

新时期我国集成电路产业如何弯道超车?

【内容提要】集成电路产业是国民经济和社会发展的战略性、基础性和先导性产业。一直以来,国家高度重视发展集成电路产业,先后出台了多项有针对性的扶持政策和具体举措,但产业大而不强的问题仍很突出。赛迪智库规划研究所分析了新时期集成电路产业的发展趋势与特征,认为我国集成电路产业难以做大做强的根本原因在于:缺少具有较强资源整合能力的大企业,缺乏足够的技术积累,缺乏强有力的顶层设计和制度安排,缺乏完整的产业生态体系。基于此,提出四条对策建议,即集中力量打造2—3家具有国际竞争力的大企业;推进关键共性技术研发和产业化;促进形成推动集成电路产业发展的政策合力;加强对集成电路产业链和创新链的宏观管理。

【关键词】集成电路　电子信息产业　跨越式发展

集成电路是信息化时代经济发展的动力系统。它具有极强的渗透性和高度的增值性,不仅是促进国民经济增长的重要杠杆,也是抢占第三次工业革命的战略制高点。一直以来,我国对集成电路产业发展十分重视,国家和地方政府相继出台了多项扶持政策,但却仍未能破解集成电路产业发展的困局。那么,我国集成电路产业难以做大做强的原因究竟是什么?又该如何破题呢?

一、新时期集成电路产业发展趋势和特征

(一)从技术发展看,集成电路具有技术和产品更新换代快的特点,只有注重技术积累和技术攻关,才能跟上产业发展节奏

在摩尔定律的引领下,几十年来集成电路技术以惊人的速度发展。2002年以来,国际高端集成电路主流线宽已经历了0.13μm、90nm、65nm、45nm、32nm、22nm共6代技术。当前,英特尔公司计划在2013年进入14nm时代,在2015年实现10nm,7nm、5nm技术也已进入理论研究阶段。随着硅半导体技术逐渐逼近

物理极限，集成电路技术还出现了一些新的发展方向，如碳纳米管技术、超薄石墨烯技术、量子计算、生物计算等技术。在技术创新步伐日益加快的趋势下，后发国家只有加强技术积累和技术攻关，才能跟上产业发展的节奏。

（二）从竞争格局看，跨国公司主导产业发展的格局基本形成，只有培育出具有超强竞争力的大企业，才能真正参与全球产业竞争

当前，世界半导体产业格局已基本定型。其中，英特尔等 IDM 厂商从设计到封装测试环节都能自给自足，只有在需求过旺时才会溢出部分业务给其它代工厂；DRAM 也已被以三星、海力士等为代表的韩国企业所垄断；芯片代工领域则是唯台积电和台联电等台湾地区企业马首是瞻。美国作为半导体强国，在全球前 20 大半导体厂商中占据了近半数席位；在全球前 20 大集成电路设计企业中，更是占到了一半以上。在全球产业格局基本定型的情况下，后发国家只有培育出具有较强竞争力的跨国公司，才能真正参与全球产业竞争。

（三）从发展模式看，资源整合能力日益成为决定竞争成败的关键，只有加强对创新链和产业链的宏观管理，才能有效推动集成电路产业的跨越式发展

当前，企业的核心竞争力不再只是来自于单项优势技术或产品，创新链和产业链整合能力日益成为决定竞争成败的关键。苹果公司开创了"终端＋软件＋应用＋内容"的全产业链商业模式；谷歌收购摩托罗拉移动后，随即与英特尔展开深度合作，实现了"芯片＋系统＋终端"的全产业链整合。在市场应用牵引下，集成电路企业与整机企业的协作更加紧密，这对集成电路企业整合上下游产业链的能力也提出了更高要求。在创意、创新、经济发展联系更加紧密的情况下，后发国家只有加强对创新链和产业链的宏观管理，才有可能实现集成电路产业的跨越式发展。

二、制约我国集成电路产业做大做强的主要因素

在国家高度重视和政策的有力支持下，近年来我国集成电路产业实现了快速发展，产业规模快速增长，技术水平显著提高，发展环境明显改善。但整体上看，产业发展中仍存在诸多问题，主要制约因素如下：

（一）由于缺少具有较强资源整合能力的大企业，始终难以突破跨国公司垄断的竞争格局

一是企业规模偏小。2010 年，我国最大的芯片制造企业年销售收入 100 多亿

元，仅为同期全球排名第一的制造企业销售收入的 1/7；我国有集成电路设计企业 500 多家，销售收入总和仅为美国高通公司的一半左右。二是企业国际化水平不高。集成电路产业世界巨头无一不是跨国公司，如英特尔仅在中国就有 13 个分公司和办事处。而我国在海外进行绿地投资的企业几乎为零，仅有极少数成功并购国外企业的案例，比如展讯收购美国 Quorum 公司等。三是产业链整合能力不强。我国集成电路领域有实力的 IDM 企业较为缺乏，也未形成虚拟 IDM 企业，难以适应当前 Fabless 模式和分工细化的要求。在国际竞争规则制定中没有主导权和话语权，难以突破跨国公司垄断的竞争格局。

（二）由于缺乏足够的技术积累，始终难以形成定义产品的能力和可持续的竞争优势

一是缺乏核心技术，关键环节受制于人。在设计环节，我国在 X86 处理器、DRAM 存储器、NOR 与 NAND 闪存、图形处理器（GPU）等领域尚处于空白。在制造环节，我国集成电路制造工艺技术刚达到 45 纳米，美日韩等国就即将进入 22 纳米 /20 纳米时代，落后了两代，约 5 年。在设备与材料环节，我国 8 英寸以上主流装备、8 英寸以上集成电路用硅片和抛光片等主要依赖进口。二是技术积累不足，累计专利数量较少。截至 2010 年，我国在美国专利与商标局包括核心芯片和高端芯片在内的半导体专利仅占 0.9%[1]，而美国、日本分别占到了约 38%、28%。由于缺乏足够的技术积累，始终难以形成定义产品的能力，只能重复着引进再引进的老路。三是研发投入强度低，技术进步速度较慢。我国海思、中芯国际等集成电路设计、芯片生产企业，在研发投入总量和投入强度方面均远落后于高通、台积电等跨国巨头的情况下，想要实现追赶和超越是不切实际的。

（三）由于缺乏强有力的顶层设计和制度安排，始终难以形成推动产业跨越式发展的合力

一是政策资源相对分散。各类支持产业发展的政策与资源出自国务院不同部委，资源较为分散，支持不够聚焦，政策统筹协调难度较大。二是未能有效发挥大国大市场的作用。我国集成电路市场规模从 2005 年的 3800 亿元扩大到 2009 年的 5650 亿元，占全球市场的 43%，是全球最大的市场，但我国的市场被国外企业大量瓜分，国产化比例还不到 1/4。三是融资渠道较为单一。虽然近年我国一

---

[1]　数据引自《2012 美国科技指南》。

些集成电路企业成功通过股市、债券等方式融资，但大多数集成电路企业由于规模小、信用不高等原因造成贷款难、上市难。另外，风险投资和民间资本的作用也尚未能有效发挥。

（四）由于缺乏完善的产业生态系统，始终难以脱离对国外产品、技术和人才的依赖

从产业链看，我国集成电路设备和材料严重依赖进口，高端产品远远不能自给，集成电路进口仅次于原油。以 2010 年为例，我国集成电路产品进口量为 2009.6 亿块，进口集成电路金额为 1569.9 亿美元，均价为 0.78 美元／块；集成电路出口量和出口额分别为 831.5 亿块和 292.5 亿美元，均价仅为 0.35 美元／块。从产业结构看，设计、制造、封装测试比重虽然在一定程度上得到改善，但仍不均衡。2010 年，设计、制造和封装测试业占总量的比重分别为 25.3%、31% 和 43.7%。从专业人才看，高端人才不能满足产业发展需要，人才培养、人才引进的力度有待进一步提高。

三、促进集成电路产业跨越式发展的思考与建议

（一）集中力量打造 2—3 家具有国际竞争力的大企业

按照"整合资源、集中力量、重点突破、整体提升"的发展思路，争取利用 3—5 年的时间着力打造 2—3 家具有国际竞争力的大企业，集中攻克一批制约产业发展的核心技术和关键环节。加强整体部署，完善投入机制，通过政府采购、支持兼并重组等手段，对重点企业给予持续稳定的支持。通过大型骨干企业的培育，着力增强资源整合能力和核心竞争力，通过重点领域的技术突破，带动产业发展水平的全面提升。

（二）推进关键共性技术研发和产业化

健全基础研究和共性技术研发体制机制，支持建设一批产业技术开发平台和技术创新服务平台。以先进工艺、核心装备、关键材料等关键领域为重点，支持和促进重大技术成果产业化。充分发挥产业技术研究院、产业创新联盟等新型产业组织作用，鼓励其承担重点领域关键共性技术研发任务。在高校和科研院所中着力打造一批具有世界领先水平的重点实验室，从事基础性、前瞻性、公益性的共性技术研发。发挥大国大市场优势，提高集成电路产品的国产化率。

（三）促进形成推动集成电路产业发展的政策合力

设立支持集成电路企业发展的股权投资基金或创业投资基金，引导社会资金投资。积极支持集成电路企业采取发行股票、债券等多种方式筹集资金，拓宽直接融资渠道。引导风险投资和民间资本支持中小企业创业。建立集成电路行业专利数据库，构建集成电路的知识产权公共服务平台，面向企业提供专利检索、专利分析、司法鉴定等专业服务。高度重视技术人才的培养，更要重视企业家、带头人等领军人才的培养和选拔。

（四）加强对集成电路产业链和创新链的宏观管理

按照产业发展的要求设计创新链，明确各创新主体的功能定位，协同推进关键核心技术、相关技术、材料、关键零部件和工艺技术创新，打通制约技术创新和应用过程中市场培育和产业发展的障碍。组建由核心企业牵头、大中小企业参与、产学研用充分结合的产业技术创新联盟，推动协同创新，使创新链与产业链有效对接。进一步规范技术转让交易、技术产权交易、科技信息交流、科技成果发布等行为，支持科技中介服务企业的发展壮大，完善科技成果转化的绩效评价机制，着力营造有利于成果转化的发展环境。

本文作者：赛迪智库规划研究所　乔标　李亚光　黄玉洁

我国 LED 照明产业路在何方?

【内容提要】LED 照明产业是朝阳产业。从发展趋势来看,其关键技术路线存在创新空间,特种照明、智能控制等应用市场尚待开拓。但 2012 年受全球经济低迷影响,LED 产品成本上升,价格快速下降,国内 LED 企业利润普遍下滑。赛迪智库电子信息产业研究所认为,现阶段我国 LED 产业的问题来源于三个方面,一是宏观经济周期引起的短期性问题,二是产业发展过程中的必然性问题,三是产业生态环境问题。基于此,提出推动我国 LED 产业健康、可持续发展的四项政策建议:紧抓核心环节,支持企业提升核心竞争力;合理引导,谨防投资过热与产能过剩;规范市场,建立健全产品监督机制;推动标准化工作,加强标准的实施与监督。

【关键词】LED 照明产业　发展趋势

受全球经济低迷影响,2012 年 LED 产品成本上升、价格快速下降,国内 LED 企业利润普遍下滑。2012 年前三季度,国内 19 家主营业务为 LED 的上市公司营业收入总额同比增长 21.2%,但营业利润总额同比下降 11.8%。我国 LED 产业的问题来源于三个方面:宏观经济周期引起的短期性问题,产业发展过程中的必然性问题,以及产业生态环境问题。分析当前这三类问题的特征和成因,对推动我国 LED 产业健康、可持续发展有着极其重要的意义。

一、LED 照明产业的发展趋势

LED 照明产业是朝阳产业,产业规模保持高速发展,关键技术路线存在创新空间,特种照明、智能控制等应用市场尚未开拓。

(一)关键技术路线存在创新空间

目前全球 LED 照明产业处于高速发展阶段,LED 照明的关键核心技术发展迅速,LED 芯片外延的重大技术创新仍在继续。芯片外延是半导体照明产业链中技术含量最高、设备投资最大、专利竞争最激烈的环节。主要技术路线可分为三种，分别是蓝宝石衬底外延技术，碳化硅衬底外延技术和硅衬底外延技术。三种技术路线的目标都是提高性能、降低成本，但技术路线的选择存在不确定性，因为，芯片性能与成本之间的平衡点最终要由市场决定。技术创新存在空间导致产业格局没有最终确定，目前全球生产 LED 外延芯片的企业有 142 家，其中我国占 36 家，大批上游企业面临着兼并重组，这其实也是我国 LED 企业攻克关键核心技术、占领产业制高点的关键时期。

（二）特种照明应用市场有待开拓

由于 LED 独特的半导体发光特性，催生了 LED 特种照明应用市场。LED 特种照明也称为超越照明应用，主要应用于生态农业、医疗保健等行业。在生态农业方面，促进植物生长的波长在 400nm—520nm 的范围内，而半导体照明的发光波长可通过制造工艺精确控制，能够制造出适合于植物生长的 LED 光源，可大大提高植物照明的光谱利用效率。目前，国内外都已开发出紫外或深紫外 LED 芯片，在医疗、消毒、水净化以及保健方面，紫外 LED 光源都有着很大的应用潜力。

（三）LED 智能控制颠覆传统照明理念

不同于只强调节能性能、光舒适性的传统照明理念，LED 照明的发展方向是以系统解决方案的方式提供智能化、网络化、定制化的系统照明产品。智能控制技术越来越多地被应用于 LED 照明领域，形成了新的技术体系与产品形态。在技术方面，2012 年 9 月飞利浦、欧司朗、松下、东芝、路创、GE 等六家照明领头企业发起成立了全球互联照明联盟，目的是推动照明无线网络控制技术的发展。在产品方面，2012 年飞利浦公司推出的智能 LED 灯可以通过无线信号与苹果的 iphone 连接，在终端系统软件的控制下，搭建成自动化灯光照明系统。

二、现阶段我国 LED 产业存在的问题

2012 年受全球经济整体低迷影响，我国 LED 企业生产经营情况持续恶化，存在三方面的问题。一是经济周期引起的短期性问题，二是 LED 产业发展过程中的必然性问题，三是产业环境问题。

（一）经济周期引起的短期性问题

内外需求不足，出口大幅下降，主要是由宏观经济周期所致，是 LED 产业的短期问题，LED 产业仍长期看好。市场经济具有周期性，市场的繁荣与萧条交

替发生，宏观经济低迷给 LED 产业带来的问题应是暂时的，企业需要正确面对。LED 产业是朝阳产业，自 2005 年以来我国 LED 产业一直以 30% 以上的高增速发展，而且当前 LED 灯的照明市场渗透率仅为 5%，LED 产品还有非常大的市场空间，产品的内外需求长期看好。

所以，企业应积极面对经济周期引发的短期问题。目前的局面只是出口暂时下滑及产能相对过剩。在这样的市场背景下，LED 企业必须认真思考、找准市场定位，先保生存后求发展，等待经济复苏。

（二）LED 产业发展中的必然性问题

价格的快速下降甚至加速下降是 LED 产业发展过程中的必然性问题，企业要主动应对。半导体照明市场的一个显著特性是，在相当一段时间内，LED 灯会作为白炽灯及节能灯的替代产品出现，而在半导体照明进入家家户户之前，LED 产品高昂的成本及价格将是主要障碍之一。"海兹定律"被认为是 LED 行业的"摩尔定律"。该定律认为，"在给定的光波长（光色）下，LED 组件单位流明成本每十年降低 10 倍，而发光量每十年提高 20 倍"。在这种趋势下，要保持稳定的利润率，企业就必须主动降低成本适应产业发展，使生产成本下降速度快于产品价格下降。

劳动力成本上升及产品的同质化竞争也是 LED 产业发展过程中必然会出现的问题。这种现象在纺织、汽车、计算机等其它产业也曾发生过。但从另一个角度看，这些问题正是企业创新发展、提高竞争力的最根本动力。劳动力成本上升强迫劳动密集型企业进行技术升级、加强成本控制、改变生产方式、提高生产效率；产品同质化竞争强迫企业通过技术创新、模式创新提高利润，一部分企业会因为利润不断下降被市场淘汰，而另一部分创新型企业会形成核心竞争力推动产业发展。

（三）LED 产业发展的生态环境问题

LED 产业相关的财政补贴、进出口税费以及产品标准化等问题是产业生态环境问题，需要科学谨慎地对待。产业生态环境问题涉及多方因素，处理起来容易顾此失彼，需要妥善处理好。良好的产业环境是产业健康可持续发展的必要条件，需要企业、协会、联盟以及产业相关政府部门的共同努力。

LED 生产环节的补贴既有积极作用，又有消极的一面。财政补贴是把"双刃剑"，积极的方面是补贴可以在很短的时间内吸引国内外投资，带动产能高速增长，并拉动市场需求；负面影响是对生产环节的补贴，容易造成投资过热、产能过剩、资源浪费现象，同时也可能会为别国征收反补贴税提供依据。财政补贴的方式方法需要认真研究、谨慎执行。LED 产业属于我国重点发展的战略性新兴产业范畴，为了促进产业发展，对其补贴很有必要，但财政补贴必须更加合理合规，既要尊重经济发展的客观规律，也要符合或者规避世界贸易组织（WTO）的协定规则。

在进出口税费方面，LED 相关产品进出口税费的征收与国家产业政策不同步。2012 年 6 月发布的《国家"十二五"节能环保产业发展规划》把 LED 列为节能环保产品，9 月国务院发布《关于促进外贸稳定增长的若干意见》（国发 49 号文）指出，要"扩大技术和资金密集型的机电产品、高技术高附加值产品和节能环保产品出口"。国家产业政策鼓励 LED 相关产品的进出口，但某些 LED 相关产品进出口税费的征收与国家政策不同步。在产品出口方面，目前 LED 灯具出口退税仍按照"其他电灯及照明装置 13%"的税率实施，低于节能灯出口退税的 17%。在原材料进口方面，自 2011 年起 LED 蓝宝石衬底进口征收 10% 消费税，LED 蓝宝石衬底应属工业原材料，但按"珠宝玉石"产品征收消费税。

在标准化方面，标准的实施与标准的监督工作落后于标准的制定。当前 LED 市场有"劣币驱逐良币"现象，低质低价产品充斥市场扰乱市场秩序，消费者对国内 LED 产品的质量缺乏信任，严重损害了行业的健康发展。产品市场的有序竞争需要标准等规范性文件的引导。我国半导体照明 /LED 领域的相关标准正在积极制定中。截至 2012 年 9 月，包含已发布、已报批及制定中的 LED 相关标准共计 146 项，涵盖 LED 衬底材料、芯片器件、光源组件、LED 灯具、工程应用，以及检测方法等各个方面。但需要注意的是，标准化工作包含制定标准，组织实施标准以及对标准实施的监督，现阶段实施与监督的需求可能更加迫切。

三、对我国 LED 产业健康可持续发展的政策建议

（一）紧抓核心环节，支持企业提升核心竞争力

紧抓 LED 产业价值链核心环节，突破关键性技术，培育高附加值产品，建立以企业为主体、市场为导向、产学研相结合的技术创新体系。大力支持企业进行引进消化吸收再创新、技术集成创新以及原始创新工作。鼓励企业通过技术、产品的创新来提高企业经营利润，健全技术创新投入、研发、转化、应用机制。

（二）合理引导，谨防投资过热与产能过剩

优化政府和市场有效协作机制，尽可能降低 LED 产业产能过剩的风险和负面效应。调整行业结构，积极推进产能过剩行业结构调整升级和落后产能的淘汰。

加快提升行业的创新能力，大力推动创新体系建设，完善以企业为主体的自主创新体系。

（三）规范市场，建立健全产品监督机制

向市场公布优质的 LED 照明产品的性能与安全指标，推动淘汰劣质产品。构建 LED 照明产品公共检测服务平台，提供标准制定、产品检测、资质认证、品牌推广等专业服务。增强产品标准符合性检测，加快国家级 LED 器件、光源检测机构的建设，提高检测水平和服务能力。

（四）推动标准化工作，加强标准的实施与监督

加强 LED 照明产品的标准化建设，充分发挥标准化相关组织、协会、研究单位等各方面的作用，提高标准化工作水平，增强标准服务产业发展的能力。强化标准化工作，特别要加强对已经发布的标准的贯彻实施，同时加强对实施过程的监督。

本文作者：赛迪智库电子信息产业研究所　张伟

光伏危机应对中的问题、走势与建议

【内容提要】今年以来，作为七大战略性新兴产业主要内容之一的光伏产业陷入前所未有的困境：对内面临产能阶段性失衡，对外面对国际贸易壁垒围堵。产业内外通过各种方式商讨光伏产业发展良策，达成了加快规范产业和扩大国内市场的共识。赛迪智库光伏产业研究所在充分调研和分析后发现，在规范产业和扩大市场过程中，将面临行业存在多头管理、光伏发电经济性不足、行业门槛不易设立、行业整合不易推进、行业贸易壁垒不易破解等五个问题，且产业发展将呈现出市场本地化、信贷惯性化、采购锁定化等三个发展趋势，不利于产业走出困境。为此，赛迪智库光伏产业研究所提出了四条对策建议。

【关键词】光伏　产业规范　多头管理　危机应对

今年以来，光伏产业陷入了前所未有的危机。由于光伏产品制造能力增速过快，而全球光伏市场增速放缓，导致产业陷入严重的阶段性失衡。与此同时，美欧也相继向我国光伏产品发起"反补贴、反倾销"调查，进一步加剧了产业困境。在多种不利因素叠加下，我国光伏企业全线亏损，新兴产业面临空前危机。各级政府、行业机构和企业纷纷对光伏产业施以援手，业界逐渐形成规范产业、扩大市场的共识。然而，受行业管理、行业认识、行业准入、行业整合以及行业贸易等五大问题影响，产业的规范和市场的扩大任重而道远。

一、光伏危机应对中的五大问题

在当前光伏危机应对中，主要存在行业多头管理、光伏发电经济性不足、行业门槛不易设立、行业整合不易推进，以及国际贸易纠纷难解等五大问题。

（一）行业存在多头管理，部际沟通严重不足

光伏产业是一个新兴产业，具有新技术、新材料和新能源等产业特征。也正因为如此，除了产业主管部门工业和信息化部、国家发改委之外，科技部、商务

部等多个部委也意欲发力光伏产业。一方面，这体现了国家相关管理部门对光伏产业的高度重视，但另一方面也表明行业管理不畅，可能出现政出多门、行政效率低下、企业无所适从等局面。以光伏产品标准为例，多个部门管理可能形成如下局面：国家发改委能源局主管光伏产品应用，在电站招标中可设定产品标准；商务部关注产品进出口（我国光伏产品主要依赖出口），对出口产品会有质量要求；工业和信息化部作为光伏产业主管部门，标准制定是其管理行业的有效手段。而企业为了抢夺标准话语权，就会在各个部委之间周旋。事实上，只需作为产业主管部门的工业和信息化部与有关部委商定产品标准，其它部委按此执行即可，这就需要其它部委的支持与配合。

此外，自2011年四季度光伏产业陷入困境以来，温家宝总理2011年12月在江苏视察时就作出"有关部门要从战略上加强研究。要积极应对，不要消极等待"的指示，至今已过一年，部委目前仍停留在召开座谈会、上书国务院争主导权阶段，相关产业管理对策仍在各部委之间周转，实施细则迟迟未见出台，部委之间尚未形成合力，产业困境依然持续。亟待部委间明确分工，相互协作，共同解决产业难题。

（二）光伏发电经济性不足，补贴资金缺口有待解决

光伏产品最终的用途为发电，其发展潜力不言而喻。但由于目前光伏发电尚不具备经济性，其发电成本大约是同为清洁能源的水电的四倍、风电的两倍，从经济性角度而言，大力发展光伏并不利于补贴资金利用的最大化。此外，由于光伏电站建设中，土地、逆变器、支架、水泥等成本占有较大比例，且为刚性，光伏发电的平价上网（不再依赖补贴）除了需要电池组件等成本持续下降外，还依赖于传统能源使用价格的提高，因此补贴负担大。特别是，当前光伏电站的补贴资金主要来源于可再生能源附加。以2011年为例，可再生能源附加费约为300亿元，但风电占据约200亿元，太阳能和生物质能等只能分享剩下的100亿元，补贴资金存在较大的缺口（今年光伏电站的可再生能源补贴至今未发，已给光伏电站运营带来较大困难）。而可再生能源附加费去年已从4厘/度增至现在的8厘/度，如若解决未来产业资金缺口问题，每度电需至少再增加1分钱，这无疑会进一步加重国民经济负担。因此，要扩大国内光伏应用市场，就需加深对光伏产业作为战略性新兴产业和我国优势产业的认识，彻底解决产业发展过程中所出现的问题。

（三）产品同质性较高，产业门槛不易设立

我国太阳能电池主要以晶体硅太阳能电池为主，由于光伏技术较为成熟，生产设备标准化程度较高，企业只需购置相应设备和原辅材料即可生产出满足一定需求的光伏产品。因此，各企业间产品同质性较强，产品的光电转换效率、质保水平、外观样式相差不大，这也导致较难通过设定产品标准来建立产业门槛。

此外，大型企业与中小型企业的产品相比，也并无太大优势，而我国近期也较重视中小微型企业的发展，如若只是简单扶大，也与国家整体产业政策不相吻合。特别是，由于我国光伏产品主要依赖国外市场，产品的检测认证主要以出口国为主，国内检测认证机构较为欠缺，尚未形成有效的检测认证机制，难以配合光伏产品标准的实施。产品同质性较高的特点，也注定了在未来一段时间，企业间的竞争仍将以价格战为主，不利于企业财务状况的改善，致使其难以实施产品差异化战略。

（四）光伏企业实力相当，产业整合难度较大

当前，我国已有多家企业产能在 GW 量级以上，如尚德、英利、天合、阿特斯、晶澳、晶科、赛维 LDK 等，企业主要以组件生产制造为主，实力相当，且这些企业都是民营企业，每家企业都没有足够的把握能在市场整合中拥有较强的竞争优势。如若仅靠企业之间的竞争进行优胜劣汰，则此过程势必漫长且残酷，即使胜出者也会元气大伤，甚至可能有损我国光伏产业在全球的竞争力。特别是当前组件产品价格大幅下滑，企业普遍存在亏损，且这些企业负债率较高。据统计，我国十家在美国上市的光伏企业负债额已高达 175 亿美元，平均负债率近 70%。这些企业自顾且不暇，更遑论有多余资金进行兼并整合。此外，一些欲涉足光伏产业的大型国企，则是本着并购利益最大化原则，也在观望，等待最佳进入时机。

我们应当看到，大型光伏企业竞争失利，可能导致如下后果：一是大量员工失业，产生潜在的稳定问题；二是拖垮供应商（三角债问题），引发多诺米骨牌式的企业倒闭潮；三是由于呆坏账可能引爆区域金融危机。

（五）国外贸易纠纷不断，扶持政策难以切入

目前美国商务部已对我国光伏产品作出终裁，征收 23%—249% 不等的关税。美国的做法是一个坏榜样，很可能引起世界其它国家效仿，甚至搭便车。比如，目前欧盟的立案调查正在进行，印度也在蠢蠢欲动。尽管如此，光伏产业今日之困境主要还是由于产能增速远高于市场增速所致；更深层次的原因则在于产

业技术较为成熟，企业之间竞争力差别不大，国际贸易纠纷只不过是加重了产业的困境。

事实上，国际贸易纠纷有欧美有意打压我国新兴产业的意图，但国内部分地方政府过多涉足产业的做法也值得商榷。产业出现危机时政府不能袖手旁观，但政府一旦涉足又极易被国外利用，认为政府过多介入产业，不利于自由贸易，开始在贸易壁垒上做文章。当前，我国光伏企业普遍对贸易壁垒调查存在幻想，一方面希望通过政府层面的沟通能够解决此次贸易纠纷，另一方面又希望政府对自己施以援手，助其走出困境，但这是一个两难选择。欧盟企业也正在利用中国企业的企图，对欧盟施加压力，一方面希望欧盟对我国政府施压，减少政府对产业的干涉，另一方面也希望欧盟能效仿中国政府对本土企业扶持帮助。这不仅不利于中欧光伏贸易纠纷的化解，也使得产业政策干预举步维艰。

二、产业发展的三大走势

在光伏危机下，产业逐渐呈现市场本地化、信贷惯性化、采购锁定化三个发展趋势。这些发展趋势均不利于产业的规范和困境的突围。

（一）地方保护主义抬头，本地化条款蠢蠢欲出

光伏产业是朝阳产业，也是我国七大战略性新兴产业的主要内容之一。地方政府对该产业表现出极大热情，正在加大扶持力度，力助产业走出困境。在国家大力启动国内市场之际，极有可能引燃地方政府的本地造热情。因为，光伏电站建设首先要经过地方审批，然后才可向国家能源局申报。为了保护本地企业发展，在电站审批等方面可能会优先本地企业，甚至会对电站建设方提出产品"本地化"要求，这无疑将不利于光伏产业的优胜劣汰，甚至可能会催生一批新生光伏企业，不利于产业的规范。

（二）金融信贷收紧，融资呈现惯性化

如前所述，光伏企业实力相当，且普遍存在债务高企、现金流吃紧等问题，谁能获得信贷支持，谁就能在这场拉锯战中取得先机。我国大型金融机构对大型光伏企业普遍存在大额贷款，企业破产将会造成其坏账损失。为了不使自己的前期投资打水漂，金融机构将很可能继续对其老客户进行授信支持，使其在整合中能够存活或胜出。如近期媒体披露的，国开行将对我国"六大六小"光伏企业进行支持，这12家企业多为其此前授信的对象。但这可能导致我国一些优势

企业较难获得银行融资。

（三）大型发电集团涉足制造业，电站采购凸显锁定化

大型光伏发电是未来光伏市场的主要开拓者，以全国电站建设最快的青海格尔木地区为例，在2011年新并网的583MW电站中，五大发电集团（国电、华能、华电、大唐和中电投）旗下的企业占据了63%，而民营企业仅占12.5%。大型发电集团实力雄厚，电站运作经验丰富，且有发展新能源的需求，在申请电站"路条"中也有优势，是未来光伏电站建设的主体。为了控制产品质量和成本，这些发电企业目前均不同程度地涉足电池制造业。比如，国电和中电投已涉足从硅料到电池组件的制造环节，大唐、华能和华电也在酝酿进入光伏电池制造环节。然而，发电集团的涉足主要是为其下游电站开发进行配套，并无意大力向制造环节拓展，其结果是其产能将锁定于国内大部分光伏市场，直接造成光伏企业国内市场份额的降低，而这无疑将会加剧光伏企业的困境，也不利于光伏企业成本的下降。

三、应对建议

基于以上分析，我们建议，为了规范市场和扩大国内应用市场，力助产业走出困境，行业上下必须统一认识，切实提升光伏产业的战略地位。

（一）统一认识，加强组织管理

一是充分认识太阳能光伏发电的战略价值和重要意义，切实在国家能源经济和社会可持续发展的总体部署中予以统筹考虑，提升太阳能光伏产业在国民经济发展中的战略地位，解决产业在发展中所涉及的难题如补贴资金来源、光伏电站并网运营等。二是从国家层面加强组织管理，明确各有关部委的产业管理分工，形成合力，使相关各方根据其职能进行协同配合，切实解决产业发展难题。三是建立多部委联席会议制度，定期召开会议，从各个层面协调解决产业发展过程中的问题。

（二）规范产业，支持兼并重组

一是设置行业门槛，通过提高光伏产品标准体系建设、完善检测认证水平等手段，加快实施一些强制性标准，卡掉部分落后产能，能够满足相关标准的产品才可进行电站项目招标。可考虑宣扬一批光伏优质产品，通过认证的产品可在国内应用市场和出口中优先安排推广。二是扶优扶强，通过企业实力、技术水平、产品质量和产业布局等方面的评估，建立重点企业保护机制，通过评估的企业在

金融信贷、技术研发等方面可得到扶持，避免信贷的狭隘化，以确保我国产业核心竞争力。三是支持兼并重组，鼓励国有资本（特别是发电集团或能源企业）进入光伏企业，依靠国有资本进行大规模整合重组，以达到规范市场和调整产业结构的目的。四是引导产业转移，鼓励企业到市场发展前景较好的欧美国家或制造成本较低的东南亚地区建厂或并购，实施全球产业布局，让产品充分靠近终端市场和规避国际贸易壁垒。

（三）扩大市场，建设大型光伏电站

市场启动应与产业规范相结合，与节能减排、扩大内需、环境改善相结合。一是做好扩大市场的配套服务工作。明确装机目标以稳定市场，加快落实电站申请、建设、补贴和并网等实施细则，简化并明确项目审批和并网程序；确保建成的电站并网运营，补贴资金按时发放，严格电站招标程序；只有通过检测认证的产品方可参与招标，严禁设置本地化门槛。二是大力推动分布式电站建设，在终端用户附近建设光伏电站，发电量自发自用、余电上网、就近消纳。比如，要鼓励在工商业用电价格较高的园区集中建设连片光伏电站，鼓励在学校、医院、机关大楼等公共建筑建设大型屋顶电站，要求新建或改扩建小区根据建筑面积建设一定比例的光伏屋顶，鼓励太阳能产品类似于节能产品进入千家万户等。三是建设大型光伏电站，充分利用西北部地区丰富的日照和土地资源，在电力接纳条件好的地区组织大型光伏电站建设，做好协调电源和电网建设规划工作，有序推进光伏电站在西北部地区布局。四是优化市场布局，通过政府合作项目，协助企业开拓新兴市场，利用现有渠道和贸易壁垒规避手段，巩固现有市场，争取做到新兴市场、现有市场、国内市场三三分。

（四）立足部工作职能，主抓产业规范，渗透产品应用

就工业和信息化部而言，建议在充分与国家发改委（能源局）、商务部、财政部和质检总局等部委沟通的基础上，采取主动策略，立足本部职能，主抓产业规范，渗透产品应用。

一是抓标准、建平台。以光伏产品标准制定职能为抓手，发挥中国光伏产业联盟的作用，组织几家大型光伏企业加快制定实施几个强制性标准，为国内光伏电站招标和出口提供相关产品标准，支持1—3家光伏产品检测平台建设，提高检测认证水平。二是抓重点，扶精品。以光伏优质产品或重点企业认定为推手，参照集成电路的做法，制定重点光伏产品或企业目录，引导资源向优势企业或产品

聚集。三是抓技术，保实力。以产业转型升级和电子发展基金为手段，引导企业技术改造和技术研发，确保产业可持续发展。四是抓规划，促布局。以贯彻落实《太阳能光伏产业"十二五"发展规划》和《工业转型升级规划》为契机，支持产业兼并重组和引导产业转移，推动产业合理布局。五是抓应用，扩内需。以家电下乡和节能产品惠民工程为参照，力争将光伏产品纳入节能产品惠民工程，推动光伏产品由工业品向消费品转变，拉动个体消费市场。

本文作者：赛迪智库光伏产业研究所　王世江

加快优化基础环境，加速我国云计算发展
—— BAS 全球云计算评分表详析

【内容提要】今年 2 月，美国商业软件联盟（BSA）发布《全球云计算评分表》，对全球 24 个主要国家的云计算发展准备情况进行了评估，认为日、澳、德、美、法等国的云计算发展基础环境较好，而中国则有较大改进空间（译文详见《赛迪译丛》2012 年第 12 期）。赛迪智库软件与信息服务业研究所认为，该评估首次给出了全球云计算准备情况的全景图，对我国优化云计算发展环境、推动云计算发展具有参考价值，并提出了持续优化政策法规标准环境、加快推进宽带基础设施建设、引导推动各地云计算协同发展、组织开展各地云计算发展评估等建议。

【关键词】云计算　发展环境　全球评估

2012 年 2 月，全球软件产业领域的重要组织——美国商业软件联盟（BSA）发布《全球云计算评分表》，对占全球 ICT 市场份额 80% 的 24 个国家的云计算发展准备情况进行了评估。BSA 认为，要想最大程度地获得云计算带来的利益，需要世界各国建立支持云计算发展的有利环境；只有基于合适的政策环境，云计算才可能为国家和行业带来预期的经济增长。BSA 提出并讨论了促进云计算发展的主要因素，对我国优化云计算发展环境、推动云计算发展具有参考意义。

一、主要内容

（一）评价体系

BSA 基于 7 类指标对各国云计算发展环境和准备情况进行了考察。

一是数据保密。云计算的成功取决于用户的信任，用户信息应不被滥用或泄露。同时，为最大程度地发挥云的效应，云服务提供商必须通过最有效的方法在云中移植数据。为此，BSA 从 10 个方面重点考察各国在数据隐私法律、隐私监管组

织和数据管控登记需求等数据保密方面的法律法规情况。例如，是否有隐私保护方面的法律法规、监管机构，从事数据控制或跨境传输是否需要注册，以及隐私法是否与欧盟个人数据保护指令、亚太经合组织隐私权框架中的隐私原则相兼容。

二是数据安全。为保护用户利益，应敦促云计算服务提供商理解并正确管理存储或运行在云上的应用。为此，BSA从五个方面重点考察了各国在数据安全保护方面的法律和网络审查、过滤方面的规定情况。例如，是否有法律或法规明确电子签名的法律效力，对数据托管和云服务提供商是否有安全方面的强制要求。

三是对抗网络犯罪。云计算所在的网络世界与现实世界一样，必须有对犯罪行为有明确后果以及震慑意义的法律；相关法律制度也应为执法部门和云服务提供商提供有效机制，去打击未授权的访问。为此，BSA从四个方面重点考察了各国应对网络犯罪的法律法规，以及关于调查执行方面的规则。例如，是否有网络犯罪相关法律，如何应对域外犯罪。

四是知识产权。为了保护持续创新和技术进步，BSA从保护知识产权、禁止盗版和侵权、云研发和云基础设施投资的角度，从12个方面重点考察了各国主要的知识产权保护措施，以及对知识产权的调查和执法方式。例如，是否为《与贸易有关的知识产权（包括假冒商品贸易）协议（草案）》（TRIPS）成员国或《世界知识产权组织版权条约》缔约国，对侵犯版权行为有怎样的管理能力和制裁措施。

五是支持业界标准和国际统一规则。为促进云计算的可操作性和开放性，提高数据通用性和促进可互用软件无缝使用，BSA从七个方面重点考察各国对国际标准研制的支持程度，以及各国的电子商务规则、关税和相关贸易规则与国际规则的一致程度。例如，在建立数据互操作性和可移植性的标准框架方面是否有相应法律、法规或者政策，是否参与国际标准的制定过程，是否有电子商务法律。

六是促进自由贸易。从推动云服务跨界运营的角度，从四个方面考察各国政府的采购制度，以及对消除贸易壁垒的努力程度。例如，是否有法律或者政策要求政府在技术实施中保持中立。

七是ICT准备和宽带部署。云计算需要强大的、无所不在的、能负担得起的宽带接入。为此，BSA从加强宽带基础设施建设、促进宽带普及的角度，从七个方面考察了各国可用于支持云计算和数字服务的基础设施的建设情况。例如，是否有国家宽带计划，以及ICT方面的基础指标、ICT和网络基础设施指标、互联网用户和国际互联网宽带情况、固定宽带情况、移动宽带情况。

（二）主要发现

BSA 的评估对象既包括美国、英国、法国、德国、日本、澳大利亚等西方发达国家，也包括中国、俄罗斯、巴西、印度、南非等新兴国家，还有新加坡、韩国、泰国、越南、阿根廷等国，具有广泛的代表性。通过评估发现，不同国家之间云计算准备情况存在较大差距。

在数据保密方面，韩、日、加、澳等国已建立起较为完善、全面的数据保护法，且对数据管控或数据移植无需登记，因此得分较高。新加坡、南非、泰国等则因缺少实质性数据隐私保护法律而位于末席。其它国家是在数据保护立法和管理方面有待改进的地方。

在数据安全方面，24 个国家都拥有清晰且技术中立的电子签名法，相当部分国家对数据托管和云服务提供商有明确的安全要求，其中 16 个国家对数据托管和云服务提供商有法律或包含通用安全要求的强制执行代码，另有 8 个国家对数据托管和云服务提供商有法律或包含特殊安全审计要求的强制执行代码。

在对抗网络犯罪方面，除巴西外的 23 个国家都有计算机犯罪或网络犯罪方面的法律。有 19 个国家的法律遵从或部分遵从《布达佩斯网络犯罪公约》之类的网络犯罪协议。其中，日、德、法要求数据托管服务提供商采用授权访问的方法，使执法部门在传输数据过程中必须对数据加密，同时对域外犯罪也有全面覆盖的法律，因此得分靠前。其它国家在网络犯罪立法上仍存在漏洞和不一致性。

在知识产权方面，多数国家是 TRIPS 成员国，17 个国家是《世界知识产权组织版权条约》缔约国，多数国家在知识产权保护政策措施上保持一致。其中，韩、澳、意三国对未授权使用网络上的产品还有民事和刑事制裁，并有明确的法律保护被盗用的云计算服务。巴西、泰国、俄罗斯则因知识产权保护方面的不完全而排名末尾。

在支持业界标准和国际统一规则方面，由于各国在电子商务法规、数据互操作性和可移植性标准的制定上趋向一致、各国对云计算国际标准制定都非常重视，因此多数国家分数差距不大。加拿大、马来西亚和印度因国内标准与国际标准一致，故分数靠前。缺少 ICT 相关标准的阿根廷和巴西则分数较低。

在 ICT 准备和宽带部署方面，各个国家均制定了国家宽带计划，新加坡、美国、韩国、日本的家庭个人电脑拥有率、互联网带宽等基础设施条件在各国领先。印度和南非则还缺乏能够有效运营云服务的基础设施。

总体来看，发达国家和发展中国家在发展云计算方面已出现巨大鸿沟。发达国家排名整体居前，日本由于在7项指标中的6项都得分靠前（仅标准方面位居16），故排名首位。澳、德、美、法由于没有明显弱项，分列2—5位。发展中国家则普遍排名靠后，其中泰国、越南、巴西位列后三名。

表1　BSA全球云计算评分综合排名情况

排名	国家	评分
1	日本	83.3
2	澳大利亚	79.2
3	德国	79.0
4	美国	78.6
5	法国	78.4
6	意大利	76.6
7	英国	76.6
8	韩国	76.0
9	西班牙	73.9
10	新加坡	72.2
11	波兰	70.7
12	加拿大	70.4
13	马来西亚	59.2
14	墨西哥	56.4
15	阿根廷	55.1
16	俄罗斯	52.3
17	土耳其	52.1
18	南非	50.4
19	印度	50
20	印尼	49.7
21	中国	47.5
22	泰国	42.6
23	越南	39.5
24	巴西	35.1

二、评估分析

（一）全面看待BSA评估的合理性和局限性

一是合理性。在各国都积极部署、加快云计算发展与应用的大背景下，BSA首次给出了一幅全球云计算准备情况的全景图，其评估具有一定的合理性，主要表现在三个方面。

第一，评估体系全面合理。BSA评估体系所提的7类指标都对云计算创新发展和应用起着关键作用，数据保密、数据安全和对抗网络犯罪都关系到信息安全保障，是云计算得以被公众接受和使用的前提；知识产权、业界标准和统一规则、促进自由贸易有关市场公平秩序，是云计算得以持续发展的保证；ICT 准备和宽带部署则是互联网时代包括云计算在内的各类信息技术实现规模应用和快速发展的必需基础。从这七个方面进行评估，且多数评分都基于诸如是否拥有相关法律法规及监管机构、宽带速率和宽带普及率等客观指标，具有系统科学性。

第二，评估对象代表性强。所选的 24 个国家既有发达国家也有发展中国家，而且其 ICT 市场规模占到全球的 80%，能够反映出当前全世界云计算的准备状况，具有广泛的代表性。

第三，评估依据较为详细。BSA 对各国各个指标的打分依据给出了较详细的说明，特别是对 ICT 准备和宽带部署方面是否有国家宽带计划、国家基本指标、ICT 和网络基础设施指标、互联网用户和国际互联网带宽情况、固定宽带情况、移动宽带情况等给出了具体描述或数据，对学习借鉴各国发展经验具有重要参考性。

二是局限性。由于 BSA 是一家美国机构，在意识形态和价值判断方面有着长期且明显的倾向性，故其评估体系和评估结果我们也不能尽信。其评估的局限性表现在三个方面。

第一，具体考核因素设置存在倾向性。以数据保密指标为例，以隐私法是否与欧盟个人数据保护指令或与亚太经合组织隐私权框架中的隐私原则相兼容作为重要考核因素。但由于各国对隐私保护有着不同的理解和掌握，因此，仅有 10 个国家能够完全与两项指令或原则兼容，以此作为标准并不公正。再如，其促进自由贸易标准，实际上是站在"绝对贸易自由"的角度，并没有考虑到各国社会制度、法律法规等方面的区别，对中国等国家给出的低分，更像是一种指手画脚。

第二，部分评估标准存在倾向性。例如，在政府采购业务方面，发展中国家为保护本国产业发展而提供一定的优惠待遇，是合理的。但 BSA 以这种行为妨碍自由贸易为由，给多个发展中国家打了低分。

第三，个别评估依据存在倾向性。虽然 BSA 承认中、韩、印等国所实施的网络过滤或审查机制可以控制如散布不合法资料等犯罪行为，尤其是保护儿童不受色情内容危害，但却依然以过滤或审查机制"似乎"带有强烈政治色彩为由打了低分。

（二）客观认识我国云计算发展基础环境存在的差距

我国在 BSA 评估中总分仅列 21 位。其中，数据保密位列 20，数据安全排名 23，对抗网络犯罪得分第 23，知识产权居 13 位，支持业界标准和国际统一规则名列 20，促进自由贸易排名 17，ICT 准备和宽带部署在第 18 位。

尽管排名靠后有部分是 BSA 评估体系局限性所造成的，但也必须承认，我国在云计算发展基础环境方面与先进国家相比确实存在差距。在数据保密方面，缺少对个人信息的收集、使用、处理等行为进行管理的法律和法规，也没有专门机构对负责隐私保护方面的监管工作。在数据安全方面，对数据托管和云服务提供商既没有包含通用安全性要求的法律或强制执行代码，也没有包含特殊安全审计要求的法律或强制执行代码。在防止网络犯罪方面，对域外犯罪没有覆盖范围全面的法律，也未对执法部门传输数据过程中的数据加密进行严格限定。在支持业界标准和国际统一规则方面，虽然积极参与国际标准制定，但与国内标准衔接方面还有一定可完善的地方。

ICT 准备和宽带部署方面的差距也相当明显。我国家庭个人电脑拥有率仅35%，而日本是 89%，新加坡和韩国分别是 84% 和 82%；我国互联网用户占人口百分比为 34%，而日、韩、法、德、英等国都超过了 80%；我国的固定宽带用户数占互联网用户数的比例为 27%，而韩国高达 44%；我国移动宽带活跃用户数占居民人数比例仅 2%，而日本、韩国、新加坡则为 88%、91% 和 70%。在互联网带宽方面，我国的国际互联网带宽（每个互联网用户每秒比特数）为 2,389 比特，位居首位的新加坡已达到 173,583 比特，日本、韩国和美国也都在 10,000 比特以上。

三、措施建议

云计算是一种新的信息技术应用模式和服务模式，正成为全球经济新的增长引擎。要推动云计算并由此实现经济社会的全面发展，首先需要为云计算提供优良的发展环境。对于 BSA 所做的云计算准备情况评估工作，我们应客观、冷静看待，对其中点出的我国尚存在的差距和不足，应坚持"有则改之，无则加勉"，吸取经验，改正不足。具体来看，建议以 BSA 的评估为鉴，重点开展四方面工作。

（一）持续优化政策法规标准环境

我国在推动云计算发展方面已经开展了大量工作，但与云计算迅猛发展的态势相比，首先需要持续优化发展的政策、法规与标准环境。

一是加快制定出台关于云计算服务监管、用户隐私保护方面的法律法规，以及对个人信息的收集、使用、处理等行为进行管理的法律和法规，明确监管机构和监管流程。同时，针对跨境传输和数据移植等明确原则，制定相关规范。为此，还需要从技术层面对数据托管和云服务提供商提出具体要求。二是完善网络犯罪相关法律，明确细则、实施办法和管理部分，对涉及网络犯罪或互联网上的违规行为、"流氓行为"，应及时进行处理，确保网络空间的违法违规行为得到制裁，促进网络环境的净化。三是适应云计算相关新业态、新模式发展需要，完善知识产权制度，明确对互联网软件和信息技术服务的管理办法。四是推动国内有条件的云计算相关标准的制定，特别是云计算术语标准、云计算服务质量标准等重点标准的制定；积极参与国际标准制定，推荐我国标准成为国际标准，推动国际标准与国内标准的衔接。

（二）加快推进宽带基础设施建设

宽带是提供高质量云计算服务的前提和保证。我国宽带发展还不能适应云计算等互联网服务发展需求，必须加快推进宽带中国战略，推进网络宽带化进程，提高终端用户接入带宽和宽带覆盖率。

一是加快骨干网改造，提高网络容量。特别是加快全国网络中心节点城市与适宜云计算数据中心聚集发展地区的带宽资源，推动云计算数据中心合理布局。二是推进城市光纤骨干网建设和光纤入户，通过"村村通宽带"工程扩大农村地区光纤网络覆盖范围，全面推进宽带普遍服务进程，提高固定网络宽带接入水平。三是加快3G移动通信规模化和4G移动通信应用示范，提高移动宽带接入水平。四是降低宽带使用费用，使云计算服务商和用户有能够用、用得起的宽带。

（三）引导推动各地云计算协同发展

虽然BSA所提评估标准中的"促进自由贸易"有不合理的地方，却也能带来有价值的启示。我国幅员辽阔，无论是云计算数据中心布局，还是云计算公共服务开展，都需要从整体考虑，统筹规划，综合利用好各地的水电资源、气候条件和信息产业基础，而不能任各地一哄而上，重复建设、重复发展。

基于此，一要加快制定出台国家层面推动云计算发展的指导性文件。二要完善软件和信息技术服务企业及业务管理制度，支持跨地区的云计算服务企业发展。三要引导地方制定统筹利用好全国云计算资源的政策措施，从用户角度出发，对主动使用位于地理、气候、能源等条件较好地区云计算数据中心的省市或大型企业给予补贴性奖励；从鼓励云计算服务消费的角度出发，对云计算服务业务进行消费税征收试点,鼓励用户（特别是政府用户）使用非本地企业提供的云计算服务。

（四）组织开展各地云计算发展评估

当前，云计算已成为我国多个地方的发展热点。但由于对云计算的认识不够深入甚至存在偏差，部分地方的云计算发展产生了盲目开展基础设施建设、一哄而上发展同质化云服务业务等问题；各地的云计算发展基础也存在差异。针对这一情况，可组织开展各地方的云计算发展评估工作，从全国的角度对各地方的云计算政策措施、云计算基础设施情况、云计算发展重点、云计算协同发展举措等进行全面评估，以此为各地提供清晰明确的云计算发展路线图，确保其采取必要、有效的政策措施，以充分发挥云计算对各地及我国经济社会发展的促进作用。

在评估工作过程中，一是要保证评估指标体系建立的合理性，务求公正、客观地反映各地云计算发展的真实状况与水平。二是要发挥评估的引导作用，引导各地在发展云计算过程中做好顶层设计、优化发展环境，并按照全国一盘棋的思路，实现云计算的科学、高效发展。

本文作者：赛迪智库软件与信息服务业研究所　安晖

因应大需求　发展大数据

【内容提要】大数据以其"浅显易懂"的概念、广泛的潜在应用需求和可展望的巨大经济社会效益，正成为继云计算、物联网之后信息技术领域的又一热点。面对大数据发展的热潮，赛迪智库软件与信息服务业研究所在对大数据进行全面研究的基础上（研究报告详见赛迪智库《软件与信息服务研究》2012年第5期），本文又着重分析了大数据的发展基础与现实需求，以及大数据的作用与价值；同时，创新性地提出了对大数据"数据、技术、应用"三位一体内涵的理解，并就推动我国大数据发展的问题，提出了加快布局大数据关键技术研发、加强指导重点企业大数据建设、加速推进重要领域大数据应用、注重优化完善大数据发展环境等建议。

【关键词】大数据　发展需求　发展重点

大数据正日益成为社会各界关注的热点。麦肯锡等研究机构和IBM、甲骨文、EMC等信息技术企业都将大数据视为继云计算、物联网之后信息技术领域的又一重点，并认为大数据的发展将带来可观的经济社会效益。美国奥巴马政府的"大数据研究和发展计划"更是引发了世界各国政府对大数据的高度关注。与此同时，也有观点认为，大数据是信息技术领域创造出的最新概念，是软硬件企业为推销产品而制造的"噱头"。那么，大数据到底是概念炒作还是确有需求？如何认识大数据对推动经济社会的作用？如何结合我国实际情况确定大数据的发展思路和发展重点？要回答这些问题，就必须对大数据有全面、客观的认识和研究。

一、大数据具备发展基础与现实需求

"大数据"并不是最近才从无到有生出的新概念，大规模数据的分析处理与应用问题也不是一个新问题。就我国情况看，随着信息化普及程度和应用水平的提升，金融、交通、电信等重点行业和医保、社保、海关等重要领域已经实现或逐步实现了大量、海量业务数据的集中。基于集中起来的庞大的数据集合，银行间实现了金融信息的实时交互和金融服务的多途径提供，民航公司实现了机票的动态分配和全程管理，电信运营商实现了对数以亿计用户和各类增值服务的灵活支持，医保、社保初步实现了对居民医疗信息、保险信息的全面跟踪，海关实现了对所有进出口货物的详尽掌控。各个行业和大型企业都已在业务发展过程中积累了大量数据，并开始在不同程度上对大规模数据加以利用。可见，大数据的概念实际上由来已久，并且我国也已具有了一定的应用基础。

随着数据规模的爆炸性增长，对数据处理的技术要求也越来越高。特别是我国人口多、企业和机构多、行业和业务种类多，使得各行业领域积累的数据量增长更加迅速，对所积累数据的应用需求更加强烈，需要实现对大数据的快速处理、高效处理和准确处理，从而满足基于数据的业务流程优化和决策要求。因此，加强大数据技术研发和应用，势在必行。

与此同时，国内外经济政治发展过程中出现的一些新情况、新问题，也使得发展大数据成为必然共识。总体来说有三个方面：

一是大数据已成为一种普遍现象。全球的数据总量正呈指数增长，过去三年间产生的数据量超过以往总和。2011年，全球被创建和被复制的数据总量达1.8ZB；到2020年，全球电子设备存储的数据将增至35.2ZB。同时，大数据已渗透到各个行业和业务职能领域，企业级用户的数据拥有量快速增长，企业对大数据分析和应用的需求日益强烈。

二是发展大数据已成为经济增长的重要途径。数据正成为可与物质资产和人力资本相提并论的重要生产要素，大数据的使用正成为提高竞争力、生产力、创新能力以及创造消费者盈余的关键要素，尤其是电信、金融等行业已经到达"数据就是业务本身"的发展阶段。在这种情况下，企业用户迫切需要借助大数据战略，以更为全面地了解运营情况及运营环境，获得更多经济价值。

三是发展大数据已成为国家发展的重要战略。未来国家层面的竞争力将部分体现为一国拥有数据的规模、活性以及解释、运用的能力，数字主权将成为继边防、海防、空防之后另一个大国博弈的空间。大数据领域的落后，意味着失守产业战略制高点，意味着数字主权无险可守，国家安全将在数字空间出现漏洞。美国奥巴马政府于今年3月宣布"大数据的研究和发展计划"，原因就在于美国政府认为大数据技术事关国家安全、科学和研究的发展步伐。

可见，大数据并非空中楼阁，广泛的应用需求是推动其发展的第一动力。美国等国政府和跨国 IT 企业已深深认识到这一点，并开始行动。而同样有着强烈大数据发展需求的我国，也应当积极行动起来，而不是等到国外将概念贩卖过来后才姗姗起步。

二、大数据的作用与价值

总体看来，大数据在四个方面具有显著作用与价值。

（一）推动信息产业创新发展

物联网、移动互联网的迅速发展，使各类新型数据源不断出现，GPS 数据、移动数据、传感器数据正不停地、大量地产生，迫切需要运用大数据手段进行分析处理，以提炼其中的有效信息。同时，大数据应用也给云计算带来落地的途径，使得基于云计算的业务创新和服务创新成为现实。而以上述领域为切入点，大数据将推动整个信息产业的创新发展。

（二）推动行业领域实现巨大经济效益

大数据在医疗服务、零售业、制造业以及个人信息服务等领域的广泛应用，能够带来新的商业机会，产生巨大的经济价值。以麦肯锡评估西方产业数据为例，大数据将给美国医疗服务业带来 3000 亿美元的价值，给欧洲公共部门管理支出带来 3500 亿欧元的价值；可以使美国零售业净利润增长达到 60%，使制造业产品开发、组装成本下降 50%。

（三）推动增强社会管理水平

大数据在政府和公共服务领域的应用，能产生巨大的社会价值。美国国家海洋和大气管理局（NOAA）以超过 20PB 的全球海洋信息为依托，在日本大地震发生后仅 9 分钟，就发布了详细的海啸预警；随后，又通过对海洋传感器获得的实时数据进行计算机模拟，快速制作出了海啸影响模型并发布。

（四）推动提高安全保障能力

大数据在国防、反恐、安全等领域的应用，将对各部门搜集到的各类信息进行自动分类、整理、分析，有效解决情报、监视和侦察系统不足等问题，提高国家安全保障能力。例如，美国计划实施多尺度异常检测项目，目的就是对大到国家、中到恐怖组织、小到恐怖分子个人等不同层级的异常行为进行分析监测，以提高对各类安全威胁的检测速度和准确性。

当然，还必须认识到，仅仅依靠大数据是难以实现这些作用和价值的。大数据在业务过程中的作用与中间件在软件系统中的作用相类似，虽然具有重要作用，但必须与相关软件（业务流程）配合。单独的大数据技术只在学术理论上有价值，而要充分发挥其作用，就必须让大数据与实际业务相结合，使其成为信息系统和业务流程中的重要组成部分。

三、准确把握和理解大数据的内涵

投身大数据研发与应用已成为新的热潮。但从全球总体情况看，大数据的发展还处于起始阶段，理论展望多于实践探索。同时，虽然国内企业已开始关注并进入大数据领域，但部分企业对大数据仍局限于字面理解，从而可能造成误导。在此背景下，无论是企业研发、用户运用，还是产业宏观引导，都应首先准确把握和理解大数据的内涵。

虽然"大数据"本指"规模很大的数据（集合）"，但总体看，大数据应是数据、技术与应用三者的统一。

（一）从对象角度看，大数据是大小超出典型数据库软件采集、储存、管理和分析等能力的数据集合

大规模的数据集合是大数据分析的对象，如果不以之为基础，大数据的分析与利用就无从谈起。同时，由于使用常规的数据库技术和软件无法对大数据进行全面处理，这在客观上就要求必须采用针对大数据的新技术。

同时，大数据并非大量数据简单、无意义的堆积，数据量大并不意味着一定具有可观的利用前景。由于最终目标是从大数据中获得有价值的"新"信息，所以必然要求数据间存在着或直接或间接的关联性。数据间是否具有关联性，是"大数据"与"大规模数据"的重要差别，与具体应用相结合的数据集合最能满足这一要求。

（二）从技术角度看，大数据技术是从各种各样类型的大数据中，快速获得有价值信息的技术及其集成

"大数据"与"大规模数据"、"海量数据"等类似概念间的最大区别在于："大数据"这一概念并非完全静态，其中包含着对数据对象的处理行为。为实现高效处理，从大数据对象中快速挖掘更多有价值的信息，使大数据"活起来"，就需要综合运用灵活的、多学科的技术方法，包括数据分析、数据挖掘、分布式处理等，

这就需要拥有对各类技术、各类软硬件的集成应用能力。可见，大数据技术是使大数据中所蕴含的价值得以发掘和展现的重要工具。

（三）从应用角度看，大数据是对特定的大数据集合集成应用大数据技术、获得有价值信息的行为

一方面，"大数据"本身和"数据挖掘"、"智能分析"等技术都已存在较长时间，大数据之所以成为当前热点，正是在于各个行业领域已具有了对大数据分析和利用的巨大现实需求和具体应用需求。如果不与具体应用相联系，大数据的作用和价值将无从谈起。另一方面，由于业务需求存在差异，对于不同领域、不同业务，甚至同一领域不同企业的相同业务来说，由于数据集合和分析挖掘目标存在差异，所运用的大数据技术和大数据分析处理系统也可能存在相当大的不同。正是由于与具体应用紧密联系，甚至是一对一的联系，才使得"应用"成为大数据不可或缺的内涵之一。

可见，对象、技术与应用是相互关联、互为支撑的，忽视了其中任何一个，大数据的价值都无法充分发挥。

四、推动我国大数据发展的思路和重点建议

（一）我国发展大数据的思路建议

大数据领域的革新，标志着国家、行业、企业对于数据的应用需求和应用水平都在进入新的发展阶段。面对我国大国大市场天然具有的对大数据的分析应用需求，我国需要将大数据作为新一轮科技竞争和产业竞争的战略重点和制高点，顺应社会应用需求和产业发展趋势，加紧开展工作，掌握未来大数据发展的主动权。

同时，尽管大数据具备了相当的发展基础与现实需求，但在其发展过程中也要防止"过热"。一方面，作为大数据技术核心的数据分析及人工智能、商业智能等目前尚处于发展阶段，并未达到成熟应用的程度，若期望过高、急于求成，则难以达到用户所期望的效果。另一方面，大数据毕竟是由商业机构率先提出并加以推进的概念，为了在软硬件产品和信息服务方面获得更多收益，跨国 IT 企业在推广大数据概念的过程中难免包含炒作的成分。若不加分辨，盲目跟随，则很可能又成为国外 IT 企业的用户。

因此，我国既要高度重视大数据发展的战略意义，尽早布局，抢位发展，又

要正视大数据发展面临的巨大困难和挑战，确定科学、现实的发展目标和任务内容，把握核心环节和关键领域，坚持"数据、技术、应用"三位一体共同发展，稳步推进。同时，要坚持"有所为有所不为"和"适时而动"的科学态度，对有一定基础的工作加速推进，对条件尚不成熟的工作，先跟踪研究，并在今后条件具备时再加以启动。

（二）我国发展大数据的重点工作建议

一是加快布局大数据关键技术研发。第一，要以数据分析为核心，加强人工智能、商业智能、机器学习等领域的理论研究和技术研发，力求实现突破。第二，要加快非结构化数据处理技术、非关系型数据库管理技术、可视化技术等基础技术研发，并推动与云计算、物联网、移动互联网等技术的融合，提高大数据处理与应用能力。第三，要加快提高非关系型数据库管理系统、分布式文件系统、分布式处理系统、数据挖掘与分析软件、商业智能软件、多媒体加工处理软件、可视化软件等软件产品发展水平，并以有基础优势的数据处理软件企业牵头，统合各方技术优势与数据优势，形成完整、实用的数据分析软件，不断提高服务内容的精确度与匹配度。

二是加强指导重点企业大数据建设。第一，要加强知识库技术产品研发，加强中文知识库、数据库与规则库规范的制定工作，为企业级用户建设和维护大数据集合提供参考与指导。第二，要选择重点领域、重点企业，鼓励其应用数据清洗等手段，对企业积累的数据进行初步分析整理，去除重复数据，减少噪音数据，提高大数据集合的建设质量。第三，要研究推进物联网、移动互联网环境下大数据集合的建立模式与规范，为新兴领域大数据的使用提供帮助。第四，要开发经过深度加工的行业公共数据库、规则库，提供相关增值服务，为实现大数据的处理、管理、应用提供支撑。

三是加速推进重要领域大数据应用。第一，要结合移动终端应用、信息化发展和智慧城市建设，加速推动大数据在移动互联网、电信、交通、医疗家电等行业领域的应用普及，形成涉及数据监测、商业决策、数据分析、横向扩展存储等功能的软硬件一体化行业应用解决方案。第二，要推动培育形成一批具有较高集成水平、较强市场能力的大数据解决方案提供商，为大数据在各行业领域的应用提供成熟解决方案。第三，以百度、腾讯、阿里巴巴等企业牵头，基于开源、开放操作系统或应用平台，整合优势资源，聚集一批有实力、有特色的中小互联网信息服务提供商，加速本土化信息服务的开拓与整合，形成良性发展的生态系统。

四是注重优化完善大数据发展环境。第一，要加强大数据应用背景下信息安全问题的研究，应对好大数据应用可能带来或面临的信息安全风险，特别是要研究面向基于大数据的情报收集分析工作的信息保密问题。第二，要明确数据分析处理服务的价值和作用，支持数据加工处理企业发展，将具备一定能力企业的数据加工处理业务列入营业税优惠政策享受范围。第三，完善相关体制机制，以政府为切入点，推动信息资源的集中共享，夯实大数据的应用基础。

本文作者：赛迪智库软件与信息服务业研究所　安晖　刘琼

加强互联网行业管理刻不容缓

【内容提要】"3Q 大战"、"3B 大战"等频频出现的互联网混战，给我国互联网企业与互联网产业的发展带来了巨大冲击。赛迪智库软件与信息服务业研究所认为，无序的互联网混战会影响企业与产业做大做强、削弱用户对本土互联网服务的信心、影响优秀互联网文化建设，将在相当时间内和相当程度上对我国互联网行业的整体发展产生巨大消极影响。混战频生表明，我国互联网行业管理亟待加强。为此，行业主管部门需要从规范产业发展的长远角度出发，健全行业管理体制、建立事件处理机制、制定专业评判标准、明确约束惩戒措施，为我国互联网行业的健康发展营造有利、优良的环境。

【关键词】互联网行业　互联网混战　行业管理

以 360 综合搜索上线为起点，发生在奇虎与百度之间的新一轮互联网争斗平地陡起，双方攻防目前仍在持续。事实上，2010 年 11 月奇虎和腾讯之间发生的"3Q 大战"，迫使用户在 360 与 QQ 中二选一的情景仿佛还在昨天；之后，奇虎与金山间的安全软件之讼又起。竞争对手之间的"混战"似乎已成为互联网行业的标志性符号。这种充斥着恶意、谎言、侵权等行为的混战，会给我国互联网行业发展带来怎样的影响？为何类似混战在互联网行业会频频发生？如何给予我国互联网行业和互联网企业健康有序的发展环境？值得我们认真思考研究。

一、互联网混战对产业发展有巨大消极影响

互联网是信息时代人类社会发展的战略性基础设施，也是支撑推动现代社会经济社会发展的重要引擎和基础平台。为切实保障互联网企业、互联网用户等各类群体的合法权益，互联网行业的发展需要有优良的发展环境、开放的市场氛围和规范的竞争秩序。但客观看来，接连出现的多场混战中的相当多行为，已不属于合理的市场竞争范畴，不仅会给漩涡中的几家企业带来股价下跌、信誉受损、

用户流失等负面作用，而且会在相当时间内和相当程度上给我国互联网行业的整体发展带来巨大消极影响。

（一）阻碍龙头企业发展，不利产业做大做强

互联网行业是少有的由我国本土企业占据领导地位的行业之一，也是我国实现创新发展的最具突破潜力的行业。我国互联网行业的成功发展，很大程度上在于通过开放、有序的市场化竞争，涌现出一批具有行业领导力，能够通过不断的技术创新、业务创新和服务创新来凝聚用户的具有世界水平的互联网龙头企业。正因如此，我国《互联网行业"十二五"发展规划》提出了"形成一批掌握核心技术、具有国际影响力的互联网骨干企业"的发展目标。

诚然，积极培育龙头企业不等于偏袒垄断，不等于拒绝市场竞争。然而，无序的互联网混战必然带来对互联网企业的损害，不利于更多、更强龙头企业的培育与壮大。无论是竞争对手间的恶意攻击与不正当竞争，还是由之引发的用户、投资者的不信任态度，都会给互联网企业的正常、有序发展造成困扰，乃至带来损害。这种已明显不在合理限度内的恶性竞争，即使能够使新企业自身的实力得以暂时壮大，但对整个产业而言，很难达到企业间共进共赢或是此消彼长，最有可能的是行业整体发展实力削弱。尤其是龙头互联网企业间的恶性竞争，必将白白消耗企业发展资源、损害企业品牌形象、影响企业健康发展，致使我国互联网企业及行业的国际地位下降、影响力减弱。

（二）损害用户正当权益，销蚀用户选择信心

互联网经济是注意力经济，庞大的用户资源是我国互联网行业发展必不可缺的重要基础，用户选择对企业及行业发展至关重要。但在互联网混战中，用户的知情权、选择权等权益往往会受到直接损害，使用户对企业心生反感；而部分企业利用用户专业知识缺乏和分辨能力较弱进行的恶意攻击，又会使用户进一步丧失对本土企业互联网信息服务乃至我国互联网行业整体的选择信心。

从历次混战的实际情况看，无论是部分企业指控竞争对手的软件产品缺陷严重、存在后门，还是随意屏蔽竞争对手软件的正常功能，抑或直接通过自有软件在未告知用户的情况下替换用户所选择的信息服务及服务结果，都是对用户知情权和选择权的肆意侵犯；而高举道义旗帜对竞争对手进行技术、服务、市场地位等多方面的攻击，则会让用户产生"没有一家企业值得信任"的感受，进而会考虑选择国外企业。例如，"3Q 大战"时，微软聊天软件 MSN Messenger 中国新用

户的日注册量从通常的几万猛增到几百万，就是一个典型例子。类似行为若不加控制，就会在激烈内斗中给国外竞争对手带来其觊觎已久的进入机遇，最终受害的仍是我国互联网行业。

（三）侵蚀网络文化氛围，无助行业和谐发展

作为重要的传播载体，互联网行业应充分发挥自身优势与作用，推动乃至引领民族文化朝着积极健康的方向发展。但是，互联网混战中部分企业的部分行为严重背离了开放、自律、共赢的互联网文化基调，从负面影响着优良互联网文化环境的构建。

无论是企业间的无端指责、诋毁攻击，还是对行业公认准则的无视侵害、颠倒黑白，不仅会给用户留下企业自身文化本性缺乏、行业整体文化氛围缺失的不好印象，而且凭借种种不正当行为获取利益、凭借不端行为取得竞争优势的错误示范，还会造成社会公众对正确文化方向的错误判断，会对互联网行业文化和我国社会文化的整体发展带来负面冲击，无助于行业与社会的和谐发展。而文化基调、价值理念一旦错位，对行业发展、社会发展所造成的影响和损失，将更加难以估量。若对频频出现的互联网混战听之任之，势必会给该行业带来全面而深远的影响。

二、混战频生：互联网行业管理亟待加强

互联网领域频频爆发混战，且影响越来越大，既表明该行业拥有广阔市场和丰厚利益，也反映出我国互联网企业综合创新能力缺乏导致捷径取巧的恶性模式盛行，以及互联网用户层面不具备专业分辨能力、缺乏权益维护手段，致使不正当竞争行为得以从中获利。此外，恶意竞争行为频发还表明，我国互联网行业管理体系亟待健全、管理工作亟待加强。

（一）行业管理体制仍待健全

经过多年发展，我国互联网行业已基本建立起行业管理体系，初步形成多个管理部门协同配合的工作机制，对行业的健康发展起到了积极促进作用。但同时，当前的管理体制也存在着需要完善的地方。

一是对互联网相关软件和信息服务的管理尚存缺口。我国现有的互联网行业管理工作主要集中在基础设施管理和企业资质管理等方面，对于互联网相关软件和信息服务的管理相对薄弱。随着互联网和互联网行业发展进入新的阶段，互联

网行业发展的关键将逐渐从基础设施建设和普及转向更高质量软件和信息服务的提供。软件和信息服务也日益成为市场竞争的焦点，互联网软件提供企业和互联网信息服务提供企业成为现时引领行业发展的主导力量。例如，杀毒软件、即时通信软件、浏览器软件以及信息安全服务、即时通信服务、搜索引擎服务等，就是历次互联网混战的争夺焦点，而参与或被卷入混战的奇虎、金山、腾讯、百度等，则无一不是软件和信息服务企业。在这一新形势下，只有加强对软件和信息服务的管理，才能弥补整个行业管理体系中的最大短板。

二是对互联网行业的管理体制尚需进一步理顺。互联网行业并非单独的产业领域，牵涉到的管理部门众多，即使只着眼于工业和信息化系统这一范围，也涉及基础设施、软件产品、信息技术服务、信息传输服务等众多领域。简单看来，仅奇虎与百度之战，就事关软件产品、信息服务、服务质量、知识产权、信息安全等方面，在现有机构设置下，很难由某个单一部门进行对口管理。随着互联网的进一步普及和信息技术的不断深化，互联网领域必然还会出现更多部门监管的重合点或死角。这就需要建立起跨领域、跨业务部门的统一管理体制，明确各自职能职责，使互联网行业有人管、知道管、不乱管。

（二）事件处理机制亟待建立

"怎么管"是与"谁来管、管什么"同样重要的问题。虽然在此次奇虎与百度的大战中，相关部门已尽快介入，将事件叫停在初始阶段，至少在目前避免了类似"3Q大战"时恶劣后续行为的出现。但客观来看，这种"叫停"的做法治标不治本，不仅无法阻止参战企业的进一步举动，更无法避免类似事件的再次发生。因此，这种简单叫停的做法遭到了业界一定程度上的质疑，被视为是一种"和稀泥"式的处理方式，难以真正解决问题。

（三）专业评判标准尚待制定

互联网行业的技术性很强，多数混战都会涉及到专业问题，普通用户往往难以理解和辨识。例如，"3Q大战"中，普通用户无法掌握相关软件的实际代码，无法确认软件中是否真的存在后门，也无法确知软件是否确实在窥探自己隐私、收集自己资料。而"3B大战"中，用户无从得知通过浏览器获得的搜索结果究竟是哪种搜索引擎的搜索结果，经过了哪种技术过滤，通过了什么方式获得，无从得知在搜索过程中遭遇的不便究竟是哪家企业带来的，更难以判断是否真如参战企业所指责的，存在"垄断"、"剽窃"、"侵犯知识产权"等行为。同时，我国尚缺少能承担中介裁断及为用户答疑解惑等重任的第三方权威机构。这使得用户只能被动地受企业摆布或受网络舆论操纵，无从分辨正邪对错，也会让从事不正当竞争的企业钻了空子。

（四）约束惩戒措施有待明确

奖善罚恶，是实现好的管理的必要手段。古人云："贪善而不开恶则乱。"若不惩戒有恶意攻击和不正当竞争行为的企业，那么行业管理的权威性和有效性就无法建立起来，行业管理也就成为一句空话。之所以有企业敢一而再、再而三地挑起混战，一个重要原因就是对其不正当竞争行为没有给予任何约束与惩戒。

从当前的法律层面而言，我国对企业不正当行为的约束和惩戒手段较少，虽然有《反垄断法》、《反不正当竞争法》等法律法规，但涉及到具体领域，特别是新兴领域，恶意竞争、不正当竞争在专业技术的背景下隐蔽性较高，导致法律法规的可操作性不强，且经常受到各种因素影响，这在客观上默许了企业竞争中的恶意行为，更使一些遭到侵权、攻击的企业丧失了对法律精神和用户的尊重，也选择使用不正当的竞争手段。

综上，对于互联网行业的一轮轮混战，若仍旧采取大事化小、小事化了的处理方法，则互联网领域的混战将会愈演愈烈，对行业发展和用户权益的损害也将越来越大。

三、加强互联网行业管理应做好四方面工作

互联网行业主管部门肩负着不断完善管理制度，维护互联网市场公平、公正、有序竞争，保护用户合法权益，促进我国互联网行业健康、稳定、可持续发展等重任。面对一波刚平、一波又起的互联网争斗，行业主管部门不可能一次又一次地进行个别调解。健全制度规范，加强行业管理，是避免今后疲于应付企业各种争斗的关键所在。

（一）健全行业管理体制

一是针对互联网行业发展与管理的特殊性，建立起跨领域、跨业务部门的统一的管理体制，使互联网行业有人管、知道管、不乱管。二是要积极发挥软件与信息服务、知识产权、产品与服务质量等主管部门的作用，明确其对互联网行业相关领域的职能职责，督促其做好相关管理工作。三是要结合双软认定、计算机信息系统集成资质管理等工作，探索分类管理、动态管理等方法，尝试引入第三

方测试与评估机制，加强互联网软件和信息服务管理。

（二）建立事件处理机制

一是行业主管部门应切实履行好职能职责，通过制定应对预案，建立并完善市场规则和争议协调处理机制，明确责任部门和办事流程，规范互联网企业活动。一旦有突发事件，相关部门应按照程序和方案，逐步开展工作，实现发现问题、跟踪问题、分析问题、解决问题的一条龙处理，并将处理结果及时向社会公布。二是针对互联网行业领域的专业性问题，成立中立的专家小组或选择业内公认的第三方权威机构，澄清侵权、垄断、恶意软件等问题，并在事件出现后及时公布权威结果，以评测机构的权威性、中立性身份帮助公众了解事情真相。三是建立快速反应和预警机制，在突发事件出现后，由行业主管部门迅速介入，予以制止或惩罚，不能任由企业间争战不断升级，导致事件影响不断扩大。

（三）制定专业评判标准

要让专业机构按照专业的评判标准，进行中立、客观、公正的分析，对软件是否存在后门或漏洞、信息服务是否存在恶意提供给出权威评判结果，既可为管理部门提供明确的决策支撑，促进事件尽快处理与解决，也可帮助用户明辨对错，选优淘劣，增强对优秀企业的信心。

一是要根据互联网行业及软件和信息服务等相关产业的特殊性，在《反不正当竞争法》的基础上，制定实施细则，明确定义正当竞争、不正当竞争的界限与判断标准。二是要依托权威评测机构、科研机构，重点围绕软件质量、服务质量等制定评测标准，加强检验检测，在事件发生时提供准确可靠的专业技术参考。同时要对行业标准、行业事实标准加以深入研究，掌握国际通行的行业规范。三是要加强对反垄断、知识产权保护、反不正当竞争等互联网热点问题的跟踪研究，提高对相关技术知识的掌握水平，提高基础应对能力和快速反应能力。四是要加强对百度、腾讯、阿里巴巴、360等重点互联网企业的跟踪，帮助解决其健康发展过程中遇到的问题与矛盾。

在此基础上，结合专业评判标准作出准确判断，并尽快公布，为公众认知提供参考。

（四）明确约束惩戒措施

顺应互联网行业希望加速出台互联网不正当竞争防范规则的呼吁，出台相关的具体措施，充分发挥政府作为行业管理者和指导者的规范、引导作用，营造健康良好的产业发展环境，保障合法、合规企业健康发展。

一是要对行业垄断、市场支配地位等反垄断相关问题作出明确界定，依法制止垄断行为，避免滥用反垄断，保护和促进市场公平竞争，提升互联网产业的整体竞争力。二是要加快建立互联网企业信用记录、评估与公示制度，对违反行业准则、侵犯其它企业知识产权、垄断和操纵市场、进行恶意竞争、故意开发并发布恶意软件的企业要果断降级，对信用等级低的企业要在项目申请、资金支持等方面加以限制，并逐步使信用等级成为重要的行业准入门槛。三是要贯彻落实好知识产权保护相关法律规定，加强互联网知识产权保护，严厉打击侵犯知识产权的行为，维护创新型企业的合法利益。

在此基础上，要果断、坚决地对矛盾制造者、恶意竞争者进行处理，在制止恶性竞争的同时警示其它企业，使后来者增强自我约束意识和责任意识，不敢再触及"红线"，为互联网发展端正方向。同时，要积极强化宣传引导，倡导创新、探索、合作、共赢的互联网价值观，树立正确的互联网文化风尚，营造有利于公平竞争的互联网环境。

本文作者：赛迪智库软件与信息服务业研究所　安晖

企业战略篇

从苹果看知识产权的战略竞争价值

【内容提要】苹果公司霸主地位的确立离不开强大而全面的知识产权综合运用能力，通过知识产权诉讼战场上连续而激烈的较量以及促进知识产权价值的实现，其竞争力和市场地位不断得到提升和巩固。赛迪智库工业科技研究所认为，苹果公司知识产权运用的做法值得借鉴：以竞争需求为导向，积极调整知识产权战略重心；以掌控产业链为根本，打造完整知识产权生态体系；以扩展用户群为目标，加强用户体验型专利建设与应用；以新型商业模式为依托，实现知识产权价值倍增；以知识产权为工具，捍卫自身竞争地位。针对我国工业企业对于知识产权运用认识不足、能力不强的现状，提出三点建议：转变观念，积极运用知识产权工具；高度重视，着力培育、提高知识产权综合运用能力；积极引导，构建工业企业知识产权运用长效机制。

【关键词】苹果公司　知识产权运用　竞争力

今年9月，美国加州圣何塞地区法院判决苹果公司在与三星公司的专利诉讼中获得初步胜利。不过，这仅是苹果公司与竞争对手多次知识产权诉讼战中一个较为突出的案例。其实，在诉讼战场上的胜利，展现的不过是苹果公司强大的知识产权运用能力的冰山一角。而我国工业企业在知识产权综合运用能力方面的不足，正严重阻碍着我国工业竞争力的提高。因此，苹果运用知识产权赢得竞争优势的经验与做法值得我们认真研究。

一、知识产权综合运用能力是苹果公司竞争力提升利器

苹果公司自成立起，或主动或被迫进入知识产权诉讼战场，现在已是身经百战，历经连续而激烈的较量后，其竞争力和市场地位不断得到巩固和提升。

（一）完胜微软版权诉讼，提升电脑产品竞争力

1994年，苹果公司对微软提起了侵犯其Mac系统版权的诉讼。最后，双方和解，

交换专利许可，微软公司购买 1.5 亿美元的苹果股票，承诺推出 Mac 版 Office98 及未来 5 年的升级版本。这次诉讼，苹果公司不仅获得了巨额回报，而且由于苹果电脑用户得以享受 Office 带来的便捷，苹果电脑产品竞争力也得到了提升，借此，苹果公司走出了当时的困境。

（二）低代价保有 iPad 商标权，获取持久的品牌附加值

2010 年苹果公司被名不见经传的中国唯冠深圳公司以 iPad 商标权属争议起诉，苹果公司采取妥协策略，支付了 6500 万美元获得继续使用 iPad 商标的权利，以较低的代价保住了 iPad 这一知名商标，得以借助系列产品继续源源不断地获取品牌附加值和市场效益。

（三）巧用非核心专利打击三星，捍卫智能手机领导地位

2011 年 4 月，苹果公司在美国联邦地区法院以 3 件发明专利和 4 件外观专利，以及商业外观对三星公司提起侵权诉讼。2012 年 9 月，法院裁定三星公司侵权成立，赔偿 10.5 亿美元。裁决结果涉及数十款三星产品，包括热销的 Galaxy 系列智能手机和平板电脑，相关产品可能面临在美国禁售。这次诉讼，苹果公司有效运用非核心专利打击了竞争对手，捍卫了在智能手机市场的竞争优势和领导地位。

（四）提前"圈地"布局，遏止 HTC 产品美国市场热销势头

2011 年 7 月，苹果公司对 HTC 提起专利诉讼，美国国际贸易委员会裁决 HTC 侵犯 iPhone 的 647 号专利，涉及该项专利的智能手机从 2012 年 4 月 19 日起禁止在美销售。该案所涉专利授权时间早于 iPhone 推出时间，苹果提前布局知识产权，在智能手机领域开展"圈地运动"，通过运用知识产权将竞争对手 HTC 涉案产品排挤出美国市场。

二、苹果公司运用知识产权提高竞争力的做法值得借鉴

对苹果公司而言，知识产权既是防范侵权的坚盾，也是打击对手的利剑。苹果公司以市场为导向，为应用而创新和获取知识产权；通过灵活运用实现了知识产权的自身价值，使知识产权在发挥攻防功能的同时，成为迅速提高竞争力和赢得竞争优势的助推剂，助力苹果迅速确立了在整个智能移动终端产业链中的绝对控制地位。

（一）以竞争需求为导向，积极调整知识产权战略重心

苹果公司在由电脑行业知名企业转变为智能手机龙头的过程中，竞争形势发

生了变化。苹果电脑 Mac 操作系统的优越性逐年降低，而固有的高耗能、速度慢等问题尚未解决，致使市场占有率持续下降。同时，消费者在关注消费类电子产品性能的同时，越来越关注的是灵活性、舒适性等切身体验，相形之下，对于产品竞争优势的重要性而言，能够提高用户体验的软件和应用创新较之于单纯追求技术创新更加凸显。这种竞争态势的转变，促使苹果公司将知识产权战略由战略防御转向知识产权价值的实现。

在推出智能手机之前，苹果公司重点关注的是如何获取并保护好自有知识产权，阻止模仿和侵权行为发生。对分别于 20 世纪 70 年代和 90 年代所研发出的 Apple I、PowerBook 等产品，苹果公司及时申请并获得了专利授权，通过发起专利诉讼，充分发挥专利的防范侵权功能，阻止其它企业剽窃、仿冒其创新成果。但是，由于缺乏有效的知识产权商业化应用模式的配合，这些产品虽开启了电脑产品的新时代，却并未给苹果公司带来辉煌，甚至苹果一度被《时代》杂志称为"行业管理经营最糟糕的公司之一"。

为了适应智能化时代用户对产品体验的更高要求，以及对创新成果知识产权保护和应用需求，苹果公司及时将知识产权战略重点转向了知识产权的综合运用。其知识产权申请与授权、布局，不仅追求技术上的领先，更着重于迎合消费者的体验需求，关注知识产权的应用价值。在丰富相关专利池的同时，苹果公司也高度重视将专利应用于产品的设计、制造，以提高消费者的体验水平。它率先构建起音乐、应用程序等智力成果网上交易平台，依靠知识产权全方位地保护新的商业模式。同时，它还充分发挥知识产权攻防功能，为竞争优势构筑起坚固屏障。

（二）以掌控产业链为根本，打造完整知识产权生态体系

围绕知识产权战略重心的落实，苹果公司通过布局 iOS 核心专利、多点触控等关键技术专利、操作界面等外围专利，以及商标品牌策略，全方位打造出完整的知识产权生态体系，借助于严密布控知识产权，掌控产业链高端。

一是围绕 iOS 系统，苹果公司进行全方位专利布局。作为苹果公司自主开发的手持设备操作系统，iOS 系统被安装在苹果公司的 iPhone、iPod Touch、iPad、Apple TV 等系列产品上，以其高流畅度、高安全性赢得了众多用户的青睐，目前在全球智能手机系统的市场份额仅次于谷歌的 Android 系统。在电容式多点触控方面，苹果的专利布控也非常严密。其中，手指滑过屏幕的解锁专利，几乎将所有智能手机与平板电脑置于侵权威胁之下。2011 年，苹果公司积极竞买了北电网

络（Nortal Networks）大量专利资产，提升了它在通信领域的基础专利实力。

二是围绕主要产品，苹果公司密植外围专利篱笆。苹果公司围绕 iPhone、iPad 等主要产品，其外围专利涉及范围甚广。不仅对于一些非核心技术，而且对 iPhone 包装，甚至苹果耳机扣、苹果耳机末端的胶套、苹果店内 iPad 支架等都申请了专利，严密程度可谓密不透风。

三是围绕重点领域、重点商标实行全面商标权保护。苹果公司积极实施商标品牌战略，既突出重点领域，又对重点商标采取全面保护。以"苹果公司"为商标申请人的注册商标高达数百件，它们大都集中于"计算机及计算机周边设备"；同时，它还将世人熟悉的带有缺口的苹果商标广泛注册到几乎所有商品类别上。借助品牌影响力，苹果公司将生产制造环节交由代工完成，自己则获得了利润的绝大部分。

不难看出，苹果公司不仅善于专利布局，也精通利用商标树立品牌形象，通过强大而全面的知识产权运用能力，构筑于己有利的知识产权生态体系，使控制力能够贯穿于产业链上下游，便于从根本上掌控整条产业链。

（三）以扩展用户群为目标，加强用户体验型专利建设与应用

手机智能化要求厂商在技术研发、知识产权获得和运用方面更加关注消费者体验需求。为适应这种需求，苹果公司加强了对实用新型和外观设计专利的申请和运用。截至 2011 年 6 月 30 日，苹果公司在我国申请的专利中，外观设计专利和实用新型专利合计占比达到 54%，已超过发明专利；实用新型专利和外观设计专利的维持数量是发明专利维持数量的近 10 倍。这充分表明，对于能够直接改良、增进甚至创造和引导用户体验的外观设计、实用新型专利，苹果公司的重视程度不亚于甚至远超对于技术发展层面的发明专利。

客观上，苹果丰富的专利储备也为其增强产品的易用性、人性化，提高产品吸引力奠定了牢固基础。在消费类电子产品功能高度趋同的形势下，苹果公司真正奉行用户至上理念，将大量外观设计、实用新型专利应用于产品的设计、制造，以艺术品的要求创造出独特的完美体验。其 iPhone 手机以优雅的设计、简洁的界面、流畅的操控、强大的功能一举颠覆了传统手机形象和使用体验，将大批消费者牢牢锁定，并通过不断提高消费者体验水平扩展用户规模。对用户体验水平的孜孜追求，使得苹果产品魅力持久，也保障了公司市场份额稳定增长，利润率高居全球智能手机榜首。

（四）以新型商业模式为依托，实现知识产权价值倍增

苹果公司很好地把握了手机与互联网相结合的发展趋势，从而领先竞争对手一步，创建了网上知识产权交易平台。通过创建 iTunes Store 和 APP Store 开放平台，用户可付费下载各种具有合法授权的音乐作品和应用程序，再跟内容提供商和应用开发商分成，建立起基于知识产权交易收益分成的合作伙伴共赢机制。

这种新型商业模式不仅为苹果公司自主研发的应用与服务类产品提供了价值实现途径，还吸引了众多音乐、软件著作权人将自己最新、最好的智力成果汇聚于这一交易平台。借此，苹果公司不仅实现了自有智力成果的价值，而且在促进社会大量智力成果价值实现的同时，通过平台的天量下载次数（截至目前已突破350亿次），为自己培育出一头十分能干"现金奶牛"。此外，在促进知识产权市场价值实现过程中，由于能及时为用户提供种类繁多的优质应用程序和服务，苹果公司的产品竞争力不断递增。

（五）以知识产权为工具，捍卫自身竞争地位

苹果公司既善于深谋远虑地巧妙进行知识产权布局，同时也善于将知识产权用作谈判筹码和诉讼武器，维护自身的竞争优势地位。

在电脑产品竞争优势趋弱、难敌对手之时，苹果公司以侵犯版权为由对微软提起诉讼，最终达成和解协议，表现出对诉讼时机的准确把握。在与三星公司的专利诉讼中，它策略性地将非核心专利作为诉讼利器，并选择于己有利的加州圣何塞地区作为管辖法院，显示了苹果以小搏大的诉讼技巧。借助于国际贸易委员会禁令将重要竞争对手 HTC 的热销产品排挤出美国市场，表明它善于将各种司法资源为我所用。为了严格防范竞争对手复制其商业模式，苹果公司在美国、欧盟等重要市场，对 iTunes 相关技术申请了大量专利，并已获得部分授权。同时，它组合运用知识产权工具，对 APP Store 申请了注册商标，借此对有关仿冒行为予以打击，体现了苹果公司善于综合运用各类知识产权，为维护竞争优势筑起坚固堡垒。

三、启示与建议

进入知识经济时代，知识产权对于工业竞争力的促进作用日益显现，工业领域的竞争成败在很大程度上取决于主体的知识产权综合运用能力，即拥有、运用知识产权的能力和应对知识产权纠纷的能力。目前，我国工业企业中只有极少数

能够依靠技术创新获取自主知识产权，保持在行业发展中的主动权；绝大多数企业的重点任务是用好知识产权，为企业在整个产业链、价值链中占据一定的位置提供保障。苹果公司强大而全面的知识产权综合运用能力对其所缔造的财富神话功不可没。在知识产权综合运用能力方面，为提高我国工业企业竞争力，特提出如下建议：

（一）转变观念，积极运用知识产权工具

苹果公司从一个已陷入财务困境的电脑公司迅速成为智能移动终端行业霸主的历程表明，知识产权的灵活运用能够为企业赢得和维持竞争优势，助推企业快速发展壮大。目前，互联网的广泛应用为知识产权的传播、扩散和应用提供了便利条件；同时，近年来我国知识产权申请与授权的数量迅速增加，正成为名副其实的知识产权大国。而不少企业已掌握先进的设计、制造能力，具备了将知识产权运用于产品和服务，实现其市场价值的基本条件。借助于知识产权，我国工业企业在目前情况下有可能抓住发展机遇，乘势而起。

一是我国工业企业应转变知识产权是"奢侈品"的观念，而应将它视为每个企业都可有效运用的一个工具并加以积极运用。二是要改变刻意求新求全，追求技术领先和扩大知识产权数量规模的观念，在增强自主创新能力的同时，重视能够提高用户体验水平的外观设计、实用新型专利的申请和授权工作，并充分挖掘、应用现有知识产权，实现知识产权价值，逐步形成自身竞争优势。三是要改变自甘人后的封闭保守观念，拿起知识产权法律武器，积极应对国内外各类知识产权争端，尤其是国外蓄意挑起的知识产权纠纷，在实战中增强知识产权纠纷应对能力，维护自己的合法权益，赢得和巩固于己有利的竞争地位。

（二）高度重视，着力培育、提高知识产权综合运用能力

工业企业应从各个层面积极培育和提高知识产权综合运用能力。在企业经营管理中，要将知识产权提高到战略高度，加以重视；拟定知识产权战略，将知识产权综合运用能力建设作为其战略重点。

一是评估企业知识产权生态环境，以市场为导向，加强技术研发及相关创新成果的知识产权申请与授权工作，提前进行知识产权布局。二是创新知识产权运用形式，除将知识产权直接用于产品设计、制造，改进产品性能和外观，改善消费者体验外，还可通过转让获利、投资入股实现其市场价值，或通过交叉许可获得知识产权竞争均势，作为诉讼武器打击竞争对手等。三是建立知识产权培训、

激励等管理制度，经常性地开展知识产权基本知识与实务技能的培训与教育，增强运用知识产权的观念，营造知识产权运用的氛围与文化。四是加强知识产权人才队伍建设，将储备应用型知识产权人才作为战略性任务，尽快培养出一批精通行业技术、掌握国家产业政策和产业发展趋势、熟悉相关知识产权法律知识的复合型人才。

（三）积极引导，构建工业企业知识产权运用长效机制

针对目前我国工业企业知识产权综合运用能力普遍较弱、竞争力不强的现状，相关部门应积极引导，有所作为。

一是在拥有知识产权方面，应以市场竞争为导向。要建立科学有效的评价指标体系，引导企业和研发机构不断提高知识产权质量、优化知识产权结构。

二是完善体制机制，为实现知识产权价值构建制度保障。要完善知识产权投融资政策，支持知识产权质押、出资入股、融资担保。建立健全知识产权交易政策，加快建立知识产权评估交易机制，推进知识产权交易市场体系建设，促进知识产权交易。加快完善知识产权入股、股权和分红权等形式的激励机制和资产管理制度。

三是提高公共服务能力，为知识产权的有效运用提供有利条件。加快推动知识产权公共服务平台建设，加强知识产权数据库配套、技能培训、管理咨询、维权援助等服务。开展知识产权分析研究机构和管理咨询机构的培育工作，培育一批能够支撑知识产权审议、满足企业实施知识产权战略需求的服务机构。支持和发展工业设计服务产业，通过设置和扩大相关专业课程教育、与企业联合办学、专门培训、给予资金扶持等方式，尽快培养出能够满足知识产权运用需求的技术队伍，为实现知识产权资源的最大价值提供人力资源储备。

本文作者：赛迪智库工业科技研究所　王磊　杨林松　黄林莉　张义忠

苹果公司缘何处处打专利战?

【内容提要】2012 年 11 月 12 日，在专利战上持续抗战两年的苹果和 HTC 两家公司发表联合声明称：苹果和 HTC 达成全球性和解协议，撤销当前所有针对对方的诉讼，并签署为期十年的许可协议，许可协议不仅涉及双方现有专利，也包含未来获得的专利。赛迪智库信息化研究中心认为，苹果和 HTC 专利案和解，并不意味着苹果放弃了瓦解 Android 阵营的路线，它只不过是苹果在执行上述路线过程中的一次战略调整。观察苹果公司近两年来打的专利战，其瞄准的都是国际知名手机厂商，注重设计专利而非技术专利，最终目标则是垄断市场。苹果公司专利战也给我国 IT 产业发展带来了重要启示。

【关键词】苹果 专利战

2012 年 11 月 12 日，在专利战上持续抗战两年的苹果和 HTC 两家公司发表联合声明称，已达成全球性和解协议，撤销当前所有针对对方的诉讼，并签署为期 10 年的许可协议。许可协议不仅涉及双方现有专利，也包含未来获得的专利。近两年来，苹果和三星、HTC、摩托罗拉移动等三家公司的专利战可谓硝烟不断，不仅在美国、韩国等本土开战，而且战火也延伸到了欧洲诸国。

一、苹果公司近两年来专利战回顾

（一）苹果 VS 三星

自 2011 年 4 月起，三星与苹果展开专利大战。先是苹果在美起诉三星抄袭 iPhone 和 iPad 的技术、用户界面和风格，侵犯了其 7 项专利，提出高达 25 亿美元的索赔。2012 年 8 月 25 日美国法院就苹果诉三星专利侵权案做出判决：三星故意侵犯苹果公司多项专利，应给苹果付 10.51 亿美元损失补偿，而苹果未侵犯三星公司任何专利。

2011 年 4 月，三星以苹果产品侵犯了三星数据续传等专利为由，向韩国法院提出起诉，以应对之前苹果在美国法院针对三星提出的诉讼。2011 年 6 月，苹果在韩国同一家法院，以三星智能手机和平板电脑滥用苹果的设计专利和用户界面专利，提出了相应诉讼。2012 年 8 月 24 日，韩国法院判定两家公司互有侵权，苹果侵犯三星两项专利，而三星侵犯了苹果 1 项专利，要求双方就侵权行为向对方支付小额赔偿，并禁售了部分侵权产品，不过遭禁售的产品不涉及两家最新型号。

除了在美国和韩国就专利问题向三星开战之外，苹果也在英国、德国、荷兰等其它多个国家向三星开战，但结果都没有胜诉。

（二）苹果 VS HTC

2010 年 3 月，苹果向美国国际贸易委员会（ITC）诉称 HTC 侵犯了苹果 iPhone 的专利，要求禁止 HTC 智能手机在美国市场销售。2011 年 7 月，ITC 做出初步判决，认定 HTC 侵犯了苹果两项专利。2011 年 12 月 19 日，ITC 作出裁决，HTC 将不得向美国出口侵犯苹果专利的手机，禁令自 2012 年 4 月 19 日起生效。随后，HTC 也针对苹果提出反诉，称苹果侵犯其无线技术专利，HTC 提出诉讼的两项专利均与 4G LTE 技术有关，如果胜诉，可寻求在美国禁售新 iPad。持续两年的专利战把苹果和 HTC 两家公司都搞得焦头烂额。2012 年 11 月 12 日，两家公司发表联合声明，称已达成全球性和解协议。

（三）苹果 VS 摩托罗拉移动

2011 年 4 月摩托罗拉移动起诉苹果 iCloud 侵权，称 iCloud 服务和安装 iCloud 客户端软件的苹果产品侵犯了其在欧洲的专利。2012 年 2 月 3 日，德国法院裁定苹果 iCloud 侵犯摩托罗拉专利，并下达永久禁令。2 月 10 日，苹果在美国法院提出起诉，试图阻止摩托罗拉移动在德国起诉苹果侵犯其专利，称诉讼违反了摩托罗拉与高通之间的专利授权协议，

二、苹果公司专利战旨在瓦解 Android 阵营

（一）靶子是 Android 阵营企业

纵观苹果关于手机方面打的重要专利战，都把 Android 阵营中的排头兵企业作为靶子。三星是 Android 阵营中 Android 操作系统的最大受益者。据 IDC 2012 年第三季度的手机市场调查报告显示，三星生产的基于 Android 操作系统的智能手机已经占据全球智能手机市场份额的 36% 左右，成为了苹果最强有力的竞争者。

HTC 公司凭借着 Android 操作系统，在短短几年内，从一家在手机领域毫无影响的企业，一跃成为智能手机领域的世界级知名企业。HTC 产品在美国被禁之前，是美国最大的智能手机制造商，一度占据着全美 23% 的市场份额，但遭受专利诉讼打击后，HTC 在美国的销量一落千丈，2012 第三季度，HTC 手机在美国占有率仅有 6.2%。

（二）瞄准国际知名手机厂商

生产基于 Android 操作系统的手机厂商并非只有三星和 HTC 两家公司，数量不计其数，国内生产基于 Android 操作系统的手机厂商就有联想、小米、海尔等一大堆企业。但苹果打专利战的目标对象唯独"青睐"三星和 HTC 两家公司，重要原因除了是 Android 阵营企业之外，三星和 HTC 都是智能手机领域国际知名手机生产厂商，而且两家公司在智能手机领域市场份额的日益扩张，已经使得苹果在智能手机领域的市场份额日益萎缩，并且生产的某些基于 Android 操作系统的智能手机已不是苹果手机的替补，而是成为了替代者，两家公司在智能手机领域的创新速度和巨大动作已经让苹果汗颜。

（三）注重设计专利而非技术专利

核心技术专利侵权，已经不是苹果打专利战的主要内容。掌握核心技术专利，是赢得市场竞争的王道的真理没有变，但在 IT 领域竞争日臻白热化的年代，设计专利也显得很重要。细看苹果打的几次专利战，其实都不是核心技术专利侵权，都是一些过去大多数公司不太重视的设计专利。在苹果三星专利战中，美国法院认定三星侵权的 6 项苹果专利就均为设计专利。在手机生产领域，核心技术在大多数厂商间没有太大区别的年代，通过对外观、流程等的精美设计，苹果从一个智能手机的外行，在短短几年间，一下子成为了智能手机领域最耀眼、最璀璨的明星。

（四）最终目标是垄断市场

苹果打专利战的目的，并不仅仅是为了打赢专利战而获得赔偿，要钱是一个方面，重要的在于"要命"。苹果和三星、HTC 打专利战，第一步是要钱，迫使对方认定侵犯专利赔钱；第二步是"要命"，在打赢专利战的基础上，向法院进一步起诉，要求法院禁售该公司产品，要了该公司的命，排挤竞争对手，进而垄断市场。2011 年 12 月 19 日，ITC 作出裁决，HTC 将不得向美国出口侵犯苹果专利的手机，禁令自 2012 年 4 月 19 日起生效。2012 年 9 月 23 日，苹果提出诉求，要求法院裁定在支付10多亿美元赔偿金的基础上，追加支付7.07亿美元赔偿金，同时请求法院颁布禁令，永久禁止三星在美国市场销售侵权产品。

（五）主要完胜战场在北美市场

苹果和三星、HTC打专利战，主要完胜战场在北美市场。2011年12月19日，美国国际贸易委员会作出裁决，HTC将不得向美国出口侵犯苹果专利的手机，禁令2012年4月19日起生效。2012年8月24日，韩国法院作出判决：苹果侵犯了三星电子两项技术专利，处以苹果35400美元的罚款。2012年8月25日，美国法院就苹果诉三星专利侵权案作出判决，三星向给苹果付10.51亿美元损失补偿，而苹果未侵犯三星公司任何专利。2012年10月18日，英国法官裁定三星Galaxy Tab平板电脑并未侵犯苹果iPad专利，判决苹果须向三星公开道歉，明确三星并没有复制其iPad。2012年10月24日，荷兰海牙法院裁定，三星在其Galaxy智能手机和平板电脑上使用一项名为"捏位缩放"的多点触控技术，未侵犯苹果专利。

三、苹果公司专利战带来的启示

（一）企业要把设计专利提高到同技术专利一样的重视高度

三星、HTC在与苹果的专利战中失利，都不是因为核心技术专利侵权，而是因为其手机外观、操作方式等设计模拟和苹果手机太相像，进而被认定侵犯了苹果设计专利。苹果作为手机行业的后起者，能够在手机行业被视为微利润行业的时候，突然杀入该行业，以手机外观、操作方式等方面的精美设计吸引客户。看来，我国企业要想获得高额利润，也要把设计专利提高到同技术专利一样的重视高度。毕竟，我国企业生产的手机在功能上与苹果手机差别不大，但在外观和操作流程上，也似乎没有多大创新。

（二）我国企业加入Android阵营发展移动智能终端，其结果可能是两头受制约

随着Android操作系统的崛起，我国手机市场欣欣向荣，国内手机生产厂商都用上了Android操作系统，外观设计、操作流程与苹果、三星等手机已经没有多大区别。但据统计显示，虽然我国内地手机生产厂商智能手机生产量大，但利润却仅占了全球智能手机利润的不到1%，苹果和三星两家则占到了99%，以至于我国内地手机生产厂商尽管像三星、HTC一样，把手机外观和操作方式模仿的

与苹果一模一样，但内地手机生产厂商却没有一家被苹果选为打专利战的对象。但只要我国内地手机生产厂商真正由大变强，有一天也会有资格被苹果选为打专利战对象。

另外，虽然我国内地手机生产厂商可以免费使用 Android 操作系统，但发展智能手机空间还是受限。谷歌和阿里云之战就已表明，只要我国企业创新速度超过谷歌，那么谷歌就可凭借手机设备联盟来遏制该企业。阿里云就是因为开发了基于 HTML5 的云服务通用协议，该协议在云服务时代重要性如同互联网 TCP/IP 协议，把谷歌未来要做的事情提前做了，以至于谷歌在无法靠法律诉讼的情况下，靠威胁伎俩把阿里云操作系统扼杀在摇篮中。

（三）收购拥有核心专利的中小型 IT 企业已成为大型 IT 企业打赢专利战的利剑

谷歌收购摩托罗拉移动的重要原因是看中了摩托罗拉移动在移动通信领域的一万多项专利，谷歌借助这批专利，可以增强 Android 阵营企业在同苹果专利战中的胜诉概率。2011 年 HTC 向 ITC 提出投诉，指控苹果侵犯了其三项专利，谷歌为了支持 HTC 这个 Android 阵营中的重要伙伴，将五项专利转给 HTC，以增加其在专利诉讼中对抗苹果的砝码。其实，像谷歌、苹果这样的大型互联网信息服务公司，从未停止过收购步伐。谷歌几乎每个月都会收购一家数亿美金的中小型 IT 企业，它曾经还创造过三天三收购的频繁收购历史记录，今年 6 月 4 日，谷歌收购在线信任标志服务商 KikScore，5 日收购社交网络创新公司 Meebo 之后，6 日又再次收购移动办公软件开发商 Quickoffice。通过收购中小型专业 IT 公司，一方面是为了快速拓展公司在此方面业务，另一方面也增强了在频繁的专利战中胜诉的概率。

本文作者：赛迪智库信息化研究中心　陆峰

怎么看苹果三星专利战的影响？

【内容提要】苹果与三星之间围绕智能终端领域进行的系列专利战引起了全球的广泛关注。赛迪智库软件与信息服务业研究所认为，此次专利战反映出智能终端产业竞争日趋激烈、专利日益成为企业有力武器、体系交锋成为产业竞争的重要形式，但对全球智能终端产业格局难有大的冲击。虽然专利战在短期内对我国产业发展影响有限，但从长期看，会加大我国智能终端产业发展的不确定性，限制我国智能终端产业向高端化发展，并使我国产业安全与信息安全形势日益严峻。为此，我国必须着手做好四项工作：加快关键技术和核心产品研发，打造健全良性的生态体系，加强创新成果应用推广，加强开源社区和统一专利池建设，推动产业自主发展。

【关键词】智能终端产业　专利战　产业发展

近日，美国加州联邦法庭陪审团判定三星公司侵犯苹果公司在智能终端领域的6项专利，需支付侵权赔偿金10.5亿美元。该案因此成为迄今为止赔偿费最高的专利案件之一。事实上，苹果与三星两家企业正在全球展开专利大战，你诉我讼不亦乐乎，韩国、德国等法院也分别于近日作出结果迥异的判决。由于智能终端领域是当今全球科技产业最为炙手可热的领域，苹果与三星又是最受关注的业界龙头企业，所以，二者之间的专利大战自然吸引了各界的眼球，引发了各种解读。那么，专利战的原因是什么？其影响如何？诸多问题都需要我们中立、客观地加以认识。

一、从全球看专利战：事出有因，影响有限

（一）智能终端产业竞争日趋激烈，整体格局难有大的变动

广阔的市场空间，丰厚的市场营收与激烈的市场竞争，是引发此轮专利大战的最重要原因。随着移动通信、移动互联网、云计算等技术的发展和应用，以智

能手机和平板电脑为代表的智能终端越来越普及和融入到人们的生产和生活之中。特别是在苹果应用商店模式确立并成熟后，基于智能终端设备的软件和信息服务市场成为新的金矿，放大了智能终端的市场空间，也诱发了更为激烈的产业竞争。

近几年，全球智能终端领域的竞争几近白热化，巨头企业争相连横合纵、攻城拔寨，意在聚集竞争优势、扩张市场份额。苹果虽然凭借其艺术级的工业设计和超贴心的用户体验，成为最受关注的焦点，获得了相当大的商业成功，但三星借助安卓操作系统和"机海战术"，也显示出强劲的赶超实力，迅速抢占到全球智能手机出货量第一的宝座。在此形势下，作为先行者的苹果自然心里不是滋味，更无法眼睁睁地看着大笔营收落入对手口袋。于是，在常规的创新研发和营销竞争之外，具有"卡脖子"效果的专利诉讼手段开始被越来越多地运用。由此，涉及智能终端企业及相关类型企业的专利纠纷案陆续粉墨登场，掀起了智能终端产业的一波剑拔弩张的竞争高潮。

但是，专利战所带来的遏制作用有限，对现有产业格局难有大的冲击。一方面，各家企业，特别是苹果、三星、谷歌等龙头企业拥有的专利均已达到相当数量，加之智能终端领域的核心专利分属不同企业所有，因此要想通过专利诉讼彻底扼杀竞争对手，本就是"不可能的任务"。就在美国判决的前一天，韩国首尔中央地方法院裁决苹果侵犯了三星拥有的有关通讯技术的两项专利，同时认定三星电子侵犯了苹果一项专利，就清楚地说明了这一点。另一方面，虽然10.5亿美元的赔偿金额看似很大，但对于三星、苹果这些巨头而言，不过是雷声大、雨点小的毛毛细雨，还难以从经济角度对败诉企业产生实质性影响。即使因专利官司会导致某些产品被禁售，但也没什么大碍。例如，虽然三星侵权的产品在经过改进前不能在美国市场上销售，但凭借三星的实力，完全能够迅速推出改进产品，重新进占市场；加之被判定侵权的产品，多数已不是主流产品或本身就销量不高，也使得禁售的处罚效果大大减弱。最终，全球智能终端市场仍会波澜不惊。

（二）专利日益成为有力武器，倒逼机制促使企业加速创新

凭借所掌握的专利，通过诉讼等手段对竞争对手进行限制并约束其市场活动，越来越多地成为企业的有力杀手锏。十年前，专利还只是企业间协议中的注脚，很少被计入交易价值之中。但时至今日，专利已成为产业竞争的有效武器，专利的多寡直接决定了企业的发展底气。出于遏制对手和自身防御的双重需要，大企

业的并购重点也从资本扩张迅速升级为专利争夺。由此，才推动苹果、爱立信、微软、索尼、EMC、RIM 联手以 45 亿美元竞得北电网络 6000 项专利；才驱动谷歌砸下 125 亿美元购买拥有众多专利的摩托罗拉移动；才使得苹果、三星等企业能够凭借手中专利，掀起诉讼狂潮。预计，受此次专利战影响，创新投入和专利扩张将进一步席卷整个智能终端产业。

但是，专利篱笆墙不会困住真正具有创新精神的企业，所引发的倒逼机制反而会激发真正具有创新能力的企业的发展活力。诚如《经济学人》等杂志分析所言，专利范围的扩大会带来众多问题，不仅会使得某些企业通过收取巨额专利费赖以生存，或是增加企业为防止诉讼风险而申请或购买专利的成本，更重要的是，专利分散在众多竞争者手中，会造成创新僵局，阻碍融多种技术于一体的集成创新。但与此同时，无论专利诉讼多么激烈，真正有创新精神，能够不断创新、不断申请更多专利的企业，总不会在专利之战中溃败。例如，虽然三星在美国加州败诉，但在韩、德等国却有斩获，与苹果难分输赢。苹果更是难以对安卓阵营中的带头大哥下手。所以，专利战虽然激烈，但对有实力的创新企业而言，绝不可怕，也难以产生大的影响。

（三）体系交锋成为重要形式，产业竞合态势更加复杂

智能终端产业涉及领域相当广阔，涵盖硬件、软件、服务、内容的产业体系竞争已成为市场竞争的重要形式。苹果与三星的官司，不仅仅是两家企业间的专利之战，更是 iOS 与安卓两大产业体系间的交锋。苹果控制着完整的智能终端产业体系，其硬件合作伙伴和应用开发者遍布全球。身处三星背后的谷歌，则一直在谋求智能终端产业领域的盟主地位，希望通过建立起健全的产业体系，占据产业发展主导权。可见，掌控产业体系已成为龙头企业发展的重要目标，也是其掌握产业核心竞争力的关键所在。由此，任何两家处于产业链最高端的企业之间的竞争都成为了产业体系的直接交锋。而苹果此次进攻三星，意在安卓，目的是要动摇安卓阵营的军心，使其链条产生断裂或缺失，以此消减安卓的竞争力。

但是，产业的高度融合使智能终端产业竞合态势更加复杂。由于产业分工越来越细化，各家都专注于优势环节进行发展，这就形成了企业间相互依赖的现状。此次专利战中的三星，同时也是苹果产业体系中的支柱，负责提供处理器、闪存芯片、电容器等零部件。经过此次专利战，两者的秦晋之好虽仍继续，但当苹果寻找到更佳供应商而摆脱对三星的依赖，抑或三星在安卓阵营得到更大实惠的时

候，两者亦敌亦友的关系将难以维系，其结果很可能是引发两大产业体系的重新建立，更加激烈的交锋也会随之展开。这种企业与企业之间的爱恨情仇同时兼具与快速转变，决不仅此一时、仅此一事，这也使得企业间竞争的影响会控制在一定范围之内。

二、由我国看专利战：虽无近忧，但须远虑

在智能终端领域，我国企业处于后发、弱小的地位，一直跟随国外领先企业的脚步，不论是终端产品厂商、操作系统开发商还是应用软件开发商，基本都要依赖于国外的智能终端平台。这种弱势地位，已成为我国相关企业的"避风塘"，使得专利之战难以在近期产生太大的影响。

首先，我国富士康等企业是苹果、三星的代工方，无论哪家企业输赢，只要市场需求存在，总的代工订单量就不会有大的变动。其次，我国企业相对较小的规模决定了很难成为被跨国龙头重枪扫射的出头鸟，即使安卓体系由于专利等原因受到一定限制，也能够很快转移到微软 WP8 等平台上。最后，由于专利诉讼判决效力有限，即使涉及禁售，也是针对国外的个别地区，与之有合作关系的我国运营企业和软件开发者也不必担忧。所以，至少在近期，若无大的变化，此次专利战对我国企业的影响并不大。

但是，人无近忧，须有远虑。苹果、三星专利战所反映的产业发展新趋势、新态势，将对我国智能终端产业长远发展带来较大影响，主要表现在三个方面。

（一）加大我国智能终端产业发展的不确定性

我国智能终端企业严重依赖国外智能终端平台，一旦国外终端平台发生变动，我国就将受到极大冲击和影响。

近两年，我国多家软件和信息服务企业纷纷推出自己的手机操作系统，但其中大部分系统都是基于安卓系统的二次开发，若安卓系统万一在专利大战中溃败，就会直接影响到我国 80% 以上的终端制造企业、操作系统厂商，以及众多的应用软件开发商，付出不菲的迁移代价，给本就利润微薄的我国智能终端企业雪上加霜。即使是在正常发展过程中，我国企业也要时刻担心安卓系统会否突然不再开源，不再授权国内企业使用，从而彻底卡死自己。

同时，专利战的不断蔓延也会加大这一不确定性。据中国专利信息中心专利检索系统显示，苹果、三星等企业在我国申请专利的数量呈明显上升趋势。截至

2012年8月底，苹果在华专利申请总量1106件，三星则达31460件。与国外企业相比，我国企业在智能终端领域的专利数量不多，核心专利数量更是少得可怜。若国外企业挥起专利大棒重重打来，我国企业完全不具备三星、苹果、谷歌等巨头企业那样的抵御能力，必将一败涂地。

开源系统授权使用，抑或专利部署与使用方面时刻存在的不安定感，将造成我国智能终端产业发展长期的不确定性。

（二）限制我国智能终端产业向高端化发展

核心技术及其专利是我国发展自主智能终端操作系统的主要瓶颈之一。在全球智能终端操作系统领域，已形成若干专利池，并被有限的几个国际巨头牢牢抓在手中。苹果公司在多年的经营过程中积累了大量的专利，这些专利可以使苹果处于食物链的顶端，如果其他手机厂商想生产智能手机，苹果公司的专利往往是其需要考虑是否能够规避的。谷歌虽然在发展安卓系统的过程中没有积累太多专利，但它很快意识到构建专利池的重要性，并通过收购摩托罗拉获得了1.7万项专利，具备了与苹果抗衡的资本。相比之下，目前大部分国内企业对专利的重要性认识不足，专利积累严重不足，与国外企业存在着巨大差距。

专利基础的薄弱决定了产业向高端化发展的动力不足。国际巨头们由于起步早，已经把智能终端操作系统的主要技术和核心专利掌握在手中，并可以通过专利池互相授权而进行产品的生产，这些专利池形成了阻碍我国产业发展的技术壁垒。国内企业要想开发自主操作系统，很可能会用到国外企业已经掌握的专利，那么就只能高价购买授权，或者退出行业。

（三）产业安全与信息安全形势将日益严峻

产业安全形势将越来越不容乐观。目前的主流智能终端操作系统平台主导者都是国外企业，他们的每一个变化都会影响到我国产业链的各个环节。国内企业自主创新能力薄弱，专利积累数量上与国外企业存在巨大差距，产业链相关厂商严重依赖安卓等国外操作系统平台，这使得我国智能终端产业随时可能面对专利禁止、市场禁售、软件闭源等各种形式的封杀，产业安全保障无从谈起。

同时，智能终端引发的信息安全问题也将越来越复杂。要做到智能手机操作系统的安全可控，就必须掌握从内核、通用算法库、图形交互系统到应用框架等操作系统涉及的所有层面。国外闭源操作系统在所有层面都不开放，多数开源系统也未开放虚拟机等核心部分，我们对其安全漏洞很难深入了解，难以应对有组织的安全攻击，存在被渗透甚至被控制的风险，这将极大威胁我国的信息安全。

三、应对专利战影响：未雨绸缪，科学部署

智能终端领域已成为信息技术产业发展的战略制高点。要消除专利战等市场竞争行为可能带来的长期影响，实现我国智能终端产业自主发展，保障产业安全与信息安全，就必须着眼长远，加强战略规划和顶层设计，整合市场资源和创新资源，加快智能终端领域的研发创新和应用推广，并重点做好以下四方面的工作。

（一）加快关键技术和核心产品研发

一是加强智能终端硬件产品的研发。鼓励终端企业加大投入，加强自主知识产权终端双模芯片、多模芯片的研发，重视并支持闪存、内存、面板等领域的技术创新。

二是加强智能终端软件产品的研发，尤其是智能终端操作系统的创新发展。鼓励国内企业、高等院校、研究机构深入合作，打造融合化的创新体系，加强对Linux 内核源码、安卓内核源码的分析，在手机操作系统核心技术领域，研发安全可控的自主知识产权技术，并推动国际级产业标准的制定。

（二）打造健全良性的生态体系

推动软件企业与电信运营商、广电内容提供商、内容分发商等拥有客户资源和分销渠道的企业加强合作，并整合政府部门、科研院所，以及终端设备制造、软件开发、网络运营等企业的研发资金、技术积累、专业人才等创新资源，加快研发智能手机操作系统，构建系统软件开发商、终端设备制造商、网络运营服务商、数字内容分发商、应用软件开发商、内容服务提供商等广泛参与、合作共赢的应用推广体系。

（三）加强创新成果应用推广

充分利用国内终端制造、电信运营和互联网服务等大企业各具特色的应用和市场力量，以本土品牌智能手机操作系统抢占市场，实现市场突破。采用先立项、无预拨、后补助的方式，通过在科技和产业化基金中设立应用示范类项目，鼓励企业扩大市场占有率。鼓励运营商集采，对采用自主操作系统的终端厂商给予补助。

（四）加强开源社区和统一专利池建设

建设智能手机操作系统开源社区。借鉴国外成功案例建设开源社区，营造操

作系统基础资源共享环境，帮助建立核心软件专利库平台，提升自主创新能力。通过开源社区，鼓励企业、研究机构和开发者积极参与并从中受益。以智能手机操作系统开源社区为纽带，引导国内企业合力开发统一开放的操作系统产品。要通过专家委员会和管理委员会制定开源社区发展指南，指导企业、高校和开发者积极参与开源社区的管理、建设和维护，制定社区技术和数据共享规范。要引入激励机制充分调动参与者的积极性，增强企业、科研机构和开发人员参与平台建设的主动性。要将对开源社区的贡献度作为考核重大专项课题承担企业的重要指标。

本文作者：赛迪智库软件与信息服务业研究所　安晖　陈光　周大铭

云端市场，谁主天下？

【内容提要】5 月 19 日我国商务部发布公告，决定附加限制性条件批准谷歌收购摩托罗拉移动，谷歌应履行在免费和开放的基础上许可 Android 平台等义务。在今天的移动互联网时代，谷歌和苹果等互联网巨头纷纷利用操作系统占领用户桌面，通过捆绑方式来推广企业云服务。赛迪智库认为，目前云端市场争夺异常激烈，呈现出多种竞争模式；各种竞争模式虽能锁定部分用户，但服务质量是关键。云端市场竞争给我国 ICT 产业发展带来三点启示：做好服务内容、创新服务模式是互联网企业成长的关键；根据自身特色找准在产业链中的定位是企业成功发展的王道；要紧紧抓住时代发展机遇，把握移动互联网发展的主导权。

【关键词】云服务　操作系统　互联网企业服务捆绑

我国商务部今年 5 月 19 日发布公告，决定附加限制性条件批准谷歌收购摩托罗拉移动，谷歌应履行在免费和开放的基础上许可 Android 平台等义务。公告指出，2011 年第四季度，谷歌 Android 系统、诺基亚 Symbian 系统、苹果 iOS 分别占据中国智能手机操作系统市场份额 74%、12.5% 和 10.7%，捆绑谷歌各类云服务的 Android 系统在移动智能终端操作系统市场占据支配地位。实际上，利用智能手机终端捆绑云服务应用的做法正成为业界关注的焦点，抢占云端市场成为互联网企业发展移动互联网业务的重要战略布局。

一、云端市场争夺异常激烈，呈现出多种竞争模式

（一）谷歌和苹果以操作系统捆绑云服务方式抢占云端市场

谷歌是云计算的倡导者。在云计算发展战略布局上，谷歌也借力 Android 系统盛行的东风。Android 系统由谷歌主导开发，其中不可避免地加入了谷歌自身的很多云服务应用，如 Google Map、Google Search 和 Gmail 等。由于 Android 系统的开放性，越来越多的互联网厂商、终端设备制造商、智能电视厂商，乃至汽车生

产企业等都纷纷加入 Android 阵营。谷歌凭借 Android 系统庞大的市场份额和"近水楼台先得月"优势，利用操作系统捆绑应用方式，强有力地锁定了用户桌面云服务应用。如果说微软操作系统 IE 浏览器打开了用户通向互联网世界的窗口，那么谷歌操作系统云服务则在形形色色的智能终端上构建起了直达谷歌云服务的快速通道。

同时，作为全球 IT 科技领跑者的苹果公司不甘落后，也开始全面进军云服务领域。2011 年 10 月，苹果公司发布了 iOS5 操作系统，iCloud 是苹果公司 iOS5 操作系统云服务的最大亮点。iCloud 云服务功能使得装载 iOS5 操作系统的苹果移动设备几乎可完全脱离电脑使用，真正"移动"起来。随着苹果产品的普及，iOS5 操作系统不仅应用于手机和平板电脑，在家庭 TV、汽车电子设备等终端也将得到广泛应用。随着苹果产品普及，苹果云服务将走进千家万户。

（二）腾讯和奇虎 360 以客户端软件捆绑云服务方式抢占云端市场

腾讯凭借 QQ 客户端，几乎横扫了互联网领域大大小小的各类云服务应用。在娱乐领域，推出了 QQ 游戏、QQ 影音、QQ 播客和 QQ 音乐等；在电子商务领域，推出了 QQ 团购、拍拍网和财付通等；在安全领域，推出了 QQ 医生和 QQ 电脑管家等；在通信领域，推出了 QQ 浏览器、QQ 邮箱、微信和 TM 等；在办公领域，推出了 QQ 拼音输入法、QQ 词典等；在社区方面，推出了 QQ 空间和腾讯微博等。在以客户端软件捆绑应用方面，奇虎 360 公司的能力与腾讯不相上下，凭借 360 安全卫士客户端，它几乎做全了桌面安全领域的各类安全应用。腾讯和奇虎 360 两家公司凭借一个客户端，把各类云服务直接送到了用户桌面上。

（三）国内互联网企业和家电企业力图以智能终端产品捆绑云服务方式抢占云端市场

面对云计算的飞速发展，国内各路互联网企业和传统家电企业纷纷腾"云"驾雾。百度、腾讯、阿里巴巴、新浪、人人网、盛大、奇虎 360、网易等互联网公司先后介入智能手机制造。百度智能手机用的尽管是 Android 系统，但内置了大量百度应用，而且把大批核心 Android 应用软件（搜索、地图和通信软件）替换成了百度自己的软件。腾讯智能手机也基于 Android 系统，并绑定了手机 QQ、微信、腾讯微博、QQ 空间等一系列腾讯服务。阿里云手机则是在 Android 系统基础上嵌入阿里云应用，装了大量淘宝服务软件。盛大智能手机内置了多项盛大自己的游戏。此外，创维、海尔、海信、康佳等传统家电企业也急着向"云层"靠拢，纷纷推出云电视。国内互联网企业和家电企业在推销云服务、抢占云端市场上各显其能。

二、云端市场各种竞争模式虽能锁定部分用户，但服务质量是关键

（一）以操作系统捆绑云服务方式可近水楼台先得月，但绝非一般企业所能为

操作系统市场准入门槛高，即使企业有研发操作系统的能力，要想通过操作系统捆绑企业云服务，进行大规模推广，也得看该操作系统本身的市场份额。据最新数据显示，2012 年第一季度谷歌 Android 系统和苹果 iOS 系统占到全球智能手机操作系统市场份额的 80% 以上，其市场份额分别为 59.0% 和 23.0%。移动智能终端操作系统并非谷歌和苹果两家公司独有，国外还有诺基亚 Symbian、微软 Windows Phone、Rim Blackberry OS 等，国内百度、腾讯、阿里巴巴、海尔等企业也都投入该市场争夺中，竞相推出移动智能终端操作系统。但据目前市场看，移动智能操作系统市场还只能算是两虎相争。所以，通过推操作系统和捆绑云服务方式来推广企业云服务，绝非一般企业所能为。

企业通过操作系统捆绑方式来推广云服务，其关键在于有成功的商业模式让操作系统被用户普遍接受。而且，占领操作系统市场只是第一步，让云服务应用被广大用户所接受，云服务质量仍旧是关键。毕竟，即使在用户桌面上提供了云服务最近入口，如果用户不愿用也没有意义。反之亦然。

（二）以客户端软件捆绑云服务方式首先依靠用户群，关键在于服务内容创新和服务质量提升

回顾国内互联网二十年来的发展史，利用客户端永久性地占领用户桌面的企业可谓少之又少，迄今似乎仅有腾讯和奇虎 360 两家公司。两家公司能够凭借自己客户端大力推销云服务，首要因素在于两类客户端都有庞大的用户群，且用户群对客户端有很强的依赖性。据统计，截至 2011 第三季度末，QQ 活跃账户数达到 7.117 亿。

当然，仅仅靠用户群来持久拉住用户难度很大，关键还在于服务创新。尽管腾讯的"拿来主义"对创新的扼杀屡遭业界诟病，但其重视用户体验和在产品技术功能上不断进行微创新的优点不能否认。奇虎 360 则是通过安全卫士客户端把用户桌面所能想到的全部安全应用捆绑于一体，给用户带来了一站式安全保障的

完美体验。

（三）以智能终端产品捆绑云服务方式割裂用户整体需求，前景黯淡渺茫

国内互联网公司都希望通过推出自有品牌手机，内置自己的云服务程序，构建起用户直通企业云服务的快速通道，做大用户群，卡位移动互联网入口，再通过流量和服务赚钱。然而，互联网企业扎堆做手机、捆绑云服务的前景不一定乐观。用户需要的是综合的移动互联网服务，其需求不能被割裂。移动互联网的未来不会是品牌割据用户，而应尊重用户的选择权。从长期来看，专注于做好移动互联网服务要比抢占入口更重要。

三、云端市场竞争给我国 ICT 产业发展带来的启示

（一）做好服务内容、创新服务模式是互联网企业成长的关键

在踏实做好互联网服务的理念指导下，全球出现了很多著名互联网服务公司：以搜索著称的谷歌和百度；以做个人即时通信工具著称的腾讯；以做 C2C 电子商务著称的阿里巴巴；以做社交服务闻名的 facebook 和 twitter 等。

这些互联网服务企业的成功，都不是靠抢道来占领市场的。谷歌和百度的成功，在于抓住了互联网市场发展初期搜索市场空白的机遇，解决了互联网时代海量数据搜索难题；腾讯的成功在于开辟了国内个人即时通信市场的先河，满足了个人对网络通信的增长需求；阿里巴巴的成功在于开辟了个人网上交易的新模式，解决了个体商品交易的困难；facebook 和 twitter 等企业的成功，则在于开辟个人网上社交的新模式，满足了网络时代虚拟社交的需求。

（二）根据自身特色找准在产业链中的定位是企业成功发展的王道

互联网产业是有分工的，任何企业都不能期望整合整个产业链来壮大自己，唯有根据自己的特色能力找准在产业链中的定位，才能顺应移动互联网发展的时代潮流。

苹果的成功有两方面的因素。一方面，苹果手机的精致设计使得任何一家手机设备制造商都无法与其媲美；另一方面，苹果搭建起了方便而又高效的软件销售市场第三方 C2C 电子商务平台，打通了个体软件开发者与软件消费者之间销售渠道，适应了手机用户对个性化软件的需求。

谷歌 Android 系统虽然占据了移动智能终端操作系统市场的过半江山，但近期谷歌准备出售摩托罗拉移动手机生产线给华为的迹象表明：谷歌收购了摩托罗

拉移动，却没有做手机的坚定信念，没有想利用操作系统市场份额和强大手机生产线两大优势来消灭其他手机厂商，达到垄断手机产业链目的。谷歌想放弃生产手机不是没有道理：一方面谷歌通过操作系统捆绑谷歌云服务，不管手机是谁生产的，只要使用 Android 操作系统，使用了桌面谷歌云服务，就得向谷歌付费，不管这种收费是前向收费还是后向收费，反正谷歌是利用操作系统捆绑云服务方式挣到了钱。另一方面，谷歌作为移动智能终端操作系统厂商，准备放弃手机生产线也合乎情理。因为有前车之鉴，诺基亚曾作为世界第一大手机生产厂商，在推出经典手机 N95 获得轰动后，把多家手机厂商共同资助研发的 Symbian 操作系统收购为己有，企图利用 Symbian 系统垄断整个手机产业链，结果致使其他手机厂商纷纷转投 Android 阵营，最终导致诺基亚失去了智能手机市场的主导权。

（三）紧紧抓住时代发展机遇，把握移动互联网发展主导权

上世纪 90 年代，我国 ICT 产业发展还处于起步阶段，产业基础落后，未能在互联网发展阶段把握主导权。今天，我国 ICT 产业实力大为增强，一大批能与大型美国公司媲美的中国公司悄然崛起。百度、腾讯、阿里巴巴、华为、中国移动等一大批大型知名公司已是令人不敢小觑，另外还有一大批大大小小、形形色色的互联网服务公司、终端设备制造商和电信增值服务运营商同样令国人自豪。可以说，目前我国发展移动互联网已具备强大的产业基础，只要做好相应政策引导，我国企业完全可以应对谷歌、苹果等美国公司的全球战略布局，把握好移动互联网发展的主导权。

本文作者：赛迪智库信息化研究中心　陆峰

谷歌与阿里云争的是什么？

【内容提要】谷歌公司以解除 OHA（开放手机联盟）权益为要挟，迫使宏碁公司取消与阿里云的智能手机合作，暴露了谷歌欲封杀阿里云 OS 的意图。赛迪智库信息化研究中心认为，从更深层次上看，谷歌并不仅仅是封杀阿里云 OS，它最担心的是阿里云利用阿里巴巴集团全球数亿的客户基础抢先开展云服务业务。谷歌与阿里云之争，争的是正在兴起的云服务市场。但云服务是一个非常敏感的行业，如果外国企业垄断我国云服务市场，很可能会给我国信息安全带来严峻挑战。因此，赛迪智库信息化研究中心提出，我们必须着眼未来，从五个方面入手：加快我国自主可控云端操作系统的研发；支持自主可控云端操作系统的市场化；完善我国云服务产业链；大力支持云服务创新；培育云服务龙头企业。

【关键词】谷歌　阿里云　云服务

谷歌公司迫使宏碁取消了与阿里巴巴子公司阿里云合作的云智能手机发布，暴露了谷歌封杀阿里云 OS（操作系统）的意图。尽管目前谷歌对阿里云的指责仅仅是说阿里云使用了安卓系统的运行环境、框架、工具及应用资源而又与安卓系统不兼容，但实际上，谷歌真正担心的是：阿里云抢先推出捆绑自己云服务业务的云端操作系统，再加上其拥有全球数亿的客户基础，将会在云服务市场上抢占先机，威胁到谷歌的战略业务即云服务。因此，谷歌与阿里云之争，争的是正在兴起的云服务市场。

一、谷歌意欲封杀阿里云操作系统

9 月 13 日，谷歌公司以解除 OHA 权益为要挟，迫使宏碁公司仓促取消了与阿里云合作在上海市举办的一款新型云智能手机发布会。宏碁生产的这款云智能手机使用了阿里云 OS。谷歌发表声明称，阿里云 OS 是"一个不兼容的 Android 版本"。阿里云则表示阿里云 OS 是自主的操作系统，不是 Android 生态系统的一部分,无需与 Android 兼容。9 月 16 日,谷歌高级副总裁、Android 系统创始人安迪·鲁宾(Andy Rubin)指责阿里云 OS 使用了 Android 的运行环境、框架和工具(runtime, framework and tools),应用商店中提供 Android 应用,但却与 Android 部分不兼容。这种不兼容破坏了开放手机联盟一直致力于打造统一的安卓平台的重要规则。他说,如果阿里云希望借助 Android 生态系统获益,那么就必须选择与 Android 保持一致性,否则就不要指望获得 OHA 成员的支持。

实际上,阿里云 OS 和 Android 一样,是在 LINUX 基础上开发而成。但阿里云拥有独立设计的 JAVA 虚拟机和相应的指令集,还有自行研发的云应用引擎(cloud app engine),以用于支持 html5 web 应用。这样,阿里云 OS 独立于 Android 生态系统之外,仅仅使用了一些安卓应用的框架和工具作为补丁,以便用户可以在阿里云 OS 中使用其他第三方应用。通过有选择性地部分兼容 Android 应用,阿里云 OS 具有较好的用户体验,能在一定程度上吸引和分流 Android 用户。

阿里云这种做法让谷歌有些难办。谷歌不能利用 OHA 来约束阿里云,也很难状告阿里云侵犯其知识产权。阿里云 OS 的出现,给原本就出现裂痕的 Android 联盟撕开了一条口子。近年来谷歌的 Android 市场占有率不断提高,在全球智能手机市场的份额已超过 60%。在美国,Skyhook Wireless 等多家公司对谷歌提起诉讼,称谷歌使用市场优势地位要求智能手机厂商使用谷歌的产品。美国联邦贸易委员会去年已开始对谷歌进行反垄断调查,前不久判三星公司在与苹果公司的专利诉讼中失利,手机厂商对操作系统受制于人总是感到很不踏实,不少手机厂商都开始探索多平台策略。支持微软 WP 系统的诺基亚今年销售情况好于预期,这也让 OHA 成员难免会暗生异志。三星、HTC、索尼都已宣布进军 WP 系统。在这种形势下,硬件厂商是很乐意看到有新的操作系统竞争者出现。这次宏碁公司既想与阿里云合作,又迫于谷歌的威胁而取消新品发布,恰好反映了硬件厂商既要保住眼前利益又要谋求长远出路的矛盾心态。谷歌对宏碁的强硬态度,是希望借此向硬件厂商传达其对保持 Android 堡垒统一性的态度,以震慑硬件厂商的心猿意马,趁机整顿 Android 产业链。

二、谷歌与阿里云之争是云服务市场竞争的前哨战

如果阿里云只是侵权,似乎并不至于激起谷歌如此强烈的反应。谷歌一向倡导开源开放、免费应用。此前,对安卓系统修修改改而据为己有的事情也多次发生过,谷歌也都并不在意。毕竟谷歌运作着强大的 OHA,安卓系统的发展牢牢掌

控在谷歌手中。这次谷歌对阿里云 OS 如此重视以至于急出重拳，应是另有深意。这要从谷歌的业务发展战略来分析。

（一）云服务是谷歌一直以来的战略重点业务

谷歌成立于 1998 年，1999 年设计并运作了互联网搜索引擎 Google，并取得很大成功。目前 Google 处理了互联网上大约 80% 的搜寻请求。自此，谷歌专注发展互联网服务业务。2005 年推出 Google Earth，2006 年提出云计算战略，为企业用户提供开发平台供其使用 Google 的云计算资源。2007 年推出智能手机操作系统安卓，并联合 34 家手机制造商、芯片制造商、软件开发商和电信运营商一同创建了开放手机联盟 OHA。安卓系统嵌入了很多谷歌云服务应用，目前已成为全球市场份额最高的手机操作系统。2011 年收购摩托罗拉移动，并推出自主移动电话、平板电脑、流媒体设备等智能终端，大举发展移动互联网服务。2012 年，谷歌推出云基础设施服务 Google Compute Engine（云计算引擎），加快向云服务市场战略转型。

伴随着业务转型，谷歌的商业模式也悄然发生变化。谷歌一向以免费互联网服务吸引大众用户，再通过面向大众用户的互联网广告赚取收入。在云服务市场上，谷歌是以免费的云端操作系统来吸引企业参与云服务产业链，形成合力向大众用户提供免费云服务，在云服务中实现信息积累和数据挖掘，再利用这些数据资源向特定用户提供收费服务以赚取收入。可见，云服务是谷歌的战略核心业务，是其志在必得、不容有失的重点业务。

（二）阿里云承担着阿里巴巴向云服务扩展的战略重任

阿里巴巴集团于 1999 年在浙江杭州成立，仅十多年就成长为世界上规模最大的电子商务服务商之一，旗下四个电子商务平台为全球数亿用户提供 B2B、B2C、网上支付结算等服务。近年来，阿里巴巴集团看到了云服务市场的广阔前景，开始重视发展向用户提供商务管理、商业信息等云服务业务，于 2009 年成立了专注于云计算领域研发的阿里云公司。2011 年阿里云发布基于云计算技术的阿里云 OS，它对基于 HTML5 的 Web App 有很好的支撑，集成了支付宝、聚划算、淘宝比价等大众喜爱的诸多应用，预装了华彩彩票、航班管家等第三方应用，还有一键到云市场的设置，在云市场有手机购物、充值、淘宝彩票等商业应用。此外，阿里云 OS 还开发了基于 HTML5 的 Web App 的云服务框架，对云服务的关键意义犹如互联网通用传输协议 TCP/IP。通过这个云服务框架，阿里云实际上掌握了云服务时代服务高速公路的管理主导权，对谷歌云战略是一种严峻挑战。

至此，阿里巴巴集团的云服务战略逐渐清晰。阿里巴巴集团要发挥在电子商务领域的优势，向云服务市场拓展，打造一个以阿里云 OS 平台为核心的终端厂商、第三方站长及开发者、运营商、消费者等构建的全新移动互联网服务生态圈。尽管以操作系统捆绑云服务方式并不必然能取得成功，但令谷歌不能小觑的是，阿里巴巴集团的电子商务服务市场基础扎实，在全球拥有数亿忠诚度很高的用户。

（三）谷歌与阿里云明争暗斗为哪般

谷歌与阿里云明争暗斗的目标，并不是云操作系统本身，而是在云服务市场的地位。接下来，阿里云不会善罢甘休，而是去寻找新的合作伙伴，努力把阿里云 OS 推广开来。谷歌则会在压制对方同时，加快开发基于安卓的云端系统。双方将在云端系统及云服务市场上展开长期的激烈竞争。

三、思考与建议

正在崛起的云服务产业潜力和财富空间巨大，将成为全球信息产业新一轮竞争的主战场。目前看，智能移动终端将是未来最重要、最普遍的云计算终端，将承载互联网应用中极富商业价值的新兴服务市场。智能移动终端及其操作系统将是抢占云服务市场的制高点。在中国市场，谷歌 Android 系统、诺基亚 Symbian 系统、苹果 iOS 分别占据中国智能手机操作系统市场份额分别为 73.99%、12.53% 和 10.67%，捆绑谷歌各类云服务的 Android 系统在移动智能终端操作系统市场占据支配地位。微软英特尔的桌面系统垄断刚刚被打破，而移动终端的垄断又将形成。谷歌、苹果、微软等跨国企业正在利用云端优势，加快将其云服务向移动平台迁移。在"强后台"+"瘦客户端"的云端模式下，将用户的海量信息和数据实时传递到云服务器上。如果国外企业通过数据挖掘等技术，对存储在其服务器上海量的中国用户数据综合分析，很容易获取国家敏感信息和数据，将给我国信息资源生产、传播和监管能力带来严峻挑战。因此，我国必须着眼未来，加快研发推广自主可控的云端操作系统，抓紧培育我国本土的云服务龙头企业和产业体系。为此，提出以下建议：

（一）加快我国自主可控云端操作系统的研发

依托电子发展基金及"核高基"专项基金，在操作系统领域建设国家级研发平台，支持自主云端操作系统及应用平台研发，集中力量突破技术瓶颈，推动操作系统及相关软件的自主研发进程。

（二）支持自主可控云端操作系统的市场化

通过税收优惠、财政补贴等手段，鼓励国内手机制造商采用自主研发的云端操作系统，加快市场化步伐。推动我国自主研发的云端手机操作系统开发商与智能终端制造、内容分发商和应用软件开发商紧密合作，引导产业链上下游企业间加强合作，鼓励国内手机制造商采用自主研发的云端操作系统。

（三）完善我国云服务产业链

推动产业链上下游共同协作，打造应用服务平台、智能终端平台、网络开放平台、智能网络平台，构建安全可控、自主发展的移动互联网生态体系。建立由云端操作系统开发商、通信网络运营服务商、应用软件开发商、终端设备制造商、数字内容分发商、内容服务提供商等多方主体组成的产业联盟，支持并引导企业围绕云服务联合构建产业生态圈。制定移动终端应用接口、浏览器、视频、移动支付、安全等关键标准，实现自主智能手机和应用服务的规模发展。促进芯片设计、软件开发、数字内容与智能终端、互联网服务的融合发展，实现云服务产业链协同发展，打造我国完善的云服务产业链。

（四）大力支持云服务创新

建立云服务创新示范基地，开展生产、商贸和公共服务领域的云服务应用示范，发展基于移动互联网的数字内容创造和应用服务。大力推动我国手机搜索、游戏、阅读、音乐、互动社区、支付、应用程序商店等应用创新，推动产品、内容、网络和平台加速融合发展，不断激发产品和应用的创新，增强我国信息产业发展活力。

（五）培育云服务龙头企业

加强对国内云服务提供商的扶植力度，鼓励终端制造商、软件提供商、网络运营商与互联网服务商之间加强合作，推动由芯片制造、终端制造、操作系统、应用软件、通信运营、内容服务的产业链垂直整合。重点支持具备较好业务、用户、技术基础的云服务企业发展壮大，打造具有行业影响力、产业控制力的本土云服务龙头企业，在云服务市场上做到数据自主、应用可控，提升在国际市场上的话语权。

本文作者：赛迪智库信息化研究中心　樊会文

电商价格热战的冷思考

【内容提要】2012 年 8 月，一场由京东商城挑战苏宁、国美而引发的"史上最大规模价格战"受到社会各界的普遍关注。9 月，国家发改委认定，三大电商企业存在价格欺诈行为。此轮价格战最终偃旗息鼓。但它留给我们许多思考：此轮电商价格战的诱因是什么？有人得利吗？如何才能避免此类现象再次发生？赛迪智库消费品工业研究所在进行深入研究的基础上给出了自己的思考判断，并提出了三条对策建议，即行业主管部门应完善行业竞争规则；电商企业应遵从行业规则和商业道德，强化自律；家电企业应促进供给创新，提升综合创新能力。

【关键词】电商价格战 恶性竞争 健康发展

2012 年 8 月，一场由京东商城发起，苏宁、国美应战的电商价格战爆发，国内电商市场狼烟四起。虽然这轮价格战最终以"三大主角均涉嫌价格欺诈"[1]而收场，但它留给我们许多思考。此轮电商价格战的诱因是什么？究竟谁在这场较量中得利？今后如何才能规避此类商业欺诈行为的再发生？认真研究这些问题，对于未来我国消费者权益保护、电商及家电行业的健康发展均具重要意义。

一、电商价格战没有真正的赢家

在市场经济下，追逐利益最大化永远是企业的目标。为此，理性的企业会科学协调与己相关的利益主体之间的关系，力争形成一种共赢或多赢的竞争格局。那么，此轮价格战赢家是谁？如果没有赢家，那就真的毫无意义。

（一）消费者权益受损

从表面上看，价格战的直接受益者应该是消费者。在此轮电商大战中，电商企业呼喊的价格一个比一个低，甚至打出了"你敢卖 1 元，我敢卖 0 元"的口号。

---

[1] 国家发改委价格监督检查和反垄断局在 9 月初裁定京东、国美和苏宁三家企业均存在价格欺诈行为。

如果真的如此，消费者将是真正的受益群体。但实际情况果真如此吗？答案是否定的。此轮价格战在一定程度上可谓"光打雷不下雨"，消费者被"忽悠"了，并且在整个价格战过程中始终处于被边缘化的地位。

　　一是此轮价格战中电商企业竞争的不是价格，而是虚构原价，是对消费者进行价格欺诈，并未真正履行"零毛利"承诺。部分电商企业更是拿独有商品参加比价，网上标明无货而仓库实际有货等情况根本无从确认，留给消费者的只是猜测、质疑，严重损害了消费者的知情权和经济利益。二是价格战结束后，尽管部分电商承认商品降价不到位、管理存在瑕疵，但面对消费者的质疑及其受损权益，并未做任何解释和补偿。由于促销对消费者的影响是非常直接和高效的，加之消费者权益维护手段缺乏，因此，在此轮价格战中消费者只是电商企业不正当竞争的受害者。

　　（二）家电生产企业被进一步压榨

　　上世纪 90 年代以来，家电生产企业通过学习国外经验将服务外包，从而催生了家电流通业的快速发展。苏宁、国美、京东等大型家电流通企业迅速崛起，并形成了对家电生产企业的控制。从理论上看，生产企业和流通企业之间的关系是一损俱损、一荣俱荣，但在此轮价格战中，电商企业却无视家电生产企业的抵制，家电生产企业再次被电商企业无情压榨。

　　一是家电生产企业利润空间被挤压。长期以来，电商为保证自身利益，一般都会向生产企业开出一定点数的毛利保护条款，即"利润返点"。但在此轮价格战中，电商单方面开展促销活动，将有名无实的价格让利直接向生产企业转嫁，生产企业利润空间遭到大幅挤压。这一转嫁行为不仅破坏了电商企业与家电生产企业之间合作共赢的原则，更重要的是它扰乱了家电产业的生产和流通秩序。

　　二是家电生产企业货款被挤占。按惯例，家电产品的线上销售原则上不拖欠供应商货款或欠款时间较短。但在本轮价格战中，电商为发动价格战，提高返利标准甚至将最初的零账期无限延长，加大了对供货商货款的挤占。在国家宏观调控和国际市场持续低迷的背景下，无疑使家电生产企业雪上加霜。

　　三是动摇了家电实体营销渠道的根基。与传统家电零售商相比，电商在促销、渠道、推广、管理等方面已具备一定的成本优势，因而在提高吸引力、拉低价格等方面具有相当大的空间。但考虑到目前实体渠道销售在整个家电销售中仍占据较大比重，因此，此轮电商价格战对实体销售渠道形成了较大冲击，动摇了家电营销体系的稳定性，不利于家电产业的健康发展。

（三）电商企业因小失大

从表面上看，本次价格战是电商企业的一次集体"放血"，实际上是为了短期利益对家电生产企业的又一次利益掠夺。从长期看，则是我国电商行业的一次群体性迷失，是对整个行业发展的一次致命打击。

在短期内，电商企业通过这次价格战均有所斩获。它们打着"大金额让利"的名号，成功吸引了消费者眼球，实现了其"快速圈地"的目标，有效提升了线上平台的流量及销量，获利丰厚。据相关部门抽检的15种产品显示，原本这些产品的毛利率最低4%，最高达22.43%。即使是真的让利，促销后最高的毛利率也达到了10%。可是，从长期来看，各大电商实际上是"因小失大"。这种行为损害了企业通过多年积累建立起来的品牌形象，挫伤了消费者的消费信心，牺牲了整个行业的健康发展态势。

综上，虽然这场史上"最强电商价格战"表面上是电商行业的充分竞争，但实际上却是电商企业置商业竞争规则和消费者利益于不顾，通过粗放的、毫无技术含量的价格比拼，实现所谓的"市场圈地"，其最终结果注定是一场零和博弈乃至负和博弈游戏。

二、电商价格战暴露出三大问题

（一）电子商务发展不规范

近年来，我国电子商务快速发展，呈现出与实体营销互补之势。但从根本上看，包括本轮价格战的三大电商企业并未形成具有核心竞争力的商业模式，依然在沿用压低成本与拖垮竞争对手的传统方式经营。相形之下，各大电商的业绩状况并不乐观。例如，作为行业龙头的京东，8年来连年亏损。一边是亏损，一边却是不断爆发的价格战，其背后的逻辑非常简单，目的就是希望通过价格战把竞争者彻底拖垮，不惜牺牲价格换取市场份额和市场地位。

其实，电子商务行业潜力巨大，是一个大蛋糕，单个企业尚无消化能力，试图通过价格战来实现"一统天下"无疑是不自量力。以做大为追求、以价格战为手段、以粗放经营为特色的传统流通模式，恰恰与电子商务的核心价值相背离，是我国电商行业发展的一大弊端。

（二）产品及服务同质化严重

电子商务与实体经济只有协同发展，才能实现优势互补。但在目前，我国多数家电企业产品同质化严重，电商企业的服务也无明显差别，这就给价格战埋下了祸根。从家电企业的角度看，长期以来的粗放式经营导致产品结构趋同，在国际需求疲软和失去"下乡补贴"这一政策拐杖的背景下，国内家电市场竞争白热化。为了度过危机、扩大国内市场，家电企业不得不接受电商企业的"霸王条款"。从电商企业的角度看，由于它提供的仅是最基本的线上与线下服务，利润空间极为有限。特别是近两年市场需求疲软引发的盈利能力下降和亏损，使其急于向生产企业转嫁。在此背景下，电商企业只得从价格战入手，试图通过有名无实的降价来迎合消费者，扩大产品销售。

（三）行业竞争手段单一化

价格竞争和非价格竞争是产业参与市场竞争的两大手段。目前，国际家电行业已经步入非价格竞争阶段，服务、品牌、技术等非价格竞争越来越成为引领行业发展的潮流。但在我国，由于长期以来的"代工"发展模式使得家电行业仍处于国际家电价值链的加工制造环节，价格竞争几乎是所有家电企业参与市场竞争的主要手段。特别需要指出的是，作为一个出口导向型行业，近年来国际金融危机的持续发酵导致出口订单大幅下降，多数企业的竞争战场不得不转向国内。加之，近两年受国内房地产市场低迷、家电以旧换新政策退出等多种因素叠加的影响，国内不少出口型家电企业生存举步维艰。为了生存，国内市场的价格竞争似乎成为唯一的救命稻草，而这恰恰迎合了电商企业的市场"圈地"需求。

综上，此次电商价格战与之前的多次价格战并无本质区别，它的爆发是行业恶性竞争的结果，其性质就是一种无序的、没有任何技术含量的粗放式竞争，是破坏经济、破坏市场的恶性竞争。靠低价竞争，绝对不是整个行业未来的发展趋势。未来行业的持续健康发展，需要发挥行业主管部门的规范引导作用以及企业加强自身建设。

三、对策建议

此轮电商价格战目前虽然"烟"已消，但"云"却未真正散去。它需要行业管理者、电商企业和家电生产企业三方冷静思考，并采取积极措施防范此类现象再次发生。

（一）行业主管部门应完善行业竞争规则

目前，有关部门对于行业不正当竞争的介入始终停留在规劝层面，并没有具体的监管和惩处措施，加之侵权成本低，行业不正当竞争因此愈演愈烈。在有关部门出面叫停治标不治本、法律法规尚未细化的情况下，行业主管部门应进一步发挥其规范、引导作用，加强行业管理工作。

一是完善行业竞争规则，规范企业行为和行业秩序，杜绝企业盲目和不良竞争。同时要强化对企业的监管，对无序竞争行为实施严厉的惩罚措施以提高违规成本。二是出台相关配套法规，强化监管手段。要通过建立健全行业法律法规体系以及政策扶持，引导电子商务健康发展，严厉整治违规促销、产品伪劣、网络交易市场秩序混乱等问题，让价格战在法律规则范围内展开。

（二）电商企业应遵从行业规则和商业道德，强化自律

对消费者而言，电商的优势应该是产品质量和服务水平，而不是价格战。打"价格战"只是营销手段之一，只有真正了解消费者需求，重视产品质量，持续提升消费者体验，才是电子商务企业立于不败之地的核心竞争力。

对电子商务企业而言，一是要确保产品和服务质量，拒绝假冒伪劣产品，建立企业信誉，形成自身的核心竞争力。二是要强化企业自律，企业应诚信守法开展经营合作，促进企业信用体系建设，鼓励、支持企业开展合法、公平、有序的行业竞争。

（三）家电企业应促进供给创新，提升综合创新能力

家电供应商应注重改善供给结构，促进供给创新。一是重视技术创新，加大研发投入，走产品差异化竞争之路。要在新产品、新设计等方面取得新突破，更新和优化产品结构，努力开发有市场需求的新产品，增产适销对路的产品，使产品适应迅速变化的市场需求。二是重视渠道创新。要均衡布局销售渠道，大力发展自己的电子商务交易，形成合理的、多元化渠道结构，增强渠道话语权，降低对电商企业的依赖。三是大力实施市场细分战略。要在细分有形市场的基础上，采取多种措施，强化线上与线下、线上不同平台之间的产品区隔。

本文作者：赛迪智库消费品工业研究所　姚霞　闫逢柱

天猫、淘宝191亿日交易额带来什么启示?

【内容提要】 阿里巴巴旗下天猫和淘宝在11月11日实现了创纪录的191亿元日交易额,引发了各界的普遍关注。赛迪智库软件与信息服务业研究所认为,这一惊人数字,释放出我国内需依然强劲、市场需求有待培育和挖掘的积极信号,同时也为我国经济发展带来三点启示:一是电子商务正成为释放消费潜力、拉动内需、促进经济增长的重要力量,二是信息网络技术日益成为激发消费需求、提升消费能力的重要推动力,三是平台经济正成为推动经济发展的重要引擎。为了释放居民消费潜力,扩大国内市场规模,建议我国深化信息网络技术应用,支持新兴商业模式发展,推动平台经济模式发展,加强行业规范和引导,要应用新技术、新模式促消费、扩内需。

【关键词】 扩大内需　电子商务　信息技术

在号称"网络购物狂欢节"的11月11日,阿里巴巴集团旗下的天猫和淘宝实现了创纪录的191亿元日交易额,相当于全国百货单店销售额最高的北京新光天地3年的销售收入。若加上当当、京东、库巴等,我国电子商务企业在"双11"网购日的交易额超过200亿元,占今年10月我国社会消费品零售总额的31.2%,令传统零售商相形见绌。那么,191亿的日交易额在释放出我国内需依然强劲、市场需求有待培育和挖掘的积极信号同时,能够对释放居民消费潜力带来哪些启发?能够为建立促消费、扩内需的长效机制带来哪些启示?这些值得我们关注和思考。

一、191亿元日交易额的产生背景

11月11日本是源于校园文化的"光棍节",但自2010年起,成为了电子商务企业掀起网购促销大战的"黄道吉日",成为全民参与的购物狂欢节。对409家独立的购物类电子商务企业的调查显示,约77.5%的商城在2012年的11月11

日推出打折、秒杀、抢红包、返现等促销活动。

各企业的火热促销和消费者的激情参与，共同创造出中国电子商务交易的新纪录。根据阿里巴巴集团发布的最终统计数据，在24小时促销活动中，淘宝、天猫创下了191亿元的单日销售记录，其中天猫交易额为132亿元，淘宝网为59亿元;淘宝、天猫共吸引2.13亿独立用户访问，订单数超过1亿笔，人均消费90元。

191亿元的日交易额，远远超过美国最大网上购物节约78亿元人民币的销售记录，相当于上海395家大中型商业企业5000多个网点今年国庆黄金周8天交易额的3倍，相当于北京新光天地这一全国百货单店龙头3年的销售收入，占今年10月我国社会消费品零售总额的31.2%。在并非正式节日的"光棍节"创造出如此高的销售记录，充分显示出我国消费市场潜力巨大，内需市场可供挖掘的空间巨大。

党的"十八大"报告提出，经济发展要"更多依靠内需特别是消费需求拉动"，并强调"要牢牢把握扩大内需这一战略基点，加快建立扩大消费需求长效机制，释放居民消费潜力，保持投资合理增长，扩大国内市场规模"。在此背景下，透过191亿这一惊人数字，我们更需要思考如何看待电子商务发展与商业模式变革，如何认识信息网络技术和平台经济等新模式在其中的巨大作用。

二、191亿日交易额带来的三点启示

（一）电子商务正成为释放消费潜力、拉动内需、促进经济增长的重要力量

近年来，电子商务作为一种新兴的商业模式正以几何速度增长，成为不容忽视的重要经济力量。2011年我国电子商务零售规模达到553.7亿美元，预计2012年将增长94.1%，在全球市场排名第4，并有望在2013年超越日本、英国，位居全球第2。

一是电子商务的快速发展给传统商业模式带来颠覆性冲击，推动经济转型。电子商务交易的低成本、便捷和海量品种的优势凸显，已从之前零售产业的补充渠道之一，转型为拉动中国内需的主流形式。从总量看，传统零售模式下单日连1亿元的交易额都很难达到，但"双11"这天仅天猫、淘宝就实现了191亿元的交易额，与之对应的则是实体百货商店的普遍冷清。从个案看，在电子商务模式冲击下，国美、苏宁两大电子产品销售巨头的销售额和实体店盈利都受到巨大影

响，不得不大规模缩减低效实体店，将精力投入到线上。这表明，新型在线零售业态正在逐步蚕食传统零售业态，倒逼其业态升级，采用新的商业模式。可以说，以电子商务为代表的新商业模式正在推动经济转型，重塑流通业格局。

二是电子商务将催生更多消费需求，对拉动内需有巨大作用。由于欧债危机等因素影响，加上产能过度扩张以及前两年的高增长，我国企业对经济增长、物价走势预期过度乐观，使得商业库存维持在较高水平。今年前3个季度，我国服装零售额累计增速较上年低10.8个百分点。而在"双11"购物狂欢中，有3家店铺日销售额过亿元，217家店铺日销售额超过千万。可见，我国居民确实具有较强的消费意愿和较高的消费能力，关键在于如何挖掘。电子商务受众更广，长尾效应更明显，激发的消费冲动更多，因此能够成为催生更强烈消费需求的重要手段，进而推动庞大消费需求转化成实实在在的商品交易，使各类工业制造业企业从中受惠。未来我国电子商务将对我国内需拉动持续产生积极的影响。

（二）信息网络技术日益成为激发消费需求、提升消费能力的重要推动力

尽管刺激消费、扩大内需的建议与政策已被多次提出，但相当一部分的消费潜力在传统手段和消费方式下确实难以释放。信息网络技术的应用，不仅能通过创新消费对象直接拉动智能手机、平板电脑等电子产品相关信息服务、信息内容消费，而且还能够创新消费模式和消费方法，更好地满足人们多样化的消费需求。

一是信息网络技术成为支撑电子商务等新商业模式得以实现的重要基础。网络技术、软件技术、信息安全技术等技术作为重要支撑，为商品信息、交易信息的发布、传播、查询、检索等提供支持，使买卖双方实现紧密衔接，为商务交易提供安全、可靠的网络支付环境，使电子商务顺畅进行。正是在信息网络技术的推动下，电子商务这一新的消费模式才逐渐成熟，进而引发产业格局的重大变革。从个案来看，阿里巴巴集团旗下的淘宝、天猫之所以受到商家和消费者的信赖与欢迎，正是因为其深入、成熟的信息网络技术应用，买卖双方都能享受到高效便捷、安全可靠的服务。

二是信息网络技术也成为支撑相关服务业提升发展的重要基础。网络购物近年来能够实现快速发展，离不开现代金融服务、现代物流服务等相关服务业务的支持，其快速成长的背后，同样是信息网络技术作为重要支撑。因为运用了信息网络技术，快捷、可靠的电子支付才得以实现，购物款才能实时到账，商家收入才能迅速结清；物流企业才能对数量庞大的货物进行科学管理，才能保证货物被

及时、准确地运送到消费者手中；消费者才能准确掌握资金账户的变动、物流运输情况，做到放心购物、大胆购物。

（三）平台经济正成为推动经济发展的重要引擎

平台是指开展经济活动所需的环境或条件，平台经济是一种依托平台开展的经济活动或经济模式。在平台经济模式中，平台本身不生产也不向消费者直接提供产品，而是提供交易空间，积极吸引商家和消费者加入，并发挥服务中介作用，促成双方或多方客户之间的交易或信息交换。例如，电子商务平台就是平台经济的典型代表，它能够撮合买家与卖家进行交易并提供相关信息、金融、物流服务，从而改变企业的营销方式和百姓的消费方式。

随着信息网络技术的飞速发展，尤其是互联网技术的普及应用，平台型企业纷纷涌现，催生了新一轮平台经济浪潮，使之成为经济中最具活力的一部分，成为未来推动经济发展的新引擎。据不完全统计，当今全球最大的100家企业中，60家企业的大部分收入来自平台业务。

从长远看，平台经济的发展具有推动产业持续创新、引领新兴经济增长、加快制造业服务化转型和变革工作方式和生活方式等重要作用，是新时代非常重要的一种产业形式。我国拥有数量众多的制造业、服务业企业，拥有庞大的企业用户和个人消费者，为平台经济发展提供了良好基础。如果我国能够建立世界领先的电子商务等交易平台，就有望在最大程度拉动内需消费的同时，为我国消费品走出中国乃至品牌全球化提供重要支持。

三、应用新技术、新模式促消费、扩内需的建议

事实证明，我国消费潜力巨大，为了激发并使之转化成经济增长的驱动力，也必须应用信息网络等新技术和电子商务、平台经济等新模式。为此，建议加强四方面工作。

（一）深化信息网络技术应用

一是继续加快互联网发展与应用。积极推进宽带中国战略，大力加强网络基础设施建设，促进宽带网络的应用。二是加强软件、电子支付、信息安全等领域关键技术和产品的研发。形成面向电子商务、金融、物流等行业领域具体应用的成套解决方案，推动创新成果应用，更好地发挥对电子商务等新兴业务的支持作用。三是强化对交易平台的软件和信息技术服务支持。加快云计算、大数据等新

兴技术应用，为平台运营提供更强有力的数据深入分析、挖掘等后台服务工具。

（二）支持新兴商业模式发展

一是提高对新兴商业模式在拉动内需中的重要地位和作用的认识，积极发展电子商务、网络购物等新型消费业态。二是支持企业增加电子商务领域投入，推动线上线下业务平衡发展。鼓励传统零售业发挥独特优势，提高消费者体验，推动零售业升级。鼓励开展商业模式创新，对于影响力较大的企业商业模式创新予以奖励。三是努力拓宽企业融资渠道，构建多层次的投融资体系，降低企业商业模式创新风险。

（三）推动平台经济模式发展

一是结合新兴信息服务发展趋势，面向电子商务服务、金融信息服务、地理信息服务、社交网络服务的发展需求，支持新兴信息服务平台的发展，拓宽平台经济发展空间。二是针对平台经济特点和平台型企业发展规律，帮助和指导平台型企业结合自身基础、业务特色、市场需求与竞争状况，制定和实施科学的发展战略，包括进入战略、定价与利益平衡战略、优势战略。三是鼓励平台企业加强对信息网络技术的应用。支持平台企业加强技术改造，提升平台的运营能力和服务水平。

（四）加强行业规范和引导

一是加快构建政府依法管理、行业有序自律、社会有效监督、技术保障有力的综合管理体系。二是建立健全行业信用体系，将平台型企业及交易方的信用信息纳入信用信息系统，形成有效的企业与个人信用监督约束机制。三是支持和引导行业协会、企业、科研机构研究制订各类技术标准、经营管理和服务规范，建立健全电子商务国家标准和行业标准体系。四是积极推动《电子签名法》、《合同法》、《互联网信息服务管理办法》等有关法律法规的贯彻落实，优化电子商务发展的法制和政策环境。

本文作者：赛迪智库软件与信息服务业研究所　吕海霞　刘琼　安晖

微软命系 Windows 8

【内容提要】3月1日《纽约时报》网络版刊文称，微软 Windows 8 的设计理念和转型意义重大，它关系到微软的生死存亡。在移动互联网时代迅猛到来的今天，传统软件业巨头微软公司未来的发展似乎已经危机重重。赛迪智库认为，微软近年来在产品生产、商业模式和产业合作上犯了三个致命的战略性错误；Windows 8 有着自身的特性，有优势更有劣势。微软帝国受困带给我国三点启示：产业发展有风险也有机遇，移动互联网发展为我国把握 ICT 发展主导权带来机遇；对于移动互联网产业，我国企业必须走整合、联盟、服务化的产业发展道路；我国发展移动互联网应用产业必须走适合中国国情的道路。

【关键词】微软　谷歌　苹果　Windows8

2012 年 2 月 29 日，微软在全球移动大会上宣布了 Windows 8 消费者预览版。3月1日，《纽约时报》网络版刊文指出，微软 Windows 8 的设计理念和转型意义重大,其将诸多 WP 手机元素融入到 PC 系统中,在移动市场日益重要的年代,微软、谷歌以及苹果都会拿出最具创新精神的产品。对微软而言，Windows 8 是关乎其生死存亡的产品，必须成功。

一、微软近年来犯了致命的战略错误

近年来，昔日在 IT 领域不可一世的微软帝国由于在战略上犯了致命错误，以至于在移动互联网时代迅猛到来时似乎被打蒙了，有点不知所措。

（一）在产品生产上，微软注重产品技术创新和升级换代，却忽视了移动互联网时代的用户需求

移动互联网时代的到来，使得智能手机、平板电脑成为 IT 先锋产品，其精美的设计和琳琅满目的应用程序吸引着越来越多的用户。相比之下，台式机和笔记本的发展则有些停滞不前。苹果与谷歌在智能手机、平板电脑等个人移动设备

以及操作系统方面的成绩有目共睹。在智能手机、平板设备迅速流行的大环境下，传统 PC 业巨头，如惠普、英特尔、戴尔等相继宣布了在该新兴领域的策略并发布新品，以抗击苹果与谷歌。然而，微软却仍固守着传统 Windows 系统在功能、性能、安全性等方面的技术创新和系统升级换代，似乎忽视了移动互联网市场急剧扩大的事实。Windows Mobile 虽然起步较早，但未能成功挤进主流智能手机操作系统，Windows 7 也没有成为众多 PC 厂商选择的平板设备操作系统。根据 Gartner 公布的 2011 年第四季度智能手机销售情况报告，微软在智能手机操作系统领域的市场份额不足 2%，而且其份额还在逐年减少。

图 1　Gartner 2011 年第四季度智能手机操作系统市场份额

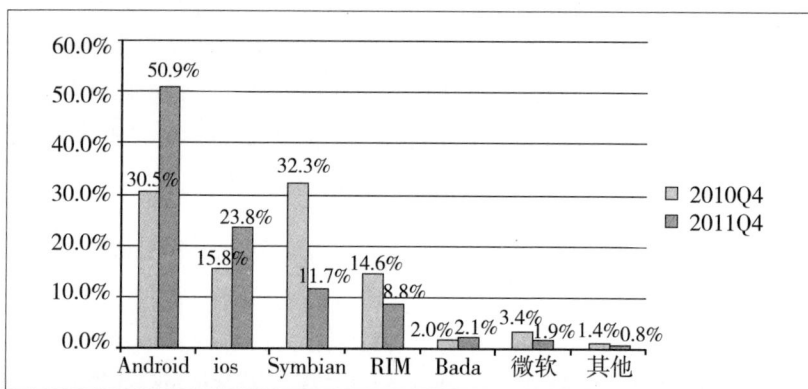

微软 Marketplace 应用程序商店也因 Windows Phone 系统在智能手机操作系统领域的市场份额太小而难以发展壮大。

图 2　微软应用程序商店 Marketplace 应用程序个数（万）

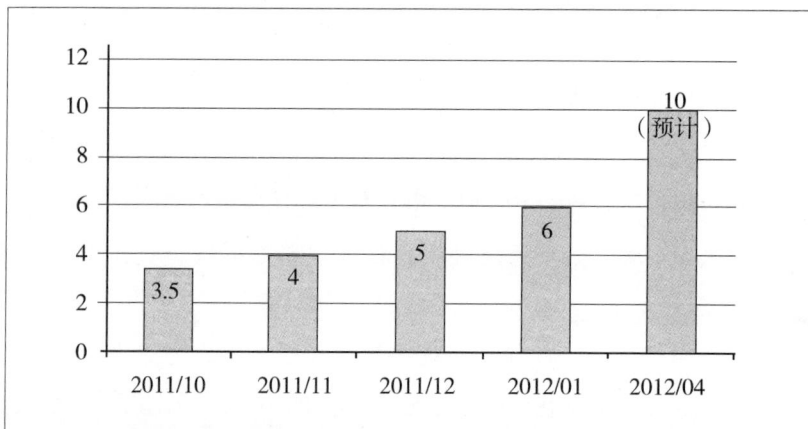

数据来源：微软公司发布，赛迪智库整理。

（二）在商业模式上，微软固守着以卖产品为主的生存之道，却忽视产品服务化转型的发展趋势

微软帝国的壮大是靠卖一套套 Windows 操作系统和 Office 软件而累积起来的。在今天的移动互联网时代，开源、免费、"卖服务"替代"卖产品"已成为发展的大趋势，微软操作系统和 Office 软件封闭源码、收费、卖产品的商业模式似乎显得有些落伍和缺乏竞争力。

相比于微软固守着卖产品为主的生存之道，面对移动互联网发展，苹果进行了服务化转型，构建了 iPhone/iPad+App Store+ 应用程序的新型商业模式，把移动终端与应用服务进行了有机整合，成为 iPhone/iPad 在移动互联网领域最具竞争力的商业模式，全球有数万个软件开发者在苹果的平台上进行开发。

2008 年 7 月 11 日，苹果推出移动应用程序商店 App Store。App Store 模式的意义在于为第三方软件提供者提供了方便高效的一个软件销售平台，适应了手机用户对个性化软件的需求，开创了手机软件业发展的新篇章。

图 3　苹果 App Store 应用程序数量（万）

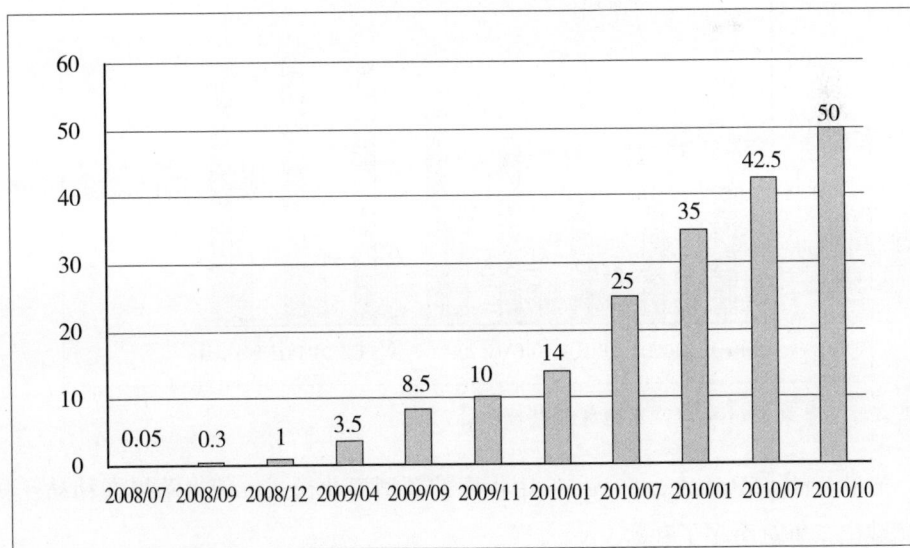

数据来源：苹果公司发布，赛迪智库整理。

图 4 苹果 App Store 商店应用程序下载次数（亿次）

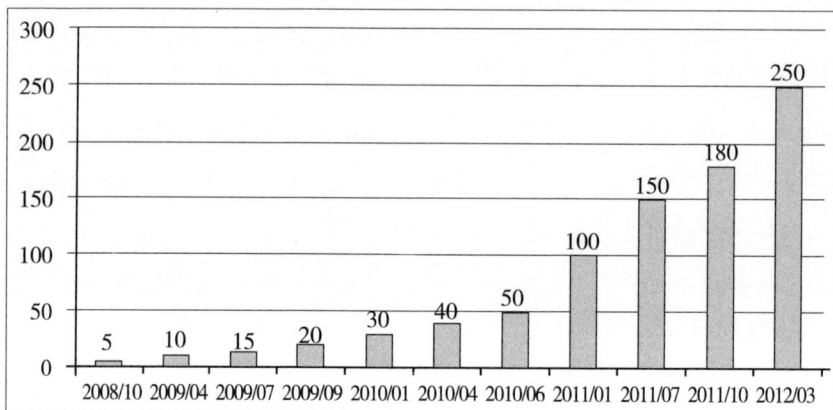

数据来源：苹果公司发布，赛迪智库整理。

苹果 App Store 商店的繁荣也有力地促进了公司 iPhone 和 iPad 产品的销售。

图 5 2010—2011 年苹果公司 iPhone 和 iPad 销量（万台）

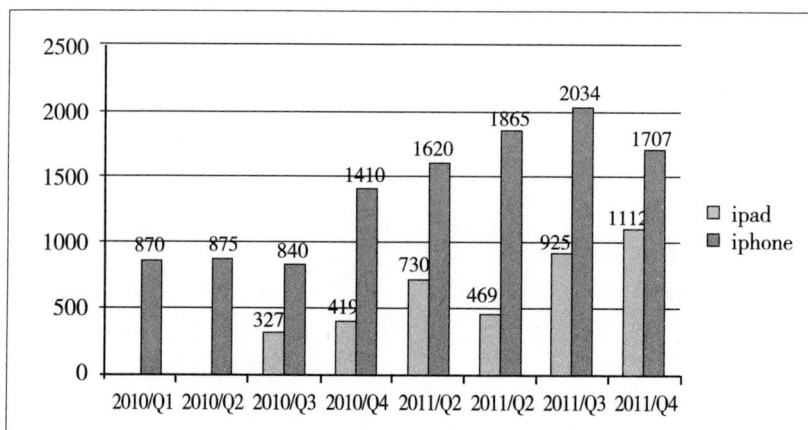

数据来源：苹果公司发布，赛迪智库整理。

苹果 iPhone/iPad+App Store+ 应用程序的新型商业模式，使得苹果在移动互联网领域比竞争对手多了利器：

一是绑架开发者。开发者不得不接受一些原来看似难以忍受的东西，比如利润分成。在以前，简直难以想象一个操作系统竟敢于向下游软件提供商收取利润分成，这无疑是种自毁产业链的行为，但今天的苹果就敢于这么做。

二是把握产业链主导权。推广类似 App Store 的商业模式，绝非一般企业可以完成。大企业普遍效仿这一模式，必将导致主流平台被牢牢掌控在垄断巨头手中。

微软虽然拥有对操作系统市场的控制力，但却无法保证其推出的应用软件立于不败之地。因为，微软对 Windows 平台上应用程序的控制力有限，而苹果却拥有对平台的完全控制力。

三是整合创新资源。App Store 全球共有约数万开发者，这些开发者都服务于苹果打造的 iPhone/iPad+App Store+ 应用程序新型商业模式，iOS 操作系统应用程序的全球创新资源被苹果通过 App Store 应用程序商店有效整合了起来。

四是控制竞争对手。Flash 被排除在 iPhone/iPad 的支持范围之外，以及 Opera 浏览器登陆 iPhone 平台的曲折经历可以证明，苹果正试图使用其对平台的绝对控制力，限制正常竞争。尽管乔布斯将拒绝 Flash 的理由表述得非常清楚，但不可否认的是他故意回避了自己的商业考虑。

目前，苹果在纳斯达克的市值不仅超过了美孚石油公司，而且已经超过了微软和谷歌两家之和。

图6　2012 年 3 月 13 日各上市公司在纳斯达克的市值（亿美元）

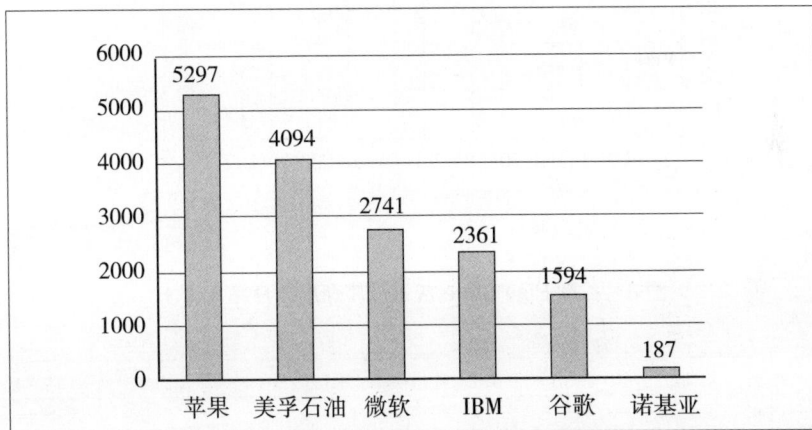

（三）在产业合作上，微软沾沾自喜于"Wintel"神话联盟，却忽视了整合产业链上下游壮大实力

PC 时代轰轰烈烈发展三十多年，若干芯片公司和无数 PC 厂家，最后坚持下来始终挣钱的公司几乎只有两家，即微软和 Intel，整个 PC 业的核心就是 Wintel。微软帝国的壮大，Wintel 联盟功不可没。然而，正当微软和 Intel 沾沾自喜于"Wintel"神话联盟时，一个新型的联盟却正在兴起，慢慢蚕食着 Wintel 的领地。目前微软在智能手机和平板电脑操作系统的市场份额不足 2%，Intel 的智能手机芯片之梦也因 Intel 和诺基亚 MeeGo 合作的夭折而终结。移动互联网领域新的"Wintel"联

盟在慢慢形成，但这个联盟的主导者不是微软和 Intel，而是谷歌和高通。

2007 年 11 月 5 日，谷歌宣布组建一个全球性的联盟组织：开放手机联盟（Open Handset Alliance），该联盟将支持谷歌发布的手机操作系统或应用软件，共同开发名为 Android 的开源移动操作系统。谷歌、中国移动、T-Mobile、宏达电、高通、摩托罗拉等领军企业将通过开放手机联盟携手开发 Android。开放手机联盟包括手机制造商、手机芯片厂商和移动运营商几类。目前联盟成员数量已达到近 100 家，几乎覆盖了上述各领域世界主要企业。Android 联盟有力地推动了 Android 设备在全球的使用和普及。

图 7　谷歌 Android 设备每天激活数量（万）

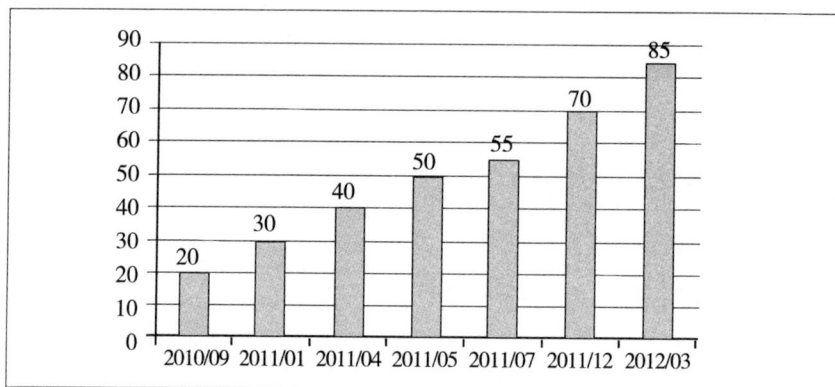

数据来源：谷歌公司发布，赛迪智库整理。

图 8　谷歌 Play Store 应用程序商店程序数（万）

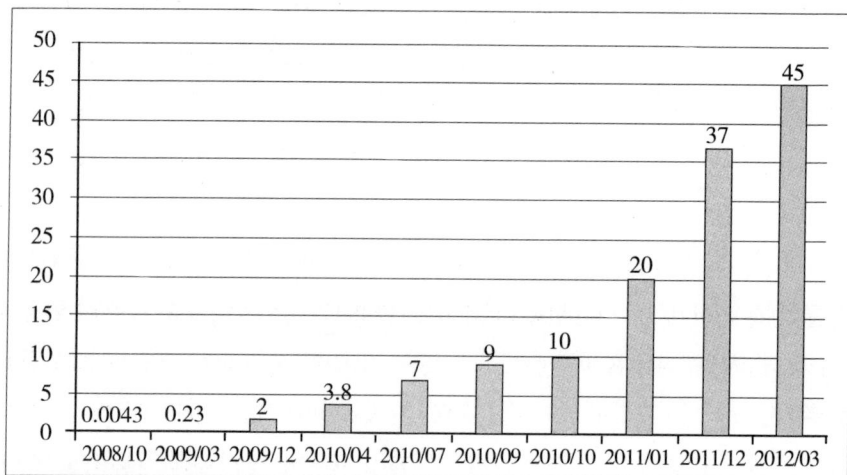

数据来源：谷歌公司发布，赛迪智库整理。

图 9　谷歌 Play Store 应用程序商店程序下载次数（亿）

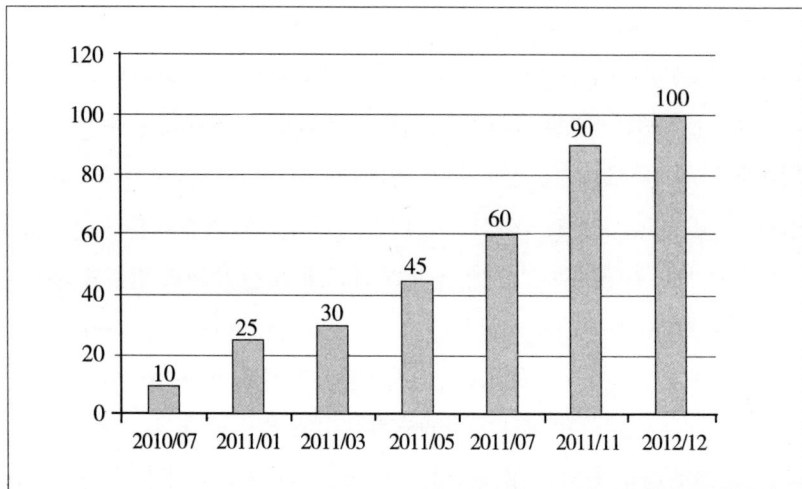

数据来源：谷歌公司发布，赛迪智库整理。

谷歌 Android 操作系统目前几乎就是在重复二十多年前 Windows 在 PC 业的轨迹。谷歌靠 Android 操作系统"吃穿"整个移动互联网产业的上下游。可以说，移动互联网领域，"谷歌＋高通"模式替代传统的"Wintel"联盟似乎已经成了定局。在这个结构下，很多新创公司能一时挣到钱，有一席之地，但很难成为龙头公司，因为产业格局已被谷歌和高通定了调。

二、Windows 8 事关微软生死

面对移动互联网的发展，微软假如依旧固守着传统的发展理念，那么就会像诺基亚因为固守着 2G 时代的发展理念一样，从上世纪九十年代最值得骄傲的欧洲公司变成为 20 世纪头十年最让人的失望的公司，微软也会从让美国人最值得骄傲的公司成为 21 世纪第二个十年让全世界最失望的公司，诺基亚的今天很可能成为微软的明天。

（一）Windows 8 的特性

一是内置微软服务。Windows 8 系统内置微软多款应用服务，包括 Xbox Live、IE 浏览器、定制视频和音乐播放器，其可以让用户购买和收看音乐专辑或者电影。

二是支持跨平台。Windows 8 支持来自 Intel、AMD 和 ARM 多种平台架构芯片，避免了因设备不同而产生应用不兼容的问题，同时也使得微软能够向更多平台迈进，包括平板电脑和 PC。微软计划推出两个版本的 Windows 8：一个具备触控功能，

用于平板电脑，另一个则用于 PC 端，通过鼠标和键盘操作，两个版本都使用相同架构。

三是整合电脑和手机平台。Windows 8 将采用和 Windows Phone 8 相同的内核和 Metro 界面，不仅有利于保证相同应用在不同设备上有着相同体验，而且也能让微软推动平台之间的整合，促进 WP 手机销售。

（二）Windows 8 的劣势

一是市场劣势。代表未来计算机发展方向的平板电脑操作系统市场几乎已经被苹果 iOS 和谷歌 Android 瓜分殆尽，从 Windows 7 和 Windows Phone 7 系统分别在智能手机和平板电脑市场中的份额，目前还很难看到 Windows 8 能让微软在平板电脑和智能手机市场翻身崛起，尽管微软和诺基亚合作力推 Windows Phone 手机，但从今年全球移动通信大会上诺基亚发布的 Windows Phone 手机来看，微软和诺基亚还很难有拿得出手并能与苹果 iPhone 和谷歌 Android 手机相抗衡的震撼手机。

二是商业模式劣势。苹果 iOS 和谷歌 Android 现都有很明朗、成功的商业运作模式。苹果 iOS 系统构建了 iPhone/iPad+AppStore+ 应用程序的新型商业模式，谷歌 Android 系统虽然开源免费，但靠内置各种谷歌服务使用收费，通过一个操作系统，谷歌吃穿了整个移动互联网产业。Windows 8 虽然内置了微软的各种服务，但目前还没有很成功的商业模式，如果微软还是靠卖 Windows 8 产品，那么微软系统将很难与免费的 Android 操作系统竞争。

三是产品功能和性能劣势。在产品功能上，微软的每次系统升级似乎总是在挑战用户的传统使用习惯。在产品性能上，Windows 系统向来以"笨重"著称，系统向来被大家认定为推动 PC 硬件厂商持续提升产品性能的最主要外在动力。面对移动、平板的发展趋势，微软"笨重"的 Windows 系统是否适合于平板和手机，还有待更多检验。

（三）Windows 8 的优势

一是传统用户优势。PC 时代轰轰烈烈发展三十多年，Windows 系统在 PC 领域已经积累了大量用户，由于习惯和程序兼容性问题，这些用户都将是潜在用户。

二是技术优势。自微软 1983 年发布 Windows 1.0 版本以来，微软已有近 30 年的操作系统开发历史。就操作系统开发技术来讲，它比苹果、谷歌具有更强大的优势。

三、微软帝国受困带给我们的启示

（一）产业发展有风险也有机遇，移动互联网发展为我国把握 ICT 发展主导权带来机遇

谷歌从 2005 年收购成立仅 22 个月的高科技企业 Android，到今年 Android 操作系统拥有移动智能手机操作系统 50% 以上的市场份额，仅仅用了七年的时间。当谷歌推出第一款不起眼的 Android 手机 HTC G1 时，全球业界都不看好 Android 操作系统，并声称最多一年，Android 就会被谷歌关闭。七年前难以想象：一个没有任何操作系统开发经验的互联网企业在七年后，能够在移动互联网新领域构建起"谷歌＋高通"的联盟，成为近二十年来牢不可破的 Wintel 联盟想在该领域拓展遇到的最大竞争对手。三年前很难想象：一个在手机操作系统领域没有任何开发经验的企业，今天却能够将智能手机操作系统领域如日中天的王者"Symbian"慢慢送上不归路，自己渐渐吞噬了移动手机智能操作系统近半壁江山。

谷歌在移动互联网领域的迅速崛起再次证明：产业发展有风险也有机遇。在桌面 PC 互联网时代，我国企业虽然没有把握住发展机遇和主导权，但在移动互联网时代，传统发展格局并不会一定延续，发展格局并没有完全锁定，甚至可以革命性地推翻。我国 ICT 企业完全可以模仿谷歌，通过技术创新和商业模式创新，打破传统发展格局，把握移动互联网发展的主导权。

（二）对于移动互联网产业，我国企业必须走整合、联盟、服务化的产业发展道路

谷歌在抢占移动互联网发展主导权的过程中，采用"自控、开放、协同"的发展模式，通过构建 Android 联盟，建立了一个以谷歌为核心，基础芯片厂商、终端设备制造商、移动电信运营商、软件开发商共同参与的 Android 产业生态系统。谷歌通过附加在 Android 操作系统上的各种谷歌服务使用收费，通过把握操作系统的发展主导权，整合了基础芯片厂商、终端设备制造商、移动电信运营商、软件开发商，成为 Android 产业生态系统的主导者。

尽管苹果 iOS 操作系统的成功模式同谷歌 Android 成功模式截然不同，乔布斯打造的是一个完全由自己控制的包括由芯片、操作系统、软件商店、零部件供应厂商、组装厂、零售体系、App 开发者组成的强大生态系统。在这个生态系统中，苹果以 iOS 操作系统为核心，介入到产业链各环节，并成为了每个环节意志的主

导者；苹果虽不负责整条产业链，但却是整条产业链的整合者，例如 iPhone 手机很多零部件都是由三星、富士康等 IT 企业按照苹果意志代工生产的，App Store 商店的应用程序是由世界各地的程序员按照苹果要求编制提供的。

分析 Android 操作系统和 iOS 操作系统的成长史，可以发现，我国移动互联网产业发展也必须以操作系统为核心，整合产业链上下游企业，走协同服务化的发展模式，任何单个企业孤军奋战，都无法推动整个国家移动互联网产业的发展和繁荣。

（三）我国发展移动互联网应用产业必须走适合中国国情的道路

就应用程序使用者而言，应用程序商店这种模式是否适合我国值得商榷。根据 TechCrunch 对谷歌 Play Store 应用程序商店下载的统计，下载应用最疯狂的前十个国家和地区排名（排名依据每个用户的下载数量）依次为：韩国、中国香港、中国台湾、美国、新加坡、瑞典、以色列、丹麦、荷兰和挪威。从每个用户的下载数量来看，我国还不属于付费应用程序使用流行国家，这根源于我国用户长期以来使用免费应用程序的习惯。另外，苹果对 App Store 应用程序提供者分布地区的分析显示，App Store 程序提供者主要来自北美和欧洲，我国还不属于商店程序的主要提供者，这根源于我国缺乏一批像北美和欧洲那样的程序个体开发者。

目前，谷歌 Play Store 和苹果 App Store 在中国市场的发展情况不容乐观。我国发展移动互联网应用产业，应根据我国国情，探索适合自己的发展道路。

本文作者：赛迪智库信息化研究中心　陆峰

诺基亚衰落带给 IT 产业发展的思考

【内容提要】近期，由于 WP7 机型无法升级至 WP8，押宝 WP 系统的诺基亚因此遭遇重创，股价大跌，其状况在短期内变得更加糟糕。诺基亚 CEO 埃洛普对公司的 Windows Phone 战略表达了悔意。诺基亚的衰落，令人感慨，更令人深思。赛迪智库信息化研究中心认为，回顾诺基亚近五年来的战略决策，可以说是失误重重。诺基亚的衰落给 IT 产业发展带来四点启示：一是 IT 领域竞争已经从产品竞争演变为产业链整合的竞争；二是 IT 企业必须充分利用移动互联网发展的新机遇加快战略转型；三是 IT 企业产品线必须实施多元化的产品战略；四是 IT 产业发展变数很大，与时俱进创新是 IT 产业发展的精髓。

【关键词】诺基亚 衰落 IT 产业

今年 6 月 20 日，微软公司发布了最新版 Windows Phone 8 操作系统。由于 WP7 机型无法升级至 WP8，押宝 WP 系统的诺基亚因此遭遇重创，股价大跌。诺基亚的状况在短期内变得更加糟糕。

"如果可以重来，诺基亚也许会改变此前作出的一些决定"。诺基亚 CEO 史蒂芬·埃洛普近期在接受国外媒体采访时，对公司的部分决策表达了悔意。其实，没有什么能比公司掌门人对过往决策表达悔意更令外界感到失望。诺基亚高管对该公司现行战略的表态，几乎让这个衰落中的公司信心全无。诺基亚的衰落，令人感慨，更令人深思，给 IT 产业的发展带来诸多启示。

一、走向衰落的诺基亚

（一）手机高低端市场均遇挑战，丧失 14 年全球手机销量冠军宝座

路透社的一项调查数据显示，2012 第一季度，三星售出 8800 万部手机，诺基亚手机在高低端市场均遇挑战，仅售出 8300 万部；三星全球手机销量首次超过诺基亚，从而结束了诺基亚长达 14 年的全球领先地位。1998 年诺基亚超越摩托

罗拉成为世界最大的手机制造商时，三星才刚刚进入手机领域；而14年后的今天，风水轮流转，三星取代诺基亚，发展成为手机领域的大佬。

（二）企业大量裁员，工厂纷纷关闭，员工主动拿赔偿金辞职

伴随诺基亚塞班系统受Android和iOS挤压，市场份额日益减少，四年来诺基亚裁员行动从未停止过：2008年裁减约2300人；2009年3月裁员1700人；2011年关闭了罗马尼亚工厂，裁掉3500人。今年6月，埃洛普宣布，为了实现在2013年底前节省30亿欧元开支的目标，公司将会再裁掉1万名员工；随后，诺基亚关闭了位于芬兰萨罗的欧洲最后一家工厂。据悉，此次裁员主要涉及的仍是研发团队。在诺基亚席卷全球的裁员潮中，中国区也难以幸免，原本四个大区将合并成两个。

（三）五年市值缩水超1000亿美元，债务评级被下调至垃圾级

诺基亚塞班系统市场份额的急剧减少，进一步影响了其上市公司业绩。以市值为标准，诺基亚已失去了在赫尔辛基证券交易所作为芬兰第一大上市公司的宝座。截至日前，诺基亚的市值不足150亿欧元，相比其2007年底达到的1100亿欧元的峰值，缩水已超过900亿欧元。今年4月，国际三大评级机构之一的穆迪投资者服务公司表示，鉴于诺基亚公司今年一季度手机销量大幅下滑，以及公司遭到更多手机制造商的"夹击"，穆迪已经将诺基亚公司的债务评级下调至垃圾级附近。

（四）财报显示亏损严重，公司将被收购传言不断

从2011年第二季度开始，诺基亚出现了历史性亏损。2011年第二、三、四财季度净亏损分别达到3.68亿、0.68亿、10.7亿欧元，今年第一财季度净亏损9.29亿欧元。自2011年以来，诺基亚已经出现连续四个财季的亏损。今年6月，诺基亚已将旗下优良资产奢侈品牌Vertu出售给欧洲私募股权集团EQT VI。巴黎银行在一份研究报告中表示，诺基亚虽然正在依托微软Windows Phone应用软件重塑智能手机业务，但诺基亚可能被收购，微软和三星都是其潜在的买家。

（五）Windows Phone 8重创诺基亚，诺微合作至今前景不明

今年6月20日，微软公司在2012年开发者大会上展示了最新版Windows Phone 8操作系统，其多项新功能和对高端硬件的广泛支持令人眼前一亮。微软更宣布，该系统将于秋季正式推向市场。对于整个WP阵营中最重要的合作伙伴诺基亚而言，这原本应是一则振奋人心的消息。然而，由于微软已确定现有的WP7

机型无法升级至 WP8，而诺基亚却基于 WP7 已推出多款机型。在这种情况下，这一消息对这家饱受业绩不佳及裁员困扰的老牌手机制造商而言，无疑是雪上加霜。

二、诺基亚近五年来的战略决策失误重重

（一）收购塞班公司，破坏了塞班操作系统已形成的强大生态系统平衡

塞班系统的前身是英国 Psion 公司的 EPOC 操作系统，其理念是设计一个简单实用的手机操作系统。1998 年，爱立信、诺基亚、摩托罗拉和 Psion 共同合作成立了塞班公司。在安卓未面世之前，塞班系统几乎是诺基亚、索尼爱立信、摩托罗拉、西门子、三星、松下、LG、联想等众多手机生产厂商最青睐的手机操作系统。2008 年 12 月，诺基亚把由众多手机厂商持有股份的塞班公司全资买下，想组建以诺基亚为核心的塞班联合组织，打造一个史上最强的智能手机操作平台。然而，自 2009 年底开始，包括摩托罗拉、三星电子、LG、索尼爱立信等各大厂商纷纷宣布终止塞班平台研发，转而投向安卓领域。

诺基亚在连续推出 N 系列、E 系列等一系列轰动一时的手机后，又将众多厂商支持、且自己是最大受益者的塞班操作系统收购占为己有。最终的结果是，此举使得众多塞班系统支持厂商担心自己手机生产会被诺基亚所左右，于是纷纷弃塞班而去。

（二）过早宣布放弃塞班操作系统，使得塞班操作系统生态系统顿然瓦解

2011 年 2 月 11 日，诺基亚在英国伦敦宣布与微软达成战略合作关系，合作推出 Windows Phone 手机，并且将参与该系统开发。2011 年 6 月 22 日，诺基亚将塞班项目承包给埃森哲，埃森哲将提供对塞班系统的支持服务到 2016 年。2011 年 8 月 24 日，诺基亚宣布将放弃塞班名称，下一版本操作系统更名为诺基亚 Belle。根据 Gartner 2012 一季度全球手机市场报告，塞班系统手机市场份额已从 2011 年一季度的 27.7% 下降为 8.6%。

在没有充分预测微软 Window Phone 是否能够成气候之前，诺基亚就贸然放弃了自己苦心经营多年的塞班系统。而自从传出诺基亚要放弃塞班系统开始，塞班系统的生态系统便加速了瓦解步伐。

（三）把谷歌作为其向互联网转型期的主要竞争对手，错过了利用安卓操作系统崛起的机会

埃洛普曾公开辩称，诺基亚选择微软 Windows Phone 平台的原因在于：安卓

平台的竞争非常激烈，所有安卓产品外观和功能都很相似，选择安卓平台后诺基亚手机将无法实现差异化，会引发价格战；诺基亚容易成为安卓众多 OEM 厂商中的一员。其实，诺基亚没有选择安卓的最根本原因在于，它把谷歌作为了其向互联网转型期的主要竞争对手，诺基亚的很多款互联网服务都与谷歌互联网服务相同或类似。比如，互联网地图服务。诺基亚担心，一旦选择了安卓平台，诺基亚的互联网服务就会失去承载平台的优势。

　　然而，尽管基于安卓平台的竞争非常激烈，作为世界级的手机生产厂商没有自己的操作系统而选择安卓平台会面临核心技术真空化的危险，但同样是世界级的手机生产厂商三星却选择了另一条路：一方面与英特尔联合搞自己的手机操作系统 Tizen 开发以防不测，另一方面果断选择安卓平台，成为安卓平台的最大受益者，从而一举抢占了诺基亚稳坐了 14 年的全球手机销量冠军宝座。

　　（四）未认识到谷歌与苹果操作系统崛起的真正原因，将抢回市场寄望于生产一款精致手机上

　　众所周知，当下智能手机的争夺不在于手机质量的比拼，更多的较量体现在操作平台和应用方面，而埃洛普却把诺基亚的翻身机会始终寄托在生产一款搭载 Windows Phone 的精美手机上。自诺微合作起，苦苦等了一年，埃洛普导演的"翻身大戏"在 2012 年初却没能如期上演，其推出的 Lumia 没有引起多大的轰动。

　　苹果 iOS 操作系统的成功，除了 iPhone 手机的时尚化设计、可触摸技术外，更在于苹果 App store 为第三方软件开发者提供了方便而又高效的一个软件销售平台，使第三方软件的提供者参与其中的积极性空前高涨，它适应了手机用户对个性化软件的需求。谷歌安卓系统的成功，则在于谷歌组建了一个安卓联盟，自己全心全意地搞系统开发，把芯片、手机、应用统统交给上下游企业去做，通过其免费、开放的属性来占据市场，然后通过操作系统上搭载的谷歌服务收取费用。

　　（五）忽视了移动互联网时代的到来，把手机主要功能依旧定格在通话上

　　微博上关于诺基亚的一则笑话转载率很高："苹果说我长得美，诺基亚说我经摔；苹果说我应用多，诺基亚说我经摔；苹果说我很好玩，诺基亚说我经摔"。这则笑话很形象地描述了诺基亚衰落背后的原因：沉溺于核心业务，忽视了移动互联网创新。直到现在，用户对于诺基亚产品的质量依然是交口称赞，从模拟手机到数字手机时代，诺基亚正是靠品质和技术成为业界大佬。

　　然而，智能手机改变移动互联网生态系统的速度，远远超过了诺基亚这位"智

能手机"先河开拓者的想象。诺基亚在 2G 时代稳固的地位，使其在智能手机开发上犹豫不决。它一直认为，手机主要用途就是通话，却没有意识到，用户已开始逐渐利用手机查看电子邮件、寻找餐馆并更新 Twitter 信息等。当移动互联网时代到来时，诺基亚似乎一下子被打蒙了。

（六）放弃对 MeeGo 系统的投入，把命运全都交给了前途未卜的 Windows Phone

2010 年初，诺基亚与英特尔联手打造全新的移动终端操作系统 MeeGo，并在 2010 年 9 月发布 N8 机型之后宣布，除 N8 之外，今后所有上市 N 系列旗舰手机将不再使用塞班系统，转而使用 MeeGo 系统。诺基亚想法是，塞班系统逐渐向中低端倾斜，高端则向 MeeGo 逐渐过渡，并将 MeeGo 定位为用来驱赶苹果 iPhone 和安卓的终端，以收复失地。但诺基亚在 2011 年 2 月移情微软之后，同年 4 月就宣布放弃了 MeeGo 系统。

诺基亚放弃了 Symbian，继而又放弃了 MeeGo，把命运全都交给了前途未卜的 Windows Phone。如果押宝 Windows Phone 一旦失败，诺基亚似乎已没有了紧急备份战略。它不与谷歌合作，却选择了微软。对诺基亚来说，除了微软至少能算是埃洛普的娘家，心里能有些许安慰之外，其最终结果其实都是一样的，同样面临着核心技术真空化的危险境界。

三、诺基亚帝国衰落给 IT 产业发展带来的启示

（一）IT 领域竞争已经从产品竞争演变为产业链整合的竞争

诺基亚蓄积力量沉默了一年，力图依靠一款精美的手机来上演"翻身大戏"，但却没能如愿，反而使自己陷入了更深的泥潭。实际上，如今 IT 领域的竞争已经从产品竞争演变为产业链整合的竞争。谷歌和苹果的成功，根本的一点都在于利用了自己操作系统，整合了产业链的上下游，从而使自己成为整个产业链的主导者。谷歌通过构建安卓联盟，建立起了一个以谷歌为核心，基础芯片厂商、终端设备制造商、移动电信运营商、软件开发商等共同参与的安卓产业生态系统。苹果打造的则是一个完全由自己控制的由芯片、操作系统、软件商店、零部件供应厂商、组装厂、零售体系和 App 开发者组成的强大生态系统。

（二）IT 企业必须充分利用移动互联网的发展新机遇加快战略转型

互联网的发展创造了经济神话。伴随着互联网的普及，全球涌现出一大批市

值达百千亿的互联网服务企业和 IT 制造企业，从而推动全球社会经济快速步入了信息社会时代。移动互联网是互联网向移动领域的革命性延伸，它突破了互联网地理空间位置的限制，其发展势必会带动数万亿规模的移动互联网产业大发展。当前，IT 企业经过十年的迅猛发展，已开始步入缓慢增长期，但移动互联网的发展无疑会为 IT 企业实现二次发展注入强劲动力。所以，IT 企业要充分利用和抓住移动互联网发展的新机遇，创新商业模式和服务模式，加快战略转型，以实现跨越式发展。

（三）IT 企业产品线必须实施多元化的产品战略

诺基亚的衰落，一方面固然是其固执己见创新不力所致，另一方面，诺基亚产品线种类单一这一致命缺陷也是重要因素。近年来，随着手机领域的竞争日趋激烈，陆续有不少大型 IT 厂商被迫放弃手机生产，但这些厂商并没有因此而衰落。曾经风光一时的西门子手机被挤到市场的边缘，后来被明基收购。但西门子并没有因此而衰弱，其原因在于：西门子产品线非常宽广，涵盖了工业、能源、医疗及个人家庭用品等多个领域。所以，一条手机产品线的衰落并没有对西门子产生致命影响。同样，三星在 2010 年对外宣布，未来十年内，它将在可再生能源和医疗保健方面投资 210 亿美元。实际上，这样做正是三星为了摆脱集团对电脑芯片和手机业务的依赖，促进产业多元化。

（四）IT 产业发展变数很大，与时俱进创新是 IT 产业发展的精髓

IT 领域发展变数很大，如果一家企业不能够与时俱进创新，其结果就只能和诺基亚一样，最终衰落。回顾 IT 领域快速发展的 20 年，曾经轰动一时却因为没有与时俱进地创新而沦落的 IT 企业不胜枚举。摩托罗拉其实就是一个典型例子。摩托罗拉曾经辉煌过，也曾是创新的代名词。在 2006 年的巅峰期，摩托罗拉手机占据了全球市场份额的 24%，与诺基亚旗鼓相当。然而，到了 2011 年，摩托罗拉移动却只能被谷歌收购。尽管摩托罗拉有着深厚的技术积淀，但这只能代表历史，因为缺乏与时俱进的创新，其今天留给人们的印象，就像是一个进入暮年的老人，步履蹒跚。

本文作者：赛迪智库信息化研究中心　陆峰

三星电子为什么热衷"逆周期"投资?

【内容提要】今年上半年,全球通信设备市场进入下行周期,爱立信、诺西、阿尔卡特朗讯、中兴和华为五大通信设备制造商在产品收益方面均遭遇了不同程度的困难。然而在市场疲软时期,三星电子却加大了其在通信设备领域的投资,其根本目的在于试图通过"逆周期"投资策略完善移动通信领域的产业链条,从而达到"全产业链"竞争的战略部署。三星电子在电子信息领域的投资策略与战略布局为我国电子信息企业在产品研发、生产以及产业化方面提供了借鉴。对此,赛迪智库电子信息产业研究所深入研究提出了鼓励企业前瞻布局新兴企业、加强前沿技术研究、推动企业"走出去"等措施建议,以期对产业实现持续较快健康发展有所裨益。

【关键词】通信设备　市场周期　产业链整合

三星电子在电子信息产业诸多领域均处于世界领先地位,但在通信设备领域,其往年表现却乏善可陈。自2012年2月三星电子宣布到年底将成为全球第三大LTE基础设施供应商以来,短短半年时间,全球电信设备市场进入下行周期,大批通讯设备制造商收益下滑,而三星电子却依然摆出"逆势"增投姿态,布局LTE通信设备市场。今年第二季度三星在全球FDD/TDD LTE设备综合市场排名攀升至第五位,并在8月24日获得首份欧洲LTE设备供应合同。截至目前,三星在全球范围内参与了30多张LTE试验网部署,已获得9份商用LTE合同。三星电子"逆周期"投资通信设备行业的行为并非偶然,既有历史渊源,也有现实动因,有必要详加分析,为我国电子信息相关企业的发展提供借鉴与启示。

一、全球需求下滑推动通信设备市场进入下行周期

(一)全球五大通信设备巨头的收益持续下滑

7月以来,爱立信、诺西、阿尔卡特朗讯、中兴和华为五大通信设备制造商

发布了最新财报，整体看，五大厂商在产品收益方面均遭遇了不同程度困难。爱立信二季度财报显示，期内净利润仅 12 亿瑞典克朗，较去年同期下降 64%；中兴二季度归属于股东的净利润比上年同期下降了 88.7%；华为营业利润比去年同期下滑 22.0%；诺基亚西门子二季度财报显示运营亏损 2.27 亿欧元，利润率下滑 33%；阿尔卡特朗讯二季度销售收入同比下降 7.1%，净亏损 2.54 亿欧元。全球主要通信设备巨头均承受不同程度业绩下滑，折射出通信设备行业在 2012 年遭遇增长困局。

表 1　2012 年第二季度全球前五大通信设备制造商利润下滑情况

公司名称	利润	利润增长（%）
爱立信	12 亿瑞典克朗	−63
中兴	7270 万元人民币	−88.7
华为	87.9 亿元人民币	−22%
阿尔卡特朗讯	亏损 0.4 亿欧元	—
诺基亚西门子	亏损 2.27 亿欧元	—

资料来源：赛迪智库整理，2012 年 9 月。

（二）通信设备行业目前正处于周期性低谷阶段

　　通信设备行业市场需求受运营商基础设施升级和全球宏观经济运行双重影响。一方面，运营商对通信网络更新换代左右通信设备市场走势。2006 年，全球语音固网建设已达极限，运营商在固网通信设备方面投资增速大幅下滑至 2004 年以来最低点，但此后 3G 网络建设热潮又给了运营商投资回暖的机会。2011 年以来，全球 3G 网络建设热潮已过，基站、接入网等环节投资已近饱和，运营商则将发展目光转向第四代移动通信技术研发及网络建设，而 4G 网络大规模建设尚未启动，导致运营商对通信系统设备采购急剧减少，是通信设备市场整体陷入疲软状态第一个原因。

　　另一方面，全球经济运行周期影响通信设备市场走势。当全球经济周期呈现下行趋势时，运营商的电信业务收入将受到负面影响进入盈利下滑阶段。为节省开支，运营商通常延缓项目投资建设，减少通信设备投资规模。2009 年美国金融危机导致全球经济衰退，也使得运营商对通信设备投资热情大幅衰减。2010 年随着金融危机对运营市场的影响逐渐减弱，运营商对通信设备投资逐渐增多。然而 2011 年以来，由欧债危机所导致的全球经济不景气致使全球几大主要运营商盈利

下降，运营商因此缩减了通信设备采购开支，这是目前通信设备行业陷入周期性
低谷另一原因。

图1　全球电信业固定资产投资情况（单位：亿元）

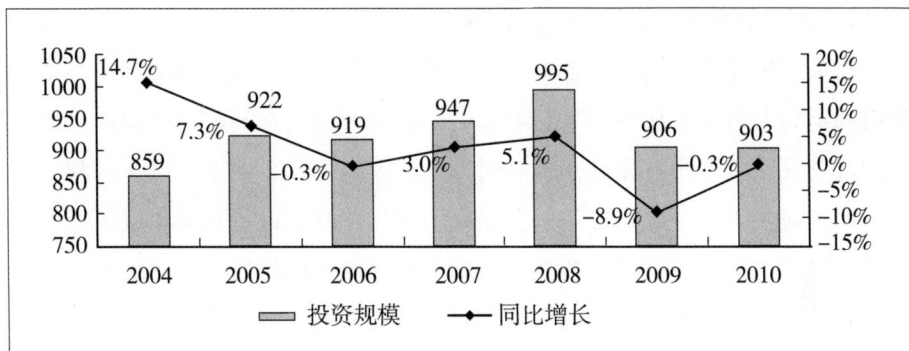

资料来源：Gartner。

二、三星电子"逆周期"投资通信设备领域的主要意义

三星电子"逆周期"投资策略并不缺乏先例，如八十年代中期半导体市场也
曾陷入周期性低谷，三星电子"逆势"涉足 DRAM 芯片领域，为日后在该领域称
霸市场做好铺垫。通信设备市场近半年的处境与当年半导体市场在低谷时期的情
况诸多相似，不同的是通信设备制造业变化周期更多受制于经济周期变化以及通
信技术的更新换代，而半导体产业的变化周期长短则更多地受"硅工艺周期"影响。
因此投资 LTE 通信设备能否最终成功还待时间检验，从目前看，三星电子"逆周期"
投资通信设备的意义主要表现为以下几方面：

（一）前瞻布局下一代移动通信市场

三星电子进军通信设备行业具有其前瞻性考量，具体表现为以下三方面。一
是转变技术积累为产品应用。以 LTE 技术为代表的新一代移动通信技术是无线通
信的未来发展方向，通信设备市场目前正处于低迷时期，而三星电子恰恰希望抓
住这个时机，将其在下一代移动通信设备方面的技术积累转化为产品应用，进而
推向市场，以利于其在下一代移动通信领域的话语权。二是全局布控终端及网络
端优势。三星电子在移动智能终端领域具有雄厚的技术与产品积累，尤其在智能
手机领域拥有最大的市场占有率。在移动通信领域的终端、网络以及应用三要素
中，只有占领网络端优势，才能在下一代移动通信市场中做到全局布控。三是占

据知识产权优势。三星电子前瞻布局 LTE 系统设备市场，推动了其在该领域的技术研发，从而在围绕下一代移动通信技术展开的企业竞争中占据技术与产品的知识产权优势。

（二）利用行业周期性低谷抢占市场份额

三星电子抢先占领通信设备市场，使其产品范围由芯片、液晶屏及终端向网络层进行拓展，其目的包含以下三方面。一是提升公司在通信设备类产品市场占有率。目前通信设备市场正处于低谷时期，五大通信设备制造业巨头盈利纷纷下滑，此时市场相对比较稳定，竞争激烈程度不如往常，这正是三星电子扩大其业务领域，抢占未来全球通信设备竞争格局中优势地位的绝好时机。二是扩大三星电子元器件类产品市场占有率。三星电子控制通信系统端，可以在未来通信设备市场中扩大其芯片、元器件、显示面板、高性能电池等基础类产品的市场占有率。三是巩固三星电子移动终端类产品市场占有率。三星电子在其他设备商处于低迷期时加深与电信运营商合作，间接促使运营商加大对三星终端产品的采购力度，为进一步挤占其他竞争品牌市场份额做好铺垫。

（三）进一步巩固凸显全产业链整合优势

三星电子当前在电子信息产业中的优势，可以归结为其全产业链的垂直一体化整合优势。三星电子目前在通信领域的优势主要集中于智能手机领域的"芯片 – 面板 – 终端"的全产业链整合优势。加大在通信设备领域的投入，三星电子的目的包括以下三方面。一是将产业链由具有优势实力的基础元器件、终端环节进一步向系统环节延伸，从而增加其在电信市场的竞争优势；二是营造"终端 – 系统 – 终端"的"端到端"优势，通过未来在通信设备领域的市场占有率优势，增加竞争对手对三星芯片、元器件的需求，从而加强对竞争对手的控制。三是为进一步将其在电信领域的产业链向应用软件和信息服务领域延伸打好基础。

三、做大做强我国电子信息企业的借鉴与启示

（一）前瞻布局产业新兴领域

三星电子善于在电子信息产业的诸多分支领域中发现产业的新增长点，并结合自身实际做出合理的战略选择与部署，从而总能扮演新兴产业的"先行者"角色。

反观我国许多电子信息企业，往往过度投资某一产品领域，只为寻求短期产值效益。例如近一两年企业对 LED、智能手机等行业的过度投资已使行业出现严

重的产品同质化现象。因此对于我国企业而言，要从产业长期发展趋势出发，选择带动性强、技术变革条件优越、市场具有上升空间的行业门类作为布局重点，物联网、云计算、高性能集成电路、新一代网络通信系统设备、高端元器件等领域应作为国家资金前瞻布局、重点支持的领域。

（二）研究前沿技术抢占技术制高点

技术创新是企业寻求可持续发展的根本动力来源。三星电子在技术创新方面不拘泥于对技术进行单一改造与升级，更加关注科技领域的前瞻性研究，通过对未来科技走势的绝对把握，从而做到对新技术、新产品的提前布局。

反观我国电子信息企业，存在核心技术匮乏、创新动力不足、研发投入微薄等固有问题。在未来的新技术、新产品方面，更是缺少前瞻性思考与研究。因此，我国在鼓励技术研发方面应做到以下两方面：一要加大研发投入，建立完善技术体系。强化企业研发及管理负责人员的创新绩效考核，完善激励机制，从而增强企业创新动力；二要加快企业前瞻性研发基地建设。在重点前沿领域与高校及科研院所展开积极合作，设立前瞻实验室、先进技术研究中心、企业技术研发中心等未来技术研发基地。

（三）鼓励大企业通过并购重组整合产业链优势

三星电子在智能手机领域依靠"芯片－系统－终端－应用"的垂直一体化整合优势，在竞争激烈的市场环境中获得全球第一的市场占有率，如今三星电子又将产业链整合的目光由智能手机环节扩展至整个通信设备产业链，这些事例充分说明了企业核心竞争力不只是来自于单项优势技术或产品，而要体现为对整条产业链的掌控。

然而我国大多数通信设备制造企业至今对产业链的话语权和主导权仍非常薄弱，难以适应"全产业链竞争"的要求。产品往往集中于技术附加值较低的产业链中、下游环节，当外部经济环境发生恶化，企业无法依靠产品结构转型来有效规避风险。因此，我国企业应在产业链整合方面做到：一要加快产业链横向整合，通过企业间横向并购、重组等形式扩大企业在产业链关键环节的市场规模，并在此基础上增加企业对市场价格的控制力，从而在产业内获得话语权；二要加快产业链纵向整合，企业要围绕其业务所在核心环节向上下游延伸，利用企业产业链垂直整合优势扩大产品利润，同时提升企业规避风险能力。

（四）通过"本土化"途径加快推进"走出去"战略

许多跨国公司在海外扩张过程中因"水土不服"而在海外市场遭遇失败，三星电子将"本土化"策略作为其"走出去"的杀手锏。做到产品在当地生产、销售在当地运作、人力资源由当地取材、在企业文化中融入当地元素等，从而使三星的企业文化与当地文化习惯相融合。三星电子之所以能在短时间内跃升为世界一流的跨国公司，是与其在"走出去"的过程中实行"本土化"的策略分不开的。

反观我国电子企业，经过多年改革开放，在"引进来"方面已形成一套机制，但在"走出去"方面经验不足。企业往往只是将中国管理文化照搬至海外分支机构，而缺少"本土化"交融意识。因此，我们在"走出去"过程中应从以下几方面入手：一要通过融合东、西方管理文化的长处与优点，形成适合当地环境的管理机制。二要尽量做到"因地制宜"，鼓励在海外设立研发机构，就地招聘技术研发人员及管理人才。三要加强国内、外研发人员交流合作，使两种环境下的研究思路与成果得到融合与互补。

本文作者：赛迪智库电子信息产业研究所　林雨

新工业革命篇

能源互联网与第三次工业革命

【内容提要】日前，美国著名未来学家杰里米·里夫金在其新著《第三次工业革命》中提出了能源互联网的新概念，将新能源和互联网的结合视为即将到来的第三次工业革命的标志。英国《经济学家》杂志同时也提出，人类即将迎来以数字化制造及新型材料应用为标志的第三次工业革命。对此，赛迪智库工业经济研究所进行了跟踪分析。本文在对杰里米·里夫金"第三次工业革命"理论核心观点提炼式介绍的基础上，总结了"第三次工业革命"理论揭示的未来全球经济发展趋势，并指出对我国有两点启示：应加紧谋划"能源互联网"，在新的能源体系基础上推进新型工业化，实现经济发展模式的转型；大力发展新能源技术，推进能源乃至整个产业结构的调整。

【关键词】第三次工业革命　能源互联网

日前，美国著名未来学家杰里米·里夫金在其新著《第三次工业革命》中提出了能源互联网的新概念。里夫金认为，由于化石能源的不可持续性，第二次工业革命正走向终结，未来能源体系的特征是能源生产民主化、能源分配分享互联网化，并把新能源和互联网之间结合产生的"能源互联网"视为即将到来的第三次工业革命的标志。

以"能源互联网"为核心的"第三次工业革命"理论假说的主要内容是什么？以能源互联网为核心的第三次工业革命有哪五大支柱？该假说揭示了未来全球政治经济的哪些发展趋势？对未来中国制造业的发展有何启示？诸如此类，在中国工业发展的资源能源约束日益趋紧的今天，探讨这些问题具十分重要的意义。

一、以能源互联网为核心的"第三次工业革命"理论的主要观点

人类社会已历经两次工业革命。1870年以后，以电力的广泛应用、内燃机（石油）和新交通工具（汽车）的问世、新通讯手段（电话、广播和电视）的发明为标志，

第二次工业革命隆重登场，取代了第一次工业革命。在某种程度上，第二次工业革命是以石油和其它化石能源为基础和动力逐步发展起来的。杰里米·里夫金认为，曾经支撑起工业化生活方式的化石能源正日渐枯竭，只有采用一种新的经济模式，才能确保一个更具可持续性的未来。人类即将迎来开创性的第三次工业革命，分布式的通讯和信息互联网技术正与分布式的可再生能源融合，将创建一个一体化的、以合作分享为基础的互动性能源生态体系，为第三次工业革命奠定坚实的基础。通过能源体系的变革，第三次工业革命将实现整个社会经济发展模式的大变革。

（一）以能源互联网为核心的"第三次工业革命"即将到来

一是化石能源的不可持续性必将导致第二次工业革命的终结。化石能源支撑了第一和第二次工业革命以来人类文明的进步和经济社会发展。然而，曾经支撑起工业化生活方式的石油和其它化石能源正日渐枯竭，以化石燃料为基础的整个产业结构因运转乏力而导致全球出现严重的失业问题。更急迫的是，以化石燃料为能源开展的工业活动导致的气候变化，威胁着人类的生存和发展。杰里米·里夫金认为，从长远看，人类需要一种以可再生能源为推动力的新的经济发展模式，即要系统性地改变经济生活组织方式，以超越碳基能源的约束。

二是可再生能源成本不断下降将催生新的经济发展模式。由于化石能源日益昂贵，今天全世界23%的人得不到供电，25%的人只能得到部分供电。它表明目前的能源分配模式已不能满足需要，人类必须向可再生能源过渡。同时，受新技术突破以及规模经济等因素的影响，新型可再生能源的价格持续下降。光伏发电成本有望以每年8%的速度下降，每8年可降低一半。传统化石能源成本不断上扬，可再生能源成本不断下降，两者间的巨大反差将引发全球经济巨变，也必将动摇第二次工业革命的根基，从而催生21世纪新的经济范式和管理模式。

三是飞速发展的互联网技术为能源互联网的实现提供了可能。杰里米·里夫金认为，每一次工业革命都建立在新的能源体系和新的通信技术融合的基础之上。第一次工业革命源于蒸汽机和报纸通讯的融合。蒸汽机加快了以报纸为载体的信息的流通速度，大幅度提高了民众的受教育比例，培养了能够管理好第一次工业革命的有素质的劳动力。第二次工业革命源于电力与广播和电视的融合，电气化引领人类进入到消费社会。在新的工业革命中，每座大楼、每座房屋都将变成能源生产的来源，但如果对这些可再生能源的分配方式仍采用石油和天然气等碳基能源的集中化生产和分配模式，是无法管理整个世界经济的，因此需要一个互动的通信网络来分配这些能源。互联网的本质是合作，飞速发展的互联网技术为能源互联网的实现提供了技术条件。

（二）以能源互联网为核心的第三次工业革命有五大支柱

杰里米·里夫金认为，未来能源体系的特征是能源生产民主化、能源分配分享互联网化，即组建以互联网为基础的智能分配网络，在能源通过分散的途径被生产出来之后，利用互联网创造新的能源分配模式，通过这一网络来分享能源。

第三次工业革命必须得到很多方面的配合支持，否则将很难实现。杰里米·里夫金提出，以能源互联网为核心的第三次工业革命的五大支柱如下：

一是大力发展可再生能源（renewable energy），向可再生能源转型。

二是把全世界的每栋建筑变为一个个微能量工厂（buildings as positive power plants），以便就地收集可再生能源。

三是在每一栋建筑和每一个基础设施装备氢存储技术（hydrogen storage），以存储间歇式能源。

四是利用互联网技术将每一大洲的电力网转化为能源共享的智能电网（smart grids），这一共享网络的工作原理类似于互联网（成千上万的建筑物能够就地生产出少量的能源，这些能源多余的部分既可被电网回收，也可被各大洲之间通过联网而共享）。

五是将运输工具转向插电式以及燃料电池动力车（plug-in vehicles），这种电动车所需要的电可以通过共享的电网平台进行买卖。

正如历史上任何其它的通信、能源基础设施一样，支撑第三次工业革命的各种支柱必须同时存在，否则其基础便不会牢固。当五大支柱同时发挥作用时，将构建一个不可分割的技术平台，进而形成一个全新的系统，而其性质和功能与各部分的加总有着本质区别。换言之，五大支柱的协同作用将创建一种新的经济范式，这一范式将改变整个世界。

二、以能源互联网为核心的"第三次工业革命"理论揭示的未来全球政治经济发展趋势

第一次工业革命使19世纪的世界发生了翻天覆地的变化，第二次工业革命为20世纪的人们开创了新世界。在第三次工业革命的变革中，人类将变燃烧碳基化

石燃料的结构为使用可再生新能源的结构；将每一处建筑转变成能就地收集可再生能源的迷你能量采集器；将氢和其它可储存能源储存在建筑里，利用社会全部的基础设施来储藏间歇性可再生能源，并保证有持久可依赖的环保能源供应；利用网络通信科技把电网转变为智能通用网络，从而让上百万的人把周围建筑产生的电能输送到电网中去，在开放的环境中实现与他人的资源共享；改变由汽车、公交车、卡车、火车等构成的全球运输模式，使之成为由插电式和燃料电池型以可再生能源为动力的运输工具构成的交通运输网。杰里米·里夫金认为，以能源互联网为核心的"第三次工业革命"同样也将对 21 世纪产生极为重要的影响。

（一）实现国际政治关系的转变：生物圈政治将取代地缘政治

第一次和第二次工业革命形成了基于化石燃料的地缘政治世界。民族国家是随着第一次和第二次工业革命发展起来的，并且提供了一个针对岩石圈能源体系的调节机制。地球被视为一个资源库，各国为了抢夺有限的资源，在市场和战场上相互竞争。与之相反，在可再生能源体系中，地球像一个层层相依的有机体，每个人都是该系统中不可或缺的一部分，其运作方式就像人类所管理的生态圈，是协同的、交互的，这就是生态圈政治。

生态圈政治基于一种理念：地球就像一个有生命的机体，由种种彼此依赖的关系构成，我们都属于更大的群体，通过服务于这个群体而生存。新的生态科学将改变我们对待自然的态度，从掠夺和束缚的敌对观，转变为一种合作和共享的自然观。自然的使用价值逐渐让位于自然的内在价值，这正是可持续发展的深层含义，也是生物圈政治的本质。

（二）实现商业模式的转变：分散式的横向合作模式将取代自上而下的垄断模式

新的工业革命将引起社会各个阶层权利关系的重组。以化石燃料为基础的第一和第二次工业革命要求大规模的中央集权、自上而下的组织结构，大权掌握在少数工业巨头手中。第三次工业革命所带来的绿色科技则逐渐打破这一传统，使社会向合作和分散关系发展。社会的组织模式将采取扁平化结构，由遍布全国、各大洲乃至全世界的数千个中小型企业组成的网络与国际商业巨头一道共同发挥作用。我们所处的社会将经历深刻的转型，原有的纵向权力等级结构将向扁平化方向发展。

在第三次工业革命中，买卖双方的对立关系开始被供求双方的合作关系所取代，自利的同时也实现了利益共享。在新的横向性或分布性的经济活动中，网络使得越来越多的产品和服务实现了即时交易，从而大大降低了资本、能源和劳动力成本，并提高了生产率。当大量企业在庞大的网络中相互连接时，横向分布权力往往会超越第一和第二次工业革命中独立存在的巨型公司的垄断性权力。

（三）实现制造方式的转变：民主化制造将取代缺乏活力的流水线制造

一提到制造业，多数人眼前浮现的场景是：在冒着浓烟的大型工厂里，工人们站在流水线前从事着同样的工序，生产出大批量的同质化产品。但是，革命性的变化即将发生。杰里米·里夫金认为，如果上百万的人们能够自己生产可再生能源，分散化、民主化制造也必将取代集中化制造。利用 3D 打印制造技术等添加生产方式，仅仅需要消耗传统制造业 10% 的原料，大大降低了制造成本。这使得未来制造业的准入门槛大大降低，小型企业甚至是个体都能独立完成制造程序，将大大削弱大型企业的垄断竞争力，实现制造业生产的分散化和民主化。

与民主化制造相伴随的是产品营销成本和物流成本的大大降低。第一次和第二次工业革命期间，由于报纸、电视等通讯媒体的集中性，只有实力雄厚的工业巨头才有能力进行产品的宣传和营销。但在第三次工业革命中，互联网使得营销成本大大降低，中小企业也因此能够通过横向的途径宣传自己的产品，进而与大型企业竞争。

第三次工业革命下的"民主化制造"将大大促进中小型企业的繁荣发展，全球公司将脱离具体的产品生产和分配环节，转化成全球价值链网络的管理和协调者。

三、对我国的启示

杰里米·里夫金的第三次工业革命的理论和构想，在实践中得到了政府首脑、企业家以及非政府组织的响应。欧洲议会已发布一份正式书面声明，宣布要将第三次工业革命作为长远的经济规划以及欧盟发展的路线图。

德国率先认识到"能源互联网"的重要性。2008 年德国推出"E-Energy"计划，提出打造新型能源网络，在整个能源供应体系中实现综合数字化互联以及计算器控制和监测。"E-Energy"计划也是德国"绿色 IT 先锋行动"计划的组成部分，后者总投资 1.4 亿欧元，包括智慧发电、智慧电网、智慧消费和智慧储能四个方面，其目标不仅是通过供电系统的数字联网保证稳定高效供电，而且要通过现代信息和通信技术优化可再生能源的生产和分配系统。

以能源互联网为核心的"第三次工业革命"的发展趋势带给我国以下启示：

（一）应加紧谋划"能源互联网"，在新的能源体系基础上推进新型工业化，实现经济发展模式的转型

从历次大规模经济危机的演化历程来看，每一次大危机往往也是产业与技术变革的关键时期。一个普遍的路径是，每一次危机之后的经济复苏，都离不开技术革命引致的产业革命的启动。以新能源和新通信技术融合为基础的能源互联网革命已引起世界各国的高度重视，并正在展开激烈的竞争。

能源互联网是第三次工业革命最重要的基础设施。我国应加紧谋划建设。同时，还要满足"一网多道"的要求，把送电网、通讯网、数据网、电视网合一，将现有的电力、水务、热力、燃气等单向运转而且浪费巨大的能源网络改造为高效、互动的创新网络。未来我国的能源互联网应着眼于分布式能源发展，以提升我国能源生产和分配的智能化水平；应在新的能源体系的基础上推进新型工业化，彻底转变依靠劳动力、资源等要素密集型的发展模式，实现经济和社会的可持续发展。

（二）大力发展新能源技术，推进能源体系乃至整个产业结构的调整

我国能源结构一直以煤和石油为主，占我国能源结构的91%。但问题是，随着化石资源的日益枯竭，我国的能源利用成本越来越高。为此，我国大型企业不得不到资源丰富的国家开发自然资源，在资源成本增加的同时也加剧了我国与其它国家的资源竞争。从长远看，这种资源获取模式不可持续，也必将付出高昂代价。

我国可再生能源资源极其丰富。在风能方面，我国拥有世界上最丰富的风力资源，10m高度层的风能资源总储量为32.26亿kW，其中实际可开发利用的风能资源储量为2.53亿kW。在太阳能方面，据估算，我国陆地表面每年接受的太阳辐射能约为50×1018kJ，全国各地太阳年辐射总量达335—837kJ/cm2，中值为586kJ/cm2，但对太阳能的开发利用却仅仅在近些年才提上日程。在地热能方面，据不完全统计，我国仅12个主要沉积盆地地热资源储量折合标准煤就高达8532亿吨，可采资源量折合标准煤2560亿吨。在现有技术经济条件下，我国每年可利用的地热量是6.5亿吨，相当于6.5亿吨标准煤。在潮汐能方面，可开发装机容量200kW以上的潮汐资源，总装机容量为2179万千瓦，年发电量约624亿度。

我国的可再生能源技术设备生产能力也较强。我国是世界上最大的风力涡轮

机生产国，在 2010 年时风电设备产能就已达到 3500 万千瓦。太阳能光电产业生产总值更是占到世界的 30%，同时也是世界上最大的太阳能电池板生产国。

然而，我国可再生能源发展水平与资源、技术禀赋并不匹配。尽管我国风能、太阳能发展非常快，但在整个能源结构中占比却还非常小，风能发电量 2011 年大约为 971 亿度，占总发电量的 1.56%。我国所生产的可再生能源科技产品几乎均销往海外，国内市场需求较小。

鉴于此，更好地利用随处可见的资源，大力发展新能源技术，就成为突破资源能源瓶颈的必由之路。建议加强政策引导扶持，促进风能、太阳能、生物质能、地热能、潮汐能的发展，推动新能源汽车、节能建筑和产品的广泛应用，加快用新能源和节能环保技术改造传统产业，进而推进能源体系乃至整个产业结构的调整。

本文作者：赛迪智库工业经济研究所　梁一新　刘春长

能源互联网离我们还有多远?

【内容提要】美国未来学家杰里米·里夫金在其新著《第三次工业革命》提出了能源互联网的构想,称"能源互联网"将会出现,并标志着第三次工业革命的到来。对此,赛迪智库产业政策研究所认为,能源互联网的构想给人类描绘了一个美好的未来,但其实现目前还存在着四个关键技术瓶颈:高效、低能耗能源采集和转换设备亟待突破;能源互联传输所需的超导材料和技术突破尚没有时刻表;能源互联互通仍存在技术障碍;新型能源存储材料发展面临瓶颈。基于此,我们更应理性看待能源互联网;储备能源互联网发展所需关键设备和技术;做好信息网与电力网融合的基础性工作。

【关键词】能源互联网 关键技术条件

20世纪70年代石油危机后,能源问题一直受到世界各国的普遍关注。前不久,美国未来学家杰里米·里夫金在其新著《第三次工业革命》提出,将分布式可再生能源和互联网技术相结合的"能源互联网"将出现,并预言第三次工业革命即将到来,人类从此将摆脱能源、资源、环境的束缚,实现"活着是为了游乐"。那么,"能源互联网"究竟何时能够实现? 它真的已经离我们很近了吗?

一、世界各国积极探索能源互联网

里夫金在《第三次工业革命》中为我们描述了能源互联网的实现方式:使用可再生能源,采用分布式能源采集系统,充分采集散落在地球各个角落的微小可再生能源,通过氢或其它存储技术存储间歇式能源,聚少成多,利用互联网和智能终端技术构建智能能源共享网络。

事实上,在能源互联网提出之前,各主要国家已开始在这一领域探索,并着手规划和实施智能电网、智能能源网等。

（一）美国：以智能电网建设为先导推动能源网络建设

2001年，美国提出名为"智能电网"的新电力能源供应系统概念，并于2003年正式展开研究。智能电网采用先进的材料技术、高温超导技术、储能技术、可再生能源发电技术、微型燃气轮机发电技术等，旨在构建一张全美骨干电网、区域性电网、地方电网和微型电网等多层次的电力网络，以实现自动化、高效安全、稳定可靠、可灵活应变及品质有保障的电力供应。该计划将在2030年完成。

（二）英国：规划智能电网的长远发展

近两年，英国政府大力支持智能电网建设，制定了详细的以实现可再生能源发电和强互动性智能配电为主要目的的智能电网建设计划，并制定出到2050年的智能电网线路图及实施方案。该输电网多采取互动供电模式，需求侧可将剩余的电力逆向输入电网，但需对电网实施双向保护，给电网的稳定控制和调度管理带来很大困难，技术尚待突破。

（三）德国：大力发展E-Energy

在美英智能电网建设热火朝天之际，德国另辟蹊径，提出了E-Energy概念，并于2008年底开始投资实施该计划。有观点认为，这是德国的智能电网，其实不然。德国意在借此打造一个基于信息和通信技术的能源供应系统，这更像是里夫金能源互联网构想的一个实践。为此，德国专门开设了一个网站，在向公众宣传E-Energy优势，并及时公布该项目的进度，使E-Energy计划更广泛地被接受。

（四）中国：率先推出智能能源网

2009年11月27日，"国家'十二五'中国智能能源网发展模式和实施方案课题组"成立，正式开始筹划智能能源网。2010年7月15日，由中国工程院、中国能源研究会、国家能源专家咨询委等机构的有关专家组成委员会，评审并通过了《中国智能能源网发展模式及实施方案》课题研究成果。

智能能源网是通过将水、电、气甚至热力等不同能源品种网络进行有机整合，形成跨能源品种的能源生产、流通（交易）、消费网络，并采用信息化集成技术，构建一个生产输送侧与需求侧相对称、相互动的智能能源运转体系。它包括智能化的集中分层式能源生产和输送系统、先进的储能系统、智能终端能源系统、智能能源服务系统等四大系统，涉及智能燃气网、智能电网、智能热力网等八个子网络建设。根据测算，智能能源网将把我国能源效率提高至少15%，实现能源产业双网或多网的互动配置、能源总网架优化管理，并带动IPv6、微电网、纳米能源产品、传感器、储能、智能控制等能源支持产业的变革。

二、能源互联网的关键技术瓶颈

尽管能源互联网的构想给了我们一个美好的愿景，但要真正实现能源的互联互通，尚需解决众多的技术难题。能源转化、超导体、电力网与互联网融合、能源存储等关键技术倘不能突破，能源互联网将只能是一个美丽而遥远的梦。

（一）高效、低能耗能源采集和转换设备亟待突破

分布式可再生能源系统使得能源采集和生产小型化，并更贴近需求，其实现依赖于低能耗、高转换效率的可再生能源的采集和转换设备。现有设备和技术远不能满足要求。

一是太阳能的采集、转换为电能的效率仍较低。目前，在实验室研发的硅基太阳能电池中，单晶硅电池的最高转换效率为29%，即便采用太阳能电池堆叠技术，也仅实现41.1%的转换率，在太阳能并网发电中应用能实现25%的系统效率[1]；聚光时化合物的最高转换效率为43.5%[2]。用于建筑太阳能一体化的有机膜太阳能电池的最高转换效率为11.0%[3]。

二是小容量、低损耗的变压器、稳压器、逆变器等转换设备亟待开发。我国变压器的总损耗占发电量的10%左右，每年有近千亿度电浪费在升压降压转换中。在能源互联网时代，分布式能源系统的普及，尤其是安装在建筑物上的太阳能电池板输出电力均为低电压直流电，需要巨量小容量的转换设备支撑。现有技术条件的大量换转设备将消耗海量能源，这将完全蚕食掉分布式能源系统中微小能源采集单元生产的电力。

（二）能源互联传输所需的超导材料和技术突破尚没有时刻表

发展新型输电材料——常温超导材料是能源互联网实现的关键。能源互联网的一个关键设想，就是充分利用太阳能和风能等可再生能源，使每栋建筑都成为一个微型发电厂，除供本建筑使用外，还可对主干网输出多余的电力。这个大胆的设想，需要有新的电力传输材料和技术加以支撑。在传输过程中，由于输电线路存在电阻，功率和电压均会存在损耗。相同规格的导线，采用220V输电的功率损耗是采用110KV输电功率损失的2500倍。因此，在传统电力输送中，主干

---

[1] 见《科技日报》。
[2] 见夏普公司网站。
[3] 日本第61届高分子学会年度大会。

网采用超高压输电，只在末端采用低电压短距离输送。采用常规材料和低电压传输方式，能源互联网中各个分散在生活或生产单元的发电单元的微小余电将在传输线路上损耗殆尽，根本无法上传到主干网，无法实现能源的回收，能源的互联便无从谈起。所以，要实现电力在低压传输过程中有效输送和回收，充分利用各分布式小功率能源采集和生产单元的余电并网，必须使用常温超导体。

在可预见的未来几十年内，常温超导材料（工作温区在355K[1]，即80℃左右）很难取得实质性突破。1911年，卡末林·昂内斯发现水银在4.18K（即-268.98℃）时超导现象即电阻突然消失后，人类对超导材料和技术的探索就从未间断过，但过程艰辛。1986年，铜氧化合物高温超导体的发现，才将超导体的工作温区从液氦温区（临界转变温度Tc<30K），推进到了液氮温区（77K）。目前，我国超导临界温度已提高到153K左右（-120℃），处于该领域的前沿。但是，高温超导体需要消耗巨大能源将其工作温度维持在低温状态，利用高温超导体实现能源的互联不具现实意义。

（三）能源互联互通仍存在技术障碍

利用电力网加载高频信号实现信息通信，是当前研究热点之一。尽管小范围、小规模的传输数据已进入实际应用。如电力猫可以实现电力线传输数据，但局限于同一个电表内，大规模、广域网的大数据传输尚有待于技术突破。

一是输送速度低，难以承载海量数据。能源互联网实现时，将产生千万亿甚至上万亿的能源采集生产单元和用能终端。对这些终端实时反馈控制，实现电力智能调度，将产生当前人类难以想象数量级的海量数据，即便下一代互联网也恐怕难以承受。在现有技术水平下，采用在金属导线上加载高频信号传输数据，最高可实现200Mb/s的传输速度，远低于主流光纤[2]的10Gb/s传输速度，短期内无法替代光纤。尽管未来技术可能会实现更高的传输速度，但突破尚需时日。

二是传输范围有限，无法实现全网传输。在常温超导未实现的情况下，为减少线损，电力传输必须通过变压器层层升压，再层层降压来完成。高频信号无法通过变压器传输，信息只能在同一个变压器的电力子网内传输。在可以预见的未来几十年内，这将是信息在全网传输不可逾越的鸿沟。

---

[1] K是热力学温标，0K是低温的极限（约等于-273.16℃），只能无限接近，不能达到。温度达到0K时，一切热物理运动将停止，世界将是一片死寂。
[2] 光纤不能导电。

（四）新型能源存储材料发展面临瓶颈

如何对间歇式的可再生能源进行洁净存储和提取，保持能源供应系统的稳定性，是能源互联网面临的又一挑战。

一是小型化、大功率、安全性好的电池研发和商用尚需时日。大功率锂电池尚未进入实用阶段，且安全性仍有待提高。钒电池虽具有功率大、容量大、效率高、寿命长等特点，但不适合作为分布式能源系统的小型化存储设备。钠硫电池虽具储量大、能量和功率密度大、充放电效率高、不受场地限制、维护方便等特点，但正、负极活性物质的强侵蚀性，对电池资料、电池构造及运转前提的要求苛刻，且存在安全、寿命、处置难等问题。

二是作为终极储能的"氢储能"，由于氢制备成本高、存储困难，仍属于亟待攻克的技术难题，"氢储能"之路仍很遥远。气态储氢能量密度低，安全性差；氢液化消耗能量巨大，是氢热值的30%，对储罐的绝热性能要求高，能源可再利用率低。金属氢化物、配位氢化物、纳米材料吸附等固态储氢技术仍处于实验室阶段，且可逆性差，能源提取难度大。

三、几点思考

（一）理性看待能源互联网

能源互联网的构想被不少专家学者视为在短期内就能解决能源短缺的法宝，甚至有人认为它能带来第三次工业革命。然而，从当前乃至今后一段时间的技术水平和发展来看，能源互联网的实现仍有待时日。面对能源互联网掀起的热潮，我们更应保持客观、冷静，要立足眼前、脚踏实地，坚定不移地做大做强工业，提升基础制造和能源生产能力；关注能源互联网的进展，做好关键技术和设备的储备。

（二）储备能源互联网发展所需关键设备和技术

"大军未动，粮草先行"。尽管能源互联网还很遥远，但也要对关键设备和技术提前进行开发和储备。重点支持高效、低耗太阳能和风能等可再生能源转换设备的开发；支持超导材料，尤其是常温超导的开发，鼓励高温超导材料的产业化应用；推进新能源存储技术和设备的发展，加快大功率锂电池的开发和产业化，提高钠硫电池的安全性和实用性，探索钒电池的小型化。

（三）做好信息网与电力网融合的基础性工作

　　积极探索利用电力网实现大数据广域传输的技术和设备的研发，为推动能源、广电、互联网、电信网"四网"融合做技术储备。支持能源互联网相关信息传输和终端控制设备的发展。推动小信号、微功率无线智能控制终端设备和智能电表等智能电网设备的发展，加快对各用电单元进行用能实时监控，提高能源利用效率。

　　　　　　　　　　本文作者：赛迪智库产业政策研究所　郑长征　程楠　陈文

堆积制造业：我国应提早进行战略部署

【内容提要】当前，新一轮世界科技革命正在进行，堆积制造成为第三次工业革命的重要标志。2012 年 3 月，美国国防部防务分析研究所（IDA）发布了《堆积制造业：现状与机遇》的研究报告（详见《赛迪译丛》第 34 期），分析了全球堆积制造业的发展现状及趋势，并提出了促进发展的对策建议。那么，如何看待全球堆积制造业发展趋势？政府应扮演什么角色以加快该产业的发展？对此，赛迪智库装备工业研究所在深入研究全球堆积制造业发展趋势的基础上，客观分析了我国发展堆积制造业面临的主要挑战，并就我国发展堆积制造业提出了四点战略思考：要将堆积制造业发展提升到国家战略高度；提早将堆积制造纳入战略性新兴产业予以大力扶持；着力优化堆积制造研发创新环境；加快推进堆积制造的产业化进程。

【关键词】堆积制造业　3D 打印机

当前，新一轮世界科技革命正在进行，堆积制造[1]（Additive manufacturing，又译作"添加制造"，也被称为 3D 打印）或成为第三次工业革命的重要标志，并呈现出新的发展趋势，即堆积制造业产业化程度不断提高，直接零部件生产的应用快速扩大。如何顺应并把握这一趋势，对于我国工业转型升级具有重要意义。

一、全球堆积制造业发展趋势

（一）堆积制造技术引领制造业新一轮变革

堆积制造，是直接从数字模型通过层层堆积来生产三维实体的技术。它可以按照计算机预先设计好的三维立体模型，以特制粉末或液态金属等新材料为原料，

---

[1] 堆积制造技术有很多不同的定义，如 3D 打印（three-dimensional printing）、直接数字化制造（Direct digital manufacturing）、快速成型（Rapid prototyping）等。国际标准化组织（ASTMF42）将其统一定义为"堆积制造（Additive manufacturing）"。

专用"3D打印机"为工具，通过黏结剂的沉积将每层粉末黏结成型，最终打印所需产品。这一技术的应用将从两个方面深刻改变传统制造业形态：一是使制造工艺发生深刻变革。堆积制造的特点在于通过逐层堆积材料进行加工，而不是通过去除多余材料进行加工，改变了通过对原材料进行切削、组装进行生产的加工模式，节省了材料和加工时间。二是使制造模式发生革命性变化。堆积制造将改变第二次工业革命产生的以装配生产线为代表的大规模生产方式，使产品生产向个性化、定制化转变。消费者只要简单下载设计图在数小时内通过3D打印机就可将产品"打印"出来，从而不需要大规模生产线，不需要大量生产的工人，不需要库存大量的零部件。

（二）世界主要国家竞相从国家战略高度重视发展堆积制造业

美国和欧洲对于堆积制造技术的研发及推广应用正在加速进行；澳大利亚近期制定了金属堆积制造路线；南非正在扶持基于激光的大型堆积制造机器的开发；日本也在着力推动堆积制造技术的推广应用。当前，欧洲、美洲和亚洲成为堆积制造设备的主要需求市场。从所占市场份额来看，2011年欧洲地区占29.1%，北美地区占40.2%，亚洲地区占26.3%，其它地区占4.4%。其中，亚洲地区的应用主要集中在日本和中国，日本占亚洲地区应用的38.7%，中国占亚洲地区应用的32.9%。

（三）堆积制造业将成为制造业新的增长点

一是堆积制造产业化程度快速提高。随着技术的不断进步及市场需求的扩大，堆积制造业产业化程度不断提高，市场规模快速扩张。堆积制造技术诞生25年以来，其产品和服务收入的年均增长率接近27%。据市场研究公司Wohlers Associate发布的2012年度报告，2011年堆积制造业销售收入达16.8亿美元，比上年增长29.4%。据预测，该行业市场规模到2016年将达31亿美元，到2020年将增长到52亿美元。

二是堆积制造应用领域和范围不断扩大。堆积制造已经普遍应用于成型制造，也开始应用在模具制造、直接零部件生产、受损部位修复等领域，并诞生了一批堆积制造企业（见表1）。近年来，直接零部件生产的应用在快速扩大，直接零部件收入占堆积制造业收入从2003年3.9%提高到了2011年的24%。此外，随着2000美元以下堆积制造设备的引入，个人或团体爱好者越来越可能购买和使用堆积制造设备；专利权的到期也加速了堆积制造在国际范围的应用。早期堆积制造专利面临到期，并开始影响到新设备的开发及其在美国和海外的应用。

表 1 堆积制造工艺类型、代表性公司、使用的材料

工艺	代表性公司	材料	领域
箱内光聚合	3D Systems（美国） Envisiontec（德国）	光敏聚合材料	成型制造
材料喷射	Objet（以色列） 3D Systems（美国） Solidscape（美国）	聚合材料、蜡	成型制造 铸造模型
黏结剂喷射	3D Systems（美国） ExOne（美国） Voxeljet（德国）	聚合材料、金属、铸造砂	成型制造 压铸模具 直接零部件制造
材料挤出	Stratasys（美国） Bits from BytesRepRap	聚合材料	成型制造
粉末床融合	EOS（德国） 3D Systems（美国） Arcam（瑞典）	聚合材料、金属	成型制造 直接零部件制造
片层压	Fabrisonic（美国） Mcor（爱尔兰）	纸、金属	成型制造 直接零部件制造
定向能量沉积	Optomec（美国） POM（美国）	金属	修复直接 零部件制造

二、我国发展堆积制造业面临的主要挑战

20 世纪 90 年代初，我国开始推进堆积制造设备，即 3D 打印机的研发，在快速成型（Rapid Prototyping，RP）技术方面取得了长足进展。我国的华中科技大学、清华大学、西安交通大学、北京隆源公司和南京航空航天大学等单位，于上世纪 90 年代初率先开发 RP，以及进行相关技术的研究、开发、推广和应用。其中，清华大学成功开发了无木模铸造工艺（Patternless Casting Manufacturing），即采用逐点喷洒粘结剂和催化剂的方法来实现铸造沙粒间的粘结。华中科技大学研发出世界最大激光快速制造装备，使得我国在快速制造领域达到世界领先水平。西安交通大学研制出了激光快速成型设备 LPS、SPS 系列成型机，并成功推向国内外市场。在国家科技部领导和组织下先后成立了近 10 家旨在推广应用 RP 技术的"快速原型制造技术生产力促进中心"，863/CIMS 主题专家组还将快速成形技术纳入目标产品发展项目。不过，迄今为止，我国堆积制造业的发展尚处于起步阶段，面临

一系列严峻挑战，主要体现在以下四个方面：

（一）堆积制造基础理论研究滞后

堆积制造内涵是什么？堆积制造发展趋势如何？政府应该如何制定有效政策推动堆积制造的产业化？对于上述一系列问题，我国理论界和产业界尚未有系统完整的研究，亟待建立堆积制造业理论体系。美欧等发达国家无论在技术研发、产业化推进，还是在政策体系等方面，都已走在我国的前面，美国于2012年3月推出的《堆积制造业：现状与机遇》就体现这一点。系统的技术理论及产业化政策的缺失将进一步拉大我国与欧美发达国家在这一领域的差距，我国必须高度重视并加以解决。

（二）堆积制造技术创新体系缺失

我国尚未建立起有效的堆积制造技术创新体系，主要体现在：一是创新资源分割，高校等科研机构与企业间的信息不通，技术创新还主要停留在实验室阶段；二是缺乏公共技术平台，科研机构各自为战，合作研究的动力不足，开放集成的创新体系还未形成；三是缺乏对技术兼容性和标准的制定。

（三）堆积制造产业化进展缓慢

当前，我国还主要停留在设计和样机开发阶段，没有一款具国际水平的产品能够推向市场。就应用而言，也很少将堆积制造应用于最终产品的零件部分生产。产品开发企业购买的大部分机器仅仅是为了提高劳动密集型产品开发初期的开发速度。加快推进我国添加技术的产业化，加大3D打印机的推广和应用已成为当务之急。

（四）堆积制造业政策支持体系不健全

目前我国尚未建立起支持堆积制造技术及其产业化的政策支持体系，主要体现在：一是对堆积制造的研发投入少，且主要局限于高校与科研机构；二是对堆积制造产业化政策扶持力度不够，尚未将堆积制造纳入战略性新兴产业进行重点扶持，政府早期采购的意识薄弱；三是缺乏对堆积制造教育的支持，不能提供有效的人才保障。

三、我国发展堆积制造业的战略思考

基于堆积制造业的发展趋势，我国也应顺应全球堆积制造业的发展潮流，结合我国具体的发展实际和市场需求，加快推进堆积制造产业化进程，建议着力做好以下几个方面的工作。

（一）将堆积制造业发展提升到国家战略高度

作为一项新兴技术，堆积制造技术将改变制造工艺、制造模式，正成为第三次工业革命的重要标志，将引领制造业的新一轮变革。我国应将堆积制造业发展提升到国家战略高度，深入研究堆积制造业内涵及发展的一般规律，研究借鉴欧美等工业化发达国家发展堆积制造业的基本经验，跟踪全球堆积制造技术及产业发展趋势，超前部署包括成型制造、模具制造、直接零部件生产、受损部位修复等领域的前沿技术研究，重点突破设计过程、制造过程中的基础理论与关键共性技术，力争在某些核心领域取得一批原始创新成果。

（二）提早纳入战略性新兴产业予以大力扶持

准确判断并系统分析当前全球堆积制造业的发展趋势，结合我国堆积制造业发展基础及市场需求情况，通过对堆积制造工艺在快速成型、工业设计、直接零部件生产等领域的深入调研，研究制定适合中国国情的堆积制造业发展战略，将堆积制造作为智能制造装备的重要组成部分，纳入战略性新兴产业，从技术、生产、应用及政策等角度予以大力扶持。

（三）着力优化堆积制造研发创新环境

强化高校、科研院所技术创新的能力建设，为堆积制造业发展提供技术储备；加强与发达国家的技术合作，研究建立以现有的几家科研机构为主体，同类主要企业为载体的产业联盟，加强产学研的沟通与交流，及早制定堆积制造技术标准，尽快将商用打印机推向市场；建立健全激励与约束机制，完善知识、技术、管理等要素参与利益分配的政策。

（四）加快推进堆积制造产业化进程

在智能制造装备发展专项中设立堆积制造装备专项，加快堆积制造的推广应用和试点示范，建立政府对我国堆积制造产品的早期采购政策，选择高端汽车零部件、医疗等重点行业领域进行推广应用和试点示范，积极探索和积累3D打印机的运营和管理经验；鼓励金融机构开展多种形式的首台套保险业务，建立支持堆积制造业发展的多渠道、多元化投融资机制，引导创业投资和股权投资向堆积制造领域倾斜，鼓励民营资本进入堆积制造领域；加强堆积制造高端人才的引进，吸引海外留学人员回国创新创业，搭建教育培训平台，培养掌握堆积制造技术的工人。

本文作者：赛迪智库装备工业研究所　左世全

非公经济篇

改善非公经济与中小企业发展环境的几点思考

【**内容提要**】2012 年 2 月 1 日，国务院常务会议研究部署进一步支持小型和微型企业健康发展，要求创造有利于小型微型企业发展的良好环境。改革开放以来，我国非公经济与中小企业持续快速增长，已成为国民经济中最具活力与发展潜力的部分。回顾其发展历程，非公经济与中小企业直接受益于一次次解放思想与深化改革。赛迪智库认为，当前我国非公经济与中小企业发展受制于三大深层次难题：贷款融资难，税费负担重，进入壁垒厚。基于此，面向"十二五"，我们需进一步解放思想与深化改革，改善非公经济与中小企业的发展环境：明确"多予、少取、放活"的政策取向；全面深化财税体制改革，切实降低小微型企业负担；深化金融体制改革，健全中小企业金融服务体系；深化投资体制改革，破除民间投资进入壁垒。

【**关键词**】非公经济　中小企业　发展环境

2012 年 2 月 1 日温家宝总理主持召开国务院常务会议，研究部署进一步支持小型和微型企业健康发展，要求各地区、各有关部门创造有利于小型微型企业发展的良好环境。在我国，中小企业中 90% 以上属于非公有制经济，而非公有制经济中 90% 以上属于中小企业，可以统称为非公经济（中小企业）。

当前，民间资本频频遭遇"玻璃门"与"弹簧门"、中小企业融资难、税费负担过重、部分地区或行业中小企业经营压力大、亏损面上升甚至接连倒闭等现象，从各个侧面反映出当前非公经济（中小企业）面临的发展困境，在深层次上体现出企业内在发展要求与外部发展环境之间的尖锐矛盾。

随着国内外形势的发展，我国非公经济（中小企业）的传统领域竞争日趋饱和，开辟新发展领域障碍重重，发展前景不明朗。面向"十二五"，需要回顾总结我国非公经济（中小企业）的发展历程与经验，深入研究如何进一步改善非公经济（中小企业）的发展环境。

一、我国非公经济（中小企业）的战略意义

改革开放以来，我国中小企业和非公有制经济从小到大，从弱到强，持续快速增长，企业数量迅速攀升，发展活力逐步增强，社会贡献日益显著。作为国民经济中最具活力与发展潜力的重要组成部分，它为我国经济与社会平稳较快发展奠定了坚实基础，发挥着不可或缺的独特作用。

"十一五"期间，我国私营企业数量从 2005 年底的 471.95 万户增加到 2010 年底的 845.16 万户，增长 79.1%，年均增速高达 12.36%；个体工商户户数从 2005 年底的 2463.9 万户增加到 2010 年底的 3452.89 万户，增长 40.14%，年均增速为 6.98%。

我国非公经济占 GDP 的比重目前已超过 1/3。2011 年 1—10 月完成城镇固定资产投资达 14.2 万亿元，占到全社会固定资产投资比重的 58.9%。中小型企业从业人员合计已占全部划型企业法人从业人员的 81.89%，非公经济提供了城镇 75% 以上的就业岗位。2011 年 1—11 月，非公经济出口总额超过 5700 亿美元，同比增长 33.3%，占全国的 1/3。

二、我国非公经济（中小企业）的发展历程与启示

在改革开放政策的引导下，我国非公经济（中小企业）在探索中起步，于争议中发展，获得了持续快速增长，同时反过来又进一步促进了深化改革与扩大开放。

（一）允许个体经济适当发展的起步阶段

1978 年 3 月，国务院批转关于全国工商局长会议的报告中指出，为了方便群众生活并解决一部分人的就业问题，可以根据实际情况在城镇恢复和发展一部分个体经济。这是允许个体经济适当发展的早期政策信号。

此后，在农村逐步推行家庭联产承包责任制的同时，又陆续出台了一些允许个体经济适当发展的政策。1980 年 8 月 17 日，中共中央在转发全国劳动就业会议文件的通知中明确指出，要鼓励和扶持城镇个体经济的发展。1984 年，中共中央又在《关于 1984 年农村工作的通知》中指出，对那些带头勤劳致富的私营专业大户，"应当珍惜爱护，积极支持"。

经过几年发展，部分个体经营户积累了一定资本，突破了雇工 8 人的限制。而雇工 8 人以上，当时定性为带有资本主义性质的私营企业。可否允许雇工 8 人

以上的私营企业存在，成为当时争论的焦点。

面对这种新情况，党和国家当时采取了"三不政策"，即"不宜提倡，不要公开宣传，也不要急于取缔"。1983年，中共中央在《当前农村经济政策的若干问题》中明确提出：对超过规定"雇请较多帮工的，不宜提倡，不要公开宣传，也不要急于取缔，而应因势利导，使之向不同形式的合作经济发展。"在"三不政策"的默许下，私营经济得到了很大的发展。

（二）对非公经济"允许存在、加强管理、兴利除弊、逐步引导"的启动发展阶段

经过几年的观察和实践，党和国家对非公有制经济的政策也逐渐明确。1987年1月22日，中央政治局在《把农村改革引向深入》的文件中指出，对私人企业采取"允许存在，加强管理，兴利除弊，逐步引导"的方针。这个文件为非公有制经济的存在提供了政策保障。1987年10月召开的党的十三大正式开始使用私营经济这个概念，并在报告中明确阐述了社会主义初级阶段的所有制结构和对私营经济的方针政策。

1989年那场政治风波后，对私营经济的政策曾出现过逆转。但时间不长，1990年11月，国务院发布《关于促进个体和私营经济进一步健康发展的若干政策规定》，对私营经济的政策又回归于"允许存在、加强管理、兴利除弊、逐步引导"的基调。

1992年小平同志南巡讲话之后，以经济建设为中心的新一轮改革开放全面启动。党的十四大报告指出，在所有制结构上以全民所有制与集体所有制经济为主体，个体经济、私营经济、外资经济为补充，多种经济成分长期共同发展。在政策的推动下，非公有制经济快速成长，1995年从业人员达到821.7万人，是1992年的4倍。

党的十五大报告在总结了新时期所有制改革实践经验的基础上，形成了新的调整和完善所有制结构的理论。"非公有制经济是我国社会主义市场经济的重要组成部分"，这一论断不仅是所有制理论的历史性突破，而且是党对私营经济政策的一次实质意义上的突破。

（三）积极支持和引导非公经济的持续发展阶段

2001年以来，我国政府制定和实施一系列政策措施，进一步营造公平竞争的法制环境和市场环境，鼓励、支持和引导个体私营等非公有制经济发展。

2004 年全国人大修改宪法，明确了要像保护社会主义的公共财产一样，保护个体私营等非公有制经济的合法权利和利益。全国人大及其常委会陆续通过了《物权法》、《企业所得税法》、《反垄断法》、《劳动合同法》等多部重要法律，重新修订了《公司法》、《证券法》，为各类市场主体平等竞争创造了良好的法制环境。

2005 年 2 月，国务院颁布了《关于鼓励支持和引导个体私营等非公有制经济发展的若干意见》。这是我国建国以来第一部全面促进非公有制经济发展的重要政策性文件。

2008 年以来，受国际金融危机冲击，中央及时出台相关政策措施，加大财税、信贷等扶持力度。2009 年 9 月 19 日，国务院发布了《进一步促进中小企业发展的若干意见》，从进一步营造有利于中小企业发展的良好环境等八个方面，提出了促进中小企业健康发展的政策建议。

2010 年 5 月 7 日，国务院出台了《关于鼓励和引导民间投资健康发展的若干意见》，提出毫不动摇地鼓励、支持和引导非公有制经济发展，努力营造有利于民间投资健康发展的政策环境和舆论氛围，进一步鼓励和引导民间投资。

2011 年 10 月，针对中小企业出现的经营困难加剧等新情况，国务院常务会议专题研究部署支持中小企业特别是小型和微型企业发展的金融、财税政策措施。

回顾我国非公经济（中小企业）的发展，改革开放以来我国非公经济（中小企业）的持续发展，直接受益于一次次的解放思想与深化改革。实践经验一再证明，有效解决非公经济（中小企业）发展面临的重大矛盾，促进其可持续发展，归根结底，还要靠解放思想与深化改革。当前，我国改革已进入攻坚阶段，各种利益主体的矛盾空前复杂，必须切实贯彻科学发展观的要求，进一步推动深层次体制改革，明确方向、重点突破，才能为非公经济（中小企业）持续、健康发展，创造良好的发展环境。

三、非公经济（中小企业）发展的三大难题

由于体制改革滞后导致的结构性矛盾，我国非公经济（中小企业）发展长期受制于三大深层次难题，集中表现为：信贷融资难、税费负担重、行业壁垒厚。这一状况严重束缚着我国非公经济（中小企业）的发展活力，压缩了其未来成长空间，由此引起的各种突出经济问题与社会问题已引起了各方的空前关注。

（一）中小企业信贷融资难常态化

2011年以来，受国家宏观调控和货币政策收紧影响，中小企业"融资难、融资贵"问题凸显，引起各方面广泛关注。随着"国九条"的逐步落实，一系列金融扶持小型微型企业的政策陆续出台，预计今年中小企业的融资环境会有所改善。但由于深层次矛盾和体制性根源，中小企业信贷融资难的局面可能难以从根本上扭转。

一是与国际平均水平相比，我国中小企业融资难问题更加严峻，结构性失衡局面严重，苦乐不均现象突出。其中，既包括国有企业与非公经济企业之间，又包括大企业与中小企业之间，更包括银行等金融机构与企业等实体经济之间严重的两极分化倾向。

二是中小企业信贷融资难本质上是市场失灵问题，采用"两个不低于"等行政性手段应对只能暂时缓解困难，"治标不治本"。这就需要着眼于深化金融体制改革，不断优化商业银行体系结构和放贷机制，探索建立面向中小企业的政策性金融体系，引导规划民间信贷资本阳光化运作等。

（二）中小企业结构性减税迟缓化

结构性减税是当前支持和促进中小企业解困和发展的最直接、有效的手段。去年我国修改了个人所得税法，"国九条"又确定了财税支持小型微型企业发展的政策措施。随着各项财税支持措施逐步落实，预计今年中小企业特别是小微型企业的税费负担将有所减轻。然而，针对中小企业的结构性减税是一个长期的渐进过程，目前推进改革相对迟缓。

一是我国现行税制结构是以流转税为主体，增值税和营业税占比较高，且对财政收入贡献较大，因此改革难度不小。2010年增值税占29%，营业税占15%，企业所得税仅占17.5%；2011年1—9月，国内增值税完成18198.68亿元，同比增长18.7%；营业税完成10365.63亿元，同比增长24.0%。

二是税制调整利害攸关，改革阻力较大。如去年出台的对小型微利企业减半征收企业所得税政策，将适用范围由年应纳税所得额低于3万元扩大到6万元。据最近的调查反映，此项政策调整力度偏小，且政策门槛较高，认定标准严格，受益面较窄，实施效果尚未达到预期。此外，中小企业负担的各种行政性收费名目繁多，涉及许多部门利益和地方利益，清理和解决的难度较大。

（三）民间投资进入垄断领域壁垒顽固化

当前刺激民间投资的瓶颈在于，打破垄断性领域的进入壁垒，使民间投资获得必要的发展空间。虽然非公经济36条和民间投资36条，允许非公有资本进入法律法规未禁入的行业和领域，包括垄断行业、公用事业和基础设施等。但实际上，由于投资体制改革遇到既得利益集团的顽强抵制，加之较高的经济规模门槛，民间投资进入垄断性领域的壁垒或明或暗长期存在，"玻璃门"与"弹簧门"现象迟迟得不到解决。

一是经济性与行政性壁垒并存。比如电信业。电信业具有很强的资本规模效应，巨大的投资以及设备专用性导致的资本沉淀使得中小企业难以进入。

二是政策性壁垒降低，技术性壁垒依旧。技术性壁垒主要集中在实际操作层面，具有很高的隐蔽性。近期的一次调研中有关企业反映，1999年《关于清理整顿小炼油厂和规范原油成品油流通秩序的意见》的有关规定，严格管制了国内民营石化企业进口国外原油的渠道，事实上维护了相关企业在国内市场的垄断地位。

三是传统产业壁垒仍存，新兴产业壁垒又现。中小民营企业不仅难以进入传统垄断性领域，而且开始面临限制进入新兴战略性产业的新壁垒，比如风力发电行业等。

四、有关政策建议

"风物长宜放眼量"，改善我国非公经济（中小企业）的发展环境，必须立足全局和着眼长远。要贯彻科学发展观，进一步解放思想与深化改革，明确政策取向，全面深化财税、金融、投资等三大体制改革。

（一）明确"多予、少取、放活"的政策取向

一是"多予"，要进一步加大财政投入，加大对中小企业特别是对小微企业的支持力度，加强小企业创业基地与公共服务平台体系建设。二是"少取"，要实施结构性减税，大力改进增值税、营业税和所得税的税制，扩大中小企业特别是小型微利企业政策受益面；要清理涉企行政事业性收费，切实减轻企业负担。三是"放活"，深化金融体制改革，强化政策性金融体系，引导民间资本阳光化；破除行业性进入壁垒，拓展民间投资发展空间。

（二）深化财税体制改革，切实降低小微型企业负担

要大幅度增加中小企业专项资金，加大对创业型小微企业的支持力度；拓宽

科技型中小企业创新基金的受益面，向有技术、有产品、有市场的创新型中小企业倾斜；落实政府采购项目的中小企业配额比例政策，保障小微型企业的市场份额；进一步提高增值税、营业税起征点，继续扩大小型微利企业所得税优惠范围，延长税收减免期限，特别要对创业型、劳动密集型中小企业给予重点支持；坚决清理涉企行政事业性收费，暂停或废除部分收费项目，切实减轻中小企业负担。

（三）深化金融体制改革，健全中小企业金融服务体系

借鉴国外经验，探索建立和完善面向中小企业的政策性金融制度与体系；鼓励商业银行设立专门机构满足中小企业，特别是小微企业的资金需求，在银行管理、资金构成、准备金要求等方面给予区别对待；引导民间资本进入金融服务业，鼓励民间资金设立小型贷款公司等小型金融机构，规范民间借贷行为，坚决打击高利贷；建立以政府担保为主、商业性担保和互助性担保为补充的，多层次的信用担保体系，规范担保费率；培育和完善风险投资机制，拓宽风险投资企业融资和退出渠道；规范创业板和中小板的运作制度。

（四）深化投资体制改革，破除民间投资进入壁垒

要认真贯彻落实鼓励民间投资"36条"政策，针对金融、石油石化、电信、铁路、民航等重点、难点领域和行业，在解决"玻璃门"和"弹簧门"上取得实质性进展。一是全面系统清理和规范地方、行业的限制公平竞争的歧视性政策，降低民间投资的行业进入门槛。二是坚决清除以高于行业正常标准的限制民营投资进入的技术性行业准入壁垒，制止拖延或阻碍批准民间投资进入相关行业的行为。三是防止行业垄断性企业滥用垄断地位，建立举报、投诉、听证、查处等运作机制，实施行政、司法等有效干预措施。

本文作者：赛迪智库中小企业研究所　苏强

政策组合拳激活民间资本

【内容提要】为切实解决民间资本进入遇到的"玻璃门"、"弹簧门"问题，2012 年初，温家宝总理在国务院会议上明确提出要在上半年把"民间投资 36 条"的实施细则出台完毕。民间投资的领域和范围将因此而进一步拓宽。基于此，赛迪智库中小企业研究所对"民间投资 36 条"实施细则的有关情况进行了充分研究，并认为促进民间投资其实是为"稳增长"政策加码，当前民间投资面临着行业垄断、融资难、服务环境滞后等严峻形势，因此，促进民间投资需从四个方面入手，即加快打破行业垄断，营造公平有序的投资环境；健全投资服务体系，加强政府引导宣传；拓宽民间融资渠道，降低融资成本；推进部门协同联动，构建长效机制。

【关键词】民间投资 36 条　非公经济

为破解民间资本进入的"玻璃门"、"弹簧门"等难题，2010 年国务院发布了《关于鼓励和引导民间投资健康发展的若干意见》（即"民间投资 36 条"），"民间投资 36 条"的出台，既可看作是对"非公经济 36 条"等系列政策的延续和深化，更是新时期我国振兴实体经济和完善社会主义市场经济体制的内在要求。2012 年 2 月，温家宝总理在国务院会议上要求，在上半年要把民间投资 36 条的实施细则出台完毕。随着相关配套措施和操作细则的逐步落实，民间投资的领域和范围将进一步拓宽，这对于保证我国投资总量稳定和投资结构优化具有重要意义。

一、促进民间投资为"稳增长"政策加码

"稳增长"已成为当前宏观调控的主基调，民间资本的介入无疑有利于激发经济增长的内生动力。"非公经济 36 条"允许民资进入电力、电信、铁路、民航、石油等垄断行业和领域，但只允许参股进入，投资的方式比较单一。"民间投资 36 条"不仅允许参股，而且还允许以独资、控股和资产收购等方式进入，并能以改组和收购国有企业的途径使投资方式大大拓宽。多个部委在实施细则中明确提

出，不能单独对民间资本"设置附加条件"，给予了民间资本平等的准入条件。民间资本进入垄断行业虽不会带来立竿见影的经济增长，但事实上，我国民间投资在促进市场繁荣、提供就业岗位、推进结构调整、增强经济活力等方面都发挥着重要作用，已成为推动国民经济平稳较快发展的积极力量。

（一）民间投资已成为激发经济增长的重要内生动力

投资作为拉动我国经济的"三驾马车"之一，按主体划分，主要包括政府投资、民间投资和外商投资。民间投资属固定资产投资范畴，主要是指以我国公民或个人集团为投资主体的投资，包括集体、股份合作、联营企业、有限责任公司、股份有限公司、私营、个体等经济主体的投资。

一是民间投资超过国家投资，成为拉动投资增长的主体力量。改革开放以来，我国民间投资伴随着中小企业的发展壮大和非公经济的快速成长而同步发展。随着社会主义市场经济体制的逐步完善，非公经济发展的障碍逐步消除，同时带动了民间投资的蓬勃发展，民间投资占全社会固定资产投资的比重不断提高。

图1 民间投资与政府投资占全社会投资的比重

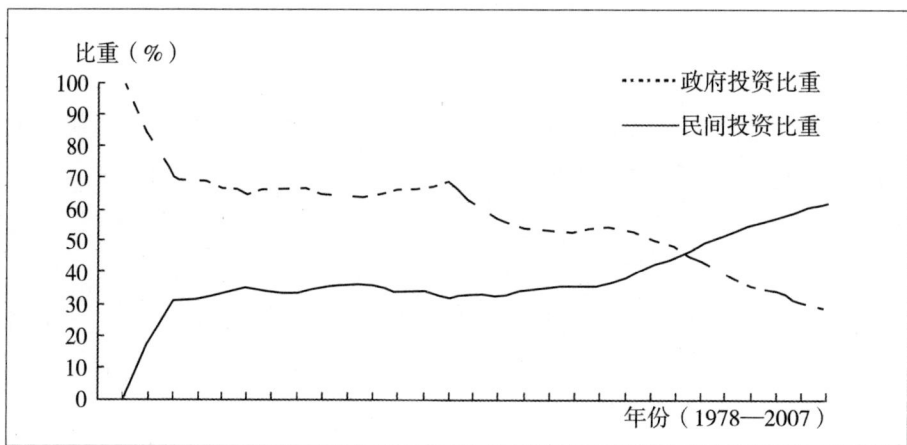

数据来源：赛迪智库整理。

由图1可见，改革开放以来，特别是进入21世纪以后，我国民间投资比重不断提高，2002年首次超越国有投资，目前民间资本已占到全社会固定资产投资的60%以上，成为拉动投资增长的主导力量和国家财税收入的主要支柱。

从增速看，近年来我国民间投资增速始终高于全社会固定资产增速。2011年，民间投资增速达到34.3%，远高于23.8%的全社会投资增速。2012年1—5月，民间固定资产投资 67743 亿元，比上年同期增长 26.7%，比同期全社会固定资产投资（不含农户）增速高 6.6 个百分点。民间固定资产投资占固定资产投资的比重达到 62.2%。

图2 民间固定资产投资与固定资产投资增速比较

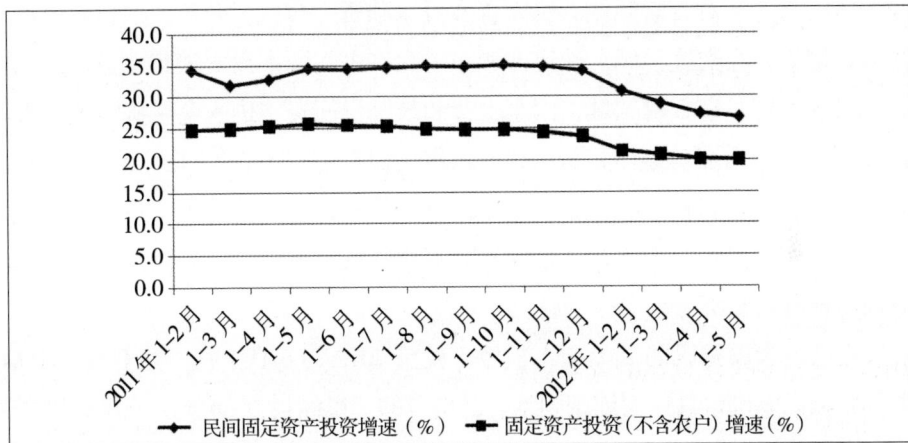

数据来源：国家统计局。

有数据显示，凡是民间投资占比超过 60% 的行业，投资增速都高于平均增速；民间投资占比低于 50%，甚至只有 10%—20% 的领域，投资增速低于平均水平，且投资增速较低的往往是垄断行业和资源性行业。

二是民间投资成为发展实体经济的主力军。以制造业和服务业为主要投资领域的民间投资是实体经济的重要基础。如果民间资金能进入到实体经济，那么政府完全可以通过社会资金的优化配置来盘活经济，维持经济增速，同时防止虚拟经济过度自我循环，给区域经济带来负面效应。随着投资垄断性行业的障碍消除，民间资本的通道陆续打通，民间资本有望成为我国"投资马车"中的重要组成部分，成为驱动实体经济增长的一个高效的车轮。

中国经济增长内生动力不强的根本原因，就在于民间投资热情尚未完全被激发和恢复。2011 年，民间投资同比增长 34.3%。2012 年一季度，民间投资同比增长 28.9%，占全部投资的比重为 61.9%，比上年同期提高 4.6 个百分点。民间投资增长速度快、占比提高快，对实体经济增长的拉动作用逐步增强。

（二）细则是"非公经济 36 条"等系列政策的延续和深化

一是部分领域放宽投资主体限制。根据"非公经济 36 条"，允许非公有资本进入法律法规未禁入的行业和领域，允许外资进入的行业和领域也允许国内非公有资本进入，包括垄断行业、公用事业和基础设施、社会事业、金融服务业等。"十一五"时期，部分部委积极探索推进投资主体多元化，引入市场竞争机制，对一些自然垄断业务，如电力、煤气、自来水、有线通信网络等，允许民间资本以参股等方式进入；对其它领域，民间资本可以独资、合资、合作、项目融资等方式进入。例如，在交通领域，铁道部颁布了允许民间资本投资铁路建设、进入交通基础设施领域。在金融领域，国家支持和鼓励民间资本进入金融服务业，参与银行、证券、保险等各种金融机构的改制改组，发展多种形式的金融中介服务机构，推动民间资本进入农村金融机构。在社会事业领域，国家鼓励和支持民间进入教育、科研、医疗卫生、文化、体育等社会事业领域，在市场准入以及信贷、税收等方面与公有制经济享有同等待遇。

二是进一步放宽民间资本准入领域。截至2012年6月上旬，除教育、电信、能源等领域尚未出台具体实施细则外，已出台的"民间投资36条"实施细则（见表1）的重点都放在了放宽市场准入和激发民间投资活力上。此次对民间投资的准入门槛较此前更低，更具可操作性。新政策进一步放宽了民间资本准入领域，由"非公经济36条"中提出的7个方面扩充到交通、电信、能源、基础设施、市政公用事业、国防科技工业等二级科目的6大领域16个方面，范围更具体，领域更宽广。同时，还明确提出了鼓励和引导民营企业通过参股、控股、资产收购等多种方式参与国有企业改制重组，支持有条件的民营企业通过联合重组等方式进一步壮大实力、推动民营企业"走出去"参与国际竞争等两方面的内容，进一步扩大了民间投资的范围。可以说，鼓励民间投资的政策框架体系已基本形成，允许民间资本进入垄断行业和领域的具体措施也日渐完善。

表1 截至2012年6月上旬已发布的"民间投资36条"实施细则

时间	部门	实施细则
4月13日	交通运输部	关于鼓励和引导民间资本投资公路水路交通运输领域的实施意见
5月18日	铁道部	关于鼓励和引导民间资本投资铁路的实施意见
5月21日	卫生部	关于社会资本举办医疗机构经营性质的通知
5月25日	国资委	关于国有企业改制重组中积极引入民间投资的指导意见
5月25日	中国证监会	关于落实《国务院关于鼓励和引导民间投资健康发展的若干意见》工作要点的通知
5月26日	中国银监会	关于鼓励和引导民间资本进入银行业的实施意见

（续表）

时间	部门	实施细则
6月4日	国家发改委	关于鼓励和引导工程咨询机构服务民间投资的实施意见
6月6日	国税总局	落实税收政策，促进民间投资健康发展

二、民间投资面临形势依然严峻

（一）行业垄断影响民间投资信心

由于行业垄断势力强大，细化政策和配套措施不到位、市场准入存在多重障碍。我国的垄断有些是基于自然垄断之上的过度行政性垄断，政企合一的管理机制使得部门垄断难以破除，限于部门利益和观念歧视等因素，对民间资本的进入设置有形或无形的限制性条款，同时准入审批条件模糊、程序繁琐、缺乏透明度，使得民间资本面临"看得见进不去"的"玻璃门"障碍。由于垄断行业改革滞后，行业监管部门缺位、越位并存，竞争管制与歧视性待遇并存，也使得民间资本面临"进入也可能不得不退出"的"弹簧门"障碍。当前存在较严重垄断现象的行业包括电力、铁路、民航、水利、通信等自然垄断性行业；公共交通、供水、供气、垃圾污水处理等公用事业领域；金融、保险、教育、体育、医疗等现代服务业。

（二）服务环境滞后增加民间投资风险

由于投资服务体系不完善，投资环境不健全，民间投资风险较高。目前，民间投资缺乏政府产业政策支持和投资信息指导，缺乏系统、专业的社会中介服务，存在监管多、服务少的问题，风险较大。我国尚未真正形成公平公开、竞争有序的投资环境，有关法律法规、管理体制、行政审批、服务体系等滞后于民营经济发展的需要，制约了民间投资的进一步扩大。

（三）融资难增大民间投资成本

长期以来，融资难、贷款难一直是制约民营企业投资的重要原因。中小企业在获得银行信贷支持方面，面临着融资成本高、额度低的问题。据统计，在过去十年间，中小企业的贷款满足率不到30%。约80%的中小企业甚至从未获得过银行贷款。在正规渠道借贷无门的情况下，很多企业不得不求助于地下金融和民间高息借贷。此外，民间金融机构不发达，减少了民间企业外部融资渠道。这些都增大了民间投资成本。

（四）既得利益者设置民间投资壁垒

"民间投资36条"实施细则在制定和出台过程中遇到了各种阻力，能源、电力、电信等领域的实施细则至今"难产"。国有企业在这些领域占据绝对主导地位，长期以来形成了明显的行业垄断优势，由于既得利益集团实力强大，虽然在政策层面对民间投资已开放了这些领域，但民营企业进入门槛依然较高。在政策落实过程中，还存在着对民间投资的一些歧视性行为和地方保护，致使民间资本要进入相关行业仍不可能一蹴而就。即使进入了相关领域，也难以站稳脚跟。

三、促进民间投资的建议

（一）加快打破行业垄断，营造公平有序的投资环境

应深化垄断行业改革，完善行业监管体制，促进公平竞争。一是降低民间投资市场准入门槛，切实改革审批制度，逐步消除行政性壁垒，通过监管体制及监管方式改革、资本多元化的改造、可竞争性环节的分离，加快重点垄断行业的开放。二是拓宽民间投资领域，引导民间资本进入新能源、环保产业、生物医药、电子信息等新兴产业，以多种形式参与公共服务、社会事业、公用设施等领域建设。三是保障不同市场主体的平等竞争，给予民间投资法律上的平等保护，推进民营企业与其它所有制企业在投资审批、土地、外贸、财税扶持等方面待遇公平化，实现平等竞争。四是根据基础设施项目的盈利程度，有针对性地采取特许经营、公私合营、建设移交等方式，吸引民资投入。五是根据社会事业项目的公益性和市场化程度的不同，积极探索财政贷款贴息、政府购买服务等多种方式，吸引社会资金参与。

（二）健全投资服务体系，加强政府引导宣传

优化投资环境，简化审批程序，加强政府对民间投资的支持和服务。一是建立社会化投资服务体系，推进专业化投资服务机构的建立，完善民间投资在管理决策、营销策划、投资咨询和审核报批等方面的综合服务，充分发挥专业化的市场中介服务组织的积极作用。二是加大对民间投资信息的宣传解读力度，及时向社会公开发布国家产业政策、发展建设规划、市场准入标准、国内外行业动态、投资管理规定等相关信息，便于民间投资主体及时、准确、全面地把握和理解相关政策，提高投资决策的科学性。

（三）拓宽民间融资渠道，降低融资成本

积极发展支持民间投资的多层次资本市场，为民间资金提供投资渠道。一是拓宽民间投资融资渠道，构建多层次资本市场和银行体系，及时有效地为民间投资提供融资服务。大力发展风险投资和私募股权基金，支持创新型中小企业提升竞争力。二是创新投融资模式，发展公共投资基金，通过政府资金的杠杆作用，吸收民间资本参与。三是适度放松金融管制，引入民营机制，引导草根金融，发展中小民营金融机构，用民营金融支持民营经济。高度关注信贷结构和资金流向，优先保障中小企业流动资金贷款。

（四）推进部门协同联动，构建长效机制

落实民间投资36条，特别是在打破垄断方面，关键还要依靠中央部门。应健全民间投资持续发展的长效机制，明确相关部委的协调工作机制，推进投资体制与行政审批制度改革，建立部门间统一协调的核准机制。各有关部门对促进民间投资要给予配套政策支持，细化职责分工，保证落实到位，加强政策之间的协同性和联动性。同时，要加强监管，设立专门监督机构或由专人对落实工作的成效进行考核。

本文作者：赛迪智库中小企业研究所 黄蕾

中小企业基金运作应着眼于构建长效机制

【内容提要】 继《中小企业促进法》后，国发 14 号文又明确提出设立中小企业基金。这是构建解决中小企业融资难问题长效机制的一次有益尝试。但目前有一种狭隘化理解，认为中小企业基金就是国家级的政府创业投资引导基金。赛迪智库认为，这种理解大幅降低了国家级中小企业基金应有的作用空间。基于此，赛迪智库从基金对中小企业融资难四个结构性矛盾的针对性意义入手，分析了中小企业基金运作涉及到的基金定位、归口管理、运作方式等方面的误区，最后提出，中小企业基金运作必须解决好四个关键问题：基金定位是市场主导还是政府主导；运营管理主体是调控部门还是执行部门；运营方式是孤立运营还是系统有效衔接；支持方式是单一投资还是综合施策。

【关键词】 中小企业基金　误区　长效机制

继《中小企业促进法》之后，《国务院关于进一步支持小型微型企业健康发展的意见》（国发【2012】14 号）再次明确提出，要设立国家级中小企业发展基金。这是构建解决中小企业融资难问题长效机制的一次有益尝试，但基金的科学定位、归口管理、运作模式等方面的细节还需科学考量。

一、中小企业基金的推出有望缓解"融资难"中的四个结构性问题

融资难问题久未破题，与长期以来看待问题简单化、表象化不无关系。基金的推出为解决融资难中的结构性问题提供了基础。

（一）针对中小企业融资中"短贷长用"问题，提供了长期融资渠道

中小企业融资难，长期融资更难。基于风险控制，商业银行对中小企业以短期贷款为主，因此中小企业长期融资难问题更为突出。据《中国新商帮中小企业融资生态调研白皮书》对 2300 家中小企业调查的结果显示，中小企业获得的主要是短期贷款，62% 的企业认为其用于设备更新、扩大规模的中长期资金需求难以

满足。中小企业普遍存在短期资金长期化的问题，以短期信贷资金弥补长期资金不足。在短期信贷资金转期时不得不求助于高息民间借贷充当过桥借款，面临极大的不确定性，代价与风险极高。国内已经出现多起因银行续贷失信而导致企业陷于高利贷泥沼的案例。

中小企业基金长期滚动发展的特性可填补长期融资渠道方面的缺失，意味着中小企业获得稳定的长期融资渠道拥有了制度上的可能和保证。

（二）针对中小企业融资中"重信贷轻股权"问题，扩充了权益性融资空间

目前中小企业融资渠道单一，严重依赖银行信贷。上述对 2300 家中小企业的调查结果显示，银行融资占所有中小企业融资的 86%。与国际情况相反，我国企业股权融资成本低于信贷融资成本。目前我国 3—5 年期银行贷款的融资成本约为 7.05%—8.17%，远高于 1.18% 的股权融资成本；而中小企业银行贷款的成本更高达到 10%—20%。相比之下，股权性直接融资既满足了长期资本需求，也更具成本优势，是未来努力方向。中小企业基金的推出为中小企业权益性融资提供了制度基础和空间。

（三）针对扶持弱小与市场优胜劣汰的矛盾，强化了对企业成长潜力的关注

对扶持中小企业而言，一直绕不开一对矛盾：一方面，弥补市场失灵、扶助弱势群体是政府实施有效调控和确保社会、经济稳定的责任；另一方面，尊重市场主体作用、以市场压力驱使中小企业转型升级又要求尊重竞争的优胜劣汰法则。为了保证宝贵的资金资源的使用效率，也要求政府支持中小企业融资不能沦为保护落后。

中小企业基金的推出，为化解这一矛盾提供了可能："基金"形式就意味着自身要能实现滚动发展；要求在兼顾中小企业整体发展的情况下带有一定的选择性，更加重视企业的发展潜力。既支持了弱者，又在一定程度上避免了违背市场竞争法则、保护落后现象的产生。

（四）针对中小企业融资中"冷热不均"问题，提供了均衡施策的制度空间

当前中小企业融资难问题呈现出"冰火两重天"的格局。一方面，随着近两年的 PE 热潮，大量社会资本对具有创新性或独特发展前景的中小企业趋之若鹜；

另一方面，大量传统行业中的劳动密集型中小企业陷于困境，却无处融资。不少融资服务机构反映，在当前格局下，"即使国家拨付了资金对中小企业融资服务机构进行风险补贴，也仍然是 99% 的资金投给了 1% 的中小企业"。

倘若国家中小企业基金能从弥补市场失灵的公益性角度出发，在对创新型、创业型中小企业进行支持的同时，针对传统劳动密集型中小企业也进行适当扶持，则有望在国家层面提供解决这一失衡问题的制度空间。

二、中小企业基金应避免三个误区

（一）避免"狭隘化理解"，保持国家层面的高度

针对 14 号文件"基金主要用于引导地方、创业投资机构及其它社会资金支持处于初创期的小型微型企业等"的表述，目前有一种狭隘的理解认为，中小企业基金就是国家级的政府创业投资引导基金。倘若如此狭隘地去解读，无异于是将国家级中小企业基金降级为与各地推出的创投引导基金置于同等地位，其本来的意义与作用将会大打折扣。具体来说，其局限性包括以下几点：

一是国家级创投引导基金反而不如地方基金效率高。对直投于企业的创投引导基金而言，更加接近区域市场和企业、了解产业和企业情况的地方政府运作更为有效，国家中小企业基金若单纯以创投引导基金的方式运作，因远离企业，反而不具优势。

二是地方创投引导基金现存的问题会越发突出。创投引导基金在近年来运行中的问题正逐渐浮出水面：由于政府与合作创投机构遵循盈利和公益两种规则，规制和市场两种手段，政策、程序和灵活、人脉两类核心资源，二者的沟通协调机制存在问题。另外，后续滚动及退出方式方面的问题也比较突出。调研中发现，虽然政府为合作投资机构让利，但却越来越难以吸引优质创投合作机构，有的地方甚至难以继续滚动。这是因为，基金层级越高，其协调及灵活性就越低。以上问题会随着基金层级的提高而越发突出。

三是其服务和支持面会大幅缩小，难以实现设立初衷。国家中小企业基金应立足于为广大中小企业提供制度层面的普惠性服务。若仅以创投引导基金的方式运作，势必会主要支持那些科技型中小企业，而这部分企业只占中小企业总数的13%—15%（以科技部万钢部长在创新基金十周年讲话中提到的科技型中小企业约为 15 万家推算），再加上初创期的限制，只能面对 1%—5% 的中小企业。不仅

与大量地方创投引导基金完全重合，也会与现存的科技部中小企业技术创新基金产生对象重复。作为一只国家级的中小企业基金，不宜仅仅为本已获得社会资本青睐的这 1%—5% 企业服务，而对社会资本忽视的 1000 万家中小企业同样保持制度性冷漠。

四是难以对现存中小企业扶持资金有效统协。《中小企业促进法》第十二条规定"中小企业发展基金由下列资金组成：（一）中央财政预算安排的扶持中小企业发展专项资金……"明确指出，中小企业基金应涵盖各专项基金。中央财政从开始设立中小企业科目至今，设有中小企业发展专项资金、科技型中小企业技术创新基金、中小企业服务体系发展专项资金、中小企业信用担保资金、中小企业国际市场开拓资金、中小商贸企业发展专项资金等多项专项资金。这些专项资金种类较多，管理出口相对分散，需要一个层级更高的综合型基金统协，以避免国家资金碎片化运作。国家中小企业基金倘若仅狭隘理解为国家级创投引导基金，将丧失统协机会，同时，也偏离于《中小企业促进法》中对基金的整体定位。

由此，保持中小企业基金对中小企业进行综合性扶持的国家基金高度，既是避免重复设置、提高资金效率的要求，也是国家级中小企业资金支持体系建设的要求。

（二）避免"极端化定位"，兼顾政策与市场属性

当前有观点认为，应从"基金"的基本属性出发，以完全市场化形式运作，追求自我增值，实现快速积累。这种观点推崇以"苏州模式"为代表的高度市场化的政府创投引导基金模式。另一种观点认为，财政资金应以政府主导，侧重基金的公益性和公共服务性。实际上，完全市场化倾向势必以追求盈利为主要目标，与市场资本属性重合，难以避免市场失灵问题。后一种观点则存在资金本身的增值发展问题。因此，我们理应避免两种极端化定位，可以考虑将中小企业基金整体定位为政府主导基金，但在一定程度上适当考虑引入部分市场化方式；将基金适当切块，一部分以市场化方式运作，充实现有政府创投引导基金，另一部分与现有专项资金对接，探索有效形式，着力于市场资金不愿介入的担保再担保、信用建设、中小企业服务等方面，以达到整体平衡。

（三）避免"服务权力化"，部门之间要协调运作

政策性资金的使用容易产生服务权力化倾向，这是公共管理领域的一大顽疾。中小企业基金的使用和归口管理，应遵循基金为广大中小企业服务的目标，树立

服务意识，摒除将公共资源使用、管理责任演化成行政权力的倾向。在服务为本、责任至上的准则下，要从有助于提高资金运作效率、发挥资金效用的角度，思考中小企业基金的归口管理部门及其协调分工问题，淡化部门权力干扰。

三、中小企业基金运作应处理好四个关键问题

（一）基金定位：市场主导还是政府主导

按照政府公共服务理论的要求，市场机制能发挥作用的领域应放手于市场，政府应该发力于市场不能解决的问题领域以弥补市场不足。从实践上看，针对中小企业的各种资金扶持分为两种主要管理模式：市场主导型和政府主导型。在中小企业融资领域，大多数国家的中小企业扶持性资金倾向于以政府主导的方式运作，比如，美国SBA主导的针对中小企业的融资性资金以及SBIR\SBIC基金。

结合我国的具体情况，围绕基金促进中小企业发展、缓解中小企业融资困难、探索构建长效融资扶持机制的设立目标，将基金定位为国家主导的政策性基金更具可行性：政府出资、政府主导、政府管理。基金以政策目标的实现为诉求，不单纯以盈利为目标，应属于典型的政策性金融范畴。这种考虑有助于保证基金的政策性扶持特征，减少商业化目标与政策性目标的冲突；同时也有助于探索形成有别于市场化基金的运行机制，还能在国家层面将各种分散的扶持资金统筹在一起。

（二）运营管理主体：调控部门还是执行部门

在我国现有政府部门体系中，对于中小企业基金运行管理可能涉及的部门有国家发改委、财政部、工业和信息化部。综合分析的结果是，基金的运作执行管理由工业和信息化部牵头更具合理性。

从行政体制改革方向来看，国家发改委、财政部、中国人民银行属于宏观经济调控部门，工业和信息化部属于政策管理执行部门。宏观经济管理和调控部门不宜直接进行具体的操作执行事务。基于此，由工业和信息化部牵头对基金进行管理符合行政体制改革的方向要求，也更符合部门定位。

从基金服务对象的归口管理地位来看，虽然我国中小企业管理职能还较为分散，分别涉及工业和信息化部、科技部、商务部、农业部等部委，但统一归口管理部门已经确定为工业和信息化部，国务院中小企业发展工作领导小组办公室就设在部中小企业司。由此看，工业和信息化部负责基金的运作执行，更有助于降

低运行管理的行政成本。

从国家资金有效监管的内在要求来看，按照执行与监管相分离的原则，财政部作为基金资金的拨付、监管部门，不宜同时扮演出资、执行和监管的多重角色。工业和信息化部负责基金具体运作管理执行更具科学性。

从提高基金效能的内在要求来看，实现有限资金的高政策效能要求基金运作执行部门对中小企业发展情况有全面把握能力，对中小企业指导管理有丰富政策经验，对中小企业发展有系统思考，更要对中小企业运营态势有动态掌握。作为中小企业归口管理部门，工业和信息化部掌握着最为全面、翔实的中小企业情况，具有系统的管理政策经验，更适于牵头基金管理运行。

（三）运营方式：孤立运营还是系统有效衔接

基于中小企业基金国家级综合性基金的定位设想，所以其不宜孤立运营，应与现有的创业引导基金、各种专项扶助资金有效衔接，整体管理、有所侧重。目前，科技型中小企业、创业型中小企业既有的扶持基金都已有所涉及，中小企业基金应在涵盖上述基金扶持范畴基础上进行系统安排，补充空白。例如，要加强对中小企业集群发展、劳动密集型中小企业转型升级、中小企业政策性金融体系建设等方面的支持。

（四）支持方式：单一投资还是综合施策

作为综合性基金，中小企业基金应有别于创投引导基金以股权投资为主的方式，侧重于综合性扶持。一是直接投资。可以涵盖初始投资、阶段参股、追加投资等方式。二是专项资助。可考虑结合中小企业发展中的重大瓶颈进行资助。三是围绕优化环境进行的各种资助，包括风险补偿、贴息补助、担保补贴、再担保体系构建等。要坚持以投资性支持为主（采用政府创投引导基金模式），其它为辅的组合，以适当的投资性收益来补充其它方式。

从综合分析的角度，建议将国家中小企业发展基金定位为政府主导的普惠性的综合性基金，由工业和信息化部、国家发改委及财政部协调参与设立基金理事会作为基金决策机构，由工业和信息化部牵头组建基金管理中心和专家委员会作为基金执行机构。

具体地，可将基金整体切块为三部分。其中，50%的资金为投资性政府创投引导基金，采取母子基金方式，以撬动社会资金为主要目的，属于"扶优"性质。这部分基金可下放至各地方，以更接近于企业，同时要求地方提供配套资金。投资性方式则以社会资金引导和撬动为目标，保本让利，收益可比照国债利率水平，资金到期以市场和协议的方式退出。25% 的资金为中小企业融资环境优化基金，属于"补空"性质，着力于再担保体系等建设，并可考虑有条件地对现有专项资金进行充实。另外 25% 的资金则作为传统劳动密集型中小企业转型升级基金，采取类似 SBA 的直贷方式支持劳动密集型中小企业，促其转型升级，属于"解困"性质。在以上三部分中，以投资性"扶优"部分基金收益补充"补空"和"解困"部分，达到均衡。

本文作者：赛迪智库中小企业研究所　赵卫东　黄蕾

当前我国中小企业外贸发展状况与对策建议

【内容提要】2012 年以来，受世界经济形势下滑、主要出口市场需求萎缩等因素影响，我国中小企业外贸出口规模和增速双双下降，外贸订单呈现出"短、小、散"的特点，外向型小微企业经营压力持续加大。基于此，赛迪智库中小企业研究所对我国中小企业外贸发展的新情况、新问题进行了深入研究，从低成本优势消失、传统出口市场萎缩、国际贸易环境恶化、金融扶持力度不足等方面剖析了主要原因，最后提出六点对策建议：用足用好国家外贸稳增长政策，改善针对外贸中小企业的金融服务，扩大外贸专项资金扶持规模，加快推动外贸中小企业转型升级，引导外贸中小企业优化市场布局，加快外贸公共服务平台建设。

【关键词】中小企业 外贸

中小企业是我国外贸出口的重要组成部分，外贸型中小企业创造的出口超过我国出口总额的 1/3，能提供数千万的就业岗位。然而，自今年 7 月以来，我国对欧盟、美国、日本等主要贸易伙伴的出口均出现显著下滑。作为我国外贸重要组成部分的中小企业面临的局面日益严峻。对此，我们必须高度关注并采取有效的应对措施。

一、我国中小企业外贸发展的新情况、新问题

（一）东部沿海地区外贸中小企业出口下滑明显

2012 年我国外贸订单呈现出"短、小、散"的特点，外向型小微企业经营压力持续加大，外贸形势不容乐观。

东部沿海地区的广东、浙江、上海、山东等四省市，既是我国传统外贸大省（市），又是我国民营经济[1]与中小企业大省（市）。今年 1—10 月份，上述四省民营企业出口增速分别为 19.4%、8.3%、10.8%、14.5%，明显低于全国民营企业出

---

[1] 民营企业的 90% 以上都是中小企业。

口平均增速（20.4%）。另据测算，今年1—10月份，东部10省（区、市）民营企业出口平均增速为14.5%，而西部12省（区、市）民营企业出口平均增速高达101.8%，它表明东部沿海地区外贸中小企业出口形势十分严峻。

同时，外贸中小企业出口下滑趋势目前开始由沿海省份向内陆省份蔓延。今年1—10月，黑龙江、青海、湖南三省民营企业出口总额同比分别增长 –35.7%、–19.3% 和0.6%。

（二）加工贸易类中小企业成为出口下滑的重灾区

2012年上半年我国出口贸易方式[1]构成如下：一般贸易约占50%，进料加工贸易约占40%，来料加工装配贸易约占5%，其它贸易约占5%3。可见，加工贸易类中小企业是我国外贸中小企业不可忽视的重要组成部分。

从当月情况来看，我国出口贸易形势从7月开始进入急剧下滑区间，7月当月出口增长率由6月的11%骤降为1%，其中加工贸易出口同比增长由正转负为–5.6%，8—9月份，加工贸易当月同比持续处于负增长。加工贸易下滑已经成为三季度我国出口快速下滑的主要因素。

从累计情况来看，我国对外贸易出口在2012年整体呈下降趋势（见图1），其中1—10月份我国加工贸易出口累计7052.3亿美元，同比增长3%，比出口总体增速（7.8%）低4.8个百分点。因此，无论从当月还是累计情况来看，加工贸易萎缩已成为拖累我国外贸中小企业出口增长的严重制约因素。

图1 2007—2012年我国进出口同比增速

数据来源：wind数据库。

---

[1] 一般贸易指在国内购买原材料，加工后产品出口的贸易方式，通常是我国境内有进出口经营权的企业单边进出口行为；进料加工贸易是指从国外购买原材料，加工后产品出口的贸易方式；来料加工装配贸易指国外客户提供原材料，国内企业加工后产品出口，加工企业只赚取加工费的贸易方式。
数据来源：wind数据库。

（三）我国外贸中小企业的国际市场份额持续下降

据商务部统计，与 2011 年底相比，2012 年上半年我国出口占主要贸易伙伴（欧盟、美国、日本、韩国、澳大利亚、南非）的市场份额分别下降了 1.7%（1—5 月）、0.62%、1.04%、1.19%、1.22% 和 0.71%（1—5 月）。

当前劳动密集型产品的国际市场竞争越发加剧，越南、印尼、泰国等新兴国家正在抢夺中国出口市场份额。以服装纺织行业为例，据中国海关的数据显示，今年 1—9 月，我国服装出口和纺织品出口仅增长 0.7% 和 0.2%，已接近零增长，呈现严峻的"双降"局面。1—9 月越南服装对我国服装主要出口市场美国的出口增长了 8%，越南等东南亚国家的服装成为美国市场上最便宜的服装供应源。

二、我国中小企业外贸出口下降的主要原因

（一）中国制造的低成本优势正在削弱

我国外贸中小企业出口产品价格竞争力持续减弱。近年来，我国出口产品相对世界出口的价格指数一直处于上升趋势（见图 2），我国出口产品价格竞争力正在削弱。

图 2　我国出口产品相对世界出口的价格指数走势

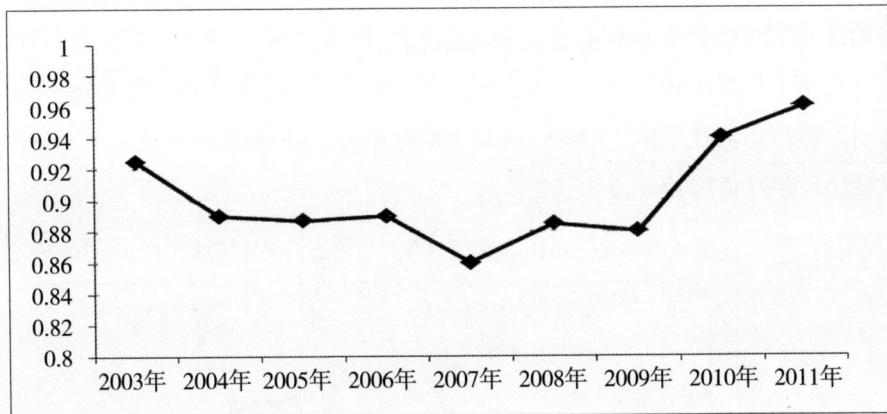

数据来源：中国社会科学院世界经济与政治研究所。

外贸中小企业出口产品成本迅速上升是国际、国内两方面因素共同造成的：

从国际方面来看，国际原材料价格上涨，人民币汇率持续升值，都降低了出口产品的价格优势。例如，近一年人民币兑美元汇率升值了 8%（见图 3），直接对中小企业产品的出口造成了不利影响。

图3　2009年11月—2012年10月人民币对美元汇率走势

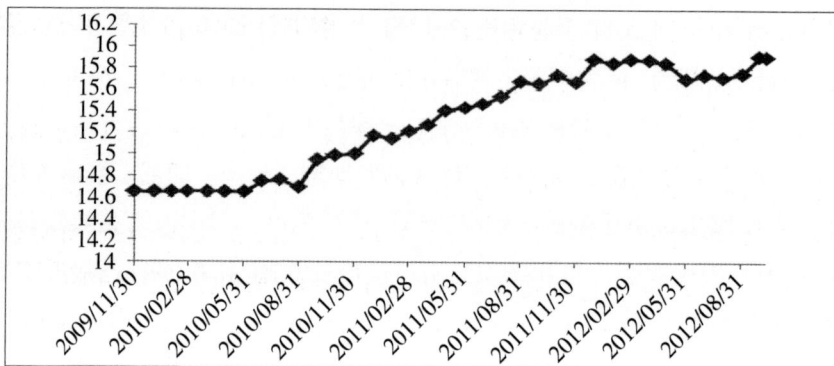

数据来源：wind数据库。

从国内方面来看，劳动力成本持续快速上升是降低中小企业成本优势的主要因素。例如，2010—2012年，各省市最低工资平均上调幅度为25.2%，其中，宁夏、青海、贵州上调幅度分别达到54.9%、53.3%、43.1%。

（二）主要传统出口市场需求明显萎缩

2011年我国在全球的主要贸易伙伴依次为：欧盟（15.58%）、美国（12.27%）、东盟（9.96%）、日本（9.42%）等。2012年7月以来，我国对主要贸易伙伴出口均开始出现下滑趋势（见图4）。7月份对欧盟、日本、中国台湾出口均出现负增长，对欧盟出口下降幅度最大，为–16.24%，对美国出口接近零增长，为0.56%。8月份，对欧盟出口同比下跌12.7%。从累计情况来看，1—9月我国对最主要贸易伙伴欧盟出口累计负增长，为–5.6%。

图4　2007—2012年我国对美欧日进出口同比增速

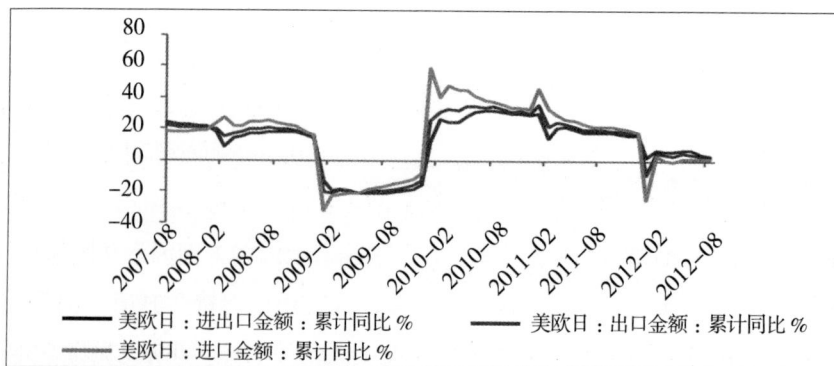

数据来源：wind数据库。

虽然自 10 月以来，出口形势有所复苏，但欧盟、美国、日本等主要出口市场经济复苏仍有不确定性，中小企业面临外贸市场需求萎缩的压力短期内难以缓解。

（三）中国出口的国际贸易环境日趋恶化

一方面，随着一些主要经济体经济增速下滑，各国为扩大出口和限制进口，各种形式的国际贸易保护主义愈演愈烈，国际贸易摩擦明显增多。

另一方面，我国外贸中小企业粗放式的传统增长模式对其出口具有明显的不利影响。在对外出口时，国内同类中小企业主要的竞争手段就是竞相压价，有的企业出口赢利几乎主要依靠出口退税所得。恶性价格竞争既阻碍了产品升级，又易引起国际贸易摩擦，给国外新兴贸易保护主义可乘之机，进一步加剧了国际贸易环境的恶化。

（四）对外贸中小企业的金融扶持不足

一是金融机构对外贸型中小企业的融资支持力度不足。以专司促进外贸发展的国家政策性银行——中国进出口银行为例，其所支持的出口企业 90% 以上都是年均出口金额在 500 万美元以上的国有大中型企业，而对外贸中小企业的金融支持力度则明显不足。二是中小企业贸易保险业务发展滞后。以出口信用保险为例，国际上出口信用保险覆盖率一般在 20—30%，但我国覆盖率一直较低。2011 年，深圳市小微企业在中国出口信用保险公司投保的比例约 2.7%，与国家提出的 10% 覆盖率目标仍有较大距离。三是金融机构对外贸中小企业服务收费偏高。以出口信用保险为例，出口信用保险业务以"统保"[1]为主，保费贵且免保涵盖范围大。统保方式扩大了投保基数，明显增加了投保成本。

三、对策建议

（一）用足用好国家外贸稳增长政策

要认真贯彻落实国务院《关于促进外贸稳定增长的若干意见》（国办发【2012】49 号），结合中小企业的实际情况，落实适用外贸中小企业贸易出口退税、出口保险、贸易便利化等各项措施，支持我国外贸中小企业健康发展。

---

[1] 所谓统保，就是说承保出口商所有的出口业务。出口企业在一定时期或一定区域市场上所有业务都要一次性办理出口信用保险。从承保人的角度来看，这一规定使承保面扩大，有利于分散风险。但从出口商的角度来看，对于风险不大的出口业务，如老客户或信用证结算方式的贸易则没有必要进行投保。

（二）改善针对外贸中小企业的金融服务

扩大针对外贸中小企业融资规模，拓宽出口企业融资渠道。降低外贸中小企业融资成本。加强对银行业金融机构发放贷款时附加不合理条件、违规收取服务费用等监督检查力度。加大外贸中小企业出口信用保险支持力度，扩大出口信用保险覆盖面。

（三）扩大外贸专项资金扶持规模

针对外贸中小企业的实际需求，不断扩充中小企业开拓国际市场的专项资金，提高中小企业发展专项资金、国家中小企业发展基金中对外贸中小企业的投入比例，加大对外贸中小企业开拓国际市场的资金补助力度。

（四）加快推动外贸中小企业转型升级

通过鼓励研发、税费减免、资金支持等手段，积极支持和引导加工贸易类外贸中小企业由以劳动密集型产品为主向附加值更高的技术密集型产品转变，或向现代服务业和战略性新兴产业等领域扩展，加快转型升级步伐。

（五）引导外贸中小企业优化市场布局

鼓励外贸中小企业稳定传统出口市场、积极开拓新兴市场，加快国际市场布局的优化转移。支持企业开拓非洲、拉美、东南亚、中东欧等新兴市场。继续办好中国国际中小企业博览会，与新兴经济体广泛签订双边、多边的中小企业战略合作协议，开展贸易促进活动。

（六）加快外贸公共服务平台建设

设立专业的中小企业贸易服务平台，打造对外合作窗口，为中小企业及时提供国际市场信息、技术交流、质量检测、政策咨询、品牌营销、外贸人才培养等服务；加大对于外贸中小企业公共服务平台的投入和引导，并给予减免税费的支持。

本文作者：赛迪智库中小企业研究所　黄蕾　苏强　龙飞

信息安全篇

英国网络安全战略评析

【内容提要】鉴于互联网对于社会、政治和经济增长的重要作用，世界各国都加强了对网络安全的重视，纷纷调整其网络空间的战略部署。继美国、法国、德国、印度、日本、荷兰、捷克等国之后，英国政府于 2011 年 11 月 25 日再次发布《英国网络安全战略》，阐述了英国对网络空间的认识、2015 年英国网络安全愿景、战略目标和原则，以及未来重点推进的四年行动方案。该战略对他国极具参考和借鉴价值。对此，赛迪智库信息安全研究所进行了深入研究和分析，并结合我国的实际情况，提出了我国在网络安全领域应采取的四项对策。

【关键词】英国　网络安全　战略

继 2009 年 6 月发布《英国网络安全战略》后，时隔两年，英国政府 2011 年 11 月 25 日再次发布《英国网络安全战略》。与 2009 版《英国网络安全战略》不同的是，2011 版虽然立足于维护网络安全，但并不局限于网络安全本身，而是试图通过构建安全网络空间来促进英国经济繁荣、国家安全和社会稳定。特别是，在当前英国乃至欧盟经济形势低迷的情况下，《英国网络安全战略》却得到 6.5 亿英镑的巨额专项投资，表明了英国政府对网络安全的高度重视。文件一经推出，便引起国际社会的广泛关注。

一、出台背景

（一）网络空间深刻影响社会模式变革

自 1991 年万维网（WWW）产生以来，互联网与数字技术就深刻改变着人类社会。人们在网络上用于浏览新闻、处理电子邮件以及沟通互动的时间越来越多，网络已成为人们不可或缺的第二生存空间。网络变革影响愈来愈大。

一是网络空间改变着传统的政治模式，成为影响社会变革的"双刃剑"。网络空间提供了个体互联、思想交流和意见表达等方面的自由，允许数量众多的人们参与解决他们所关心的事件。一方面，网络空间能够扩大政治信息的公众知情权、促进公众政治参与、抑制独裁专制，使得政府更加透明和更有责任感，成为一种"民主化"工具。另一方面，网络空间有可能被不当利用，助长绝对自由主义和无政府主义等极端民主化倾向，从而成为一些政客和特殊利益集团影响政治、控制政治的工具。

二是网络空间改变着经济模式，大幅提升了经济运行效率。互联网开辟了崭新的市场，不仅降低了交易成本，也使人们能够选择合适的方式从事商业活动，有效减少了时间和空间对贸易的限制。此外，网络空间本身已成为新型产业的孵化器，不断为经济发展和技术进步注入活力。这一切都对全球经济产生了巨大影响，使得经济结构、就业方向及贸易形式都发生了深刻变化，经济运行效率大幅提升。

（二）网络空间的威胁出现新变化

网络空间在变革社会模式的同时，也带来了新的威胁，并且这些威胁随着网络空间的发展不断变化。当前，网络空间威胁出现了以下新变化。

网络威胁的针对性更强。索尼游戏网络、花旗银行、美国武器供应商洛克希德·马丁都曾遭遇黑客的攻击。网络欺诈组织化。一些网络欺诈在精心策划和组织下，已形成目的明确、分工合作的产业。网络间谍活动猖獗。此类活动包括刺探或损害一国政府、军队、工业和经济产业情报，监视政治对手等，事关国家安危。网络恐怖主义兴起。网络空间已成为恐怖分子宣传洗脑、筹措资金和沟通策划的重要平台。英国在其新反恐战略中特意加入网络反恐内容，并将网络安全列为"一级威胁"，凸显了网络反恐的重要性。抗议活动网络化。近年来，在"英国骚乱"、"占领华尔街"等重大抗议活动中，网络成为其迅猛发展的幕后推手，其重大影响已充分显露。

（三）网络空间国际竞争日趋激烈

随着网络空间的迅速发展，它对国家主权产生了重大影响，如何维护本国在网络空间的国家主权正成为网络空间国际竞争的新焦点。

网络空间对各国在国际关系中的主体地位产生了重大影响。互联网的普及和电子商务的发展成为经济全球化发展的良好催化剂，从而使每个国家在国际关系中的主体地位受到削弱，对国际格局造成重大冲击。由于网络空间在政治、经济、外交等方面的重大影响，国家在网络空间的地位将直接影响现实世界格局。"网络战争"和"网络军备竞赛"初现雏形,网络战将成为未来战争的重要形式。美国国防部 2009 年 1 月颁布的《四年任务使命评估》将"网络战"列为美国的"核心能力",在 2011 年颁布的《网络空间行动战略》中也明确提出了"主动防御"的战略倾向。2010 年 5 月 21 日,美国网络战司令部正式启动,用以整合网络作战力量,打击"敌对国家和黑客的网络攻击"。作为应对之策,世界各国都在加快建设网络部队,推动"网络建军潮"的到来。英国、日本、韩国、伊朗、印度等数十个国家已建立或正在建立网络部队。网络空间事实上已经成为有史以来第一个全球性的战场,成为各国争夺网络主权和话语权新的国际战略制高点。

二、主要内容

2011 版《英国网络安全战略》全文共 43 页,文件正文由"网络空间驱动经济增长和增强社会稳定"、"变化中的威胁"、"网络安全 2015 年愿景"和"行动方案"四部分组成,分别介绍了战略出台的背景和动机,并提出了未来四年的战略计划以及切实的行动方案。该战略继承了 2009 版的网络安全战略,并在继续高度重视网络安全的基础上进一步提出了切实可行的计划和方案。

（一）一个总体愿景

英国 2015 年愿景:在包括自由、公平、透明和法治等核心价值观的基础上,构建一个充满活力和恢复力的安全网络空间,以此来促成经济大规模增长以及产生社会价值,通过切实行动促进经济繁荣、国家安全以及社会稳定。

（二）四个战略目标

一是应对网络犯罪,使英国成为世界上商业环境最安全的网络空间之一。二是使英国面对网络攻击的恢复力更强,并保护其在网络空间的利益。三是帮助塑造一个可供英国大众安全使用的、开放的、稳定的、充满活力的网络空间,并进一步支撑社会开放。四是构建英国跨层面的知识和技能体系,以便对所有网络安全目标提供基础支持。

（三）三个行动原则

一是风险驱动的原则:针对网络安全的脆弱性和不确定性,在充分考虑风险的基础上建立响应机制。二是广泛合作的原则:在国内加强政府与私营部门以及个人的合作,在国际上加强与其它国家和组织的合作。三是平衡安全与自由私密的原则:在加强网络安全的同时充分考虑公民隐私权、自由权和其它基础自由权利。

（四）三类规范和责任

个人在网络空间应做到基本的自我保护，懂得基本的安全操作知识，也要为各自在网络空间的行为承担责任。私营机构在网络空间不仅要做到主动进行安全防御，还要与政府机构和执法机关等互相合作以面对挑战，另外还要抓住网络安全产业发展带来的机遇。政府在网络空间的作为，不仅要降低政府系统自身的风险，同时更要发挥政府在网络安全构建方面的主导作用。

（五）八个行动方案支撑点

第一，明确战略资金在各机构的分配方式。该战略明确了在未来四年投入6.5亿英镑的分配方式，以确保英国以一种更积极的态度来应对网络威胁。在英国国家通信总局的支撑下，约一半左右的资金将被用于加强英国检测和对抗网络攻击的核心功能。

第二，加强网络安全国际合作。英国将积极与其它国家和国际组织展开合作，以共同开发网络空间行为的国际规范或"交通规则"。

第三，降低政府系统和关键基础设施的风险。英国将结合本国国情，与掌控关键基础设施的私营机构展开合作，推出严格的网络安全标准，推动建设信息共享的"网络交换机"。

第四，建立网络安全专业人才队伍。英国将采取认证培训、学科教育、资金支持以及继续举行网络安全挑战赛等方式，建立核心专业人才队伍，并鼓励有"道德感的"黑客参与进来。

第五，构建网络犯罪法律体系。英国将在鼓励举报网络犯罪的同时，针对网络犯罪行为构建强有力的法律框架，以支持执法机构制裁网络犯罪。英国还将致力于建立应对跨国网络犯罪的合作机制，以杜绝"避风港"的存在。

第六，提高公众网络安全意识。英国将运用媒体宣传来帮助大众了解和应对网络威胁，普及不同层次的网络安全教育，并与互联网提供商合作以帮助个人确认是否受到网络侵害，将为所有人提供明确的网络安全建议。

第七，增强商业网络安全功能。英国提出商业领域是网络空间犯罪和经济间谍活动的最大受害者，政府应与消费者和私营机构一起增强商业网络安全功能，包括建立信息共享的网络"交换机"、制定相关标准，以及重点确保在线消费安全等。

第八，培育网络安全商业机会。英国将在国家通信总局等部门的技术支持下，化威胁为机遇，在网络空间树立网络安全竞争优势，以促进经济增长，最终将之转化为英国的产业竞争力之一。

三、评价与分析

（一）内容实质：提升网络安全产业国际竞争力，确保英国拥有一个安全的网络环境

与美国的《网络空间国际战略》相比，《英国网络安全战略》并不谋求网络空间的主导地位，而是将注意力集中在维护本国网络安全、加强本国网络安全产业竞争力、创造网络安全商业机遇等方面。在该战略核心的"英国 2015 年愿景"中，短短 60 余字两次提到了"促进经济大规模增长"和"促进经济繁荣"，充分表明了英国政府通过网络安全促进经济发展的决心。当前包括英国在内的欧洲依然经济发展低迷、政府赤字居高不下、失业率持续增加。英国政府意识到了网络安全行业带来的经济机遇，不惜斥资 6.5 亿英镑改善网络安全环境，以抢占网络安全行业市场，确保其"先行者优势"。

此外，该战略明确提出了要建立相应的法律体系和执法队伍，利用英国先进的相关技术支持网络安全部门发展，健全网络安全国家响应机制，提高在线公共服务水平，分享网络安全信息，以及杜绝网络犯罪国际"避风港"等。

（二）推进措施：细化战略实施方案，强调多方合作机制

英国此次发布的《网络安全战略》更加强调战略的实施细节，并在附录中详细阐述了针对四个战略目标的具体实施方案。战略实施方案分别从政策导向、执法体系、机构合作、技术培训、人才培养、市场培育以及国际合作等方面，提出了实施细则，具有很强的可操作性。

针对网络空间结构的复杂性，该战略从多维度提出建设多方合作机制，包括在英国国内增强政府与私营机构、政府与个人、私营机构与个人之间的合作，以确保三方在构建安全网络空间方面发挥各自的作用；在国际上加强本国政府与他国政府、本国政府与国际组织之间的合作，以确保英国在网络安全领域的国际主导地位。

（三）影响分析：引领网络安全建设潮流，带动大规模资金投入

英国《网络安全战略》提出的网络安全促进经济增长的理念对各国政府具有

较强示范作用，将引起各国政府对网络安全战略促进经济发展的重视，也会引发各国网络安全建设的高潮。在网络空间高速发展的背景下，网络安全将成为不可忽视的新的经济增长点。为摆脱当前低迷的经济状况，各国必然会重视新兴的网络安全行业，从而制定相应的网络安全战略，加大对网络安全行业的资金投入。

可以预见，在不久的将来，网络安全行业必将掀起一轮投资高潮，迎来新的发展机遇。

四、应对策略

英国2011版《网络空间安全战略》在重视网络安全的基础上，提出将网络安全作为新的经济增长点，以刺激经济增长。该战略对我国有着重要的借鉴意义。

（一）加快制定我国的网络安全战略

我国虽然对网络安全发展也非常重视，但目前尚停留在安全保障、被动防御阶段，并未形成我国推进网络安全的战略体系，也未出台国家网络安全战略。比之英国，我国在战略制定方面严重滞后。因此，我国应立足国家层面，加快制定并出台我国的网络安全战略，明确网络空间是我国的新疆域，并将保障网络空间安全作为新时期维护国家利益的重要任务，确定我国网络安全发展战略目标、战略重点和主要主张，全方位指导我国网络安全建设，促进经济繁荣、国家安全和社会稳定。

（二）制定切实可行的战略实施方案

网络安全战略的实施任务多、涉及面广，必须由各部门联合制定切实可行的实施方案，协作推进，确保战略实施。英国《网络安全战略》非常注重战略的可实施性，这一点对我国有参考价值。建议我国进一步加强网络与信息安全领导小组的统一领导和协调职责，提高保障网络安全、应对网络犯罪、推动网络应用和宣传推广等工作的协调能力。同时，在网络与信息安全领导小组的统一领导和协调下，各职能部门要相互配合，针对战略目标，在政策导向、执法体系、机构合作、技术培训、人才培养、市场培育以及国际合作等方面，制定切实可行的实施方案，确保我国网络安全战略顺利实施。

（三）重视网络安全产业，促进经济发展

英国网络安全战略的亮点之一是英国政府不仅意识到了网络安全行业带来的经济机遇，而且将网络安全产业作为英国新的经济增长点。这一点对我国制定网络安全战略有重要的启迪作用。我国制定网络安全战略不仅应着眼于构建安全的网络空间，还要高度重视网络安全行业带来的经济增长。在制定国家网络安全战略时，应明确提出鼓励网络安全产业发展在政策、资金、法律等方面的措施，推动我国网络安全企业做大做强，充分发挥网络安全产业在我国经济增长中的带动作用。

（四）加强网络空间国际交流与合作

网络安全是世界各国面临的共同挑战，需要世界各国共同应对。《英国网络安全战略》也明确提出了要积极与其它国家和国际组织合作，通过加强网络安全国际合作解决网络安全问题。在这方面，我国应借鉴成功经验，加强网络安全国际合作与交流。

一是深化上海合作组织成员国间的信息安全合作，巩固和扩大上海合作组织框架下取得的信息安全合作成果。二是通过举办论坛和研讨会、签署合作协议或备忘录等方式，积极开展同美国、欧盟及其它国家和组织间的双边和多边信息安全合作，提升我国在信息安全国际领域的话语权和影响力。三是主动参与国际信息安全标准制定，积极研究和采用成熟的国际信息安全标准。四是跟踪西方大国网络空间战略态势，重点关注网络空间军事联盟、网络战部队、多国联合网络演习等重大动向。

本文作者：赛迪智库信息安全研究所　刘权

UEFI 标准将给我国信息安全带来什么？

【内容提要】微软即将发布的 Windows 8 将全面支持 UEFI 标准，强制实施操作系统安全启动功能,这将对我国信息安全产生重大影响。赛迪智库认为,一方面, UEFI 给我国信息安全带来严峻挑战：增大了信息终端受攻击的风险且危害巨大；我国目前缺乏对安全验证环节的掌控,信息安全风险大增；发展自主可控信息技术产品难度因此加大。另一方面，UEFI 也给我国信息安全保障带来了重要机遇,使我国信息安全防护有了新思路和新手段。赛迪智库提出四条对策建议：高度重视 UEFI 标准的发展及产业体系建设；支持基于 UEFI 标准的信息安全技术和产品研发；掌控 UEFI 标准下的启动安全验证机制；加强 UEFI BIOS 检测认证技术和服务体系建设。

【关键词】UEFI　安全启动　信息安全

当前,微软 Windows8 正式发布已进入倒计时。Windows8 将全面支持 UEFI 标准,强制实施操作系统安全启动功能，这引起了业界的普遍关注。安全启动是通过验证启动进程中所有程序的数字签名，实现对操作系统、驱动程序、硬件设备启动和运行的控制。微软强制实施安全启动功能,不仅为计算机等信息终端构建了一道安全防线,也意在扩展其在全球信息产业领域的优势,增强在该领域的话语权。那么,究竟什么是 UEFI 标准？ UEFI 能实现哪些功能？将带来哪些变革？对我国信息安全将产生怎样的影响？

一、UEFI 标准大大拓展了信息终端的启动功能

（一）UEFI 旨在为信息终端软硬件提供强大支持

UEFI 全称"Unified Extensible Firmeware Interface"（统一可扩展固件接口），是下一代 BIOS（Basic Input Output System，基本输入输出系统）的工业标准。

实际上，传统 BIOS 是针对早期 16 位处理器设计的。随着软硬件的快速发展,

传统 BIOS 现已不能对软硬件提供良好支持，其 16 位运行模式、1MB 寻址空间大大限制了高位处理器性能的表现，渐渐成为阻碍产品进步的绊脚石。为了改变这种境况，Intel 设计并制定了下一代 BIOS 标准，力图通过对 BIOS 的革新来为软硬件提供更加强大的支撑。

最初，为了满足 BIOS 系统对高位处理器的要求，Intel 制定了全新的 EFI （Extensible Firmware Interface 可扩展固件接口）标准。由于 EFI 自提出起就具有足够的前瞻性，可支持 Intel、ARM 等各种处理器平台，在 Intel 的积极推广下，该标准得到了越来越多计算机厂商的支持。2005 年，包括 Intel、AMD 在内的一些计算机厂家成立 UEFI（Unified Extensible Firmware Interface）论坛，将 EFI 标准更名为 UEFI 标准，并致力于共同推动标准的普及和发展。目前，UEFI 论坛已有惠普、苹果、微软、IBM、联想等 170 多位成员。在成员的推动下，UEFI 标准现已发展至 2.3.1 版本，并广泛应用于各类信息产品中，全球 70% 的台式机、90% 的笔记本、80% 的服务器、30% 的打印机以及苹果公司全系列产品都使用了该标准。目前 UEFI 已成为业界公认的标准，未来它必将更广泛地应用于包括工业控制、物联网等在内的各个领域。

（二）UEFI 使 BIOS 具备了操作系统的特质

UEFI 在兼容传统 BIOS 工业标准的基础上，对传统 BIOS 的工作模式、程序架构、驱动模型、分区格式和编写方式等方面也进行了革新。UEFI 重新定义了 BIOS 必须实现的接口、数据结构，以及 BIOS 程序的设计架构和程序模型，按照标准可实现一款完整的新一代 BIOS 产品（又可称为 UEFI BIOS）。

UEFI 标准最突出且最重要的作用，就是使 BIOS 发生了根本性变革。UEFI 大大增强了 BIOS 的功能，使得 BIOS 可以使用更多硬件资源、支持更多硬件设备，并可通过加载程序实现功能的拓展和强化。UEFI 使 BIOS 由原来仅支持开机自检、操作系统引导等功能的小程序，升级为像操作系统一样支持多种功能、具备拓展能力的小型操作系统。

（三）UEFI 使信息终端的易用性大幅提升

一是 UEFI 大幅提高了终端开机速度。UEFI BIOS 的高位运行模式在开机阶段即可发挥处理器的性能，增强了处理器的寻址能力，使得在开机过程中就可以使用更大的内存空间，缩短了终端开机时间。

二是能够支持大容量的存储设备。传统计算机分区最大只能支持 2.2TB 的硬盘和 4 个主分区，UEFI 标准规定的分区格式，可支持超过百 TB 大小的硬盘和 100 个主分区。

三是可以支持更多的硬件设备。UEFI 模块化的程序架构设计要求，允许在 UEFI BIOS 系统中加载驱动程序模块实现硬件设备的拓展，在未进入操作系统的情况下就可以实现对显卡、网卡、硬盘的控制；同时，更大的运行空间和存储空间，还可以支持更多硬件或设备的添加和拓展。

四是可以实现更多的开机功能。UEFI BIOS 模块化的程序架构设计，还可以使它实现软件功能的拓展。在操作系统引导等传统功能的模块外，添加新应用程序模块即可实现 UEFI BIOS 功能的添加。通过与硬件设备驱动模块进行配合，在不进入操作系统的情况下就可实现访问互联网、看视频、听音乐等功能。

五是具有强大的移植能力。UEFI 标准的兼容性，使得基于 UEFI 标准的驱动程序模块、应用程序模块可以在 Intel、ARM 等不同平台间通用，十分有利于硬件设备、操作系统在不同平台间的移植。所以 Windows8 不仅能够用于桌面电脑，还可用于平板电脑、手机中，并能支持 Intel、ARM 等不同的处理器。

六是使安全性能得到提升。UEFI 标准描述了一些安全技术，如数字签名、哈希算法等，并且针对安全技术提供了一批函数接口，使得 UEFI BIOS 具备了数字签名验证功能，可以对启动进程内所有软件包括操作系统引导程序模块、硬件驱动程序模块等进行签名验证，并保障程序模块的安全可信。

二、UEFI 给我国信息安全带来了挑战与机遇

（一）UEFI 给我国信息安全带来严峻挑战

一是 UEFI BIOS 功能强大，使信息终端更易受到攻击而且危害巨大。首先，BIOS 程序漏洞大幅增加。传统 BIOS 功能简单、程序短小，且已发展了几十年，程序漏洞较少。UEFI BIOS 程序容量呈几何级数增长，功能日趋复杂，程序安全漏洞及隐患出现的概率因而大幅增加。其次，攻击渠道增加。传统 BIOS 功能简单、存储相对封闭，针对 BIOS 或通过 BIOS 实施攻击比较困难。而 UEFI BIOS 可控制计算机辅助设备，很多针对操作系统的攻击方式可用于攻击 BIOS。例如，UEFI BIOS 支持网络和 USB 接口，攻击者则可通过网络或 USB 接口实施对 BIOS 或终端的攻击。再次，攻击隐蔽性强。BIOS 层位于操作系统之下，进入操作系统后难以再见，所以针对 BIOS 的攻击很难被及时察觉和应对。最后，攻击将造成严重危害。

针对 BIOS 进行攻击，将给应用 UEFI BIOS 的信息终端、工业控制系统、物联网终端等造成危害，而且由于 BIOS 位于硬件层和操作系统层之间，攻击将可能导致整个终端或系统崩溃，危害将十分巨大。

二是缺乏对安全验证环节的掌控，使我国的信息安全风险大大增加。UEFI BIOS 的安全启动功能，向下验证硬件驱动程序、控制硬件设备的添加，向上验证操作系统引导程序、控制操作系统的启动。安全启动机制可以确保在加载操作系统之前，仅能够执行具有签名并获得认证的"已知安全"代码和程序，从而防止恶意代码的加载和执行。然而，当前安全验证这个环节基本由国外掌控，这就使得我国信息安全风险大大增加。一方面，由于控制不了验证环节，难以识别驱动程序和应用程序的来源，就难以保障程序的安全可信，容易丧失对进口芯片、操作系统等软硬件产品的控制力和制约力。另一方面，控制不了验证环节，也就意味着国产芯片、显卡、操作系统等软硬件设备必须接受他人的标准和检验，我国产品存在的漏洞隐患将完全暴露给他人，客观上致使我国信息安全风险大大增加。

三是 UEFI 使我国发展自主可控信息技术产品难度加大，信息安全隐患更加突出。当前，国外领军企业依靠 UEFI 标准的强大功能，继续扩大自身优势，使得我国自主可控 CPU、操作系统的发展面临更大困难，我国信息安全的隐患将更加突出。首先，UEFI 标准为国外芯片和操作系统从桌面电脑向平板电脑、手机等领域渗透提供了有力支持，跨平台移植变得简单。随着大量用户迁移至平板电脑、手机等新平台，Intel、微软等商业巨头在新领域中的优势会迅速扩大，这将直接制约我国发展新领域的自主可控产品。其次，若安全验证环节由国外掌控，国产芯片、操作系统等将必须遵循国外标准，国内产品的技术细节和设计原理将完全暴露给他人，从而会导致我国信息安全隐患更加突出。再次，如果我国不能开发自主的 UEFI BIOS 产品，不对 UEFI BIOS 的程序进行认证检测，即使使用了国产的芯片和操作系统，对于 UEFI BIOS 在下层干了什么、是否进行攻击都不清楚，我国的信息安全隐患将依然存在。

（二）UEFI 给我国加强信息安全保障体系建设带来了机遇

一是 UEFI 使信息终端安全防范体系扩展至 BIOS 层，为信息安全防护提供了新手段。依赖于 UEFI BIOS 在计算机系统中的核心地位及其所具有的软硬相结合的特点，通过增强和扩展 UEFI BIOS 的安全功能，可以实现各种安全技术和功能，实现基于 BIOS 环境中的数字签名、建立可信计算信任链、密码学算法库的移植、指纹识别设备的集成、BIOS 的加密保护等一系列有效的安全功能或保护手段。这为我国信息安全技术创新提供了新的方向,有利于我国信息安全保障能力的提高。

二是如果我国能够掌控 UEFI 安全验证环节,就将大大降低我国的信息安全风险。当前,UEFI 安全验证环节基本由国外掌控。若我国能掌握 UEFI BIOS 安全验证环节,将可实现对操作系统启动的控制,对硬件设备添加升级的控制,对 UEFI BIOS 功能拓展的控制,甚至对应用程序的控制,也有助于构建从芯片到 BIOS 系统、操作系统、应用程序自下而上的完整信任链和完备的安全防护体系,从而大大降低我国信息安全风险。

目前,在安全验证实现方面,我国已经具备一定的基础,PKI、数字签名等成熟的密码安全技术在我国应用多年,电子认证服务行业发展势头良好,可为掌控安全验证机制提供有力支撑。而且,我国拥有专业的 BIOS 开发企业和具有自主知识产权的 UEFI BIOS 产品,拥有安全验证程序的开发能力。基于此,我国掌控安全验证环节应该并非难事。

三是 UEFI 降低了操作系统开发难度,有利于我国从根本上解决信息安全问题。我国在芯片、操作系统方面技术积累薄弱,由于芯片、操作系统等掌握在国外手中,我国信息安全隐患问题非常突出。UEFI 标准使得原来操作系统的部分功能下移,整个信息技术产业竞争由针对芯片、操作系统演变为整个产业生态体系竞争,竞争的重点也变为产业生态体系环境的培养,以及用户群体的培养。同时,由于 UEFI 标准开放了操作系统底层部分功能及技术,一些功能不需要在操作系统上实现,从而降低了操作系统开发的难度,使得国内企业也可专注于操作系统关键技术的研究和应用层面的完善,有利于国内企业掌握操作系统核心技术。

三、相关对策建议

(一)高度重视 UEFI 标准的发展及产业体系建设

建议将 UEFI 安全问题提升到国家信息安全战略的高度,在政府相关文件、信息安全规划、软件产业规划及其它相关规划中突出 UEFI BIOS 的重要性,明确发展我国 BIOS 产业的重要意义。要重视标准的发展,组织国内信息安全专家、相关企业和研究机构成立工作小组,加入 UEFI 论坛,积极参与 UEFI 标准的推广与修订,确保 UEFI 标准符合我国信息安全保障体系要求。要重视信息安全产业体系的建设,培养完善适宜的产业发展环境,培养维护具规模的用户群体,推动信息安全产业体系健康、快速发展。

（二）支持基于 UEFI 标准的信息安全技术和产品研发

通过出台相关政策，给予资金资助、税收优惠，支持并推动 BIOS 行业发展。鼓励基于 UEFI 标准的信息安全技术及产品研发，将其纳入信息安全产业政策规划，加大政策支持力度，营造良好的产业发展环境。通过"核高基"、信息安全专项等途径，加大对基于 UEFI 标准的信息安全技术和产品研发资金的投入力度，鼓励基于 UEFI 标准的信息安全技术和产品的创新。

（三）掌控 UEFI 标准下的启动安全验证机制

组织国内信息安全专家、BIOS 企业、电子认证服务机构及相关研究机构，制定 UEFI 启动安全验证标准，明确安全验证的机制以及对各参与方的要求，规定必须使用国产数字证书进行签名。针对安全验证的技术细节和流程、使用的协议和算法提出具体规定，要规定必须使用国产密码算法和协议。推动安全验证功能与机制的开发应用。联合 BIOS 企业、电子认证服务机构共同实现安全验证功能的开发，组织国内整机厂商及相关企业，开展 BIOS 安全验证机制的实际应用。制定相关政策文件，明确在我国销售和使用的 UEFI BIOS 产品必须符合我国的相关标准。

（四）加强 UEFI BIOS 检测认证技术和服务体系建设

组织国内信息安全专家、BIOS 企业、相关企业及研究机构制定 UEFI BIOS 认证检测标准，明确 UEFI BIOS 程序中可能存在的安全风险点及应对措施。建立专业的 UEFI BIOS 检测服务机构或部门，成立由具有程序开发、信息安全等背景的复合型人才组成的检测认证队伍。开发专业的检测技术，研发专业的检测设备和工具，提高对 UEFI BIOS 的检测能力。要跟踪研究 UEFI 及相关标准，分析 UFEI BIOS 产品的安全漏洞以及产业链上下游对 BIOS 功能的需求，为 BIOS 行业在产业链中更好的发挥作用提供支撑。

本文作者：赛迪智库信息安全研究所　吕尧

我国 IT 产品安全亟需审查制度护航

【内容提要】信息技术在经济社会领域已被广泛应用，IT 产品安全直接关系到国家安全和核心利益。近年来，美国等国多次以"威胁国家安全"为由，禁止使用我国相关 IT 产品，对来自他国的 IT 产品的安全性表示担忧，并将进口产品安全审查作为 IT 产品安全的一项主要制度。赛迪智库信息安全研究所认为，这一现象值得我国高度重视和关注。当前，我国 IT 产品高度依赖进口，少数有能力的国家极有可能在 IT 产品中设置恶意功能，对我国实施有针对性的网络攻击。因此，我国有必要建立 IT 产品安全审查制度，对政府及重要行业采用的关键 IT 产品尤其是进口产品进行安全审查。对于如何建立该制度，赛迪智库信息安全研究所提出了四条具体建议。

【关键词】IT 产品安全　审查制度

2012 年 9 月 13 日，美国众议院举行听证会，就中国华为和中兴公司"威胁美国国家安全"的调查进行听证。此前，美国、印度、澳大利亚等国多次指责我国华为等公司的产品存在后门，威胁到其国家安全，但上述指责缺乏事实和证据支撑。当前，信息技术在经济社会领域被广泛应用，IT 产品安全直接关系到国家安全和核心利益。少数有能力的国家极有可能在 IT 产品中设置恶意程序等，并以此实施对他国的网络攻击；而我国目前使用的绝大多数 IT 产品特别是高端产品主要来自于国外，我国对 IT 产品安全问题理应给予更多关注与重视。

一、美国等国将进口产品安全审查作为 IT 产品安全的一项主要制度

IT 产品安全直接关系到国家安全和核心利益。由于设计缺陷、使用配置等多种原因，IT 产品不可避免地存在漏洞，而这些漏洞一旦被恶意利用，就将造成重大损害。同时，IT 产品还可能被国外供应商等设置恶意功能，并以此实施有针对性的网络攻击。为确保 IT 产品安全，美国等国采取了多项措施，包括 IT 产品安

全性测试评估、进口产品安全审查等。

（一）美国等多个国家实施 IT 产品安全性测试评估制度

上世纪 80 年代，美国依据"可信计算机系统评估准则（TCSEC）"，开始对操作系统等产品进行测试评估。目前已经形成了依据信息技术安全性评估通用准则（Common Criteria）的 IT 安全通用标准评估和验证体系（CCEVS），其目的是帮助消费者选择商业 IT 产品，并将通过认证的产品推广至全球市场。美国 IT 产品安全性测试评估由国家安全局（NSA）与国家标准技术研究院（NIST）联合实施，双方合作建立了国家信息保障同盟（NIAP）。美国将依 CC 标准测试的 IT 产品分为两类：一类是以提供安全保障为目的的 IT 产品，如防火墙、防病毒、VPN 等；另一类为产品或技术的主要功能不是提供安全保障，但却能提供一些安全特性，比如，安全浏览器、操作系统、数据库等。CC 标准测试评估主要是对产品的安全功能和安全保证提出要求。

效仿美国的做法，英、德、法等多个国家都建立了自己的 IT 产品安全认证和评估体系，但与美国仅依据 CC 标准测试评估不同，这些国家还依据欧洲信息技术安全性评估准则（ITSEC）等进行测试评估。

（二）美国、印度等国都对进口的关键 IT 产品进行安全审查

考虑到信息安全的对抗性质，任何国家都可能会在 IT 产品中安置恶意软件或技术。为此，美国、印度等国都对进口的重要 IT 产品建立了安全审查制度，但两国在审查机制上有所不同。

美国实施个案审查机制，依法以威胁国家安全为由进行个案审查，审查标准不明确、不透明。《1962 年贸易拓展法》规定，美国商务部可以自行或根据其它部门或相关利益方的申请发起本法第 232 条的调查，评估相关进口产品是否对美国国家安全造成破坏或破坏威胁，并就此向总统提交报告，由总统决定是否对进口产品采取调整措施。该法对确定某种产品的进口是否对国家安全造成破坏或存在破坏性威胁时应考虑的因素作了规定，但标准不明确，总统和美国商务部等行政部门在实际操作中享有很大的自由裁量权。

印度实施统一审查机制，依法对进口 IT 产品进行安全审查，通过指定审查机构的测试评估就可进入该国市场。出于安全原因，印度信息通信部 2009 年出台了电信设备进口安全审查政策，要求电信运营商采购国外设备的订单必须经主管部门批准，且进口的电信设备包括路由器、GPS 服务支持节点（SGSN）等，必须获

得加拿大电子战协会 (CEWA)、美国 Infoguard、以色列的 ALTAL 安全咨询等国际安全审计机构的认可。

（三）美国采取措施保障关键基础设施 IT 供应链安全

安全可靠的 IT 产品是政府信息系统及关键基础设施安全的基础，IT 产品在原料采购、生产、运输直至交付给客户的过程中，任何一个环节都有可能存在影响其安全性的因素，借助供应链恶意攻击者可能给网络及基础设施设置漏洞。为此，美国对政府等重要信息系统 IT 产品的供应链安全非常重视，尽管目前尚未形成有效的安全检查机制，但已采取了一些切实措施。例如，美国要求政府机构在采购 IT 产品前，必须对产品进行全面安全测试评估，对产品制造公司及其所有人的信用及背景等作出历史评价；同时要求在国家安全系统中强制使用经过 NIAP 认证的产品。虽然美国已与多个国家共同签署了 CC 的互认协定，但其国家安全系统的采购清单上迄今尚未出现过由他国信息安全认证机构认证的信息技术产品。

二、我国目前缺乏对 IT 产品漏洞和后门等隐患进行审查的相关制度

为确保 IT 产品安全，我国建立了信息安全产品认证制度。2003 年，我国将信息安全产品认证制度作为信息安全保障体系建设中的一项基础性工作。近十年来，我国信息安全产品认证工作快速发展，目前已形成了统一的信息安全产品认证认可体系，但我国信息安全产品认证目录目前还存在覆盖产品范围有限等问题。而且，与国外相比，我国在确保 IT 产品安全方面，尚缺乏对 IT 产品是否存在漏洞的评估和审查制度，对 IT 产品尤其是进口的关键 IT 产品是否存在漏洞等评估不足。

（一）我国对信息安全产品实施安全功能等方面的认证

2003 年，《国家信息化领导小组关于加强信息安全保障工作的意见》（中办发【2003】27 号）中明确提出，要实施信息安全产品认证制度。2004 年八部委联合发布通知，提出要建立统一的信息安全产品认证认可体系，对重要的信息安全产品实行强制性认证。随后，我国指定了产品认证机构和检测机构，公布了产品认证目录，将 13 种产品列入范围，并依据 CC 国际标准制定了针对具体产品的国家标准。信息安全产品认证制度最初拟作为一项强制性制度，但由于美国、日本、欧盟等国家和地区的反对，该制度最终仅在政府采购领域实施。目前，我国已形成了统一认证机构、统一认证标准等的统一信息安全产品认证认可体系。

（二）现有认证制度在确保IT产品安全可靠方面作用有限

我国信息安全产品制度在确保IT产品安全可靠方面作用有限，主要体现在：一是认证目录覆盖的产品范围有限，仅覆盖了13种信息安全产品，大部分信息安全产品以及其它一些可提供安全特性的IT产品，并未纳入认证范围。二是该制度主要测试产品的功能、性能，以及是否符合安全功能要求、安全保证要求等，几乎不对产品是否存在漏洞等进行测试。三是制度实施中存在检测能力不足、标准规范尚不能满足认证认可的需求、人员队伍规模和素质有待加强等突出问题，需要加快信息安全产品标准的制定，加强检测技术的研究与开发。

（三）我国目前缺乏对IT产品是否存在漏洞等隐患的评估审查制度

确保IT产品安全的主要目的之一，是发现IT产品是否存在漏洞，以避免恶意攻击者在IT产品中安置恶意软件或技术。美国依法以威胁国家安全为由进行个案审查，审查标准不明确、不透明；印度依法对进口IT产品进行安全审查，通过指定审查机构的测试评估方可进入该国市场。与国外相比，我国信息安全产品认证制度几乎不对产品是否存在漏洞进行测试评估，我国还缺乏对IT产品是否存在漏洞的评估和审查制度，对IT产品尤其是进口的关键IT产品是否存在漏洞等评估不足。

三、必须建立我国IT产品安全审查制度

安全审查是不少国家确保IT产品安全的主要制度之一。当前，我国IT产品高度依赖进口，而且美国等国已具备利用产品漏洞对他国实施网络攻击的能力，确保我国IT产品安全就显得非常重要。然而，我国现有的信息安全产品认证制度在确保IT产品安全上作用有限，所以有必要建立IT产品安全审查制度。

（一）我国绝大部分IT产品尤其是高端产品依赖进口，产品一旦被设置后门，将造成灾难性后果

目前，我国市场上国外IT产品占有垄断地位，很多重要信息系统绝大多数采购了国外IT产品，国外厂商的芯片、服务器、操作系统、数据库等已大量部署在重要信息系统中，从硬件到软件都不同程度地受制于人。有统计显示,我国的芯片、元器件、网络设备等90%依赖进口，防火墙、加密机等信息安全产品超过60%多来自进口。这些软硬件产品或多或少地存在着安全漏洞，从而使恶意攻击者能够有机可乘。而且，这些产品很有可能被设置后门，就相当于洞开国家安全的大

门，国外将可能借此对我国实施网络窃密，在特殊情况下实施网络攻击，后果不堪设想。美国政府过去就曾要求部分出口商品设置"后门"，以便自己秘密监控。实施 IT 产品审查制度，将有助于发现产品的漏洞等安全隐患，避免因产品被设置后门而给我国造成灾难性的后果。

（二）美国等国已具备利用 IT 产品漏洞实施网络攻击的能力，对我国构成了潜在威胁

近年来，国际网络安全形势发生了新变化，主要国家加快组建网络攻击力量、发展网络武器，同时加强了网络攻击和威慑能力。美国等国已具备了利用 IT 产品软硬件漏洞实施网络攻击的能力，例如，由美国和以色列联合研发的"震网"病毒，主要就是利用了五个 Windows 系统漏洞（其中四个是"零日"漏洞），以及西门子公司控制系统 SIMATIC WinCC 软件的漏洞，该病毒造成了伊朗核电站推迟发电。IT 软硬件产品不可避免地存在漏洞，很容易被恶意攻击者利用。例如，在全球医疗、通信、商品制造、汽车等工业领域广泛应用的芯片被报道存在致命的后门，攻击者可破坏该芯片的安全结构，攻击使用该芯片的各类重要设备。美国的上述能力，已对我国构成潜在威胁，而 IT 产品安全审查将有助于有效防范上述威胁。

（三）美国等国多次以"威胁国家安全"为由禁止使用我国相关 IT 产品，我国需要有相应的反制措施

近年来，美国、印度、澳大利亚等国多次以"威胁国家安全"为由，禁止我国华为、中兴等公司产品在该国部署和使用。2009 年印度出台政策，阻止该国电信运营商进口中国电信设备，从而影响到华为和中兴公司大约 50 亿美元的订单；2010 年 9 月，美国以"国家安全"为由，阻止我国华为公司参与美国第三大运营商 Sprint Nextel 高达 50 亿美元的网络招标；2012 年澳大利亚以安全问题为由，拒绝华为投标澳全国宽带网（NBN）项目；今年 7 月，法国参议院外事委员会、军事国防委员会一致通过一项议案，禁止在欧洲铺设和使用路由器等威胁国家安全的通信设备，尤其是源自中国的设备。从上述事件不难看出，国外的做法一方面源于对国家安全问题的担忧，但另一方面则是以"国家安全"为由行贸易保护之实，我国需要具备有效的反制制度和措施。

四、建立我国信息技术产品安全审查制度的建议

毫无疑问，我国很有必要建立信息技术产品安全审查制度，对政府及重要行

业采用的关键 IT 产品尤其是进口产品必须进行安全审查。为此,特提出如下建议。

（一）安全审查限于政府及重要行业采用的关键 IT 产品

美国等国对进口 IT 产品进行审查,核心目的就是发现产品的安全漏洞,防范产品被设置恶意功能,以保护其关键基础设施的安全。鉴于此,我国信息技术产品安全审查应当以政府及重要行业采用的国内外 IT 产品为审查对象,产品范围限于路由器等关键 IT 产品。安全审查内容主要是产品是否存在漏洞、是否被设置恶意功能等,还可能包括产品代码审查以及厂商信誉评价等。

（二）实行以统一审查为主、个案审查为辅的审查机制

参考美国和印度做法,建立统一审查和个案审查相结合的 IT 产品安全审查制度。对于确定的关键 IT 产品,只有通过相应安全审查机构的测试评估和代码审查,产品方可在我国重要信息系统中使用和部署。同时,为了确保我国在该制度上的自由裁量权力,可指定政府相关部门对某种进口产品进行专门的调查评估,确定该进口产品是否对国家安全造成破坏或破坏威胁。对于确定需要安全审查的关键信息安全产品,可以直接采信现有信息安全产品认证机构的测试评估结果。

（三）立法先行,以法律形式确立 IT 产品安全审查制度

抓紧研究制定信息技术产品安全相关法律,对政府以及电力等重点行业应用的、涉及国家安全的关键 IT 产品提出安全审查要求,明确需要审查的关键 IT 产品范围,明确判定"威胁国家安全"应当考虑的因素,明确安全审查的主管部门和程序规定,明确安全审查申请和评估调查流程,对政府及重点行业采用的进口 IT 产品实行国家安全一票否决制。

（四）加强 IT 产品安全审查技术支撑能力建设

加强对国内或进口的关键 IT 产品是否存在重大已知安全缺陷、产品功能是否正确,以及是否嵌入了其它功能的测试评估技术研发,并提高审查机构对产品代码审查、测试评估以及持续监控等方面的能力。加快安全审查技术标准规范制定,并研究制定政府及重点行业 IT 产品采购安全指南,对政府及重点行业企业采购关键 IT 产品提出要求,相关措施包括采购前就对服务提供商进行审查、必要时对系统进行渗透性测试等。

本文作者：赛迪智库信息安全研究所　闫晓丽

加快推进我国网站可信认证工作的几点思考

【内容提要】伴随着钓鱼欺诈网站的爆发式增长，网站可信认证服务得到了社会大众越来越多的关注，已有超过13%的国内网站通过了不同形式的可信认证。然而，我国网站可信认证工作仍然面临诸多挑战。赛迪智库信息安全研究所认为，"参与主体众多、认证标识公信力低、服务技术标准缺失"等问题严重影响了网站可信认证服务的进一步推广，致使钓鱼网站屡禁不绝。为了充分发挥网站可信认证服务在防范钓鱼网站中的重要作用，赛迪智库信息安全研究所提出了四点建议：高度重视网站可信认证服务的发展及产业体系建设；加快推进网站可信认证服务市场的规范化进程；支持国产网站可信认证技术产品的研发；完善网站可信认证服务监管和服务体系。

【关键词】网站可信认证　钓鱼网站　网站可信标识

　　网站可信认证作为应对钓鱼网站威胁的重要手段，正得到社会大众越来越多的关注，经过认证的国内网站已经超过30万家。然而，处于成长阶段的我国网站可信认证行业正面临"参与主体众多、认证标识公信力低、服务技术标准缺失"等问题，致使钓鱼网站屡禁不绝。正确分析网站可信认证行业发展现状和存在的问题，组织制定相应的对策措施，已成为保障我国网站可信认证工作顺利发展的必然要求。

一、网站可信认证服务及其发展现状

（一）网站可信认证服务的概念

　　网站可信认证服务是通过域名注册信息、网站信息和企业工商或事业单位组织机构信息进行严格交互审核来认证网站真实信息，并利用电子签名等技术将经过认证的网站信息以直观、安全可靠且不可篡改的方式在互联网终端展示，帮助互联网用户识别网站真实身份，以及主体资质、网站安全情况等相关属性的网络安全服务。

由于采用的认证信息存储、保护、展示技术的不同，网站可信认证可以有多种实现模式，但都涉及网站主体、认证机构、互联网终端厂商和审计机构四类角色。

（二）国外网站可信认证服务的发展现状

一是服务器证书成为网站可信认证的主要服务模式。国外的网站可信认证服务主要通过签发服务器证书（SSL证书和EV SSL证书）的模式实现。采用该模式提供网站可信认证服务，不仅能够认证网站主体身份，而且能够在客户端浏览器和Web服务器之间建立安全通道，确保数据在传送中不被随意查看、窃取、修改，为网站与用户间的信息交互提供安全保护。根据Netcraft的报告，截至2011年2月，有效第三方SSL证书数量已达166万余张。国外银行、大公司主页等安全性要求较高的网站大都安装了服务器证书。

二是形成了具有公信力的网站可信标识。伴随着网站可信认证服务的普及，具有技术和服务优势的企业或组织的网站可信标识也日益得到社会公众的认可。据2011年全球67%的EV SSL证书签发机构赛门铁克公司统计，2011年用户每天平均访问Verisign信任签章的次数多达8亿次，比2010年增加60%。该公司的一份调查研究还显示，11%的受访者曾因为网站没有VeriSign签章而决定放弃网上购物。此外，澳大利亚、法国、比利时、西班牙等许多国家也形成了本国公众普遍认可的著名网站可信标识。

（三）国内网站可信认证服务的发展现状

一是钓鱼网站数量剧增，网站可信认证日益得到重视。近年来，伴随着电子商务、电子政务的飞速发展，钓鱼网站大量出现并成为我国第一大网络安全威胁。因此，网站可信认证的重要性逐步得到重视。有关调查数据显示，截至2012年6月30日，我国境内31个省、自治区和直辖市均有相当数量的网站实施了可信认证服务。其中，已经在网站首页悬挂可信网站验证标识的网站总数为30万左右，约占全国网站总数的13%。

二是认证机构众多，服务模式多样化成为我国网站可信认证服务的主要特点。目前，北龙中网（北京）科技有限责任公司、中国电子商务协会数字服务中心、中国互联网协会等多家企业、机构分别开展了"可信网站验证"、"诚信网站认证"、"网信认证"等多种形式的网站可信或诚信认证服务，提供了网站主体身份、网站安全性等多样化认证服务。

二、我国网站可信认证面临重大机遇与挑战

（一）我国网站可信认证工作面临重大发展机遇

一是我国网络安全的新形势促进社会公众全面认识和接受网站可信认证服务。截至2012年6月底，我国网民数量达5.38亿人，互联网普及率39.9%，网络安全已成为社会公众普遍关注的焦点问题。随着中国网民网络安全防范意识的增强和安全软件的普及，以往作为头号网络安全威胁的木马病毒，其危害性大幅下降，类似"冲击波"、"熊猫烧香"等病毒感染量过百万台电脑的情况近乎绝迹。与此同时，伴随着电子商务的兴起和网上消费人群的激增，以模仿知名网站、利用欺诈手段骗钱的钓鱼网站数量猛增，成为当前互联网的主要安全威胁。360安全中心发布的《2012上半年中国网络安全报告》指出，钓鱼网站已超越木马病毒成为网络安全的主要威胁。据统计，今年1—6月，360共拦截钓鱼网站访问量达21.7亿次，相当于平均每秒有138个网民访问钓鱼网站。

我国网络安全的新形势以及随之而来的对正确识别网站身份的巨大而迫切的需求，正促使社会公众全面认识和接受网站可信认证服务。有关调查显示，过去一年中，网站可信验证网民点击查验请求同比暴增10倍。87.5%的受访网民希望在网站访问过程能随时核验当前访问网站的真实身份信息，62.2%的受访网民认为悬挂了网站可信标识的网站更可信。

二是我国电子商务持续发展的需求促使企业加大对网站可信认证服务的投入。据中国互联网络信息中心（CNNIC）统计显示，2011年我国电子商务类应用稳步发展，网络购物、网上支付、网上银行和在线旅行预订等应用的用户规模全面增长。与2010年相比，网购用户增长3344万人，增长率达到20.8%，网上支付、网上银行使用率也分别增长至32.5%和32.4%。近年来，伴随着我国电子商务的不断发展，网络失信或诚信缺失已经成为我国电子商务应用持续发展的最大阻碍。钓鱼网站、网络欺诈等网络诚信事件的涌现，使本来就薄弱的互联网"信任基础"更不牢靠，成为2011年下半年网络团购等电子商务类应用转冷的重要原因之一。

我国电子商务持续发展的需求正促使企业加大对网站可信认证服务的投入。不仅京东商城、百度有啊、海尔商城等大型电子商务服务商均已启用网站可信认证服务，阿里巴巴平台上选择诚信通服务的国内中小电子商务服务商也超过了65万（截至2012年3月31日）。此外，中银国际期货、民生证券、国泰君安等银行证券类网站，以及其它电子商务相关网站大都已悬挂了不同形式的网站可信认证

标识。

三是我国网络信任体系建设、国家信息安全战略推动各级政府部门加强对网站可信认证服务的支持。网站是网络空间的重要主体之一。开展网站可信认证，确保网站真实可信是网络应用中身份认证的重要内容，也是网络信任体系建设的重要组成部分，有利于破解网站"身份严重缺失"困局，推动互联网从"可用网络"向"可信网络"演进，加速构建我国可信网络空间。

我国网络信任体系建设、国家信息安全战略正推动各级政府部门加强对包括网站可信认证服务在内的互联网诚信体系建设的支持。《国务院关于大力推进信息化发展和切实保障信息安全的若干意见》（国发【2012】23号）明确要求"制定电子商务信用评价规范，建立互联网网站、电子商务交易平台诚信评价机制……"。各级地方政府也纷纷加大支持力度。例如，2011年广东省发改委立项支持广东省投资2亿元建设首个电子商务信用服务平台，提供包括信用认证、信用查询、信用投诉和先行赔付等电子商务信用服务。

（二）我国全面推广网站可信认证服务也面临诸多严峻挑战

一是认证机构众多，缺乏具有公信力的网站可信标识。网站可信认证服务已成为互联网安全服务的新热点。目前，多家第三方机构已经开展了不同形式的网站可信认证服务，包括由中国互联网络信息中心（CNNIC）和北龙中网联合发起的"可信网站"验证服务、中国互联网信用评价中心推出"网站信用证"服务，以及中国电子商务协会数字服务中心开展的"诚信网站"认证服务。除第三方机构外，搜索引擎、浏览器等互联网终端厂商也推出了自己的网站可信认证服务，例如百度联盟认证体系、360可信网站认证等。

众多认证机构的参与，加速了网站可信认证服务的全面推广，但多样化的认证服务和个性化的网站可信标识，也使得网站所有者和网民无所适从，难以选择适合自己需要的、可信的网站认证服务。调查显示，在已实施网站可信验证的网站中，10%左右的网站实施了两种及以上的网站可信认证服务。重复认证不仅造成资源浪费，而且导致具有公信力的网站可信标识缺失，影响了社会公众对网站可信认证服务的信心，也制约着网站可信认证服务的进一步推广。

二是基础数据库缺乏互通性和开放性，认证效率难以提升。目前，我国政府部门依据职责建立起了各领域信息基础数据库，例如公民身份信息数据库、企业工商信息数据库、网站备案信息数据库、域名注册信息数据库等。在开放性的互联网环境下，这些数据库已成为网站主体信息、属性信息的可靠来源，是网站可信认证的基础和信任源。

然而，由于各政府部门的分别建设和分散管理，这些基础数据库不仅互通性差，不同基础数据库的数据难以做到整合互通和资源共享，而且开放度低，各部门独立开展信息真实性查询和验证，缺乏交互审核和比对服务，难以做到业务中立。随着网站可信认证服务的不断推广和深入，认证网站数量和认证内容将急剧增加。仅依靠现有基础数据库开展网站可信认证服务，网站整体信息真实性需要逐步完成、部分信息需要重复验证和交叉印证，导致认证效率难以提升，无法满足网站可信认证服务进一步发展的需要。

三是国家标准缺失，认证市场亟待规范。经过大量的业务实践，各网站可信认证机构根据自身业务特点、参照国际运营惯例，从认证信息的收集、整合到认证凭证、认证标识的生成、发放和显示，逐步形成了各具特色的服务流程和技术规范。遍布全国的30万已认证网站及新浪、腾讯等知名网站的成功应用案例，初步证明了相关流程和规范的有效性。

然而，网站可信认证的国家标准体系仍亟待建立。由于缺乏相关国家标准，网站和网民难以对形式多样的网站可信认证服务进行比较和选择、审计机构难以对认证机构的服务和技术水平作出正确判断、监管部门难以及时发现网站可信认证工作中的服务和技术风险，导致网站可信认证服务市场长期处于一种无序、自发的状态，严重制约着网站可信认证服务的进一步推广。

三、关于进一步推广网站可信认证工作的对策建议

（一）高度重视网站可信认证服务的发展及产业体系建设

明确网站可信认证在网络信任体系建设和电子商务信用评价体系建设中的重要地位。要在政府相关文件、信息安全规划、电子商务产业规划及其它相关规划中突出网站可信认证服务的重要性，明确发展我国网站可信认证产业的重要意义。加强国际交流与合作，鼓励国内电子认证服务机构、浏览器厂商加入 CA/Browser Forum 等国际组织，积极参与网站可信认证相关标准的制定与推广。重视网站可信认证产业体系的建设，培养完善适宜的产业发展环境，鼓励政府部门有条件地开发各类信息基础数据库，在保障个人隐私的基础上，建立多方共赢的基础信息应用机制。加大宣传教育力度，引导社会公众正确认识、理解网站可信认证服务

的内涵和重要性，营造良好的应用推广氛围，推动网站可信认证服务的普及。

（二）加快推进网站可信认证服务市场的规范化进程

深入分析社会公众对网站可信认证的真实需求，解读网站"可信"、"诚信"的实际内涵，建立层次化的网站可信认证服务体系，明确定义不同层次网站可信认证服务的具体内容。加快网站可信认证标准体系制定，鼓励有实力的认证机构、浏览器厂商等认真梳理网站可信认证服务流程，形成与层次化网站可信认证服务体系相配套的技术、服务国家标准。鼓励成立第三方审计机构，充分借鉴Webtrust认证等国际安全审计标准，制定符合我国国情的网站可信认证审计标准。坚持政府引导、社会参与、市场化运作的原则，确立第三方认证服务机构的主体地位，以现有认证服务优势资源为依托，成立各方面参与的自律组织，汇聚行业力量，形成合力，通过多种形式的试点工作，打造具有公信力的网站可信标识，建立持续推进网站可信认证工作的长效机制。

（三）支持国产网站可信认证技术产品的研发

通过出台相关政策，给予资金资助、税收优惠，支持国内合法电子认证服务机构签发基于国产密码算法的服务器证书，推动主要国产浏览器厂商将国产服务器证书的根证书植入信任域中，并攻克运行效率、稳定性等方面的技术难题。通过"核高基"、信息安全专项等途径，加大对网站可信认证技术和产品研发资金的投入力度，针对浏览器、搜索引擎、即时通信工具等互联网应用终端，研发与我国网络基础设施条件和网络用户行为习惯相匹配的多样化网站可信认证服务产品，鼓励相关技术产品的持续创新。

（四）完善网站可信认证服务监管和服务体系

在政府的指导下，发挥行业组织的自律作用，围绕网站可信标识的授权和使用，完善网站可信认证服务监管体系，及时发现非授权使用网站可信标识的行为。充分利用现有知识产权保护法律法规和互联网安全法规，建立网站可信认证法律保障体系，及时查处可信标识侵权等违法违规行为，维护网站可信标识的公信力。以政府各类数据库的互联互通为基础，构建网站可信认证公共服务平台，推动实现认证资源和认证服务的开放共享，力争做到一次验证，全网通用，全面提升网络可信验证服务的效率。

本文作者：赛迪智库信息安全研究所　陈建辉

大数据时代信息安全面临的挑战与机遇

【内容提要】作为"未来的新石油",大数据正成为继云计算、物联网之后信息技术领域的又一热点。然而,现有的信息安全手段已不能满足大数据时代的信息安全要求。大数据在给信息安全带来挑战的同时,也为信息安全发展提供了新机遇。赛迪智库信息安全研究所对大数据时代的信息安全进行了全面研究,认为大数据现已成为网络攻击的显著目标,加大了隐私泄露风险,威胁到现有的存储和安防措施,成为高级可持续攻击的载体。大数据技术成为黑客的攻击利用的手段,却也可为信息安全提供新支撑。为此,提出了保障我国大数据信息安全的四点建议:重视大数据及其信息安全体系建设;加快大数据安全技术研发;加强对重点领域敏感数据的监管;运用大数据技术应对高级可持续攻击等。

【关键词】大数据　信息安全　挑战　机遇

据图灵奖得主 Jim Gray 和 Jnan Dash 在"科学的第四个范式"中的预测,数据密集型科学将成为人类科学研究的第四个范式。继实验科学、理论科学、计算机科学之后,以大数据为代表的数据密集型科学将成为新一次技术变革的基石。随着数据的进一步集中和数据量的增大,对海量数据进行安全防护变得更加困难,数据的分布式处理也加大了数据泄露的风险,信息安全正成为制约大数据技术发展的瓶颈。

一、大数据时代已经到来

物联网、云计算、移动互联网等新技术的发展,使得手机、平板电脑、PC 以及遍布地球各个角落的传感器,成为数据来源和承载方式。有科技公司估计,互联网上的数据量每两年会翻一番,到 2013 年互联网上的数据量将达到每年 667EB (1EB=230GB)。这些数据绝大多数是"非结构化数据",通常不能为传统的数据库所用,但这些庞大的数据"宝藏"将成为未来世界的新"石油"。

（一）大数据具有四个典型特征

大数据（Big Data）是指"无法用现有的软件工具提取、存储、搜索、共享、分析和处理的海量的、复杂的数据集合。"业界通常用四个 V（即 Volume、Variety、Value、Velocity）来概括大数据的特征。

一是数据体量巨大（Volume）。到目前为止，人类生产的所有印刷材料的数据量是 200PB（1PB=210TB），而历史上全人类说过的所有的话的数据量大约 5EB（1EB=210PB）。当前，典型个人计算机硬盘的容量为 TB 量级，而一些大企业的数据量已经接近 EB 量级。

二是数据类型繁多（Variety)。这种类型的多样性也让数据被分为结构化数据和非结构化数据。相对于以往便于存储的以文本为主的结构化数据，非结构化数据越来越多，包括网络日志、音频、视频、图片、地理位置信息等，这些多类型的数据对数据的处理能力提出了更高要求。

三是价值密度低（Value）。价值密度的高低与数据总量的大小成反比。以视频为例，一部 1 小时的视频，在连续不间断的监控中，有用数据可能仅有 1、2 秒。如何通过强大的机器算法更迅速地完成数据的价值"提纯"成为目前大数据背景下亟待解决的难题。

四是处理速度快（Velocity）。这是大数据区分于传统数据挖掘的最显著特征。根据 IDC 的"数字宇宙"的报告，预计到 2020 年，全球数据使用量将达到 35.2ZB。在如此海量的数据面前，处理数据的效率就是企业的生命。

（二）大数据成为国家和企业的核心资产

今年瑞士达沃斯论坛上发布的《大数据，大影响》的报告称，数据已成为一种新的经济资产类别，就像货币或黄金一样。奥巴马政府已把"大数据"上升到国家战略层面，今年 3 月 29 日美国宣布投资 2 亿美元启动"大数据研究和发展计划"，借以增强收集海量数据、分析萃取信息的能力。美国政府认为，大数据是"未来的新石油"，一个国家拥有数据的规模、活性及解释运用的能力将成为综合国力的重要组成部分，未来对数据的占有和控制甚至将成为继陆权、海权、空权之外国家的另一个核心资产。

对企业来说，数据正在取代人才成为企业的核心竞争力。在大数据时代，数据资产取代人才成为企业智商最重要的载体。这些能够被企业随时获取的数据，可以帮助和指导企业对全业务流程进行有效运营和优化，帮助企业做出最明智的决策。此时，企业智商的基础就是形形色色的数据。

大数据在重新定义企业智商的同时，对企业核心资产也进行了重塑，数据资产当仁不让地成为现代商业社会的核心竞争力。在大数据时代，企业必须熟悉和用好海量的数据，而互联网行业已提早感受到了大数据带来的深切变化。一些互联网企业已经完成了核心竞争力的重新定义。这些互联网企业正在发生的变化，一定程度上恰恰是其它企业在大数据时代的未来。

（三）大数据蓝海成为竞争的新焦点

大数据所能带来的巨大商业价值，被认为将引领一场足以与20世纪计算机革命匹敌的巨大变革。大数据正在对每个领域都造成影响，在商业、经济和其它领域中，决策行为将日益基于数据分析，而不再是凭借经验和直觉。大数据正在成为政府和企业竞争的新焦点。

各大企业正纷纷投向大数据促生的新蓝海。甲骨文、IBM、微软和SAP共投入超过15亿美元成立各自的软件智能数据管理和分析的专业公司。2011年，有58%的企业将数据分析技术用于在市场或行业内创造竞争优势，而2010年这一比例仅为37%。值得注意的是，采用分析技术的企业持续超越同行的可能性要高两倍。

在大数据时代，商业生态环境在不经意间发生了巨大变化：无处不在的智能终端、随时在线的网络传输、互动频繁的社交网络，让以往只是网页浏览者的网民的面孔从模糊变得清晰，企业也有机会进行大规模的精准化的消费者行为研究。大数据蓝海将成为未来竞争的制高点。

二、大数据给信息安全带来了新的挑战与机遇

大数据在成为竞争新焦点的同时，不仅带来了更多安全风险，同时也带来了新机遇。

（一）大数据成为网络攻击的显著目标

在网络空间，大数据是更容易被"发现"的大目标。一方面，大数据意味着海量的数据，也意味着更复杂、更敏感的数据，这些数据会吸引更多的潜在攻击者。另一方面，数据的大量汇集，使得黑客成功攻击一次就能获得更多数据，无形中降低了黑客的进攻成本，增加了"收益率"。

（二）大数据加大隐私泄露风险

大量数据的汇集不可避免地加大了用户隐私泄露的风险。一方面，数据集中存储增加了泄露风险，而这些数据不被滥用，也成为人身安全的一部分。另一方面，一些敏感数据的所有权和使用权并没有明确界定，很多基于大数据的分析都未考虑到其中涉及的个体隐私问题。

（三）大数据威胁现有的存储和安防措施

大数据存储带来新的安全问题。数据大集中的后果是复杂多样的数据存储在一起，很可能会出现将某些生产数据放在经营数据存储位置的情况，致使企业安全管理不合规。大数据的大小也影响到安全控制措施能否正确运行。安全防护手段的更新升级速度无法跟上数据量非线性增长的步伐，就会暴露大数据安全防护的漏洞。

（四）大数据技术成为黑客的攻击手段

在企业用数据挖掘和数据分析等大数据技术获取商业价值的同时，黑客也在利用这些大数据技术向企业发起攻击。黑客会最大限度地收集更多有用信息，比如社交网络、邮件、微博、电子商务、电话和家庭住址等信息，大数据分析使黑客的攻击更加精准。此外，大数据也为黑客发起攻击提供了更多机会。黑客利用大数据发起僵尸网络攻击，可能会同时控制上百万台傀儡机并发起攻击。

（五）大数据成为高级可持续攻击的载体

传统的检测是基于单个时间点进行的基于威胁特征的实时匹配检测，而高级可持续攻击（APT）是一个实施过程，无法被实时检测。此外，大数据的价值低密度性，使得安全分析工具很难聚焦在价值点上，黑客可以将攻击隐藏在大数据中，给安全服务提供商的分析制造很大困难。黑客设置的任何一个会误导安全厂商目标信息提取和检索的攻击，都会导致安全监测偏离应有方向。

（六）大数据技术为信息安全提供新支撑

当然，大数据也为信息安全的发展提供了新机遇。大数据正在为安全分析提供新的可能性，对于海量数据的分析有助于信息安全服务提供商更好地刻画网络异常行为，从而找出数据中的风险点。对实时安全和商务数据结合在一起的数据进行预防性分析，可识别钓鱼攻击，防止诈骗和阻止黑客入侵。网络攻击行为总会留下蛛丝马迹，这些痕迹都以数据的形式隐藏在大数据中，利用大数据技术整合计算和处理资源有助于更有针对性地应对信息安全威胁，有助于找到攻击的源头。

三、保障我国大数据信息安全的几点建议

（一）重视大数据及其信息安全体系建设

大数据作为一个较新的概念，目前尚未直接以专有名词被我国政府提出来给予政策支持。在物联网"十二五"规划中，信息处理技术作为四项关键技术创新工程之一被提出来，其中包括了海量数据存储、数据挖掘、图像视频智能分析，这都是大数据的重要组成部分。在对大数据发展进行规划时，建议加大对大数据信息安全形势的宣传力度，明确大数据的重点保障对象，加强对敏感和要害数据的监管，加快面向大数据的信息安全技术的研究，培养大数据安全的专业人才，建立并完善大数据信息安全体系。

（二）加快大数据安全技术研发

云计算、物联网、移动互联网等新技术的快速发展，为大数据的收集、处理和应用提出了新的安全挑战。建议加大对大数据安全保障关键技术研发的资金投入，提高我国大数据安全技术产品水平。推动基于大数据的安全技术研发，研究基于大数据的网络攻击追踪方法，抢占发展基于大数据的安全技术的先机。

（三）加强对重点领域敏感数据的监管

海量数据的汇集加大了敏感数据暴露的可能性，对大数据的无序使用也增加了要害信息泄露的危险。在政府层面，建议明确重点领域数据库范围，制定完善的重点领域数据库管理和安全操作制度，加强日常监管。在企业层面，建议加强企业内部管理，制定设备特别是移动设备安全使用规程，规范大数据的使用方法和流程。

（四）运用大数据技术应对高级可持续攻击

传统安全防御措施很难检测出高级持续性攻击。安全厂商要利用大数据技术对事件的模式、攻击的模式、时间和空间上的特征进行处理，总结抽象出一些模型，变成大数据安全工具。为了精准地描述威胁特征，建模过程可能会耗费几个月甚至几年，并耗费大量人力、物力、财力。建议整合大数据处理资源，协调大数据处理和分析机制，推动重点数据库之间的数据共享，加快对高级可持续攻击的建模进程，消除和控制高级可持续攻击的危害。

本文作者：赛迪智库信息安全研究所　冯伟

黑客产业链整治刻不容缓

【内容提要】 近年来，我国使用黑客技术牟利的网络犯罪活动频发，黑客产业不断发展壮大，引发了社会各界的广泛关注。在对黑客产业链进行全面研究的基础上，赛迪智库信息安全研究所认为，当前我国黑客产业链呈现出了几个新特点：类型多样且新类型不断涌现，黑客入门门槛降低，黑客向职业化转型且分工不断细化。就成因来看，暴利是黑客产业发展的主要驱动力，法律法规不完善、监管困难、违法成本低也是重要原因。基于上述分析，提出了五点对策建议，即要完善相关立法，开展网络道德教育，加强对高技术人才的正面引导，提高漏洞发现及应急解决能力，加强对网络黑市的监控，加强洗钱变现环节管理。

【关键词】 黑客产业链　漏洞　网络黑市

黑客通常指热衷于技术、水平高超的电脑专家，本文专指利用黑客技术、实施网络犯罪的人。近几年，随着互联网经济的快速发展，黑客产业不断壮大。重大经济利益的驱使，以及新技术的发展，使黑客产业链类型不断丰富，链条上各个角色分工日趋专业化，所带来的破坏力和影响也更加巨大。黑客产业的发展不仅给用户造成了巨大的经济损失，还严重阻碍了互联网的发展，甚至给社会稳定和国家安全造成巨大影响。据有关部门估计，目前黑客产业链年产值已超过10亿人民币，造成的损失则超过百亿，加强黑客产业链整治工作已刻不容缓。

一、黑客产业链的新特点

（一）黑客产业链类型多样，且新类型不断涌现

由于攻击手段、窃取内容、获利方式不同，目前黑客产业链表现为多种不同类型和形式的黑色利益链条。如以使用黑客工具侵入用户计算机、窃取用户网银账号密码等信息，进行套现获利的黑色利益链；以发掘网站漏洞、实施网站挂马、窃取用户网游账号密码，进行虚拟资产倒卖的黑色利益链；以开发恶意软件控制

傀儡主机，实施拒绝服务攻击的黑色利益链等。此外，还有广告推广、恶意扣费、个人信息倒卖等多种不同类型的黑色利益链，各类利益链相互交织在一起，很难完全统计目前总共有多少种不同的类型。

同时，伴随互联网应用的不断创新，针对新生应用的黑客产业链也不断涌现。比如，随着网络舆论影响日益强大，一条专为删除网络负面信息的黑色利益链因此诞生，它专门负责侵入网站、删除客户的负面信息。与之相对应的是刷排名利益链，它通过网站挂马等技术控制大量主机，干扰各类网络服务，比如影响搜索引擎排名、网店信誉、在线投票等。新应用引发新矛盾，新矛盾推动黑客产业链不断演化，随着智能手机和平板电脑的发展，黑客产业链将逐渐向移动互联网领域蔓延。

（二）黑客入门门槛降低，从业年龄低龄化

黑客从业者的技术门槛大大降低，且参与者的学历有所下降。黑客教学培训的泛滥、木马病毒的公开贩卖，使没有学历、没有技术的普通人也可迅速成为一名具有破坏力的黑客。比如网上流行的病毒制造机，一个没有任何编程基础的用户，根据软件的步骤，点击几下鼠标，即可生成一个功能完整的病毒。据有关部门统计，目前80%以上网络盗窃者的文化水平都在高中以下，网络盗窃已不再称得上是高科技犯罪。

从业者年龄低龄化是目前黑客产业链的一个显著特征。黑客产业链主要从业者年龄在10—30岁之间，主要原因有五：一是技术门槛降低，青少年即可参与实施各种网络攻击；二是青少年出于炫耀目的，"黑"掉网站获得别人崇拜；三是青少年为获得更好的网游装备，通过黑客技术窃取账号偷取装备；四是缺少网络法律和网络道德教育，青少年法律意识淡薄，道德约束力不强；五是10—30岁间的无业人员较多，长期屯居在网吧以黑客活动为生。在这个庞大群体中，只有少部分人从事病毒开发或漏洞发掘等高技术活动，大多数还是利用现成的黑客软件实施攻击，从事比较低级的活动。

（三）黑客向职业化转型，产业链不断深化

随着黑客产业链的进一步发展，黑客现已从业余爱好变为谋生的职业。以前，大部分黑客都有自己的本职工作，但随着产业链的不断演化，大部分从业者逐渐变成了职业黑客，依靠专门从事产业链中某些具体工作为生。

同时，产业链的分工也进一步深化，各环节都有固定的团体负责。有专门开发病毒的团体，有专门发掘漏洞的团体，有专门贩卖病毒、漏洞的团体，有专门负责攻击、窃取信息的团体，有专门出售信息的团体，有专门负责套现洗钱的团体，有专门负责黑客培训的团体。细致的分工，使每个环节专业化程度不断提升，不同的团体、环节结合在一起，构成了目前庞大、复杂的地下黑客产业链。

二、我国黑客产业链分析

（一）黑客产业不断发展壮大的原因

暴利是黑客产业发展的主要驱动力。黑客活动，不仅可满足黑客挑战规则后的成就感，更可赚到真金白银，这让黑客的心态发生变化。传统的"黑客精神"慢慢消失殆尽，丰厚的收益成为黑客的主要目的和动力。产业链中每个环节都能赚钱，有出售病毒的，一个病毒从几百元到几千元不等；有出售漏洞的，一个高危漏洞可卖到几万到几十万美元；有提供拒绝服务攻击的，1G 流量攻击 1 个小时约 4—5 万元；还有出售傀儡主机的，在黑客界，曾流传日入一万的说法，有人不到半年就赚到 200 万。正是这种快速、轻松的赚钱方式，才致使很多人有了一夜暴富的幻想，也因此很难满足于从事一份正常的工作。巨大的利益诱惑成为黑客产业不断吸引人参与的主要原因。

法律法规不完善，违法成本低、监管困难是黑客产业持续发展的又一重要原因。我国《刑法》已对有关网络犯罪作出处罚规定，并出台了相关的司法解释，但目前仍存在一些问题。首先，法律法规与快速发展的互联网相比显得滞后。其次，网络犯罪定罪量刑标准低，大部分罪行只判处几年的有期徒刑，与犯罪获得的巨额收益相比，很多黑客愿意铤而走险。再次，网络犯罪监管、取证较困难。网络犯罪技术复杂、范围广、隐蔽性强，在国内猖獗的拒绝服务攻击因取证困难几乎不会被起诉，木马、病毒交易更因监管困难而在网上大肆横行。由于这些问题的存在，使不少人心存侥幸，也致使越来越多的人加入该行业。

（二）产业链主要环节分析

目前，黑客产业链的具体形态十分复杂，各种利益链不断变换又彼此交错，呈现出复杂的网状结构，但产业链也具有明显的阶段性，可归结为以下四个代表性环节。

一是"工具开发、漏洞发掘"。该环节主要是网络和计算机水平较高的黑客挖掘网络和系统漏洞，并利用掌握的知识技能编写各种恶意程序。这一环节属于技术层面的活动，具有很强的技术性和开创性。

二是"利用安全漏洞、黑客工具实施入侵、控制、窃密等破坏活动"。通过实施恶意入侵、网站挂马、组建僵尸网络等，获取目标主机的控制权限，或窃取用户账户、密码等信息，为进一步实施后续违法活动做准备。

三是"利用获取的资源实施进一步犯罪"。这一环节基本不再需要使用黑客技术，任何懂得操作步骤的人都可参与，主要活动是利用获取的控制权限、用户信息，进行非法倒卖或实施敲诈勒索、恶意攻击等。

四是"销赃变现"。该环节主要是将窃取的虚拟世界的资源转变为真实世界的金钱，在网络黑市出售产品和服务后，利用金融系统，通过多种方式牟取经济利益。主要表现为利用窃取的银行账号、密码套现，盗刷信用卡套现等。

三、加强黑客产业链整治的措施建议

（一）完善相关立法，为打击网络非法活动与交易奠定法制基础

目前，我国已出台一系列网络管理的法律法规，但某些领域仍存在空白，让不法分子有机可乘。所以，有必要加快制定和完善网络监管方面的法律法规，推进网络立法，站在维护国家安全和促进经济平稳健康发展的高度来保障网络安全。建议抓住网络数据安全监管、对关键领域特殊保护等重点，并特别关注网络发展中的新应用和新领域，及时制定相关法律法规。同时，要对现有法规进行有效整合，避免内容重复和管理部门职责界限模糊等问题。

（二）开展网络道德教育，提高网络犯罪法律意识

青少年是黑客产业链从业的主体，大部分人法律意识淡薄，道德约束力不强，缺少正确的引导和教育。建议通过各种形式，加强对青少年及网民、网络从业人员的思想道德教育，提高他们对网络不良文化和违法行为的免疫力。在大中小学开设专门的网络道德教育课程，增强广大青少年的网络道德自律意识，提高对网上信息、行为的分析和判别能力。

（三）加强对高技术人才的正面引导，发挥高技术人才正面效益

从事漏洞发掘、工具开发的黑客都是具有较高信息安全技术的人才，如果能适当加以关注和引导，则可大大降低黑客的负面效益，减少产业链的从业者。通过组织举办信息安全技能大赛，成立相关协会或公益组织，为这些人提供展示才华的机会和发挥作用的平台，为其提供正当的获利渠道，引导这些高技术人才充

分发挥其正面效益。

（四）提高漏洞发现及应急解决能力，最大限度地减少高危漏洞带来的危害

找到漏洞是实施网络攻击的先决条件，是黑客产业链的第一步。漏洞普遍存在于各种设备或系统中，可及时补救，但不能完全根除。如能减少漏洞或缩短漏洞的生存期，则可大大降低漏洞带来的危害。一是完善漏洞信息发布及共享机制。以国家网络安全主管部门为核心，完善国家漏洞管理机构、安全企业、技术专家之间的漏洞发现及共享机制，在一定可控范围内及时发布漏洞信息。二是研究建立合法的安全漏洞交易机制，通过建立第三方交易平台和漏洞鉴定评估机制，创造公平、高效、可控的交易环境，避免漏洞流入地下黑市。三是加强应用程序检测和管理，组织相关机构开展代码检测，减少软件存在的漏洞。

（五）加强对网络黑市的监控，为打击网络违法犯罪活动提供技术支持

网络地下黑市是不法分子进行沟通联系的主要渠道。相关研究显示，目前黑客使用最多的联系方式就是百度贴吧和QQ群。国家相关主管部门可加强与百度、腾讯等企业的合作，建立专门的数据发掘部门，专门针对黑客的主要沟通渠道进行持续监控和数据分析，为网络犯罪事件追溯和公安机关打击违法犯罪活动提供线索。

（六）加强洗钱变现环节管理，切断黑客产业链获利渠道

黑客产业链最后一步需要通过银行、支付平台等金融系统，将虚拟世界的资源转变为现实世界的金钱。为了逃避打击，网络犯罪分子通常会盗用他人身份，建立多个虚假银行账户或网购账户，安排虚假交易，实施转账套现。加大对可疑网络交易和资金流动的监测，增加套现难度，是抑制黑客产业发展的一个有力措施。建议国家相关部门加强反洗钱管理，对黑客产业链资金交易渠道进行清理，切断黑客产业链的获利渠道。

本文作者：赛迪智库信息安全研究所　吕尧

能源环保篇

加强能源需求侧管理，提高我国工业能效水平

【内容提要】2012 年 1 月 17 日，联合国工业发展组织发布了《2011 年工业发展报告》，分 A、B 两部分。报告 A 部分认为，提高工业能效是实现工业可持续发展的关键，发展中国家需制定工业经济与能源供给协调发展的长期战略。赛迪智库认为，上述观点对我国工业的可持续发展有重要启迪意义，并建议我国高度重视提高工业能效工作，从四个方面入手：充分发挥政府对提高工业能效工作的引导作用，加大财政扶持和税收优惠力度；以推进工业领域电力需求侧管理为突破口，创新工业能效管理模式；协调技术节能与结构节能关系，逐步实现由技术节能为主转向结构节能为主；大力培育利于合同能源管理模式发展的市场环境，创新工业能效项目的投融资模式。

【关键词】 工业能效　能源供给　可持续发展

2012 年 1 月 17 日，由联合国工业发展组织发布的《2011 年工业发展报告》（IDR）A 部分重点关注了工业能效问题。报告认为，提高工业能效是实现工业可持续发展的关键，技术进步和产业结构变化是世界各国工业能效改进的两大驱动力，提高工业能效具有良好的环境效益、经济效益和社会效益。为克服提高工业能效的障碍，报告提出了提高工业能效的政策建议，对推动我国工业经济的可持续发展具有重要借鉴意义。

一、主要观点

中心思想。工业是全球头号用能部门，提高工业能效是世界各国实现可持续发展的重要途径。

一个核心指标。工业能源强度——单位产值与能耗的比率是反映工业能效高低的核心指标。一国的发展水平越高，工业能源强度越低。

两种驱动力量。技术进步和产业结构变化是提高工业能效的两大动力。

技术进步是指各工业部门内产品组合的变化，更佳节能技术的采用，生产系统的优化，以及节能组织实践的应用。技术进步是发展中国家降低工业能源强度的主要驱动力。收入水平越低，技术进步的作用越大。

产业结构变化则反映在各工业部门在整个工业中的相对增加值贡献的变化上，如退出或进入能源密集型产业。随着发达国家和高收入发展中国家由能源密集型产业转向高科技产业，产业结构变化的作用已经大于技术进步，成为工业能源强度降低的主要推动力。发达国家产业结构变化在工业能源强度降低方面的贡献占到了 2/3 以上。

三大效益。一是经济效益。与其它投资一样，工业能效新技术、新工艺和新方法必须能够盈利。在联合国工发组织评估的 119 个发展中国家工业能效项目中，预期寿命为 5 年的项目平均内部收益率略高于 40%，其中排在前五位的行业分别是：造纸、食品饮料、金属、汽车和设备制造。二是环境效益。通过技术进步，包括跨行业和泛行业技术（如热电联产、能源回收和高效动力与蒸汽系统）、行业间机会（如废热再利用或其它行业副产品再利用）以及与过程相关的技术运用，能降低对环境的不利影响。三是社会效益。许多以提高工业能效为目的的培训项目能使产业工人学到适用于多领域的知识，有利于提高全社会的劳动生产率。

三种主要障碍。许多能够带来投资收益的能效项目往往被忽视，主要障碍有三：一是市场失灵。主要包括缺乏足够的市场信息、分割的激励机制、能源价格和供应的不可靠和资金获取的有限。二是企业决策的有限理性。在大多数情况下，企业并不清楚投资能效技术将带来怎样的优势和机会。即使清楚，也不一定能轻易获得购买新设备或对工厂进行必要调整所需的资金。三是隐形成本过高。提高工业能效将会导致隐藏生产成本、信息搜寻成本、交易成本和设备过早报废的成本，甚至会面临反弹效应，导致能源需求增加。

七项政策建议。报告特别建议，发展中国家需制定一整套工业发展与能源供给相协调的发展战略——包括中长期（通常 5—10 年）的正式与非正式的机制、目标、基准和标准，成立相关权威执行机构，引导各类公司进行工业能效投资，探索开展国际合作的可能性，并对相关政策的有效性进行定期评估，以利于动态修正政策内容。

具体而言，报告包括以下内容：一是完善立法。通过立法推出能效项目的税收奖励、补贴和罚款措施；通过制定相关行业规章，规定能效项目的投资优先顺序，将效率最低的设备和生产工艺逐出能效市场。二是政府与行业利益相关方通过谈判达成能效协议。政府与行业间达成的合同通常包括在特定时限内需达成的具体目标。这样的谅解能让利益相关方参与到提高能效长期计划的制定中。三是发挥宣传的作用。如建立工业产品能效标签制度，设立工业能效信息推广办公室和工业能效数据库等，通过增加可用技术使用成本的透明度，方便公司对能效方案做出科学选择。四是注重技术创新。现有最佳技术与创新是提高工业能效的主要推动力。政府要为研发活动提供资金，支持私营部门进行研究，鼓励采用并推广现有最佳技术，推动示范项目，吸引国际伙伴等。五是发挥市场化手段的基础性作用。如碳税、补贴、能效设备加速折旧和可交易的能效证书等通常是能效市场化的核心措施。这些措施创造出规模越来越大的工业能效市场，并引导企业选择效益最优的方案。六是创新金融工具。如开发出新的贷款产品、加大政府担保力度、增加设立绿色基金、创业资本基金等，可以提升资本的可获得性，降低企业投资工业能效项目的风险。七是加强国际合作。包括设定全球绩效目标与标准，促进技术与结构性变化，推动国际技术转让，推广为这些转让提供支持的财政机制，构建工业能效国际监督和协调功能等。

二、几点启示

（一）提高工业能效是实现我国工业经济和能源供给协调发展的核心工作

报告认为，工业是全球头号能源用户，长期以来约占全球能耗的31%。过去外延式的工业发展模式虽然提高了人们的生活水平，但是是以消耗过多能源、破坏生态环境为代价，现已难以为继。实现工业内涵式发展，提高工业能效，降低工业能效强度，已成为各国实现工业可持续发展的重要基础。

工业经济是我国经济的重要组成部分。近年来，我国工业水平迅速提高，总产值已超过16万亿，但工业用能总量消耗大，用能方式较粗放，致使工业领域能源供应侧与需求侧不平衡的矛盾越来越突出。从总量来看，2011年，工业消耗的电力占比高达74%，所创造的工业增加值总量却仅占国内生产总值比重的40%左右。从我国工业能源强度来看，虽然呈不断下降趋势，但与发达国家的能源强度相比还存在很大差距。2010年，从世界各国单位电耗创造GDP情况来看，最高位德国5.76美元，美国3.3美元，中国为0.94美元，处于较低水平。由于长期粗放式发展，我国工业能源资源消耗强度大，钢铁、炼油、乙烯、合成氨、电石等单位产品能耗较国际先进水平高出 10%—20%。矿产资源对外依存度不断提高，原油、铁矿石、铝土矿、铜矿等重要能源资源进口依存度超过 50%。因此，随着我国能源供给的日趋紧张，单纯依靠不断扩大能源供应的传统办法来支撑工业高速增长的发展模式已经不可持续，必须依靠工业内部挖潜，提高工业能效，才能实现工业经济和能源供给的协调发展。

（二）继续加强对工业能源强度指标的深入研究是提高我国工业能效的基础性工作

报告认为，工业能源强度是衡量工业的能源消费刚性变化和工业的能源利用效率的重要判别指标。对工业能源强度趋势的进一步分析可以判断各国未来工业发展的潜力。

目前，工业是我国能源消费的主体，工业能源利用效率的提高对实现我国能源消费强度的下降至关重要。对工业能源强度变化的深入剖析有助于我国政策决策者把握全国工业用能的特征与未来趋势。近年来，我国大力推动工业节能，制定了耗能产品能耗限额和产品能效标准，严格限制高能耗行业的准入门槛，取得了明显的节能效果。随着我国工业节能的推进，必须进一步加强对各重点能耗行业的能源强度的研究工作，在分析各行业用能规律的基础上，做好能源生产、流通、消费统计工作，建立分地区工业能耗指标季度统计制度，完善统计核算与监测方法，提高能源统计的准确性和及时性，以全面掌握我国工业能源强度指标的动态变化，为科学决策提供重要依据。

（三）从技术节能向结构节能转变是新时期我国提高工业能效的有效途径

报告对 62 个国家所做的 1995—2008 年工业能源强度趋势的进一步分析表明，工业能源强度下降了 22.3%，即年均下降 1.7%。技术和结构性因素都是导致工业能源强度下降的原因，1995—2004 年，技术变化在降低全球制造业能源强度中所占比例略高，但 2005 年以来，结构性变化显得越来越重要。

多年来，在我国工业主管部门的大力推动下，工业领域大量采用新型节能生产工艺、设备，技术手段在提高我国工业能效方面所发挥的作用十分显著。"十一五"期间，全国规模以上工业企业万元增加值能耗从 2005 年的 2.59 吨标准煤下降到 2010 年的 1.92 吨标准煤，累计下降 26.01%。随着节能技术的广泛推广，技术手段推动工业能效提高的潜力虽然依然较大，但边际效益正在递减，转变经济发展方式，推动企业自主创新，发展战略性新兴产业，促进工业转型升级已经成为今后我国工业能效不断提升的关键。

（四）重视工业能效投资的经济效益是形成我国工业能效提升长效机制的内生动力

报告认为，虽然一些公司可能因环境与社会效益的驱动对工业能效进行投资，但其最主要的原因是工业能效投资能够实现良好的经济效益。发达国家的能效项目已取得不错的收益，在联合国工发组织评估的 119 个发展中国家工业能效项目中，预期寿命为 5 年的项目平均内部收益率略高于 40%，发展中国家的工业能效项目也可实现巨大的经济效益。但是发展中国家的很多企业可能并未意识到其中的许多投资机会。

近年来，我国日益重视工业能效项目的经济效益的重要性，大批工业能效项目得以迅速开展。政府出台政策鼓励大型工业企业设立能源管理中心，开展工业能效项目的融资和合同能源管理，促进了企业能源管理水平的提升和能源利用效率的持续提高。我国制定了"十二五"节能减排综合性工作方案，提出了"十二五"时期，全国万元国内生产总值能耗下降到 0.869 吨标准煤（按 2005 年价格计算），比 2010 年的 1.034 吨标准煤下降 16%，单位工业增加值能耗较"十一五"末期降低 21% 左右的目标。为了实现上述目标，单纯依靠淘汰落后产能等行政手段，难度越来越大，必须积极发挥市场调控的作用，继续探索建立市场主体自觉节能的体制机制，有效调动企业投资工业能效项目的积极性，引导工业企业优先投资于金属、非金属矿物、石油提炼及化工行业等内部收益率较高的工业能效项目，以减少企业能耗支出，增加企业利润空间，逐步形成提高我国工业能效的内生动力。

三、政策建议

（一）充分发挥政府对提高工业能效工作的引导作用，不断加大财政扶持和税收优惠力度

一是在财政方面，鼓励县级以上地方财政设立节能专项资金，整合政府预算内投资和国债投资，强化节能投资力度。要更多地运用贷款贴息办法，来带动更多的银行贷款对节能项目给予扶持。二是税收方面，继续加大节能产品生产企业的所得税优惠力度，包括投资抵免，直接优惠，加速折旧。对关键性的、节能效益显著且价格等因素制约其推广的重大节能设备和产品，国家在一定期限内实行一定的增值税减免优惠政策。对符合一定标准的节能产品生产企业，在城镇土地

使用税、房产税方面可适当给予一定的减税或免税政策。

（二）以推进工业领域电力需求侧管理工作为突破口，创新工业能效管理模式

一是建立工业用电信息采集、监测、分析平台。建立工业电力要素保障信息服务平台，掌握工业电力动态运行情况；建立电力要素保障评价体系，开展保障评价工作，完成年度电力保障评价报告；加强工业电力要素保障能力建设。二是实施工业领域电力需求侧管理示范项目。按工业行业、重点工业园区，支持启动工业用电管理示范项目建设。每年扶持建设 1 个工业试点行业、3 个工业用电管理示范区，通过实施一揽子科学、合理用电管理措施和智能化用电系统设计、改造，优化工业用电结构，转变用电方式，提高每度电的工业增加值。三是加强基础研究工作。探索研究工业领域电力需求侧指数评价办法。分析重点行业、产业、大宗商品生产全过程用电规律、电耗情况，以及高耗电产品出口与电力消费的关系。收集主要发达国家工业用电与经济发展相关数据，进行横向分析比较。

（三）协调技术节能与结构节能关系，逐步实现由技术节能为主向结构节能为主的转变

一是继续加大运用高新技术和先进适用技术改造提升传统产业力度。重点推进电力、煤炭、钢铁、有色金属等行业的技术改造工作。研究运用节能设备租赁等新机制，加快高耗能设备更新淘汰步伐，重点完成对工业锅炉、窑炉、电机、风机、水泵等高耗能落后设备的淘汰任务。采取有效措施提高装备制造企业的自主创新能力，推进节约、高效、环保的重大技术装备的自主制造。二是通过调整产业结构，逐步建立低耗能的工业发展模式。不断优化调整工业内部行业结构，提高高技术制造业在工业中的比重，培育发展节能环保产业、电子信息产业等高加工度产业替代能源原材料工业，发展壮大高端装备制造业等低耗能高附加值产业。对钢铁、有色、建材、石化等高耗能企业通过兼并重组，实现规模效益，控制能源综合消费量，提高产业节能整体能力。

（四）大力培育利于合同能源管理模式发展的市场环境，创新工业能效项目的投融资模式

一是继续完善节能投资担保机制，培育和扶持社会节能中介服务机构。支持能够提供整体、全方位能源解决方案的能源服务提供商（ESCO）的发展，使其成为提供"全面节能"解决方案、节能新技术以及前沿技术研发的主体力量。二是

创新工业能效项目的投融资模式。对商业银行开展中小企业节能贷款，给予贴息支持或风险补偿，引导和鼓励商业银行提高对中小企业节能信贷比重；发挥政策性银行作用，大力推进政策性银行依托地方商业金融机构和担保机构，开展对中小企业节能转贷款和担保贷款业务；设立节能环保产业投资母基金，重点对从工业用能大户剥离出来的经济效益好的能效项目进行股权投资，为大量民间资本进入工业能效项目打开新通道。

本文作者：赛迪智库工业经济研究所　黄岱　陈永广　王静

构建我国工业绿色发展指数指标体系的思考

【内容提要】 推动工业实现绿色可持续发展，现已成为全球共识。我国工业主管部门也积极准备通过发布工业发展绿色指数和年度报告，促进各地加快工业转型升级和绿色发展的步伐。与此同时，亟需研究构建一套科学、合理的工业绿色发展指数指标体系。本研究旨在为工业绿色发展指数的发布和各地工业绿色发展的评价提供决策支持和参考依据。报告阐述了工业绿色发展的内涵和构建工业绿色发展指数的意义，阐明了工业绿色发展指标体系包含的内容和构建原则，并构造了一个包括 3 个一级指标和 17 个二级指标的指标体系，给出了指数测算的方法，同时对工业绿色发展指数指标体系应用提出了建议。

【关键词】 工业　绿色发展指数　指标体系

工业绿色发展就是以可持续发展为宗旨，坚持低投入、高产出、低消耗、少排放、可循环的发展方式，在工业增长的同时实现绿色发展。然而，如何衡量一个地区工业绿色发展水平的高低，目前还没有一套标准。本研究力图构建我国工业绿色发展指数指标体系，通过计算不同地区的工业绿色发展指数值，为评价各地工业绿色发展水平提供参考依据，推动我国工业发展的绿色转变。

一、我国工业绿色发展的内涵和构建工业绿色发展指数的意义

（一）我国工业绿色发展的内涵

工业绿色发展是新时期应对全球可持续发展新挑战，实现工业可持续发展的具体要求。未来我国的工业发展必须避免走以资源能源高消耗、环境污染和生态破坏为代价的传统工业化道路，坚持工业绿色发展。现阶段我国工业绿色发展应包括以下几方面内容：

一是资源能源消耗低。随着我国经济快速发展，资源能源紧缺与工业增长之间的矛盾日益加剧，只有提高资源能源利用效率才能实现"绿色"与"增长"的

有机统一。通过资源的综合利用,短缺资源的代用、二次能源的利用及节能、降耗、节水等,合理利用自然资源,提高资源能源利用水平。

二是环境污染少。工业企业在生产过程中,应严格按照"减量化、再利用、再循环(3R)"原则进行清洁生产,做到废物资源化利用,减少废料和污染物的生成和排放,促进工业产品生产消费过程与环境的协调,降低整个工业活动对人类和环境的风险。开发环境无害产品(绿色工业产品),替代或削减环境有害产品的生产和消费。

三是经济效益好。我国正处于工业化、城镇化快速发展过程中,规划目标的实现主要依赖工业领域的努力。大力推动工业绿色发展,提高经济效益,应从依靠规模扩张、过度消耗能源资源的粗放发展向注重效率、注重发展质量和效益的可持续发展转变。

四是技术水平高。科学技术是第一生产力,我国工业绿色发展必须依靠技术进步,提高工业企业生产技术,缩小与国际先进技术水平的差距。科学规划和组织协调不同生产部门的生产布局和工艺流程,优化生产诸环节,由单纯的末端污染控制转向生产全过程控制,有效利用可再生资源和能源,减少单位经济产出废物排放量,达到提高能源和资源利用效率,防治环境污染的目的。

五是工业结构优。工业结构是工业绿色发展的内在影响因素。结构越合理,发展就更加可持续。应调整工业结构,优化工业布局,淘汰落后产能,严控高耗能、高排放行业新上项目,强化能耗、环保、土地、质量、安全标准的约束作用,加强新上项目能评、环评,对产能过剩行业坚持新增产能与淘汰产能"减量置换"或"等量置换"原则。

（二）构建我国工业绿色发展指数的意义

当前,我国正积极探索适合国情的工业绿色发展道路:不断加大节能减排力度推进清洁生产,淘汰落后产能优化工业结构,严格市场准入推动工业转型升级。在此背景下,研究建立一套科学合理,能够客观反映和评价我国不同地区工业绿色发展水平的指标体系,引导和推进各地工业朝更为"绿色"的方向发展,正当其时,意义重大。

一是符合工业健康发展的内在要求。工业绿色发展已成为全球共识,大势所趋。在2011年底举行的工发组织第十四届大会上,174个成员国探讨了工业绿色发展之路和绿色工业行动计划,力图通过工业的可持续发展实现环境、经济和社会的和谐稳定。2012年，世界经济形势依然复杂多变，不确定性和不稳定性上升，构建工业绿色发展指数，有助于推动工业实现持续稳定地发展。

二是为政府决策提供参考。政府决策常常会受到信息完善程度的影响。信息的完全、及时和准确能够使政府决策更加合理，使决策效用更好地发挥。评价我国不同地区工业绿色发展水平，首要任务就是摸清各地工业发展现状。在监测和核算地区工业增长过程中的能源资源消耗和环境损耗的基础上，充分掌握各地工业发展的情况。测算工业绿色发展指数有助于为各地区深入贯彻落实科学发展观、实现经济发展方式转变提供参考，为研究制定有利于工业绿色发展的价格、金融和财税政策提供支撑。

三是有助于补充和完善现有的工业发展评价体系。目前，我国已颁布了不同行业清洁生产标准，通过建立行业清洁生产评价指标体系，使企业和管理部门对清洁生产的实际效果和管理目标具体化。构建工业绿色发展指数指标体系是对现有评价体系的丰富和创新。一方面考虑了能源资源消耗和环境损耗，另一方面将工业结构性指标纳入进来。通过定期发布工业绿色发展指数和年度报告，客观评价我国不同地区工业绿色发展水平，能有效推动工业的可持续发展。

四是加快形成绿色发展的氛围。衡量不同地区的工业绿色发展水平，一方面可以反映区域间工业发展的差异，另一方面能够凸显工业企业发展的特点和存在的问题。此外，评价结果用指数值来描述，可以更加直观、客观地反映地区工业绿色发展水平的情况，这既给地方政府和企业增加了转型升级的压力，也提供了动力，有利于加速地方政府和企业转变发展观念，树立绿色发展的理念。

二、构建我国工业绿色发展指数指标体系的思路

（一）指标体系的主要内容

"工业绿色化"是工业迈向"能源资源利用集约、污染物排放减少、环境影响降低、劳动生产率提高、可持续发展能力增强"的过程，是工业企业对环境问题的认知、思维和行为不断朝减少污染，促使投入、生产及其产出和提高环境质量目标相协调努力的过程，实质是工业企业发展过程中，对解决环境问题的思路和对策不断从被动的外部补救措施，转变为产品和流程设计过程中的内源考虑。结合现阶段我国工业绿色发展的具体要求，本文构建的指标体系包含三个方面：一是资源能源消耗指标，二是环境影响指标，三是工业结构指标。

（二）指标体系的构建原则

系统性原则。指标体系的建立应遵循系统化思想，各指标之间具有完整性、层次性和独立性。以现有的统计核算体系为基础，选取能够反映工业绿色发展的要素，合理构建指标体系。

可比性原则。指标的选取既要包含政府部门提出的任务指标，以便与国家规划对接，还应充分考虑不同地区资源禀赋、产业结构等方面的差异，尽可能选取具有共性的综合性指标。另外，在计算依据的选取、统计口径的规定等方面应注意符合统计规范。

可测度原则。应充分考虑数据可得和指标量化的难易程度，尽量利用和开发统计部门及资源管理部门现有的统计资料，计算所需数据；指标计算方法应明确、简洁，能满足计算机对数据处理的要求。

可扩展原则。指标内容在一定的时期内应保持相对稳定，以利于分析工业绿色发展过程并预测其发展趋势。但因工业绿色发展是一个持续渐进的过程，故设计指标体系还应充分考虑系统的动态变化，具备可扩展性，根据实际需要和可能逐渐补充和完善。

（三）指标选取

工业绿色发展的内涵十分丰富，对工业绿色发展具体评价指标的设计，目前的研究成果还不多。本文对此进行了探索性的研究，根据工业绿色发展的要求，初步建立了由3个一级指标（资源能源消耗指标，环境影响指标和工业结构指标）、17个二级指标组成的指标体系（见表1）。需要说明的是，表1中的三级指标可以根据《中国统计年鉴》、《中国能源统计年鉴》、《中国工业经济统计年鉴》、《中国环境统计年鉴》、各地统计年鉴等测算。

表 1　中国工业绿色发展指数指标体系

总指标	一级指标	二级指标
工业绿色发展指数指标体系	资源能源消耗指标	各地单位工业增加值水耗
		各地单位工业增加值能耗
		各地高耗能行业能耗占工业总能耗比重
		各地主要工业产品单耗与国内先进水平差距
		各地非化石能源占能源消费的比重
	环境影响指标	各地单位工业增加值二氧化碳排放量
		各地单位工业增加值二氧化硫排放量
		各地单位工业增加值废水化学需氧量排放量
		各地单位工业增加值氮氧化物排放量
		各地单位工业增加值氨氮排放量
		各地工业固体废物综合利用率
		各地工业用水重复利用率
		各地行业特征污染物排放达标率
	工业结构指标	各地高耗能工业产品产值占地区工业总产值比重
		各地战略性新兴产业增加值占地区工业增加值比重
		各地落后产能占地区总产能的比重
		地区再制造产品产值占工业总产值的比重

资源能源消耗指标。加强资源能源节约和综合利用，是实现工业可持续发展的内在要求。这里主要选取了能够反映工业生产过程中资源能源消耗的 5 个指标（见表 2）。

表 2　资源能源消耗指标

指标	计算公式	说明
单位工业增加值水耗	$\dfrac{工业用水量}{工业增加值}$	反映工业生产过程中的水资源消耗
单位工业增加值能耗	$\dfrac{工业能源消费量}{工业增加值}$	
高耗能行业能耗占工业总能耗比重	$\dfrac{高耗能行业能耗}{工业总能耗} \times 100\%$	反映各地工业生产过程中的能源消耗情况
主要工业产品单耗与国内先进水平差距	$\dfrac{主要工业产品单耗}{国内同种产品先进水平单耗} \times 100\%$	
各地非化石能源占能源消费的比重	$\dfrac{非化石能源消费}{地区总能源消费} \times 100\%$	

环境影响指标。这里主要选取了国家"十二五"环境保护重点约束性指标，包括四类主要污染物的排放指标以及二氧化碳排放指标，和能够反映工业企业的清洁生产、物料循环利用水平的三个指标（见表3）。

表3　环境影响指标及说明

指标	计算公式	说明
单位工业增加值二氧化碳排放量	$\dfrac{工业二氧化碳排放量}{工业增加值}$	反映工业生产对环境产生的不利影响
单位工业增加值二氧化硫排放量	$\dfrac{工业二氧化碳排放量}{工业增加值}$	
单位工业增加值废水COD排放量	$\dfrac{工业COD排放量}{工业增加值}$	
单位工业增加值氮氧化物排放量	$\dfrac{工业氮氧化物排放量}{工业增加值}$	
单位工业增加值氨氮排放量	$\dfrac{工业氨氮排放量}{工业增加值}$	
工业固体废物综合利用率	$\dfrac{工业固体废物综合利用量}{工业固体废物产生量 + 综合利用往年贮存量} \times 100\%$	反映工业企业的清洁生产、物料循环利用水平
工业用水重复利用率	$\dfrac{重复利用水量}{生产中取用的新水量 + 重复利用水量} \times 100\%$	
行业特征污染物排放达标率	$\dfrac{达标的污染物排放量}{污染物排放总量} \times 100\%$	

工业结构指标。工业结构是影响工业绿色发展的因素之一。这里选取了表4中四个具体指标来衡量地区工业结构的优劣。

表 4　工业结构指标及说明

指标	计算公式	说明
高耗能工业产品产值占地区工业总产值比重	$\dfrac{高耗能工业产品产值}{工业总产值}\times100\%$	反映地区产业结构绿色化水平
战略性新兴产业增加值占地区工业增加值比重	$\dfrac{战略性新兴产业增加值}{地区工业增加值}\times100\%$	
各地区落后产能占地区总产能的比重	$\dfrac{落后产能}{地区总产能}\times100\%$	
地区再制造产品产值占工业总产值的比重	$\dfrac{再制造产品产值}{工业总产值}\times100\%$	

三、指数值的测算及指标体系运用的两点建议

工业绿色发展指数 (IGDI, Industry Green Developing Index) 是用来衡量和评价一个地区工业绿色发展水平的绝对数值，是指标体系中各项指标分值与权重的加权求和，定义为 IGDI=，其中 为二级指标的权重，为二级指标的计算分值。可以用同样的方法由各个三级指标的权重与分值计算出。得到各地区的工业绿色发展指数后，按照数值的高低对地区进行排名，IGDI 越大，说明该地区工业绿色发展水平越高。

（一）指数值的测算

一是指标权重的确定。采用多元统计分析的因子分析与主观赋权相结合的方法。首先从数据的统计性质出发，依据变量之间的相关关系确定对总指标的贡献度，然后通过专家审议、征求意见后确定最终权重。

二是指标一致性处理。工业绿色发展指数是多个评价指标合成计算出的，有些是正向指标，如各地工业固体废物综合利用率，有些是逆向指标，如各地单位工业增加值能耗。为了保证不同量纲指标之间能够进行有效合成，在完成数据的收集和净化处理后，应对原始数据进行同向化处理，防止正、逆两类指标在合成时相互抵消。本文构建的指标体系中，对逆向指标采用"倒数法"进行处理，计算结果越大，表明该地区工业绿色发展水平越高。

三是指标同度量处理。评价指标的计量单位多数都不相同，不能直接进行合成，需要消除指标量纲影响。选用标准差标准化设计思路，把所有地区评价指标

的平均值作为参照系，考察一个地区相对平均水平的偏离程度，高于平均水平记为正数，低于平均水平记为负数，偏离越远，其数值的绝对值越大。

四是指数值的确定。对所有测算指标进行同向化处理和标准化处理后，根据确定的权重，加权计算出各地区测算指标的综合得分，即为各地区"工业绿色发展指数"的最终数值。合理处理空缺指标，并做详细记录说明，保证测度的公平客观。

五是评价结果的运用。根据各地区工业绿色发展指数值的计算结果进行排名，对各地区工业绿色发展的总体水平进行科学评价，引导各地工业主管部门积极推动本地区工业绿色发展。

（二）指标体系运用中应注意的两个问题

一是要考虑区域间资源禀赋的差异。我国资源分布差异较大，各地区资源禀赋状况也存在差异，这种差异造成各地在产业分工中的位置不同，由此形成差距较大的产业结构。在运用工业绿色发展指数指标体系时，要对这种差距给以充分的重视，避免"一刀切"，这样才能科学评价一个地区的绿色工业发展水平。

二是要注意统计的口径。各种指标的统计口径不同，计算出的结果就会存在较大差异，直接影响了工业绿色指数的客观性和公信力。因此，必须注意统一指标的统计口径，尤其是在基层统计时，口径的统一和统计数据的准确是两个要格外注意的问题。

本文作者：赛迪智库工业节能与环保研究所　王煦　王颖

应以重点园区为着力点推进系统性节能减排

【内容提要】"十二五"时期，我国进入节能减排攻坚阶段。一直以来，我国节能减排侧重于重点行业、重点企业和重点产品，系统性尚待提高。对于这一问题，赛迪智库工业节能和环保研究所进行了深入研究，总结了当前节能减排工作系统性不强的三个主要表现，即侧重重点企业节能减排，对中小企业关注不足；侧重产业链重点环节节能减排，上下游衔接不够；侧重重点行业节能减排，行业之间联系不紧密。在此基础上，以产业链为分类依据，将产业园区分为三大类，从新建园区的规划、传统园的节能减排改造升级、园区评价指标体系以及典型园区试点示范工程四个方面，给出了推进园区系统性节能减排的建议。

【关键词】系统性节能减排　重点园区

"十二五"时期，我国仍处于工业化、城镇化深入发展的重要阶段，节能减排进入攻坚阶段。一直以来，我国节能减排工作侧重于重点行业、重点企业和重点产品，对企业之间、行业之间通过系统优化提升整体节能减排效率关注不够。2012年4月23日，国家发展改革委会同财政部出台了《关于推进园区循环化改造的意见》。园区是我国经济和产业发展的重要载体，探索如何以重点园区为着力点推进系统性节能减排，是当前迫切需要认真思考的问题。

所谓系统性节能减排，是指基于循环经济理念，从资源能源使用的平衡性、合理性着手，优化产业结构和空间布局，推进产业向上下游一体化、资源能源综合利用方向集中，实现整体节能减排效率最高。系统性节能减排主要从两个维度推进：一是关注产业链上下游企业之间的节能减排，包括原料选取、生态设计、清洁生产、绿色物流、废弃物回收利用等环节。二是关注不同行业之间的节能减排，把一个行业产生的副产品或废弃物作为另一个行业的投入或原材料，建立生态产业链，实现协同优化。

一、当前节能减排工作系统性尚待提高

节能减排是一项复杂的系统工程，涉及产业系统的不同主体、不同环节和不同层面。当前我国的节能减排工作多是围绕重点产品、重点企业以及重点行业展开，不同主体之间合作不充分、协调性不强，从而大大制约了系统层面节能减排潜力的挖掘。总体来说，系统性不强主要表现在以下三个方面。

（一）侧重重点企业节能减排，对中小企业关注不足

企业是节能减排的主体，我国一直高度重视企业层面的节能减排，采取了一系列措施。各地政府在响应国家有关政策的同时，也纷纷出台相应的政策法规，加大力度推动重点企业节能减排。

综观这些年中央和各地政府出台的各项政策措施，不难发现，这些举措所涉及的企业绝大多数是大型重点企业，对中小企业涉及较少。强化重点用能企业管理中所提及的企业都是年耗能1万吨标准煤以上的大企业；万家企业节能低碳行动中的企业指的是年综合能源消费量1万吨标准煤以上，以及有关部门指定的年综合能源消费量5000吨标准煤以上的重点企业；2012年通过评审的80家第一批"两型"企业试点，绝大多数都属于大型企业集团甚至是国际化的大型企业集团。地方政府关注的也多是本地区的重点大型企业，很少涉及中小企业。

实际上，随着节能减排工作力度的不断加大，很多大型企业在节能技术、能耗水平等方面已处于国家领先水平，有些企业甚至达到了世界一流水平，继续进行节能减排的空间被大大压缩。而占我国企业总数99%以上的中小企业，是我国国民经济的重要组成部分，且大多数技术、工艺水平落后，能源使用效率不高，污染物排放量大，具有很大的潜在节能减排空间，有理由成为下一步推动节能减排工作的重点对象。

（二）侧重产业链重点环节节能减排，上下游衔接不够

每种产品从原材料获取，到加工、生产，再到消费使用，最后到废弃物和最终处置，整个产业链上每个环节都会消耗资源能源和排放废弃物。但是，当前我国的节能减排工作侧重于产业链重点环节，上下游衔接不够。

这一点主要体现在两个层面：一是侧重重点企业内部节能减排，关注点集中在单个企业上；而企业与企业之间协调不够，这是导致产业链上下游环节衔接不紧密的一个重要原因。二是侧重重点产品节能和单项技术推广应用，缺乏对产

品整个生命周期和系统技术的关注。在"十二五"节能减排综合性工作方案以及2012年工业节能与综合利用工作要点等重要文件中，都集中体现了对重点产品节能、工业重点用能设备及某些能耗重要环节的单项技术的重点关注，而从系统的角度推进某个产业链整体节能减排的政策措施则比较缺乏。

（三）侧重重点行业节能减排，行业之间联系不紧密

重点用能行业一直是我国节能减排工作的主要抓手。从最初的抑制高耗能、高排放行业的过快增长，到制定重点行业淘汰落后产能实施方案，再到深入推进钢铁、有色、化工、建材等重点用能行业强制性能耗限额标准，以及工业重点用能设备的能效标准修订等工作，都一直紧紧围绕重点行业的节能降耗。

在节能技术推广方面，重点行业同样是各方关注的焦点。2011年，工业和信息化部编制完成钢铁、石化、有色、建材等11个重点行业节能减排先进适用技术目录、应用案例和技术指南，同时还发布了铜冶炼、铅锌冶炼、铬盐等10个行业清洁生产技术推行方案等。相关的财政资金也用来重点支持钢铁、石化、有色、建材等行业企业能源管理中心建设示范项目。

重点行业节能减排政策措施的落实，降低了整个产业体系的能耗总量，也大幅减少了污染物排放。但是，产业系统是一个有机整体，产业与产业之间存在密切的技术经济联系，通过产业之间的共生或者协同作用，可进一步提高节能减排效率。未来产业与产业之间如果能积极利用好合作、共生等方式，其节能减排空间会很大，对整个产业体系节能减排指标的完成意义重大。

二、重点园区是推动系统节能减排的着力点

近年来，产业集聚已成为我国产业发展的重要特征。工业园区（集聚区）是工业发展的重要载体，也是产业发展的有效组织方式。由于其特有的空间集聚、专业化、网络创新、规模经济等特征与优势，使得以产业园区为载体推进系统性节能减排具有得天独厚的优势。本研究以产业链为基本分类依据，将产业园区分为三大类：一是产业链上不同环节企业的集聚，一般具有龙头企业带动产业链上下游发展的特征；二是产业链同一环节企业的集聚，一般具有大量中小企业群生的特征；三是不同产业之间的集聚，一般具有产业与产业紧密衔接、协同作用的特征。不同类别的园区分别为龙头企业节能减排效应的扩散、中小企业节能减排的实施、基础设施和公共服务平台的共享，以及产业之间协同节能减排创造了便

利条件，是推动系统性节能减排的重要突破口。

（一）便于以龙头企业为主导，带动产业链上下游节能减排

这种情况适用于上述第一类产业园区。这类园区的显著特点是，一家核心企业完全控制了园区产品价值链的某个或某几个结点，上下游结点则由众多中小企业共同完成。

这类园区中的核心企业一般规模较大，属于行业内的龙头企业，技术先进、资金实力雄厚，是节能减排关注的重点企业。龙头企业通过建设绿色供应链，可以实现节能减排效应在上下游环节扩散，带动园区产业链上下游的节能减排。主要有两种途径：一是龙头企业通过制定绿色环保标准，提高原料、产品等采购的绿色技术含量。比如，可以对供应商进行绿色评级，采购符合评级要求的供应商产品，这势必会影响为之配套的中小企业产品的环保水平，促使其采用绿色技术，推进清洁生产。二是龙头企业对为之配套的中小企业进行资金、技术等方面的援助，帮助中小企业生产符合其绿色环保要求的产品，提高竞争力，最终实现双赢。

（二）便于设施和平台共享，实现污染物集中治理

这种情况适用于上述第二类产业园区。这类园区内集聚了大量的中小型企业，各个企业主要集中在产业链的某一环节，功能单一。由于企业规模较小，一般不具备完善的资源能源、环境管理体系，产品能耗较高，清洁生产、资源综合利用等指标落后，污染物排放达标率低。同时，企业资金实力较差、技术水平落后，单个企业不具备节能减排改造的能力，由于规模小，也很难发挥规模经济效应。

在园区内，大量的中小企业集聚在一起，消耗的资源能源、排放的废弃物都具有一定的规模，这就使得集中建设污水处理设施、废弃物回收管理中心等基础设施具有了经济可行性。同时，还可通过公共服务平台建设大大提高资源能源利用效率，降低废弃物排放水平。这主要包括科技研发中心、投融资服务平台、人力资源和信息咨询服务平台、物流平台、商贸服务平台、废弃物交换信息平台，以及再生资源集散分拣中心等。

（三）便于产业间融合发展，实现协同节能减排

这种情况适用于上述第三类园区。这类园区一般存在两个或两个以上的主导产业，同时存在几条主导产业链。产业链与产业链之间通过协同作用，可实现废弃物综合利用或能量梯级利用，提高资源能源使用效率，减少废弃物排放。

这很符合循环经济的理念，把一个产业产生的废弃物或副产品作为另一个产

业的投入或原材料，构建出一个循环经济产业链网。例如，曹妃甸工业园区以循环经济理念为指导，全力打造了钢铁、电力、石化三大循环经济产业链条，并实现三者有机衔接，提高资源能源利用效率。将钢铁工业释放的低热值废气在实施压差发电后，送到焦化厂用于焦炭生产，置换出煤气送往钢铁厂用于轧钢，余热经回收用于煤化工和城市生活，钢铁厂的废渣可制成超细粉用于生产高强度建材，实现了把生态设计、清洁生产、资源综合利用融为一体，同时广泛采用了节能、降耗、防污和循环再利用的新技术和新工艺。

三、促进重点园区节能减排的几点建议

当前，以重点园区为着力点推进系统性节能减排已受到国家发展改革委、工业和信息化部等有关部门的高度重视，并开始实施。针对重点园区在推动节能减排过程中存在的主要问题，以及如何更好地以园区为着力点推进系统性节能减排，提出以下几点建议。

（一）做好新建园区节能减排统一规划

新建园区要实现系统性节能减排，涉及园区建设的多个方面，是一个复杂的系统工程，没有科学的规划、合理的组织很难实现。新建园区要提高资源能源利用效率，减少废弃物排放，就必须坚持以循环经济理念为指导、先规划后建设的原则，重点做好以下工作：

一是能源集成。不仅要求各企业能源使用效率最大化，而且园区要实现总能源的优化利用，最大限度地使用可再生能源。途径主要有两条：首先是能源梯级利用，根据园区内不同行业、产品、工艺的用能质量要求，规划和设计能源梯级利用流程，使能源在产业链中得到充分利用。其次是热电联产。利用园区中的工业锅炉或改造中低压凝气机组，向园区和社区供电、供热，从而达到节约能源，提高能源使用效率的作用。

二是物质集成。根据园区内企业在产业链上的上下游关系，科学管理和调整园区内物质流动的方向、数量和质量，通过集成技术，完成园区生态网络的构建。主要包括企业内部的清洁生产，企业之间废弃物或副产品的相互利用，与园区外相关主体之间的物质、能量、信息交换三个层面。

三是基础设施和公共服务平台共享。主要包括污水集中处理设施、固废回收和再生中心、消防设施、绿地等基础设施；公共服务平台主要包括信息共享平台

和关键技术创新平台等。

（二）推动传统园区节能减排改造升级

推动传统园区改造升级，加强系统性节能减排，就是推进现有的各类园区（包括经济技术开发区、高新技术产业开发区、保税区、出口加工区以及各类专业园区等）按照循环经济理念，优化空间布局，调整产业结构，延伸生态产业链并最终实现循环链接，突破产业链上关键节能减排技术和资源综合利用技术，搭建公共服务平台，从系统的角度创新组织形式和管理机制，最终实现园区内资源高效利用和废弃物"零排放"，增强可持续发展能力。

传统园区大多没有考虑资源环境的约束，发展方式粗放，改造重点应集中在以下几个方面：优化空间布局，按照产业间的技术经济联系和物质流动特性，改造园内企业、基础设施的空间布局，以便产业集聚发展和循环链接；优化产业结构，改造提升传统产业，培育和发展战略性新兴产业，大力引进补链产业，实现项目间、企业间、产业间首尾相连、环环相扣、物尽其用；加强污染集中治理设施建设，培育专业化的废弃物处理公司，强化污染物处理集中化；集成优化基础设施，对园内供水、供电、运输、通讯和环保等基础设施进行集成优化，促进各类基础设施共享，降低建设和运行成本。

（三）建立科学的"两型"园区评价指标体系

无论是新建园区还是传统园区改造，衡量其节能减排效果都离不开科学的评价指标体系。推进园区层面的系统性节能减排，迫切需要科学的评价体系做指导，否则其实施效果难以衡量，也不利于整个园区节能减排工作的改进与完善。

实际上，当前从不同侧重点对园区进行评价的指标体系已经存在。比如，生态产业园区建设指标体系、国家新型工业化产业示范基地创建标准等，但在评价节能减排效果方面都不具备系统性。在遵循现有生态产业园区、新型工业化产业示范基地、园区循环化改造等政策的基础上，结合系统性节能减排的特征，构建科学的"两型"园区评价指标体系已成为当务之急。

（四）组织实施典型园区试点示范工程

以重点园区为着力点推进系统性节能减排是一项非常复杂和艰巨的任务，目前还没有成熟的经验可以借鉴，因此需要长期探索和实践。为了探索系统性节能减排的路径和模式，发挥典型园区的示范作用，建议组织和开展系统性节能减排试点示范工程。

　　同时，还要积极推进园区系统性节能减排工作的政策支持体系建设，探索资源能源优化集成路径、基础设施和公共服务平台建设与完善机制、产业链延伸机制，健全激励评价体系，建立园区能源管控中心和园区内企业的废弃物排放检测、管理及交易体系，打造一批在低碳技术领域掌握核心技术知识产权的先进企业，形成若干在推动系统性节能减排方面具有示范推广意义的典型园区。

本文作者：赛迪智库工业节能与环保研究所　顾成奎

电动汽车电池如何"过五关"？

【内容提要】今年4月，国务院常务会议通过《节能与新能源汽车产业发展规划（2012—2020年）》，该文件的发布将加速我国纯电动汽车的发展。然而，近几个月频发的锂电动车充电爆炸起火却为同样以锂电池为主要动力源的纯电动汽车发展蒙上了阴影。同时，各地在大力发展纯电动汽车的过程中，却忽视了电池等环节存在的安全隐患。对于这一问题，赛迪智库展开深入研究，指出了我国基于锂电池的纯电动汽车发展存在的三个隐忧，并提出针对这些隐忧，我国须未雨绸缪，通过强有力的手段预防可能由电池安全隐患引发的纯电动汽车事故，做到"过五关"，即电池原料关，电池质量关，电池使用关，电池测试关，电池标准关。

【关键词】锂电池　电动车　纯电动汽车

2012年4月18日，国务院总理温家宝主持召开国务院常务会议，讨论通过《节能与新能源汽车产业发展规划（2012—2020年）》，明确了纯电动汽车是未来汽车工业的主要战略发展方向，确定了2015年纯电动汽车和插电式混合动力汽车累计产销量达到50万辆，2020年产销量超过500万辆的发展目标。同月，科技部发布《电动汽车科技发展"十二五"专项规划》，也确立了"纯电驱动"的技术转型战略；多个省制定了本省纯电动汽车的发展路线，并明确了未来5—10年的发展目标。业界普遍认为，在政策的大力支持下，纯电动汽车未来5—10年将迎来一轮发展狂潮。而近几个月发生的电动车充电起火事件给纯电动汽车的推广应用抹上了一层阴影。

一、纯电动汽车成为市场宠儿尚需时日

自20世纪80年代诞生第一辆电动自行车以来，不断推出的电动摩托车、电动汽车、助力车、电动三轮车等电动车产品以其排放低、油耗少、环保效果好等优势逐渐成为绿色发展的必要交通工具。特别是锂电池技术的出现，在电动车行

业可谓一石激起千层浪。

（一）锂电池是支撑电动车发展的主要动力源

由于生产锂电池不会造成严重危害民众健康的重金属污染，在电池寿命、生产过程的环保效果等方面均优于传统的铅酸电池及镍镉电池，受中央大力整治铅酸电池企业影响而一度产生巨大波动的电动车行业因此而萌发了新的生机。锂电池逐步成为支撑电动车发展的主要动力源，并间接推动纯电动汽车成为"十二五"时期国家新能源汽车发展的主要方向。2012 年 4 月，科技部发布《电动汽车科技发展"十二五"专项规划》提出电动汽车产业化第二阶段（2010—2015 年）要开展以能量型锂离子动力电池为重点的动力电池技术创新，实现我国车用动力电池大规模产业化的技术突破。

（二）锂电池的安全性能受到质疑

与此同时，电动车的安全问题也一直令人担忧。近几个月频频发生的锂电车动力电池充电起火事件，致使人们对未来以锂电池为主要动力源的纯电动汽车的安全性能产生了一丝忧虑。据东南网－海峡都市报报道，福建省仙游县 2012 年 3 月 21 日发生锂电池电动车动力电池充电起火事件，有关部门出具的证明是，"因绿源电动车锂电池充电期间发生爆炸，引发火灾"。2012 年 4 月 11 日，北京市海淀区一居民家中也发生了绿源锂离子电动车电池爆炸事故。此外，江苏省今年初也报道了南京一起锂电自行车爆炸事件。与上述两起事故不同的是，南京这起爆炸起火事故是在锂电自行车行进过程中发生的。

在不长时间里接连发生了几起锂电车爆炸起火事件，致使锂电池的安全性能受到质疑。并且，由于电动自行车用的锂电池爆炸起火的破坏力比常见手机锂电池更强，对生命财产的损害程度也更大。

目前，锂电自行车一般是由串联的锂离子电池组提供动力，这种锂离子电池组也被当前多数企业用作纯电动汽车的配套动力电池，为纯电动汽车提供动力。由于纯电动汽车配套锂离子电池的基本原理与锂电自行车电池的原理基本一致，所不同的是纯电动汽车需要电池提供更大的能量，需要串联更多单体电池，对电池一致性和技术的要求更高。鉴于目前电池技术尚不成熟，所以纯电动汽车会比锂电自行车更容易出现事故，而且其破坏力也更大。

二、基于锂电池的纯电动汽车发展存在隐忧

从锂电池自身特性、当前我国汽车用锂离子电池的技术水平及相关安全保障设施来看，我国纯电动汽车发展还存在较多隐忧。

（一）锂电池自身存在的爆炸可能性导致纯电动汽车发展存在难以根除的安全隐患

一是锂本身是活泼金属，具有较高的爆炸危险性。锂属于化学特性活泼的金属，锂金属暴露在空气中时，会与氧气产生激烈的氧化反应而爆炸。锂电池中含有锂原子，一旦有氧分子进入电池中与锂原子接触，就会有爆炸的可能。虽然现在科学家们发明了用石墨及钴酸锂等材料来储存锂原子的方法避免锂原子与氧气接触，但是锂元素属性带来的问题仍难以根除。

二是锂电池制造工艺的疏漏易导致爆炸。锂电池对制造工艺要求较高，虽然发展到今天，锂电池的制造工艺已在很大程度上有了改善，但还难以做到尽善尽美。工艺上的瑕疵容易在本应绝缘的正负极之间留下金属粉尘、铜箔和铝箔等碎料，这些碎料在电池过热时会在电解液中做随机热运动。如果这些微粒接近电池正负极中间的隔膜就可能造成内部的短路，短路引发的火花在密闭的环境下极易点燃易燃的电解液，从而引发电池内部的燃烧、爆炸或使电池外壳逐渐溶化，造成具腐蚀性的电解液泄漏。这种碎料造成的安全隐患在短期内难以杜绝，电池制造商只能通过多重安全设计防止爆炸。

随着未来纯电动汽车的快速发展及推广应用，对锂电池的需求量会逐步加大，加之电池价格是当前制约纯电动汽车市场推广的重要因素，因此难免会有商家为了降低成本，以低工艺水平、少安全设计的廉价但质量不过关的锂电池冲击市场，获取高额利润，这些因素也是纯电动汽车发生安全事故的隐患。

三是锂电池工作温度等方面的要求使纯电动汽车在极端条件下行驶存在引发事故的可能。由于纯电动汽车用锂电池工作电流大，产热量大，加之电池包内部是一个相对密闭的环境，会造成电池使用过程中温度上升；如果外部工作温度过高，就会降低电池向外散热的效果，导致电池工作环境温度过高。在低温下，锂电池使用较多的有机电解液的电导率也会下降，电池内阻增大，进而影响纯电动汽车的启动性能。因此，锂电池的环境温度不宜过高或过低，高温、低温等极端环境均是以锂电池为主要动力的纯电动汽车发生事故的诱因。

近年来，在国家新能源汽车特别是纯电动汽车政策的推动下，各地相关政府

部门和企业都在加速研制推广不同型号的纯电动汽车，从研制到投入使用一般不会超过两年。根据目前纯电动汽车企业公布的新车情况，其推出新车前所做的检测大部分是在较理想的条件下完成的，缺乏在极端环境及长时间行驶条件下对不同动力电池性能的测试。这种汽车是否适应在北方冬季低温和南方夏季高温环境下的长时间行驶，目前尚缺乏充分的数据予以证实。

此外，在受到不同程度和角度的碰撞，以及在高湿度、高寒、强风沙等环境下行驶时，电池是否会发生爆炸，目前也缺乏足够的测试数据。这对在极端环境下驾驶纯电动汽车的司机来说具有较大的安全风险。

（二）锂电池使用不当发生爆炸影响纯电动汽车推广

一是过充、过放及大电流充放电均容易造成电池破坏或爆炸事故。现在的科学实验已经得出结论，深度充放电会导致电池性能受到严重破坏，从而减少电池的使用寿命，严重时还会发生引发爆炸等极端情况。使用大电流充放电，会给电池施加过大的压力，可能引发爆炸。未来，如果纯电动汽车真正走入家庭，国家部署建设的充电设施规模在未来5—10年内难以达到当前加油站的水平，一旦纯电动汽车市场打开，势必将难以满足消费者的需求。同时，家庭或社区充电是消费者必然的选择，这种充电模式难免发生类似锂电自行车的电池充电爆炸事故。纯电动汽车电池爆炸的破坏力及对人生命财产的危害要远远大于自行车电池。如果在推广初期连续发生几次此类事件，很可能会大幅度降低消费者对纯电动汽车的认可度。

二是锂电池使用较长时间后，性能会降低，发生爆炸等事故的可能性会加大。一般来讲，锂电池的使用寿命较长，有锂电自行车企业提出其配套的锂电池可以使用6年。但是，锂电池长时间使用，电池容量会下降、电阻会增加、电池耗损会加大，安全性将大不如从前；不仅难以为纯电动汽车提供充足的动力，发生事故的概率也会加大。如果长时间使用寿命结束的锂电池，将会造成电池鼓胀等情况，从而引发爆炸。由于当前我国锂电池生产成本较高，在较短时间内市场价格难以下降到消费者的理想区间，加之我国目前尚未出台禁止使用并回收达到使用寿命的电池的标准和办法，社会对这一隐患关注不够，从而致使高价购买的电池更是很难被消费者轻易淘汰。在客观上，这将导致3—4年后，即2009—2010年生产的电池达到使用寿命时，某个时间段可能会频发由电池引发的纯电动汽车安全事故。3—4年后同时还将是纯电动汽车市场开拓的关键时期，集中爆发的安全事故难免会对纯电动汽车的普及和推广带来严重的负面影响。

（三）电池技术、性能的差异影响纯电动汽车的推广

综合来看，目前市场上的锂电池技术水平较成熟的是单体电池，电动车用的锂电池组的技术水平千差万别，且整体水平偏低。目前国家希望推广集中充电的方式，采取换电池或直接充电的办法，为纯电动汽车提供动力，各地也相应建设了配套充电设备。实际上，这对电池企业产品的技术性能提出更高要求，即电池必须符合充电设备的可充电标准。因为，政府部门建设的充电设备会以固定的电压对电池进行充电，而这种固定的电压可能导致部分企业电池大电流充电，不仅有损电池寿命，还会带来爆炸隐患。

同时，目前电池企业不少是为纯电动汽车企业提供专门的配套电池的，纯电动汽车企业为了吸引消费者往往采取具有个性化的功能设计，因而与配套电池的性能要求也产生了较大差异，这种反映在电池上的差异同样会给集中充电带来一定的安全隐患。反过来说，换电池的方式也存在部分电池难以适用于特定型号的纯电动汽车的问题。这个问题不解决，纯电动汽车就将难以被消费者接受。

三、对策建议

发展以纯电动汽车为主的新能源汽车是我国实现汽车工业弯道超车的重要手段。如果纯电动汽车产业发展顺利，就会成为未来支撑我国经济平稳较快增长的新经济增长点，同时将带动汽车相关产业的快速发展及技术的进步。但是，就目前纯电动汽车的发展水平而言，仅电池环节就存在严重的安全隐患问题，在各地大干快上的背景下，这类安全隐患难以被人关注。近来发生的电动车爆炸起火事件充分说明，电池安全隐患一旦爆发，其危害性难以估量，我们必须未雨绸缪，通过强有力的手段预防可能由电池安全隐患引发的纯电动汽车事故，做到"过五关"。

（一）电池原料关

锂电池以其优于铅酸电池、镍镉电池等传统动力电池的特性被视为纯电动汽车重要的动力电池。然而，锂电池本身并不完美，受锂元素化学活性的影响存在一定的安全隐患，目前的技术难以彻底根除。因此，必须在优化传统锂离子电池性能的同时，探索发展新型锂电池、下一代动力电池、燃料电池，支持电池企业与纯电动汽车生产企业结成技术联盟，共同突破电池原料本身的属性给纯电动汽

车发展带来的安全隐患。

（二）电池质量关

质量是产品被消费者广泛接受的关键要素。特别是当产品处于市场培育期时，整体质量水平直接决定该产品能否快速打开市场。在这段时间，无论哪一件同类产品造成社会负面影响，此类产品的整体形象都会在消费者心目中大打折扣。特别是当前为纯电动汽车生产电池的企业数量众多，技术、工艺水平参差不齐，且电池隔膜、电解液、制造工艺等方面的关键技术一直未能有突破式的进展，相关企业就必须保证电池出厂质量，尤其是电池防爆、防自燃等方面的保护措施一定要完善；目前常规的保护设计必须要有。一旦出现电池质量问题，必须严格追究电池生产企业的责任。如果是电池生产企业为某企业的纯电动汽车提高配套电池，且该款电池存在严重的安全隐患，还要同时追究双方的责任。工业行业管理部门应出台相应的市场准入制度，通过技术、工艺、安全性等准入标准，规范电池企业生产。同时，质检部门必须对出厂的电池进行严格检验，防止劣质电池进入市场。

（三）电池使用关

近年来锂电池产品爆炸事件的增多，在很大程度上是消费者未能注意锂电池产品的使用细节，不能正确使用锂电池产品所致。建议有关政府部门和企业在这方面对消费者使用电池的行为进行正确引导，出台相关规章制度进行规范，重点引导消费者如何正确对电池进行充放电和存放，如何发现电池使用过程中出现的可能引发安全事故的隐患，同时要对电池充放电的时间、环境及达到使用寿命的电池的禁止使用和回收做出严格规范。

（四）电池测试关

测试是近年来在纯电动汽车蓬勃发展的态势下，地方有关政府部门和企业一直忽视的问题。由于缺少各种条件、环境下纯电动汽车行驶、碰撞等方面充分的测试数据，致使很多企业和地方政府部门认为本地的纯电动汽车没有问题，从而过早地推向市场。此外，制定标准的部门也很难确定纯电动汽车发展应采取怎样的标准，电池方面存在的一些安全隐患也因此被掩盖。然而，这并不代表这种隐患被消除，相反，它极有可能在未来某个时间段内集中爆发。因此，在未能获得充分测试数据的情况下，纯电动汽车的推广还应缓行。建议有关政府部门协调组织相关科研单位、电池生产企业、纯电动汽车生产企业共同做好纯电动汽车及电池的相关测试工作。

（五）电池标准关

由于纯电动汽车及配套动力电池行业尚处培育发展期，国家政策的大力支持会吸引资金流入这个领域，大量企业蜂拥而入，势必会造成电池产品市场整体技术水平、性能标准参差不齐。而国家在纯电动汽车充电方面的考虑则要求电池必须满足一定标准，同时在生产电池的技术、工艺、基本性能、安全性及使用操作等方面，也需要有标准进行规范。因此，建议有关部门根据充分测试得来的各种电池使用过程中的数据，以及充电设备和纯电动汽车对电池的性能要求，尽快制定纯电动汽车电池标准。

本文作者：赛迪智库产业政策研究所　程楠

锂电池安全发展路在何方？

【内容提要】安全性是目前制约锂电池发展的重要因素之一，动力电池的发展更是对安全性提出了新要求。近年来，源自锂电池安全性的各类事故屡见报端，以至于引发了大众对动力电池，乃至所有锂电池安全性的质疑。赛迪智库认为，影响锂电池安全性的因素主要有两个，即技术因素和管理因素，我们应高度重视。对于今后我国锂电池行业的安全发展问题，赛迪智库提出应从七个方面着手，即理顺安全监管职能，加强安全监管，提高本质安全水平，开展安全专题研究，完善安全标准体系，提高安全准入门槛，强化政策引导，要采取对策切实提高我国锂电池的安全水平。

【关键词】锂电池 安全发展 科学发展

"科学发展、安全发展"是今年6月全国第11个"安全生产月"的主题。而今年5月26日发生在深圳的比亚迪电动出租车事故，导致车上三人当场死亡，再次引发了大众对动力电池，乃至所有锂电池安全性的质疑。那么，锂电池行业如何通过不断研发和使用先进技术，强化科学管理，提高安全性，使电动汽车真正得到科学发展、安全发展，就成为我们必须深思的问题。

一、锂电池安全现状令人担忧

目前，锂电池大致可划分为能量型和功率型两大类。便携式电池属于能量型，包括手机、笔记本电脑、数码相机和摄像机用锂离子电池等；电动工具、电动自行车和电动汽车用锂离子电池则可划归为功率型。近年来，锂电池由于具有高比能量、高比功率、高转换率、长寿命、无污染等优点得到了快速发展，其应用逐步从便携式电子产品和通讯工具转向动力型电源领域。（见表1）

表1 动力电池主要分类

类型	优点	缺点
铅酸电池	原材料丰富、成本低、耐用、技术成熟	比能量低、低温性能差、寿命短、质量重、污染环境
镍镉电池	比能量和使用寿命比铅酸电池好	镉是有毒重金属
镍氢电池	安全、耐用、比能量较高、高低温性能好	成本较高、自放电率高
锂离子电池	高比能量、高温性能好、无记忆性、自放电率低、寿命长	成本高、安全性低

资料来源：中投集团研究部，2012年6月。

锂离子动力电池由于能量密度大、工作温度高、工作环境恶劣等原因，致使有关其引发火灾甚至爆炸的事故屡见报端。

（一）功率型电池事故

在深圳电动出租车事故发生前，电动汽车和公交车自燃的案例在深圳、杭州、上海等地已有发生。这些自燃事故的原因，大都与电动汽车的锂电池组及线路有关。

在电动自行车方面，今年2月7日，南京一大学生骑车时，电池突然爆炸起火；3月21日，福建省仙游县发生锂电池电动车动力电池充电起火事件；4月11日，北京市海淀区一住户家中正在充电的锂电动车电池突然爆炸。

不过，动力电池事故并非国内所独有。2011年，雪佛兰Volt电动车多次在美国交管局的碰撞测试后自燃，起火原因也是锂离子电池组受损。这表明，动力电池安全性已成为一个全球问题。

（二）能量型电池事故

2005年11月，数码相机厂家尼康公司因顾客遇到电池爆炸、过热和熔化问题，紧急召回EN-EL3锂离子电池。2007年6月，甘肃一电焊工作业时因电池过热，手机电池爆炸，导致其死亡，这是我国首例手机爆炸致人死亡事故。2007年9月，上海发生戴尔笔记本电池突然爆炸起火事件。今年3月，美国科罗拉多州，一用户反映其iPhone 4手机在充电时发生爆炸。

（三）其它相关事故

安全制造事故。今年6月16日，广东惠州亿纬锂能公司老化厂房发生爆炸，起因是电池爆炸，幸未造成人员伤亡。

安全运输事故。2010 年 9 月 3 日，美国联合包裹运送服务公司一架货机在迪拜坠毁。事故原因是该货机上所搭载的锂电池在空运过程中可能因过热而起火。2011 年 5 月 25 日，国航北京飞往上海的航班上，有一旅客携带的摄像机电池发生自燃。

二、制约锂电池安全发展的因素分析

频频爆发的锂电池安全事故正不断发出警示：安全问题是制约锂电池向大型化、高能化方向发展的瓶颈。相对于在手机、笔记本电脑等便携设备上的应用，动力应用对电池的安全性要求更高。就电动汽车而言，电池虽在塑料或金属外壳内组装，但要经受风吹日晒和雨淋，承受四季高低温的变化。同时，其行驶的道路不一定都是良好的公路路面，所以对锂电池的防水性、耐高低温性能、抗振动性能以及安全性都更为严格。目前公布的测试数据主要来自实验室，还须在复杂的外部环境中进行实际运行和验证。

（一）技术因素

引起锂电池安全事故的主要原因，除了锂属于化学特性活泼的金属，具有易爆炸的特性外，还有环境温度过高、机械外力滥用、过充电等因素外，还有一些厂家原材料和制造工艺控制一致性差，片面追求高能量密度等因素，也加剧了锂电池的安全隐患。

一是热失控成为导致电池发生不安全行为的根本原因。热失控是否发生与电池的产热速率、产热量、热传导速度、环境温度与湿度等密切相关，因此，电池安全性是一个几率问题。锂电池出现安全事故，主要是由电极和电解液间的化学反应引起。电解液的主要成分为碳酸酯，闪点很低，沸点也较低，在一定条件下会燃烧甚至爆炸。处于充电态的电池正极材料为强氧化性化合物，处于充电态的负极材料为强还原性化合物，如果电池出现过热，则会导致电解液中的碳酸酯被氧化和还原，产生大量气体和更多的热，若缺少安全阀或者气体来不及通过安全阀释放，电池内压便会急剧上升从而引起爆炸。

二是锂离子二次电池的安全性相对于金属锂二次电池有了很大提高，但仍存在许多隐患。比如，由于电池的比能量高，且电解液大多为有机易燃物等，当电池热量产生速度大于散热速度时，就有可能出现安全性问题。相关研究表明，锂离子电池在滥用条件下有可能产生使铝集流体熔化的高温（>700℃），从而导致电池出现冒烟、着火、爆炸乃至人员受伤等情况。因此，对锂离子电池的研制和生产来说，电池的安全性不仅是指在各种测试条件下不出现冒烟、着火、爆炸等现象，更为重要的是确保人员在电池滥用条件下不会受到伤害。

三是锂电池制造和使用影响产品的安全性能。锂电池对制造工艺要求较高，要避免工艺上的疏忽。在本应绝缘的正负极之间留下金属粉尘、铜箔和铝箔等碎料，容易引发电池内部的燃烧、爆炸或电解液泄漏。在使用上，锂电池的工作温度不宜过高或过低。比如，笔记本放在床上使用时，由于通风不好，温度越来越高，进而可能引起连锁反应。同时，相连接的电脑系统配置的不同（包括相关电脑系统的安全设计的不同、充电系统的不同、散热性能的不同等）也会对电池的安全性产生影响。

（二）管理因素

一是国内外锂电池标准化制修订工作尚待加强。为应对安全问题，近年来国内外标准化机构加强了对锂电池标准的制修订工作，锂电池的安全性考核已成为各标准制修订过程中考虑的首要问题。

IEC 的锂电池标准是目前应用范围最为广泛的国际标准。此外，国际航空运输协会（IATA）、国际民用航空组织（ICAO）、联合国危险货物运输专家委员会等，根据各自的需求也制定了与锂电池相关的运输安全标准，并得到广泛应用。很多国家除直接应用国际标准外，还专门制定了本国的国家标准。

美国针对锂电池的标准主要有：美国国家 ANSI 标准、美国保险商试验所 UL 标准和美国电气电子工程师学会 IEEE 标准等，对锂电池在设计、生产和鉴定方面的要求制定了较为统一的标准。特别是在近年来的修订过程中，电池标准的范围涵盖手机、笔记本电脑、数码相机、数码摄像机等绝大多数锂电池应用领域，对于其安全性的考核也更为具体和细化。2010 年 2 月 12 日，美国对《危险材料法》中的要求进行了修订，更新发布锂电池的包装运输标准，要求按危险品标准进行运输。

2007 年日本制定了其国家标准 JISC874，即 2007《便携电子设备用锂离子蓄电池的单电池及电池组的安全试验》。该标准是日本原创的一项专门针对锂电池的安全标准，它规定了便携式电子设备使用的锂电池在正常使用条件、可预见的误用条件和可预见的故障条件下的安全性试验方法。

2008 年 10 月 16 日，韩国技术和标准局（KATS）宣布修订锂离子电池安全标准，将便携式密封锂电池作为一个符合自调整产品安全认可的项目，在市场交货或海关放行之前，通过呈交带有由指定的测试检验实验室做出的测试检验报告的机身证明确认其安全性。

我国对锂电池的安全性也非常重视，除早期在电子、通信、商检、轻工等领域制定的国家标准和行业标准外，近两年在电动工具、煤炭、汽车、民航、运输等领域也已制定或正在制定锂电池标准，更加注重了对锂电池的安全要求。不难看出，锂电池的安全标准化必将是今后一个时期国内外标准化机构工作的重中之重。

二是我国锂电池安全管理存在问题。第一，安全定位不准。锂电池广泛应用于通信电源、电动汽车、风能、太阳能、智能电网等瓦级储能电站等领域，并不只是电动汽车的部件，其科研规划不应只归于科技部的电动汽车部门。

因锂电池的运输存在重大安全隐患，2011年被列为航空运输的第九类危险品，但在生产制造、使用或其它运输方式等方面对锂电池的安全管理仍然定位不清。锂电池在生产过程中虽然使用危险化学品，但因为不会产生危险化学品，所以并不属于危险化学品生产企业，安全监管存在漏洞。

第二，安全管理与行业管理分离。就锂电池的行业管理而言，便携式电池、电动汽车使用的锂电池、电子工具和电动自行车使用的锂电池，各自分属不同的部门管理。

在锂电池的安全管理方面，目前只涉及危化品使用和运输的部分归安监部门监管，其它环节安全监管则处于缺位状态，缺乏统一的安全管理部门。

第三，标准体系缺失。在国家与行业两级标准间，以及各类行业标准间缺乏协调，标准对象存在一定的交叉、重复，且标准没有统一的指导思想。既有单纯的安全标准，又有包括电池性能、环境适用性能及安全性能等全部要求的总规范性质的标准。同时，也缺乏统一的制造标准来规范所有锂电池的生产制造。

第四，行业门槛偏低。电动汽车用锂电池的准入门槛实际上很高，由于缺乏统一的国家标准，整个车用锂电池行业参差不齐、差距悬殊。据了解，满足电动汽车要求的锂电池成品率达到80%以上的企业才可盈利，实际上由于很多企业达不到这一标准，从而造成企业盲目降低制造成本，带来产品质量特别是安全性能下降的严重问题，给锂电池的安全使用埋下了隐患。

三、提升锂电池安全性的对策建议

（一）理顺安全监管职能

作为新兴产业，锂电池的安全监管体系存在严重缺失。行业管理部门应明确锂电池的产业定位，统筹规划，把安全监管、安全准入纳入锂电池和新能源产业等相关产业发展规划。各相关部门应明确管理权限，各司其职，发挥其在工业安全生产指导和行业安全生产监管方面的职责，统一锂电池的安全监管责任，切实保障我国锂电池的安全水平。

（二）加强安全监管

加强对企业产品的监督管理和定期抽查检验，包括原辅料、生产环境、产品设计、工艺评审、制造过程等环节。同时建议使用以电池备案制度为基础的方案，将涉及安全、环保的项目加入到备案审核的范围中去；同时，还应加强对锂电池运输、维护、使用等方面的安全监管，以确保锂电池全寿命周期的安全。

（三）提高本质安全水平

安全设计。锂电池通过相对安全的技术设计路线，在能量越大、危险越大的情况下，使锂电池发生危险时释放的能量被限制在一定小的范围内。

安全制造。在生产过程中，要严格控制极片的一致性，采用具有热关闭特性的电池隔膜，使用阻燃型电解液，降低发热量；控制制造环境，避免制造过程中引入的杂质、掉粉等导致出现安全问题。

安全测试。每批电池芯和电池产品都需要抽样进行各项滥用试验的测试，如过充、热箱、针刺、挤压、温度冲击、外部短路、跌落等，以便充分考察其安全性能。

（四）开展安全专题研究

针对雪佛兰 Volt 碰撞自燃事故，美国启动了一项为期三年的关于检验电动车锂离子电池能否造成电动车自燃根源的调查，将深入研究高压电池是否会在充电时或车辆被撞后引发起火事故。我们应借鉴这种做法，并从此次比亚迪 E6 事故开始进行类似的调查研究：一是偶然中的必然性问题；二是锂电池电解液中的有机溶剂作为易燃易爆物品的安全使用问题；三是系统集成时增加进一步的监测与防范功能问题；四是电池管理系统不能起决定性保护作用的问题；五是盲目追求低成本而忽略安全可靠性问题；六是车辆内的锂电池系统必须与车内人员实行有效的物理防火隔绝问题。

（五）完善安全标准体系

制定和完善锂电池标准体系，引导企业良性发展。以国家标准的形式在全国范围内统一锂电池安全标准，对于现行的国家与行业标准，要对其技术内容以包含或整合的方式加以替代，制订更加严格的检验检测标准，为锂电池产品把好质量和可靠性关口。随着锂电池的发展，未来还可通过标准修订方式更新其安全要求。

（六）提高安全准入门槛

针对当前各类企业鱼龙混杂，大量产品存在严重的质量问题和安全隐患的情况，可参照工业和信息化部与环保部联合发布的《铅蓄电池行业准入条件》，从企业布局、产能、项目质量、工艺装备、环境保护等方面提高锂电池行业的准入门槛。

（七）强化政策引导

借鉴国外经验，通过政策支持，引导企业研究适用于在工业环境中的高倍率充放电循环、高低温、恶劣的环境和低维护等条件下使用的锂电池产品；要鼓励对电池体系、电池材料的安全性问题进行深入研究，通过设计、生产、使用方的共同努力来解决锂离子电池的安全性问题，避免不安全因素，最终促进锂电池行业健康发展。

本文作者：赛迪智库工业安全生产研究所　高宏　刘文婷

力促我国电子信息制造业能耗拐点加速显现

【内容提要】能耗是决定制造业发展质量的关键指标。我国电子信息制造业虽不属于高能耗产业，但与发达国家相比能耗水平仍然偏高。目前，美国、日本等发达国家已进入电子信息制造业能耗负增长阶段，而我国还将在一定时期内处于能耗总量上升阶段，这突出反映了我国电子信息制造业在发展模式、产业结构、技术水平等方面与发达国家的差距。赛迪智库认为，深入分析我国与发达国家电子信息制造业在发展模式和发展质量方面的不同，找出我国电子制造业能耗逐年增加的深层次原因，积极采取淘汰落后产能、改造技术设备、规范行业管理、推进绿色制造健康发展等措施，是推动产业在"十二五"期间完成节能减排重大任务、实现转型升级根本目标的关键。

【关键词】能耗曲线　电子信息制造业　拐点

"十二五"时期，我国发展仍处于重要的战略机遇期。随着工业化、城镇化进程的加快和消费结构持续升级，我国能源需求呈刚性增长。数据显示，我国年能源消费总量已达32.5亿吨标准煤，成为全球第二大能源消费国，单位能耗产值远低于美国、日本、德国等发达国家的平均水平。目前我国单位能耗产值3.8美元，而德国、日本和美国分别达为8.4美元、8美元和6美元，与发达国家相比，我国工业尚存在高耗能、低效率的严峻问题。

图1 中国、印度、德国、日本、美国的单位 GDP 能源消耗
（单位：2005 年平价美元/千克石油当量）

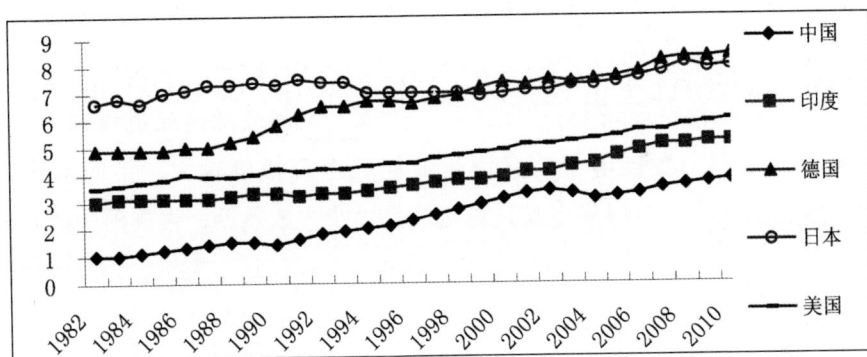

数据来源：世界银行数据库。

受国内资源保障能力和环境容量制约以及全球性能源安全和应对气候变化影响，资源环境约束日趋强化，我国节能减排面临的形势依然十分严峻。国务院2011 年 9 月发布《"十二五"节能减排综合性工作方案》，提出了 2015 年全国万元国内生产总值能耗比 2010 年下降 16% 的主要目标，并要求严格落实节能减排目标责任，确保实现"十二五"节能减排的目标。

一、聚焦我国电子信息制造业能源消耗

我国电子信息制造业产值占全国工业比重约 9%，电子信息产品出口占全国出口的比重达 37.5%，国民经济支柱性产业地位日趋凸显。尽管我国电子信息制造业能耗强度低于工业能耗强度的平均水平，但随着它在国民经济中比重的迅速增加，该行业的能耗占比也将达到相当高度。加之发达国家持续将电子信息制造业转移至我国，产业节能降耗不容忽视。

图2 我国电子信息制造业能源消耗与占工业消耗比重

数据来源：根据中国能源统计年鉴整理。

　　从上图可看出，我国电子信息制造业能源消耗总量呈逐年上升趋势，由 1995 年的 950.6 万吨标准煤上升到 2010 年的 4155 万吨标准煤，占工业能源消耗比重由 1995 年的 0.72% 上升到 2010 年的 1.35%。能源消耗呈现以下特点：

　　（一）产业规模快速增长，"九五"、"十五"期间能源消耗规模较大

　　"九五"期间，我国电子信息制造业能耗上升幅度较大，年均增速达到 16.8%。这主要是因为当时彩电及计算机产品已步入成熟期，大规模生产工艺较为完善，市场需求高速增长。我国电子信息制造业抓住这一契机，一方面积极承接国际制造业环节转移，一方面大力发展国内企业，彩电与计算机产品产量快速增长，年均增速分别达到近 25% 和 50%，在迅速带动产业规模增长的同时也促使能源消耗量较快上升。"十五"时期的能耗增长动因与"九五"相类似，虽曾在前期遭遇美国网络泡沫危机冲击，致使我国电子信息制造业增速有所下降，但随着移动通信网络的成熟与发展，手机成为带动产业快速增长的关键产品。产业链配套日趋完善、市场需求不断高涨，我国手机产量 2000—2005 年的年均增长率已超过 50%，直接导致能源消耗量迅速上升。

　　（二）产业规模增速日趋稳定，"十一五"期间能耗增速有所放缓

　　进入"十一五"后，彩电、手机、计算机等整机产品的市场需求已趋稳定，2006—2010 年，全球手机市场出货量年均增速仅为 8%，不再具备带动我国电子信息制造业高速增长的能力。新的增长点尚在培育之中，加之国际金融危机的冲击，产业规模步入了平稳增长期。相对于"十五"期间年均 25.6% 的增速，"十一五"期间产业增加值年均增速仅为 15.9%，其能耗增速势必趋缓。

　　（三）太阳能光伏等基础行业较快发展，对产业能耗总量上升产生了一定的助推作用

　　值得注意的是，整机增速虽然减缓，但以太阳能光伏等为代表的能耗相对较高的电子基础行业增势较为突出。2010 年，电子器件行业累计实现销售产值 9690.4 亿元，高出全行业平均增速（25.5%）13.5 个百分点，累计实现投资 1661 亿元，同比增长 57.5%，比 2009 年提升了 54.7 个百分点，其中光电器件、电光源投资增速分别达到 75.5% 和 67.1%。这固然有利于带动产业增长，但同时也对生产能耗绝对值的持续上升构成了一定助推作用。预计"十二五"期间，在政策带动及市场需求的双重作用下，基础行业仍有加速增长空间，如不采取有效节能措施，耗能总量将仍保持增长态势。

二、发达国家电子信息制造业能耗已呈稳定负增长趋势

伴随着经济全球化的日益深入，发达国家的电子信息制造业经历了新一轮的产业结构大调整，着重于发展耗能低、耗材少、附加价值高的知识技术密集型产业，保持对劳动密集型产业中品牌、营销、产品设计等产业链高端部分的控制，而将劳动密集型产业以及知识技术密集型产业的低端部分大规模转移到新兴工业化国家和地区，通过产业的国际转移实现产业结构的调整，实现了电子信息制造业能耗负增长。

美国电子信息制造业能源消耗量与占工业消耗比重在 2002 年之后出现拐点，电子信息制造业能源消耗量从 2002 年的 1343 万吨标准煤下降到了 2009 年 823 万吨标准煤，占工业总能耗比重从 2002 年的 1.65% 下降到 2009 年的 1.15%，能耗显著下降。

图3　美国电子信息制造业能源消耗与占工业消耗比重

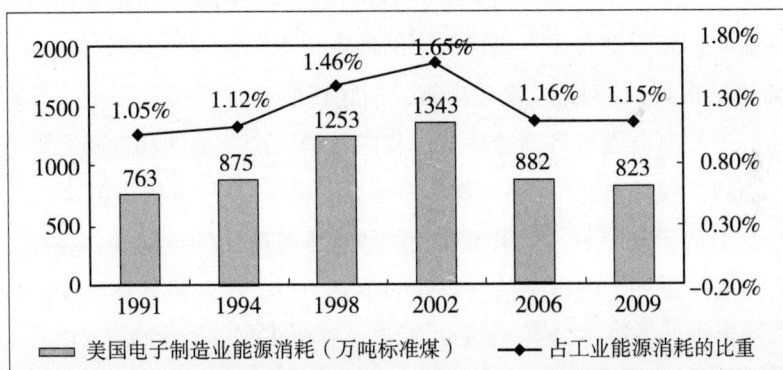

数据来源：根据美国能源信息署数据整理。

日本电子信息制造业能耗已呈现逐年下降趋势。根据日本经济产业省资源能源厅的统计，近四年日本电子信息制造业能耗年均下降10.3%，占工业比重稳定在2.7%左右。

图4　日本电子信息制造业能源消耗与占工业消耗比重

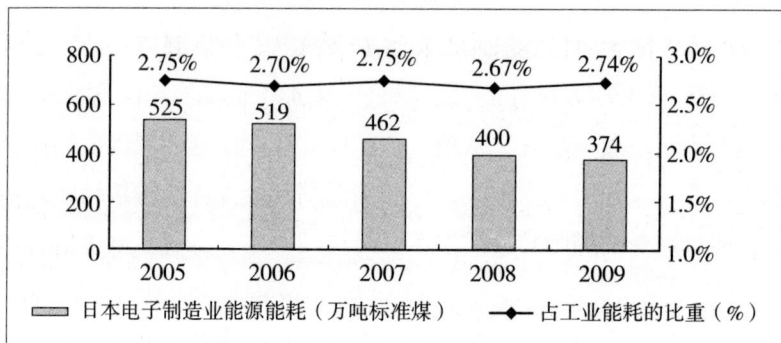

数据来源：根据日本经济产业省资源能源厅数据整理。

发达国家电子信息制造业能耗出现负增长的原因，主要集中在以下方面：

（一）制造业环节减少，能源消耗持续下降

进入21世纪以后，全球产业转移步伐加快，发达国家电子信息制造企业大多将生产基地转移到劳动力成本更加低廉的地区，本国制造环节相对减少，典型企业如IBM更是将其PC制造业全盘出售，彻底转型为IT服务提供商。日本电气和电子产品的生产商也逐步将制造环节向我国转移，产业总能耗也随之降低。另一方面，自2000年起遭遇"网络泡沫"危机后，在产业蒙受损失的同时，也促使发达国家意识到了建设下一代网络和发展信息服务应用的重要性，谷歌、苹果等新兴势力崛起，成为美国电子信息产业的中坚力量，产业虽然持续保持较为庞大的规模，但能耗已逐渐下降。2006年美国电子产品产值为2700亿美元，与2002年的2786亿美元相比，年均负增长率达到0.8%，能耗年均负增长率则随之达到10%。美国电子信息制造业能耗的拐点出现于21世纪的前五年，而此时的我国正逐渐成长为全球首要电子产品制造基地，能耗不断上升。

（二）产业结构趋于稳定，能耗呈现微弱负增长态势

一方面，发达国家电子信息制造业的产业结构已较为稳定，生产过程中的节能技术改进也到了成熟阶段，短期内不会再出现大量制造环节转移，在没有新突破的情况下，能耗不会再有大幅波动。另一方面，由于金融危机的冲击，美国、欧洲等已重新开始重视制造业的根基作用，提出"再工业化"战略思路，主推高端制造业，将现有制造业规模以高附加值生产为导向适度扩大。预计在未来较长一段时期内，发达国家电子信息制造业规模将保持低速稳定增长，能耗呈微弱负

增长态势。

三、影响我国电子信息制造业能耗的深层次原因

通过对发达国家电子信息制造业能耗曲线的分析可以看出，随着社会经济的发展，电子信息制造业能耗先以明显趋势上升，在经历了经验积累和技术进步后，生产效率不断提高、能耗不断下降，随后能耗上升趋势趋于缓和并出现拐点。但这种生产效率的提高和能耗的降低并不是无限的，最终将趋于某一底线。当前我国真正需要深入挖掘的，是发达国家已出现能耗拐点，稳步进入能耗负增长期，而我国尚处于能耗总量及增速上升阶段的深层次原因。这也是推动我国电子信息制造业在"十二五"期间由大变强的关键任务之一，需要从发展模式、产业结构、技术水平等方面展开分析。

（一）发展模式存在差距

2010 年，我国电子信息制造业平均每万美元产值能耗约为 0.05 吨标准煤；而同期美国电子信息制造业平均每万美元产值能耗约为 0.03 吨标准煤。这主要是因为我国电子信息制造业底子薄、基础差，不得不选择一条大量引进外资、承接制造业转移、以加工出口为主的外向型发展路径。在长期以来的发展中都是以规模扩张为主，甚至在目前发展太阳能光伏等新兴领域时，也存在着求规模、求数量、求产值的倾向，时有生产耗能与发展质量不相匹配的问题出现。因此，从以规模扩张为主的数量式发展，向以效益提升为主的质量式发展转变，是缩小我国与发达国家电子信息制造业能耗差距、逐步降低我国电子信息制造业能耗的首要任务。

（二）产业结构亟需升级

生产过程中的能源消耗会随着产业结构升级而下降，控制重点高能耗产业的规模和能源利用效率，可有效减少能源消耗。我国电子信息制造业以加工组装为主，电子材料、电子元器件、各类设备、整机生产等产品制造是耗能的主要部分。其中，电子真空器件、光电源、印制电路板、信息化学材料、光纤光缆等细分领域耗能均高于行业平均水平。因此，我国电子信息制造业的产业结构亟需向集成电路、液晶面板、关键元器件、电子装备等附加值高、能耗水平较低的环节延伸，通过调整国际分工定位来促进能耗下降。

（三）技术水平有待提升

在电子信息制造企业的生产过程中，随着产量的增加或生产过程的重复，单

位产品或产值资源消耗会呈现有规律的变化，反映出经验积累和技术进步。我国电子信息产业中小企业数量占比较高，部分企业生产技术或工艺较为落后，高耗能设备数量众多、能源利用率较低。以电子工业窑炉为例，目前我国电子信息制造业共有工业炉窑 3 万余台，占整个行业能耗的 1/3，但其热效率多数较低，与国际先进水平的能效差距接近 50%，严重影响能耗水平降低。因此，只有加强创新能力、提升技术水平，才能从根本上解决我国电子信息制造业的能耗问题。

四、力推我国电子信息制造业节能降耗

"十一五"期间，我国电子信息制造业保持了 15% 以上增速，能源消耗增长率已呈现逐年降低的趋势，2010 年能源消耗量增长率约为 2%，低于"十一五"期间 9% 的平均能耗增长率。考虑到产业结构调整升级、产业不断集约化、单位工业增加值的能耗会随之下降，"十二五"期间，我国电子信息制造业能耗拐点有望到来。为加速其到来，电子信息制造业应着力解决以下几方面的问题：

（一）推动产业结构升级，淘汰落后产能

能源消耗会随着产业结构升级而下降，控制重点高能耗产业的规模和能源利用效率，能有效减少能源消耗。要确保计算机、电子元器件、视听产品等骨干产业稳定增长，积极推动彩电行业转型和平板产业发展；淘汰高能耗、低技术产品，逐步淘汰电真空器件、电子化学材料等高耗能、高污染行业中落后的生产能力，加快发展无污染、环保型基础元器件和关键材料；支持电源电子、光伏材料等电子新材料生产企业开发新产品、延长产业链，并不断向产业链顶端转移；改进产业引进方式，培育自身产业的创新能力，不断提高生产能源效率。

（二）改造技术设备，提高产业能效水平

针对半导体制造行业、印刷电路板行业、电子化学材料等重点污染行业，以"核心电子器件、高端通用芯片及基础软件产品、极大规模集成电路制造装备与成套工艺"等重大项目为依托，提升工艺技术水平，逐步淘汰行业中落后的生产能力、工艺装置和技术设备，特别要对电子工业炉窑进行改造，提高能源利用率。同时，要完善电子信息制造业节能环保指标体系，逐步建立重点行业或企业节能减排监控制度。

（三）规范行业管理，助力产业有序发展

对能耗较高的电子材料或电子元器件产业，建立健全市场准入制度，提高行

业准入标准。发布节能技术和产品设备指导目录，推动淘汰落后高耗能设备。通过制定产业政策，加快淘汰高耗能、高污染的企业和落后生产工艺、技术，推广大型企业兼并重组落后企业等有效做法，推进行业内部整合。引导地方政府坚决遏制低水平重复建设，避免一哄而上和市场恶性竞争。

（四）推进绿色制造，确保产业健康发展

强调"源头控制"、"过程控制"与"末端治理"，构建产品全生命周期绿色化发展模式。建设产业绿色发展技术支持和公共服务平台，加强节能清洁生产技术和工艺的研发。针对各行业特点，建立环境影响评价体系和能效标准体系。提升低碳环保电子产品的标准和检测水平，减少有毒有害物质的使用和排放。

本文作者：赛迪智库电子信息产业研究所　于明

自给式太阳能产品助力我国光伏产业突破困境

【内容提要】国务院在 5 月 23 日的常务会议上，作出"抓紧落实扩大节能产品惠民工程实施范围，支持自给式太阳能等新能源产品进入公共设施和家庭"的决定，这给困境中的光伏产业带来了曙光，如何贯彻落实这一精神因此被业界高度关注。赛迪智库认为，"并网难"决定了当前太阳能光伏产品应用应以"自发自用"为主，自给式太阳能产品的推广有利于缓解产品依赖出口的局面，确保产业平稳发展。但目前太阳能产品存在度电成本较高、补贴模式不足、光伏企业"船大不易掉头"、小型光伏系统集成经验不足等问题。为此，赛迪智库提出四条建议：提高公众认识，转变消费观念；完善补贴机制，明确补贴来源；创新经营理念，扩大营销渠道；提高产品质量，完善配套环境。

【关键词】光伏　自给式太阳能产品　补贴

2012 年以来，我国光伏产业内外交困，内受供需阶段性失衡影响，外受美国"双反"贸易壁垒调查等制约，行业普遍出现亏损，如何扩大国内光伏应用市场已成为业界的迫切诉求。同时，扩内需、稳增长也是当前我国经济的首要任务。国务院在 5 月 23 日的常务会议上，作出了"抓紧落实扩大节能产品惠民工程实施范围，支持自给式太阳能等新能源产品进入公共设施和家庭"的决定，此举无疑是雪中送炭。本文力图就发展自给式太阳能产品的应用进行阐述，梳理推广过程中可能存在的问题，并提出相应的对策建议，以期对主管部门的行业管理有所裨益。

一、自给式太阳能产品推广的重要意义

（一）太阳能光伏发电的特点决定了我国必须加快太阳能产品作为分布式电源的应用

一方面，太阳能发电成本仍然较高，与风电等新能源相比，经济性不足，度电成本补贴过高，尚难以承担大型光伏电站建设重任，短期内大型光伏电站建设

将受到风电等新能源带来的挑战。另一方面，光伏发电具有间歇性和波动性等特点，需储能调节，但作为二次能源的电力按现有技术条件和经济性水平又不能大规模储存，而太阳能热发电可以配置技术上相对成熟、成本较低的大容量储热装置，实现出力的平稳性和可控性，使出力性能接近常规火电厂。从中长期看，大型光伏电站建设也将受到太阳能热发电的影响。因此，太阳能光伏发电必须因地制宜，发挥其发电灵活性特点，加快分布式电源布局速度。

不过，分布式发电与大型光伏电站建设一样，仍然面临"上网"难的问题，所以，"光伏上网"瓶颈必须突破。

（二）"并网难"决定了当前太阳能光伏产品应用应以"自发自用"为主

一方面，太阳能发电供能过程具有随机性和间歇性。随机出现的间歇性电力对受端系统动态稳定有较大程度的影响，在能源产业当前可接受的经济性条件下，太阳能光伏发电尚难以单独承担起连续供能和跟随用户需求、灵活调节供能量的任务。另一方面，因为体制、机制问题，目前我国电网企业的收入主要依赖购电和售电的"价差"。光伏发电上网将会使电网公司的利益受损，这就使得一些屋顶项目建成后，在电网企业应得收入总量及其保障机制尚未落实的情况下，电网企业不愿接受分布式新能源发电量，而且这种情况在短期内还难以改观。此外，当前页岩气等非常规天然气产业的快速发展也将对光伏发电上网带来一定冲击。基于此，应充分发挥光伏发电正调峰特性，采取自发自用，即光伏电力不外送电网，不足部分由电网补足，对电网不会带来影响。

但是，光伏电力不并入电网，仅"自发自用"无疑会加重太阳能光伏的经济性，这就需要转变应用方式，将其由工业品向消费品领域拓展。

（三）太阳能光伏发电还需发挥"低碳、环保"作用，使其由工业品向消费品转变

实际上，当前光伏市场主要靠各国政府补贴和资本逐利性驱动，由于补贴政策调整滞后于光伏产品价格变化，光伏项目的投资收益率越往后越高，从而引致资本涌入该领域。可一旦实现平价上网，内部收益率被拉平，资本就可能转向其它领域。此外，由于光伏电站寿命长，具备投资潜力的太阳能资源将会被充分开发利用。事实上，太阳能光伏除了具备发电的功能外，它还具有"建材、装饰"等作用，代表的是一种"节能、低碳、环保"的消费方式和生活理念，符合当前潮流，在政府一定的补贴引导下，民众完全可以接受。这一市场除了有新增需求外，

还有潜力巨大的改善型需求。以 2011 年我国城乡居民用电约 4000 亿度，10% 的用电量由自给式太阳能产品供给，每天有效发电 3.5 小时计，则仅家庭领域潜在的装机容量就可达到 31.7GW，拉动的市场产值可超过 3000 亿元。

自给式太阳能产品的推广，也有利于扩大国内光伏应用市场，助力我国光伏产业快速突破困境。

（四）自给式太阳能产品的推广有利于缓解产品依赖出口的局面，确保产业平稳发展

2011 年，我国太阳能产量达到 21GW，但新增光伏装机量为 2.7GW，仅占我国产量的 12.8%，产品依赖国外市场的局面使得产业极易受到国外市场波动的影响。眼下，当务之急除了继续多元化、多方位巩固和开拓国际市场外，还应多样化启动国内光伏市场。可喜的是，国务院在 5 月 23 号的常务会议上，作出了"抓紧落实扩大节能产品惠民工程实施范围，支持自给式太阳能等新能源产品进入公共设施和家庭"的决定。从这次会议的背景看，太阳能产品将被纳入节能产品惠民工程，推向大众消费市场，用于稳增长、扩内需、调结构。太阳能产品的应用方式主要还是"自给式"，以自发自用为主，推广目标主要是"公共设施和家庭领域"，以小型分布式发电系统为主。

目前，虽然太阳能光伏发电经济性尚不具备竞争力，但世界上许多国家仍愿意拿出政府补贴，暂时牺牲一部分国民经济整体效率，鼓励开发太阳能光伏产业。一方面，它基于对新能源的经济性可以在不远的将来接近或达到传统能源经济性水平的乐观预期；另一方面，则是与当今人类社会遇到传统化石能源可持续利用问题、保护生态环境和应对气候变化等压力有关。鉴于此，中央政府创新光伏产品使用方式，鼓励自给式太阳能产品进入公共设施和家庭领域是非常有必要的，应加快贯彻落实。

二、存在的问题

（一）度电成本较高

目前，太阳能光伏发电成本仍然较高。按照当前的市场行情，不含储能系统的光伏系统每瓦的初始投资成本约为 12 元 / 瓦（见表 1），东部地区的年满发小时数大约在 1100—1300 之间，在常规的投资模型测算下（见表 2），光伏发电的价格在 1—1.3 元 / 度之间（见表 3），且此电价不含各种电力附加。虽然该电价在高

峰期的工商业用电中已经实现平价上网,具备了大规模推广的基础,但对普通用户而言,度电成本仍然较高。此外,光伏发电系统的投资主要是一次性投入,初始投资成本较高,再加上光伏系统为新兴产物,公众对此认识了解不足,推广起来有一定难度。

表1 光伏初始投资成本构成

太阳能电站系列产品	目前市场价	优秀企业成本
组件	5.5 元 /W	5.2 元 /W
逆变器	0.7 元 /W	0.6 元 /W
支架	0.6 元 /W	0.55 元 /W
成套电气系统	1 元 /W	0.9 元 /W
监控系统	0.3 元 /W	0.25 元 /W
电缆	0.3 元 /W	0.3 元 /W
施工安装	2.5 元 /W	2 元 /W
调试及其他	1 元 /W	1 元 /W
小计	11.9 元 /W	10.8 元 /W
锂离子电池	13.1 元 /W	
合计	25 元 /W	23 元 /W

表2 光伏电站投资测算模型

光伏系统初投资	1.0 — 1.4 万元 /kW	固定资产折旧率	90%
年满发小时数	800 — 1800 小时	年运行费用	0.5%
贷款比例	80%	增值税率	17%
贷款年限	15 年	所得税率	25%
贷款利息	7.05%	附加税率	8%
运营期	20 年	税后内部收益率	8%
折旧期	15 年	资金回收年限	< 15 年

表3 不同发电小时数下光伏发电成本情况

年满发(小时)	800	900	1000	1100	1200	1300	1400	1500	1600	1700
电价(元 / 度)	1.74	1.54	1.39	1.26	1.16	1.07	0.99	0.93	0.87	0.82

(二)补贴模式存在不足

当前,光伏市场的发展主要靠政府政策拉动。2012 年我国光伏产品的补贴主要来自两部分,即上网电价政策(发改价格【2011】1594 号)和"金太阳"示范工程（财建【2012】21号）"（包括太阳能光电建筑应用）。前者主要是上网电价补贴，需要并网；后者主要是初始安装补贴，鼓励自发自用。按照当前的补贴方式，后者与自给式太阳能产品推广相符，但存在以下问题：一是补贴容量主要以大项目为主，"金太阳"示范工程要求单个项目装机容量不低于300kW，而太阳能光电建筑为50kW，这样不利于小型光伏系统的发展。二是项目申报制，需核准后由财政部直接对项目进行拨款，申请补助也有时间限制，这种补贴模式将导致小型光伏系统交易成本增加。三是"金太阳示范工程"中的光伏设备选购主要采用招标等方式，采购渠道单一，不利于产品靠近终端消费市场。四是补贴主要由中央财政承担，不能有效发挥地方财政作用，并且补贴采取"一刀切"的模式，没能考虑到各地的太阳能资源、产业发展和地方经济等情况。五是"金太阳"示范工程中并没有针对城市居民建筑、农村屋顶项目的补贴配套政策，而民用是自给式太阳能产品推广的主要方向之一。

（三）光伏企业"船大不易掉头"

我国主要光伏企业以生产组件为主，能提供一体化解决方案的企业还不多。特别是，我国主要光伏企业的组件产能要达到GW量级，转型有难度：一是自给式太阳能系统市场较小，可带动的组件销售量不多；二是自给式太阳能系统交易成本较大型光伏电站为高；三是由于组件可质保10年，而储能电池、逆变器等产品可能经过3—5年就需维护更换，这也导致光伏企业在光伏系统集成方面热情不足，只愿意提供组件给其它企业进行集成，而不愿意承担整个系统的运营维护售后等工作。凡此种种，最终导致了组件生产企业在推广自给式太阳能产品方面积极性不高。

（四）小型光伏系统集成经验不足

虽然我国已是全球光伏产品生产制造大国，但在应用方面则刚刚起步。2008—2011年，我国太阳能累计出货量38.4GW，但装机量仅为3.4GW，占比为8.8%。虽然近两年光伏市场发展迅速，但主要的市场增长点在大型光伏电站，占比达到75%以上，小型光伏系统应用不多。再加上前几年光伏系统之一的组件供不应求，因此企业的发展主要是扩大组件生产规模，对解决方案涉足较少。同时，产品应用面也较窄，标准缺失，影响了光伏市场的应用推广。目前亟待提高小型光伏系统集成水平，拓展光伏产品应用面，以扩大多样化光伏市场。

三、应对建议

（一）提高公众认识，转变消费观念

转变消费者观念，引导太阳能光伏产品由工业品向消费品转变。以过去市场中较为热门的"脑白金"为例，对于脑白金的真实价值，绝大多数消费者无从知晓，但消费者都耳濡目染："送礼就送脑白金"。脑白金被开发商成功转变为一种理念，而非一个实体。太阳能光伏产品也如此。虽然每千瓦的太阳能发电系统投资额需1.2万元，但它每天能发出3—4度电，大抵可满足冰箱、热水器、电视和电脑等日用品的白天消耗电量。更重要的是，它代表的是一种节能、环保、低碳的生活时尚和理念。在政府适当补贴激励和企业营销引导下，经济条件允许的用户完全可以接受，并有较强使用意愿。建议尽快采取如下措施：一是各级政府要充分认识太阳能光伏发电的长远价值和重要意义，提升太阳能光伏产业在国民经济发展中的战略地位。二是加大宣传推广力度，以太阳能光伏发电"节能、环保、低碳"等为主题，通过大型公益片、广告等进行推广，提高公众对自给式太阳能产品的认知度和接受度。三是力推一批民间光伏应用样本工程，增强示范带动作用。

（二）完善补贴机制，明确补贴来源

自给式太阳能产品的补贴方式应借鉴当前"节能产品惠民工程"模式，实施"三可得"：一是产品可得。产品靠近终端消费者，消费者较易接触到自给式太阳能产品，购买便利。二是补贴可得。补贴及时发放，消费者可便捷拿到补贴。三是产品售后可得。确保售后质量，维护消费者权益。在补贴来源方面，考虑到当前"金太阳"示范工程不太适合自给式太阳能产品的推广，并且补贴来源——可再生能源基金目前已捉襟见肘，因此应贯彻落实国务院常务会议精神，切实将自给式太阳能产品的推广纳入节能产品惠民工程中，给予推广。由财政部牵头，比照LED照明专项经费，从节能产品惠民工程中划拨部分经费，专项用于"自给式太阳能产品"的推广。产品的补贴金额由财政部会同有关部门协商制定，并适时进行调整。地方政府根据当地的太阳能资源、经济和产业发展情况，按一定比例给予配套。各省年度补贴容量由各省财政等部门上报，具体安装容量由财政部等相关部门协商后统筹规划。

（三）创新经营理念，扩大营销渠道

根据大半导体产业发展经验，系统集成处于"微笑曲线"的一端，利润率远

高于加工制造环节。因此，要引导组件生产企业向下游光伏系统集成延伸，提高产品附加值。一是企业要大举向光伏终端产品进军，创新商业模式，促进光伏产品应用多样化；二是消化部分组件库存，减轻经营压力；三是拓展业务范围，多元化发展，提高营业利润率和增强企业抗压能力。同时，还要创新融资渠道，鼓励金融资本进入光伏产品应用领域，解决光伏系统初始投资过高的问题。比如，通过租赁等方式，由金融机构购买光伏系统，租赁给终端消费者使用，用户只需支付租金，或协商回购。此外，还要创新销售模式，改善以往"直销"的方式，采取类似家电的销售模式，逐步走进大卖场，发挥销售渠道即售后服务点的特点，使光伏产品更加靠近终端消费者。

　　（四）提高产品质量，完善配套环境

　　一是引导光伏、储能电池和逆变器等企业加强沟通与合作，优化系统配置，增强系统性能，提高售后服务水平，促进产品应用多样化。值得关注的是，工业和信息化部电子司在2012年的"电子发展基金"中已前瞻性地将小型离网系统作为重点支持方向，奠定了产业化发展基础。二是制定各种产品的接口标准，使系统的安装更加便利，也有利于各种不同品牌的产品之间可轻易通过接口进行连接，促进产品应用多样化。三是建立检测监督机制，完善产品售后服务水平。由于产品的质保期较长，可考虑建立准入机制，优先考虑信誉好、规模大、竞争力强的企业。建议尽快由工业和信息化部牵头，修订完善自给式太阳能产品相关标准，推动产品检测认证、监测制度和机构建设，加强产品质量控制和检验。同时，会同财政部等相关部门，制定并完善该方案涉及的相关产品及系统的技术标准和要求，明确中标企业及产品，监督中标生产企业严格生产管理，建立完善的售后服务体系，做好配套服务工作。

本文作者：赛迪智库光伏产业研究所　王世江

跋

2012年已然过去，2013年悄然降至。在过去的一年中，我国工业经济在全球持续低迷的情况下保持了独树一帜、稳中求进的发展态势，取得了举世瞩目的成就，但同时也存在着结构性和周期性的诸多问题。赛迪智库紧盯我国工业经济发展中出现的热点、难点问题，进行深入思考，提出独到见解。《赛迪回眸2012》就是对我国工业转型升级新形势与新思路的一个总结。

本书逾四十万字，分为国际竞争篇、转型升级篇、产业发展篇、企业战略篇、新工业革命篇、非公经济篇、信息安全篇和能源环保篇八个篇章，它既有对国际性、战略性重大问题的深入分析，也有对新型工业化重点、难点和热点问题的调研和反映，每篇文章都提出了针对性的政策建议，以期对政府相关部门进行工业经济决策有所助益。

赛迪智库践行"面向政府，服务决策"的宗旨，遵循"具体到抽象"的思维原则，运用"综合到分析"的研究方法，将为政府献言献策和为行业提供专业指引的目的贯彻于《赛迪回眸2012》的每篇文章之中。从提出问题到解答问题，我们都注重在自己长期积累基础上与产业专家"交换"互动，并对市场现象认真"比较"研究。文中有我们偶然的收获与体会，容或我们有些与同仁不尽相同的看法与观点，愿以此求教于同道。

此书付梓出版之际，我们要衷心感谢各级政府领导、业界专家和企业伙伴。正是你们的鼎力支持和热情帮助，让我们在研究工业经济的道路上能够不断愉悦前行；也正是在与你们的交流中，我们不断发现了自己的不足。相信在大家的关心和帮助下，赛迪智库会有更多更优的工业和信息化发展思路和观点贡献给社会。

十八大报告提出，要坚持走中国特色新型工业化道路。我们面临的任重而道远，希望通过我们的研究能够抛砖引玉，引发各界对工业经济重大问题的更多关注和思考，以我们的集体智慧共同推动信息化和工业化深度融合、工业化和城镇化良性互动，促进工业化、信息化、城镇化、农业现代化同步发展。让我们继续把握稳中求进的工作总基调，不断推进工业转型升级，开创工业和信息化发展新局面。

中国电子信息产业发展研究院院长　罗文

2013年1月